AF545360

Dimmifjallgarður

Band 28

OutdoorHandbuch

Erik Van de Perre

Island: Trekking-Klassiker

Laugavegur, Fimmvörðuháls, Kjalvegur, Jökulsárgljúfur und Öskjuvegur

Island: Trekking-Klassiker

Alle Informationen, schriftlich und zeichnerisch, wurden nach bestem Wissen zusammengestellt und überprüft. Sie waren korrekt zum Zeitpunkt der Recherche. Eine Garantie für den Inhalt, z. B. die immerwährende Richtigkeit von Preisen, Adressen, Telefon- und Faxnummern sowie Internetadressen, Zeit- und sonstigen Angaben, kann naturgemäß von Verlag und Autor - auch im Sinne der Produkthaftung - nicht übernommen werden.

Der Autor und der Verlag sind für Lesertipps und Verbesserungen (besonders per E-Mail) unter Angabe der Auflagen- und Seitennummer dankbar.

Dieses OutdoorHandbuch hat 288 Seiten mit 113 farbigen Abbildungen sowie 26 farbigen Kartenskizzen, 23 farbigen Höhenprofilen und einer farbigen, ausklappbaren Übersichtskarte. Es wurde auf chlorfrei gebleichtem, FSC®-zertifiziertem Papier gedruckt, in Deutschland klimaneutral hergestellt und transportiert und wegen der größeren Strapazierfähigkeit mit PUR-Kleber gebunden.

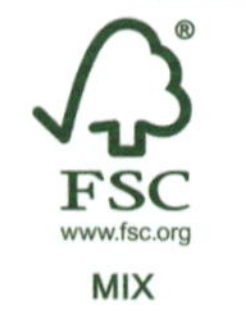

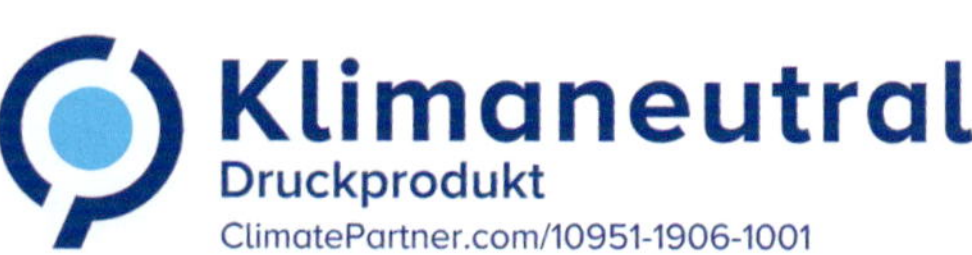

Dieses Buch ist im Buchhandel und in Outdoor-Läden erhältlich und kann im Internet oder direkt beim Verlag bestellt werden.

OutdoorHandbuch aus der Reihe „Der Weg ist das Ziel", Band 28

ISBN 978-3-86686-411-5 5., überarbeitete Auflage 2019

Text und Fotos: Erik Van de Perre
(Fotoquelle Seite 260: Sverrir Pálsson/The Exploration Museum, Húsavík)
Karten: Heide Schwinn und Manuela Dastig
Lektorat: Anna-Lena Ebner
Layout: Manuela Dastig

Gesamtherstellung: gutenberg beuys feindruckerei

Dieses OutdoorHandbuch wurde konzipiert und redaktionell erstellt vom:

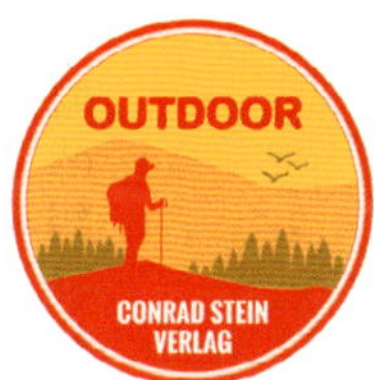

Conrad Stein Verlag GmbH, Kiefernstr. 6, 59514 Welver,
☏ 023 84/96 39 12, FAX 023 84/96 39 13,
info@conrad-stein-verlag.de,
www.conrad-stein-verlag.de

Besuchen Sie uns bei Facebook & Instagram:

www.facebook.com/outdoorverlag

www.instagram.com/outdoorverlag

Titelfoto: Hveravellir: die heiße Quelle Öskurhóll

Inhalt

Vorwort

Liebe Leserinnen und Leser,

erinnern Sie sich noch an den Ausbruch des Eyjafjallajökull? Im Frühjahr 2010 brachte die Aschewolke des südisländischen Vulkans nicht nur den Flugverkehr in Mittel- und Nordeuropa zum Erliegen, sondern fraß nebenbei Teile des populären Wanderweges über Fimmvörðuháls. Nur wenige Monate später war jedoch bereits eine neue Wanderroute über die junge Lava abgesteckt worden. Mehr noch: Mit den beiden neuen Vulkankegeln Magni und Móði hat der Wanderweg über **Fimmvörðuháls** seitdem sogar noch an Reiz gewonnen. Das perfekte Kontrastprogramm zur vulkanischen Urlandschaft auf der Nordseite bietet die tiefe Schlucht der Skógá mit ihren vielen Wasserfällen auf der Südseite.

Nur einen Steinwurf entfernt liegt der berühmte **Laugavegur**, für viele einer der schönsten Wanderwege überhaupt. Brodelnde heiße Quellen, fauchende Solfataren, bunte Rhyolithberge, schwarze Sandwüsten, glitzernde Eiskappen und unheimliche Schluchten – wo sonst findet sich auf engstem Raum eine solche landschaftliche Vielfalt?

Für Einsteiger und Ruhesuchende empfiehlt sich der **Kjalvegur**, der, trotz geringer Höhenunterschiede, durch seine Nähe zu Gletschern und Lavafeldern einen ganz eigenen Reiz ausübt. Hinzu kommt, dass die einst bedeutendste Hochlandverbindung heute von Wanderern erstaunlich wenig frequentiert wird.

Im Nordosten des Landes wartet mit der gewaltigen Schlucht **Jökulsárgljúfur** ein weiteres Highlight. Das Herzstück des gleichnamigen Nationalparks, seit 2008 Teil des wesentlich größeren Nationalparks Vatnajökull, gehört mit seinen riesigen Wasserfällen zu den urwüchsigsten Landschaften der Vulkaninsel. Dettifoss, der mächtigste Wasserfall Islands, wird gar oft als „Niagara Europas" bezeichnet.

Eine der einsamsten und kargsten Landschaften der Vulkaninsel erschließt der **Öskjuvegur**. Der fünftägige Trek von Herðubreiðarlindir nach Svartárkot entführt konditionsstarke Wanderer in die unwirtliche Lavawüste Ódáðahraun oder „Missetäterwüste", benannt nach den Geächteten, die dort einst – meist vergeblich – ums Überleben kämpften.

Die fünf Wanderungen zeigen total unterschiedliche Facetten der Vulkaninsel, die aufgrund ihrer herben Schönheit heute Naturliebhaber aus aller Welt in ihren Bann zieht. Viel Spaß beim Lesen und vor allem beim Erwandern der „letzten Wildnis Europas".

Góða ferð!

Erik Van de Perre
Kiel, im Juni 2019

Danke ...

sage ich an dieser Stelle den vielen Personen und Firmen, die mich bei den Recherchen für die fünfte Auflage dieses Buches unterstützt haben.

Für ihre logistische Unterstützung gilt mein besonderer Dank Börge Muxfeldt (Smyril Line) und Philip Kraul (Bergans).

Ein herzliches Dankeschön gilt auch Páll Guðmundsson (Ferðafélag Íslands) für die Organisation der Hüttenübernachtungen auf Laugavegur und Kjalvegur, Ingvar Teitsson (Ferðafélag Akureyrar) für die zur Verfügung gestellten GPS-Daten des Öskjuvegur sowie Skúli H. Skúlason (Útivist) für die großartige Hilfe bei den Recherchen auf dem Fimmvörðuháls-Trek.

Unvergessen bleibt die warmherzige Gastfreundschaft von Svanfríður Ingvarsdóttir in Reykjavík.

Mein ganz spezieller Dank gilt Matthias Vogt (Volcano Heli) für die großzügige Unterstützung bei der Herstellung der Luftaufnahmen des Öskjuvegur und der Askja-Region.

Ein Dankeschön geht auch an Dr. Matthew J. Roberts (Veðurstofa) für die gewährten Einblicke in das Innenleben der isländischen Vulkane und an Dr. Birgit Köhler und Dr. Sabine Magnus für die kritische Durchsicht des Manuskripts.

Zum Schluss möchte ich mich bei Anne Jutard und Benoit Capitaine, Siv Friðleifsdóttir, Kim Liebert und ganz besonders bei Biggi, Maikel und Kim bedanken, die mich in Island auf diversen Touren begleitet haben.

Land und Leute

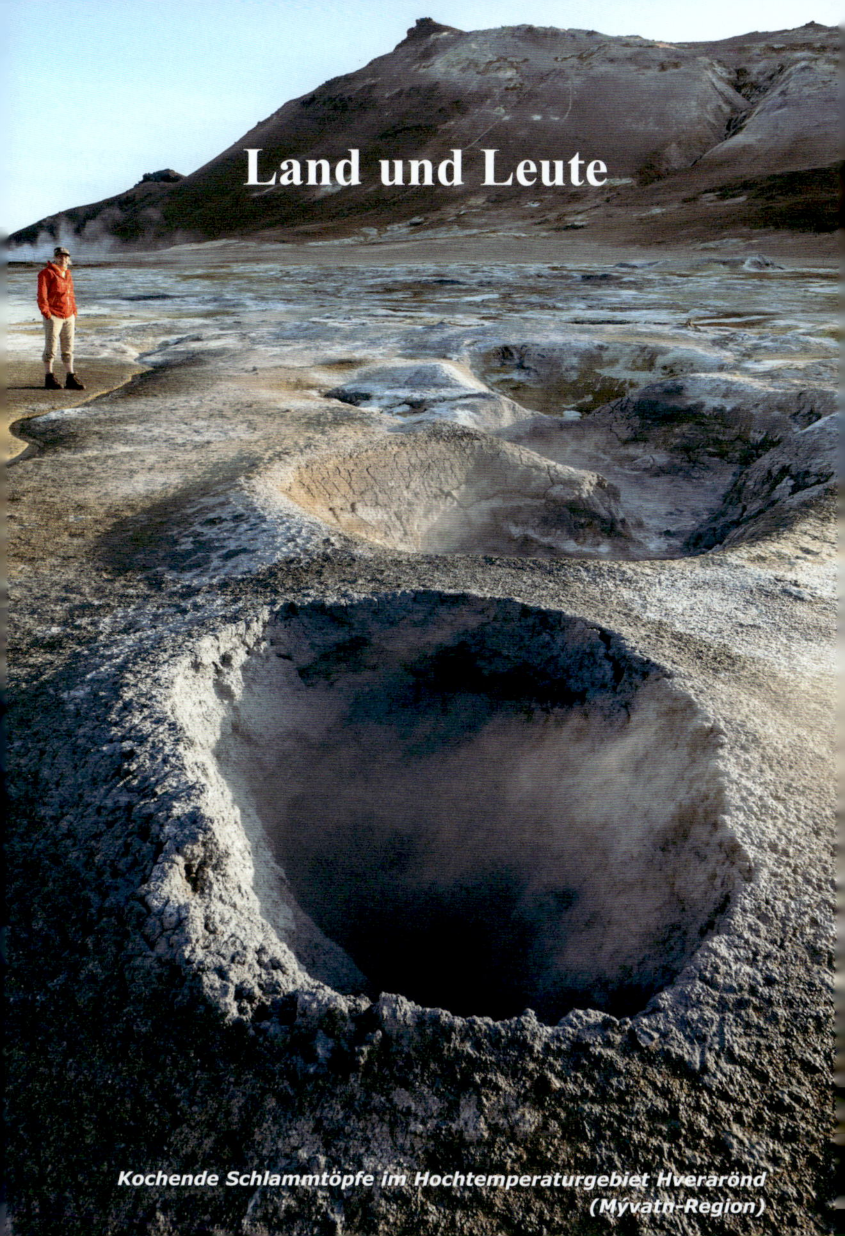

Kochende Schlammtöpfe im Hochtemperaturgebiet Hveraröndl (Mývatn-Region)

Geografie

Island erstreckt sich zwischen 63°24' und 66°32' nördlicher Breite sowie 13°30' und 24°32' westlicher Länge. Die Ausdehnung der größten Vulkaninsel der Welt beträgt also ca. 300 km in Nord/Süd- und 480 km in Ost/West-Richtung. Eine Fläche von 103.125 km² – zweieinhalb Mal die Schweiz – teilen sich 358.800 Menschen (März 2019). Das sind gerade einmal 3,5 Ew./km² – kein anderes Land Europas ist so dünn besiedelt! Mehr als die Hälfte der Bevölkerung lebt im Großraum Reykjavík, der Rest verteilt sich entlang der Küstenstreifen. Nur 1 % der Fläche ist Kulturland, 20 % sind als Naturweidegebiet ausgewiesen. Der übrige Teil wird durch Gletscher (11 %), junge (nacheiszeitliche) Lavafelder (10 %), Seen (3 %) und diverse Ödlandformen eingenommen.

Der **Mittelatlantische Rücken**, der sich sowohl südlich von Island (Reykjanesrücken) wie auch nördlich (Kolbeinseyrücken) unter dem Meeresspiegel fortsetzt, tritt auf der Insel in der **aktiven Vulkanzone** zu Tage (☞ Grafik, Seite 13). In dieser 30 bis 50 km breiten Zone konzentrieren sich heute sämtliche vulkanische Aktivitäten. Über weite Strecken prägen das Gebiet, zu dem auch noch die Halbinsel Snæfellsnes gerechnet wird, ausgedehnte Lavafelder und karge Sand- und Geröllwüsten, die von mächtigen Stratovulkanen und von eiszeitlichen Tafelbergen und Palagonitrücken überragt werden.

Der nördliche Abschnitt der aktiven Vulkanzone wird als Neovulkanische Zone bezeichnet. Sie führt von der Tjörnes-Verschiebungszone nach Süden und gabelt sich in der Mitte der Insel. Während sich die Östliche Vulkanische Zone über die Eiskappe Mýrdalsjökull bis zur Inselgruppe Vestmannaeyjar hin fortsetzt, zieht sich die Westliche Vulkanische Zone bis zur Halbinsel Reykjanes hin, wo die aktive Vulkanzone auf den Reykjanesrücken anschließt. Die südlichen Enden der beiden Vulkanzonen werden durch die Südisländische Seismische Zone verbunden.

Im großen Kontrast zu diesen geologisch jungen Gebieten stehen die ältesten Teile der Insel, die **Plateaulandschaften** Nordwest-, Nord- und Ostislands. Hier erlosch der Vulkanismus schon vor Jahrmillionen. Später wurden die tertiären Basalte von den Eiszeitgletschern modelliert, die eine Landschaft mit tiefen Trogtälern, Fjorden und alpin anmutenden Gipfeln zurückließen.

Zwar bedecken die **Gletscher** (isl. *jökull*) heute „nur" noch 11.100 km². Gemessen an europäischen Maßstäben sind die Abmessungen von Vatnajökull (7.800 km²), Langjökull (870 km²), Hofsjökull (830 km²) oder Mýrdalsjökull (540 km²) dennoch gewaltig.

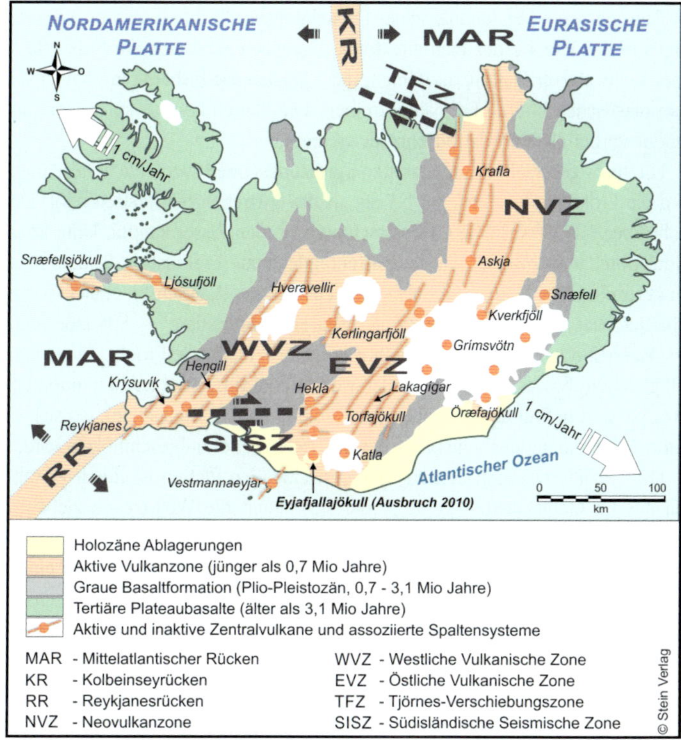

Einen Eindruck der ungeheuren Erosionskraft der Gletscher vermitteln auch die **Sander** (isl. *sandur*), ausgedehnte Sand- und Schotterflächen, die (vor allem an der Südküste) durch die großen Gletscherflüsse im Verlauf der Jahrtausende aufgeschüttet wurden.

Geologie

Geburt einer Vulkaninsel

Würde man das Alter der Erde mit dem eines Menschen vergleichen, dann wäre Island im Säuglingsalter. Im Verhältnis zu der 4,5 Mrd. Jahre alten Erde gehört das Land mit „nur" 15 bis 20 Mio. Jahren zu den jüngsten Regionen des Planeten.

Zum besseren Verständnis seiner Entstehungsgeschichte bedarf es eines Ausfluges in die Theorie der **Plattentektonik**. Demnach setzt sich die Erdkruste aus einer Reihe starrer Platten zusammen, die – ähnlich wie Eisberge im Wasser – auf dem plastischen oberen Erdmantel treiben. Die Platten können kollidieren, aneinander vorbei gleiten oder auseinandertreiben.

Letzteres geschieht in sogenannten **Spreizungszonen**. Vereinfacht beschrieben wird die Erdkruste hier gedehnt bis die „Naht" zwischen den Platten reißt. Dann quillt über 1.000° C heiße Gesteinsschmelze in den Rissen empor, kühlt ab und bildet durch Anschweißen an die Plattenränder neue Erdkruste. Mit dem Auseinandertreiben der Platten geht also ein gleichzeitiges Anwachsen einher. Wissenschaftler bezeichnen den Prozess als „**Sea-Floor-Spreading**" – Spreizbewegung des Meeresbodens. Bedingt durch ihre Kugelform bleibt die Erdoberfläche natürlich gleich groß, was heißt, dass anderswo Material vernichtet werden muss. Letzteres passiert in **Subduktionszonen** (lat. *subduco*, unten wegziehen), wo sich eine Platte unter die andere schiebt und in der Tiefe wieder aufgeschmolzen wird.

Die „Naht" zwischen den auseinandertreibenden Platten ist durch gewaltige vulkanische Gebirgsketten geprägt, die sich durch die Weltozeane ziehen. So bewegen sich z. B. die Nordamerikanische und die Eurasische Platte parallel zum **Mittelatlantischen Rücken** auseinander. Während normalerweise vereinzelte Gipfel dieser Gebirgskette aus dem Meer aufragen (z. B. Azoren, Ascension), entstand – und das ist weltweit einmalig! – nur im Nordatlantik eine größere Landmasse: Island.

Der Spreizungsprozess, dem die Vulkaninsel ihre Existenz verdankt, begann vor 65 Mio. Jahren: Durch das Auseinanderbrechen von Grönland und Skandinavien entstand der junge Nordatlantik, der sich seitdem infolge des Auseinanderdriftens von Nordamerika und Europa im Schnitt 2 cm pro Jahr ausdehnt. Der mit dem Auseinandertreiben der Nordamerikanischen und der Eurasischen Platte einhergehende Vulkanismus erklärt die Entstehung des Mittelatlantischen Rückens, nicht jedoch den Aufbau einer Landmasse von der Größe Islands.

Entscheidend dafür war eine sprunghafte Verlagerung der Spreizungszone nach Nordwesten. Dadurch schob sich diese vor 25 Mio. Jahren schließlich über einen sog. **Hotspot**, eine über Jahrmillionen fest im oberen Erdmantel verwurzelte Magmaquelle.

Die Magmazufuhr bekam nun einen gewaltigen Schub und unzählige Eruptionen schufen einen ausgedehnten Lavakörper, der sich schließlich über dem Meeresspiegel erhob. Während sich immer neue Lavafluten über die junge Vulkaninsel ergossen, wanderten deren östliche und westliche Hälfte stetig weiter auseinander. Das erklärt, warum heute die ältesten Gesteine im Nordwesten (16 Mio. Jahre) und im Osten (13 Mio. Jahre) der Insel angetroffen werden, während sie zur zentralen **aktiven Vulkanzone** hin stets jünger werden.

Die neugeborene Insel hatte vermutlich ein recht monotones Aussehen – ohne größere Täler, Fjorde oder Buchten. Fossilien, gefunden in Sedimenten zwischen den ältesten Lavaströmen, zeigen, dass auf Island vor 15 bis 5 Mio. Jahren ein feuchtwarmes Klima herrschte, in dem anfänglich sogar Weinrebe, Eiche, Kastanie und Mammutbaum gediehen.

Dann setzte jedoch eine allmähliche Abkühlung ein: Nadelbäume verdrängten den Laubwald, auf den höchsten Vulkanen gab es kleine lokale Vergletscherungen. Vor 3 bis 2 Mio. Jahren haben schließlich die ersten großen Eiskappen den endgültigen Klimaumschwung eingeläutet. Heute wird angenommen, dass seitdem etwa 20 **Eiszeiten** Island heimgesucht haben, d. h., etwa alle 100.000 Jahre verschlechterte sich das Klima so dramatisch, dass die Gletscher vorrückten und sich über die ganze Insel ausbreiteten. Während der **Zwischeneiszeiten** war das Klima in etwa mit dem heutigen vergleichbar.

Der Vulkanismus ging auch unter dem Eis mit unverminderter Intensität weiter, nur änderte sich der Mechanismus der Ausbrüche. Während sich in den wärmeren (eisfreien) Zwischeneiszeiten weiterhin Lavaströme über die Insel ergossen, erinnern Tafelberge und Palagonitberge an Vulkanausbrüche unter einer bis zu mehr als 1.000 m dicken Eiskappe.

Während des letzten Eiszeitmaximums lag der Meeresspiegel 100 bis 150 m niedriger als jetzt, da ein Großteil des Meerwassers als Eis auf dem Festland gebunden war. Vor 18.000 Jahren setzte mit der weltweiten Erwärmung ein Abschmelzen der Gletscher ein, was zu einem raschen **Meeresspiegelanstieg** führte. Infolge der nachlassenden Auflast durch die schwindenden Eiszeitgletscher begann auch das Land sich zu heben – allerdings langsamer, sodass das Meer große Gebiete überschwemmte. An dieses sintflutartige Ereignis, das am Ende der letzten Eiszeit (vor 11.000 bis 10.000 Jahren) seinen Höhepunkt erreichte, erinnern alte Strandablagerungen und Meeresfossilien, die heute vielerorts in 40 bis 60 m, in Südisland sogar in über 100 m Höhe vorkommen.

Schließlich hatte sich die Vulkaninsel vor 9.000 Jahren so weit angehoben, dass der Meeresspiegel wieder sank. So ragen heute vielerorts in großer Entfernung vom Meer riesige ehemalige Brandungskliffs aus der flachen Küstenebene empor. Außerdem verlandeten viele Vulkaninseln wie Dyrhólaey, Hafursey und Pétursey.

Nach der Eiszeit entstanden vor 10.000 bis 6.000 Jahren die großen Schildvulkane wie Skjaldbreiður und Trölladyngja. Zeitgleich ergossen sich aus Spalten riesige Lavaströme, darunter Þjórsárhraun (900 km²), der größte nacheiszeitliche Lavastrom weltweit!

Insgesamt bedecken die nacheiszeitlich geförderten Lavamassen heute ca. 11.000 km². Allein in den 1.100 Jahren seit der Besiedlung spie die Erde über 200 Mal Feuer – zuletzt 2010 (Eyjafjallajökull), 2011 (Grímsvötn) und 2014/15 (Bárðarbunga). Wie schon erwähnt, spielen sich sämtliche vulkanische Aktivitäten in der aktiven Vulkanzone ab, die Teil des Mittelatlantischen Rückens ist. Vor allem auf der Halbinsel Reykjanes, in Þingvellir und am Mývatn ist der Verlauf des Rückens anschaulich dokumentiert durch Dehnungsspalten, Grabenbildung, Vulkanismus, usw. – allesamt Phänomene, die sich normal (unsichtbar) in den Tiefen der Ozeane abspielen. Man kann sagen: Island ist ein Schaufenster auf das Sea-Floor-Spreading!

Vielfältige Vulkanlandschaft

Die isländischen Vulkane lassen sich grob in zwei Hauptgruppen einteilen: Zentralvulkane, die mehrmals ausbrechen und Basaltvulkane, die in der Regel nur einmal aktiv sind. Letztere sind für Island am typischsten. Die wichtigsten Vulkantypen sind nachfolgend kurz erläutert.

Schildvulkane (isl. *dyngja*) zeichnen sich durch flache, regelmäßige Vulkankegel aus, die an riesige auf dem Boden liegende Ritterschilde erinnern. Aus einem einzigen runden Schlot ergießt sich dünnflüssige Lava (Fladenlava), die sehr weit fließen kann, bevor sie erstarrt. Schildvulkane haben daher meist eine sehr große Grundfläche und eine geringe Hangneigung, sodass sie im Gelände oft kaum auffallen. Auf Island sind 20 bis 30 nacheiszeitliche Schildvulkane bekannt. Die größten sind Trölladyngja (⇧ 1.468 m) und Skjaldbreiður (⇧ 1.009 m), sie erheben sich 600 bis 700 m über ihre Umgebung.

Lavaringe (isl. *eldborg*) gelten als „kleine Brüder" der Schildvulkane. Beim Lavaring wird das Schild von einer schüsselförmigen Erhebung gekrönt, aufgebaut aus Schweißschlacken. Wegen seines bizarren Aussehens wird dieser Vulkantyp auf Island als „Feuerburg" (*eldborg*) beschrieben. Als besonders formschön gilt der Krater Eldborg im Hnappadalur (Snæfellsnes).

Schlackenkegel (isl. *gjallgígur*) entstehen, wenn Lavafontänen bis zu mehreren Hundert Metern hochschießen. Sind die herunterfallenden Lavafetzen noch halbwegs flüssig, verschweißen sie zu einem steileren sog. Schweißschlackenkegel (isl. *klepragígur*).

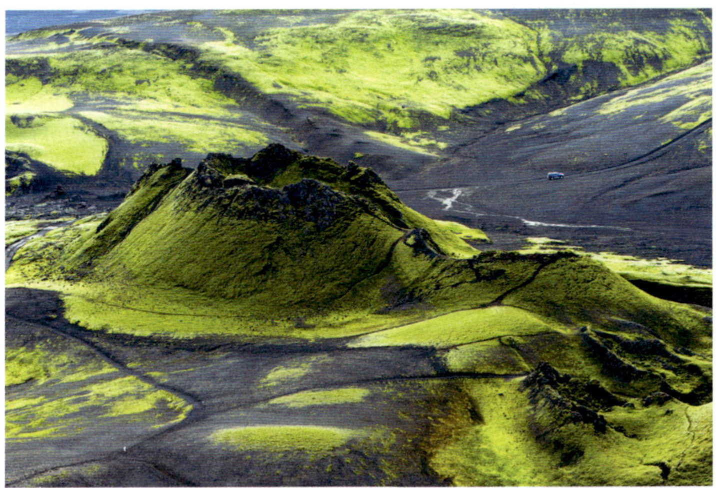

Ein „klassischer Isländer": Die Kraterreihe Lakagígar setzt sich aus über 100 Einzelkratern zusammen.

Der klassische „Isländer" ist der **Spaltenvulkan** (isl. *gossprunga*): Die Erde reißt einfach auf und es entsteht eine Reihe einzelner Krater, eine sog. **Kraterreihe** (isl. *gígaröð*), die sowohl Lava als auch Tephra zutage fördert. Dabei bilden sich entlang verschiedener Ausbruchsstellen innerhalb der gleichen Spalte oft sowohl Schlacken- als auch Schweißschlackenkegel. Kraterreihen können kurz – mit nur ein paar Kratern – aber auch sehr lang sein. Die Kraterreihe Lakagígar südwestlich des Vatnajökull ist 27 km lang und setzt sich aus über 140 einzelnen Kratern zusammen. Sie förderte beim Ausbruch von 1783/84 den volumenmäßig größten Lavastrom (12 km^3, 580 km^2) historischer Zeit. Auch der jüngste Ausbruch im System des Vulkans Bárðarbunga (2014/15) war eine typische Spalteneruption. Der produktivste Vulkanausbruch seit der Laki-Eruption förderte zwischen Ende August 2014 und Ende Februar 2015 ca. 85 km^2 Lava.

Eher atypisch für Island sind **Ringwälle** (isl. *gjóskugígur*). Die vorhandenen Exemplare gehören jedoch zu den formschönsten Kratern Islands. Als Musterbeispiel gilt der vor 2.700 Jahren am Mývatn entstandene Krater Hverfjall. Die Entstehung eines Ringwalls ist vermutlich auf sog. **phreatische Explosionen** (griech. *phréar*, Brunnen) zurückzuführen, d. h. Explosionen, die stattfinden, weil während des Ausbruchs Grundwasser in den Schlot eindringt. Die dabei entstehende Tephra wird dann kreisförmig rund um die Ausbruchsstelle abgelagert.

Ist die Wucht der Explosionen besonders heftig, wird das Lockermaterial über ein größeres Gebiet verteilt. Es bleibt nur ein tiefes Loch zurück, das sich später eventuell mit Grundwasser füllt. Auf diese Weise sind die **Maare** (isl. *ker*) Víti (Mývatn-Gebiet) und Ljótipollur (Landmannalaugar) entstanden.

Stratovulkane (isl. *eldkeila*) entsprechen mit ihrer steilen Kegelform am ehesten der klassischen Vorstellung eines Vulkans. Man könnte sie auch als „schlafende Riesen" bezeichnen. Nach mehrjähriger Ruhepause erwachen sie oft unvermittelt mit einer gewaltigen Detonation zu neuem Leben, speien wochen- oder monatelang Asche und Lava und schlummern dann wieder ein. Da sie über viele Jahrtau-

Der wassergefüllte Explosionskrater Víti (Askja) ist ein typisches Maar.

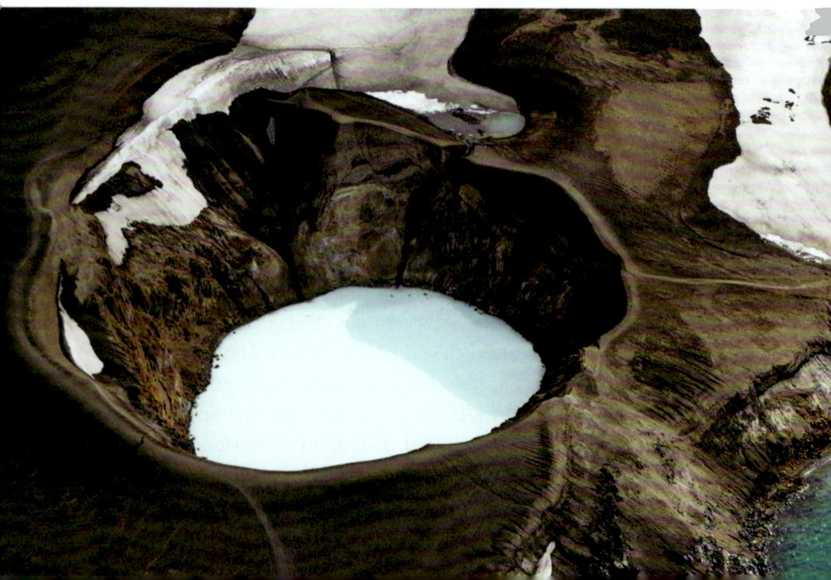

sende aktiv sind, bauen die Asche- und Lavaschichten unzähliger einzelner Eruptionen einen gewaltigen Vulkankörper auf, der seine Umgebung schließlich 1 bis 2 km überragt. Markante Vertreter sind Öræfajökull (⇧ 2.109 m) und Snæfellsjökull (⇧ 1.446 m).

Eine Sonderstellung nimmt die **Hekla** (⇧ 1.491 m) ein, die sich als Zwischenstadium zwischen Spalten- und Zentralvulkan bezeichnen lässt. Bei den einzelnen Ausbrüchen wird nicht ein zentraler Krater, sondern eine kurze (5 km lange) Spalte aktiv, sodass kein Kegel, sondern ein lang gezogener Rücken entstanden ist (☞ 📷 Seite 83).

Einige Zentralvulkane besitzen eine **Caldera** (v. span. = Kessel), einen riesigen kesselförmigen Krater. Wird die Spitze eines Vulkans bis auf den Rump weggesprengt, spricht man von einer **Explosionscaldera**. Eine solche Caldera entstand z. B. 1980 am Mount St. Helens (USA). Eine **Einsturzcaldera** entsteht, wenn bei der Eruption die Magmakammer im Erdinneren entleert wird, der so entstandene Hohlraum in sich zusammenstürzt und dadurch die Erdoberfläche großflächig absackt. Als Musterbeispiel gilt hier die Askja (Dyngjufjöll).

Völlig abweichend ist die Entstehungsgeschichte der eiszeitlichen **Palagonit-** und **Tafelberge**, die weitgehend das Aussehen der aktiven Vulkanzone prägen. Wenn Magma unter einer mehreren hundert Meter dicken Eisschicht aufsteigt, beginnt das Eis von unten zu schmelzen, sodass ein Schmelzwassersee entsteht. Unter dem hohen Druck von Wasser und Eis fließt das Magma ruhig aus und bildet Kissenlava. Mit abnehmender Wassertiefe beginnt die Entgasung des Magmas, das nun explosiv zerkleinert wird – zu Hyaloklastit. Meistens geht der Ausbruch nicht über dieses Stadium hinaus. Durch Verfestigung und Wasseraufnahme verwandelt sich der frische Hyaloklastit schließlich in ein bräunliches Gestein, Palagonit. Nach dem Verschwinden des Eises bleiben **Palagonitkegel** (isl. *móbergskeila*) wie Keilir oder, häufiger, **-rücken** (isl. *móbergshryggur*) wie Sveifluháls (beide auf der Halbinsel Reykjanes) zurück.

Ist der Vulkan so weit angewachsen, dass das abgelagerte Material den Schlot gegen eindringendes Schmelzwasser abschließt, hören die Explosionen auf. Die ausfließende Lava bildet dann obenauf einen kleinen Schildvulkan. So entsteht ein riesiger kastenförmiger Tafelberg (isl. *stapi*). Das Paradebeispiel ist Herðubreið (⇧ 1.677 m) im zentralen Hochland.

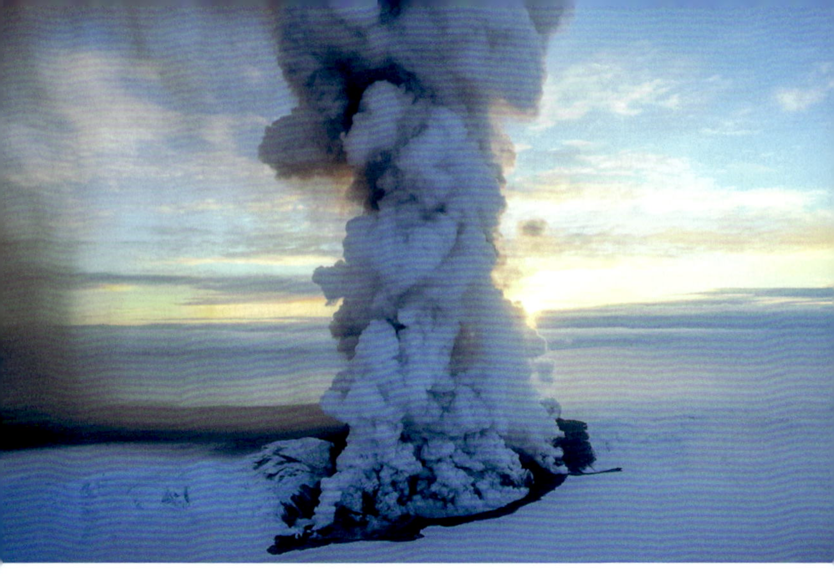

Ausbruch des subglazialen Vulkans Grímsvötn im Jahre 1998

Unter ähnlichen Bedingungen ereigneten sich die Ausbrüche zweier Vulkane, die vor Kurzem unter dem Eis des Vatnajökull aktiv waren: Bárðarbunga (1996) und Grímsvötn (1998, 2004 und 2011). Auch der Aschewolke des Vulkans **Eyjafjallajökull**, die 2010 den europäischen Flugverkehr massiv beeinträchtigte (☞ Fimmvörðuháls, Eyjafjallajökull erwacht), lag ein solcher Ausbruch zu Grunde.

Scheinvulkane

Mancherorts begegnen Sie Gebilden, die in ihrer Formschönheit perfekt dem Idealbild eines Vulkans entsprechen – und dennoch keine sind. Die Rede ist hier von sog. **Pseudokratern** (griech. *pseúdos*, Täuschung, *kratér*, Kessel). Diese kreisrunden Erhebungen entstehen, wenn ein Lavastrom über einen flachen See oder Sumpf fließt. Dabei kocht das eingeschlossene Wasser blitzartig auf, der aufsteigende Dampf sprengt die Lava und es kommt zu kleinen Explosionen, bei denen Schlacken entstehen. Die herunterfallenden Schlacken bauen kleine Kegel auf, die einem Schlackenkegel täuschend ähnlich sehen – daher der Name. Berühmt sind die Pseudokrater von Skútustaðir (Mývatn) und die Landbrotshólar (Kirkjubæjarklaustur).

Die Bausteine: Lava und Tephra

Wenn **Magma** (heiße gashaltige Gesteinsschmelze) emporsteigt, gibt es verschiedene Erscheinungsformen. Gasarme, dünnflüssige (basaltische) Magmen fließen in der Regel ruhig aus und erstarren zu **Lava** (festem Ergussgestein) – solche Ausbrüche werden als effusiv (lat. *effundo*, ausgießen) bezeichnet. Zähflüssige, gasreiche (rhyolithische) Magmen führen dagegen meist zu explosiven Ausbrüchen, bei denen vor allem **Tephra** (Lockermaterial) entsteht. Die meisten isländischen Vulkanausbrüche sind gemischt, d. h., sie fördern sowohl Lava als auch Tephra.

Basaltsäulen

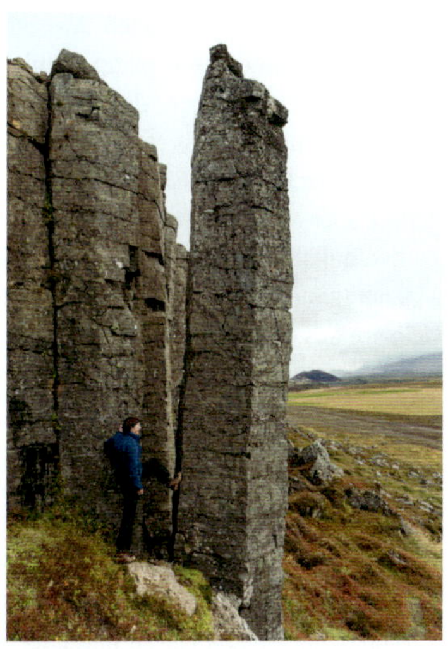

Ihr düsteres Aussehen verdankt die Insel dem **Basalt** – dieser macht über 80 % der Lava aus. Im Gelände trifft man oft auf eine der folgenden Haupttypen: Fladenlava und Blocklava.

Fladenlava oder Pahoehoe-Lava (isl. *helluhraun*) entsteht bei sehr dünnflüssigen Magmen. Sie hat meistens eine feste Oberfläche, die aus großen Fladen oder Schollen besteht; manchmal erinnert sie auch an nebeneinander gelegte Stricke – und wird dann als **Stricklava** bezeichnet. Häufig fließt die Lava unter einer bereits erstarrten Oberfläche durch Tunnel, die nach Abfließen der Lava kilometerlange Höhlen bilden können. Fladenlava entstand z. B. bei den Ausbrüchen der „Mývatn-Feuer" (1724 bis 1729) und der „Krafla-Feuer" (1975 bis 1984) im Mývatn-Gebiet.

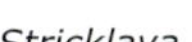

Stricklava

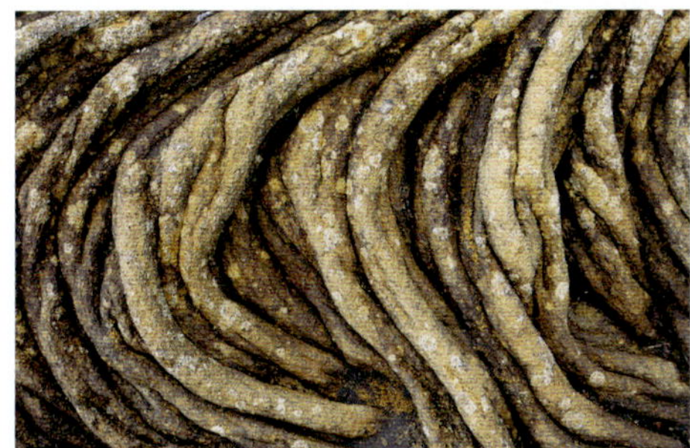

Blocklava oder **Brockenlava** (isl. *apalhraun*) deutet auf zähflüssigere Magmen hin. Die Lavaströme haben oft eine Mächtigkeit von 10 bis 30 m. Ihre Oberfläche ist ausgesprochen rau und besteht aus porösen, scharfkantigen und chaotisch aufgetürmten Lavabruchstücken. Blocklava ist deshalb meist schwer begehbar. Alle Lavaströme der Hekla und der Laki-Eruption (1783/84) bestehen aus diesem Typ.

Eine Besonderheit submariner und -glazialer Ausbrüche ist **Pillowlava** oder **Kissenlava** (isl. *bólstraberg*). Ihre Entstehung erfordert eine relativ große Wassertiefe, da so wegen des hohen Wasserdrucks das austretende Magma nicht entgasen kann. Stattdessen bildet es gleich eine glasige Kruste und es entstehen wulstartige Kissenformen, die durch nachfließendes Magma immer wieder aufgebrochen werden, sodass aus den vorhandenen Kissen immer neue erwachsen.

Der helle **Rhyolith** (isl. *líparít*) macht zwar nur 7 % der isländischen Laven aus, gehört aber aufgrund seiner breiten Farbpalette (weiß, gelb, braun, rötlich usw.) zu den auffälligsten Gesteinen. Wie der Name schon andeutet, ist rhyolithisches Magma (griech. *rhéo*, fließen, *líthos*, Stein) so zäh, dass es kaum fließt, sondern vielmehr aus dem Krater gepresst wird. Rhyolithlavaströme sind deshalb sehr dick und kurz. Berühmt wegen ihrer schillernden Farben sind die Rhyolithberge von Landmannalaugar (☞ Laugavegur) im südlichen Hochland.

Bei sehr schneller Abkühlung eines rhyolithischen Magmas entsteht **Obsidian** (isl. *hrafntinna*). Ein Beispiel für dieses meist schwarze, scharfkantige vulkanische Glas ist das Lavafeld Hrafntinnuhraun bei Landmannalaugar (☞ Laugavegur).

Ist das Magma äußerst zäh, kann der aufgebaute Druck so groß werden, dass eine Flanke des Vulkans weggesprengt wird. Dabei schießt eine **Glutwolke**, eine Mischung aus heißen Gasen und flüssig-festen Magmafetzen, den Hang des Vulkans hinunter. Das ausgestoßene Material verschweißt zu massigen Lagen von **Ignimbrit** (lat. *ignis*, Feuer, *nimbus*, Wolke), wie z. B. bei Hvítserkur (Borgarfjörður eystri).

Außer Lava fördern die meisten Ausbrüche auch **Lockermaterial** oder **Tephra**.

Die größten „Geschosse", mit denen Vulkanausbrüche ihre Umgebung eindecken, sind **Bomben**. Diese sind meist faust- bis kopfgroß und erhalten beim Flug oft eine Spindel-, Birnen- oder Kugelform.

Schlacken entstehen, wenn basaltisches Magma fontänenartig hochschießt. Sie sind glasig und porös, ihre Farbe ist rot oder schwarz. Bei niedrigen Lavafontänen fallen die einzelnen Fetzen nur teilweise erstarrt zu Boden und verbacken zu sog. **Schweißschlacken**.

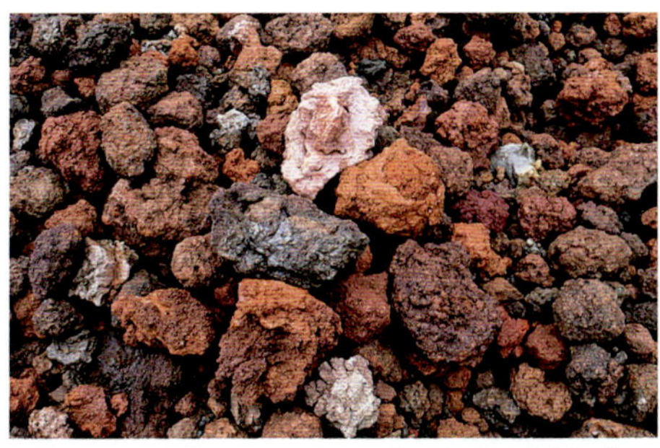
Vulkanische Schlacken

Bimsstein ist ein stark aufgeblähtes, poröses vulkanisches Glas. Er entsteht, wenn ein zähflüssiges (meist rhyolithisches) Magma durch plötzliche Druckentlastung – wie beim Entkorken einer Sektflasche – im Vulkanschlot aufschäumt und explosiv entweicht. Bimsstein ist durch die vielen Bläschen so leicht, dass er sogar auf Wasser schwimmt. Große Mengen hellen (rhyolithischen) Bimssteins entstanden bei Ausbrüchen des Öræfajökull im Jahre 1362 und der Askja 1875 (☞ Öskjuvegur).

Die feinsten Fragmente, sog. **vulkanische Asche**, können bei explosiven Ausbrüchen über sehr große Gebiete verteilt werden. Beim Ausbruch der Hekla 1947 rieselte zwei Tage später die Asche in Finnland nieder.

Typisch für subglaziale Eruptionen ist die Bildung von **Hyaloklastit** (griech. *hýalos*, Glas, *klásis*, zerbrechen). Er entsteht, wenn Magma in geringer Wassertiefe austritt und dabei zu kleinen glasigen Fragmenten zertrümmert wird. Verwitterter Hyaloklastit hat eine bräunliche Farbe und wird dann als **Palagonit** bezeichnet (☞ Palagonit- und Tafelberge).

Erdwärme

Dank des stark zerklüfteten und porösen Gesteins kann Niederschlagswasser vielerorts tief in den Untergrund eindringen. Dort wird es durch den Kontakt mit heißen Gesteinsmassen erwärmt, steigt auf und tritt in heißen Quellen oder Dampfquellen wieder zutage. Die Lage solcher sog. **Geothermalgebiete** (griech. *gé*, Erde und *thérme*, Wärme) – Gebiete reich an Erdwärme – spiegelt sich nicht selten in Ortsbezeichnungen wider, die Begriffe wie *reykur* (= Dampf), *laug* (= warme Quelle) oder *hver* (= heiße Quelle) enthalten – wie Reykjavík, Landmannalaugar oder Hveragerði.

Verhältnismäßig „kühl" sind **Niedrigtemperaturgebiete**, hier beträgt die Temperatur in 1.000 m Tiefe weniger als 150° C. Die ca. 250 Gebiete liegen alle außerhalb der aktiven Vulkanzone. Hier gibt es keine Fumarolen, sondern „nur" heiße Quellen, die allerdings sehr ergiebig sein können. Die heißen Quellen von Deildartunguhver (Borgarfjörður) sind die größten im Lande: Sie haben einen Ausstoß von 180 l/s an 100° C heißem Wasser.

Wesentlich größer ist die vorhandene Erdwärme in der aktiven Vulkanzone. Nur hier gibt es **Hochtemperaturgebiete**, d. h. Gebiete, die schon in 1.000 m Tiefe eine Temperatur von 150° C und mehr aufweisen. Auf Island existieren ca. 25 derartiger Gebiete.

In Hochtemperaturgebieten entweicht ein Großteil des in der Tiefe erhitzten Wassers als Dampf unter hohem Druck in **Fumarolen** (lat. *fumus,* Dampf) oder Dampfquellen. Durch gelösten Schwefelwasserstoff haben die Dämpfe oft einen beißenden Gestank, der an faule Eier erinnert – solche Dampfquellen werden als **Solfataren** bezeichnet. Der Schwefel wird oft als knallgelbe Kruste in der Nähe abgelagert. Weiße Ablagerungen werden durch Kieselsäure, braune und rote durch Eisenverbindungen erzeugt. In der Nähe der Dampfquellen finden sich häufig kochende **Schlammtöpfe**, kesselförmige Vertiefungen, in denen ein blaugrauer Brei aus Ton und heißem Wasser durch aufsteigende Dämpfe zum ständigen Überkochen gebracht wird.

Der Geysir Strokkur bricht alle 5 bis 10 Minuten aus.

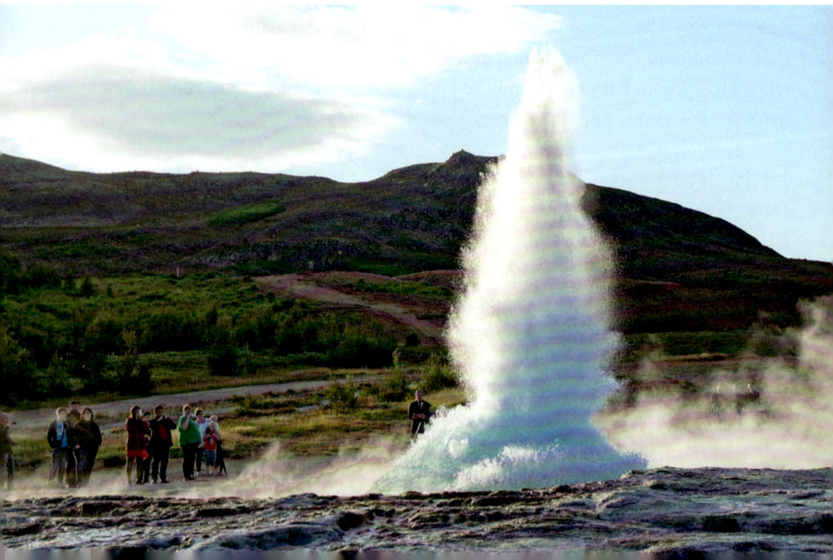

Zu den bekanntesten Hochtemperaturgebieten gehören Krafla, Námaskarð und Grímsvötn (unter Vatnajökull). Das größte liegt am Torfajökull (140 km²). Bei der Stromerzeugung in Island spielen Hochtemperaturgebiete eine zunehmend bedeutende Rolle

Eine Sonderstellung nehmen die **Geysire** (isl. *geysa*, wild strömen) ein. Auch diese kochend heißen Springquellen, die ihr Wasser periodisch auswerfen, gehören zu den Hochtemperaturgebieten. Strokkur (= Butterfass) im Haukadalur ist der bekannteste aktive Geysir. Namengebend für das Naturphänomen war der in die Jahre gekommene Nachbar Stóri-Geysir – dieser lässt sich aber nur im Zusammenhang mit schweren Erdbeben (zuletzt 2000) aus der Reserve locken.

Leben am Siedepunkt

Zugegeben, beim Betrachten qualmender Schwefelquellen und brodelnder Schlammtöpfe sind Lebewesen wohl das Letzte, was man in einer solch „infernalen" Umgebung vermuten würde. Gerade das aber widerlegten Forscher vor wenigen Jahren. Mehr noch: Sie fanden dort sogar blühende Ökosysteme vor.

Diese Organismen, hyperthermophile (extreme Hitze liebende) Bakterien, gehören zu den **Archaeen** (griech. *archaios*, uralt), primitiven Mikroorganismen, deren Ursprung sich bis in die Urzeiten der Erde zurückverfolgen lässt. Sie sind nicht nur bestens an die Bedingungen in Solfataren und kochend heißen Quellen angepasst, sondern ihr Stoffwechsel und ihre Vermehrungsweise sind sogar auf eine solch extreme Umgebung angewiesen. Ein Milliliter Flüssigkeit enthält bis zu 100 Mio. solcher Bakterien.

Auf die Spur der „Hyperthermophilen" führte ein Bakterium namens *Sulfolobus* (lat. *lobus*, Lappen), entdeckt Ende der 70er-Jahre in Solfataren des Yellowstone-Nationalparks (USA).

Später wurde *Sulfolobus*, das sich in sauren Gewässern bei Temperaturen zwischen 80 und 90° C erst so richtig wohlfühlt, auch in isländischen Hochtemperaturgebieten nachgewiesen. In ähnlichen Temperaturbereichen wurden dort außerdem weitere Archaeen entdeckt, darunter das stabförmige *Thermoproteus* (nach Proteus, dem griechischen Meergott, der vielerlei Gestalt annehmen kann), das drahtige *Thermofilum* (lat. *filum*, Faden) und das kugelförmige *Desulfurococcus* (lat. *coccus*, Beere).

Noch höhere Temperaturen (bis 97° C) bevorzugt *Methanothermus fervidus* (lat. *fervidus*, hitzig), angetroffen in Quellen in den Kerlingarfjöll (Zentralisland). Als derzeitiger Spitzenreiter unter den Hyperthermophilen gilt *Strain 121*, welcher 2003 von den US-Wissenschaftlern Derek Lovley und Kazem Kashefi isoliert wurde und dessen Überlebenstemperatur bei 130° C liegt. Damit löste er den kugelförmigen Mikroorganismus *Pyrolobus fumarii* mit einer maximalen Wachstumstemperatur von 113° C als bisherigen Rekordhalter ab. Solche Bedingungen finden sich nur in Solfataren in den Tiefen der Ozeane.

Innerhalb der Solfataren und heißen Quellen bilden die Archaeen ein **Ökosystem**, das durchaus dem Vergleich mit anderen Lebensgemeinschaften standhält.

Die Basis eines jeden Ökosystems bilden die Primärproduzenten, die sogenannten **Autotrophen**. Solche Organismen können selbst aus anorganischem Material Biomasse produzieren.

Kochender Schlammtopf in Hverarönd

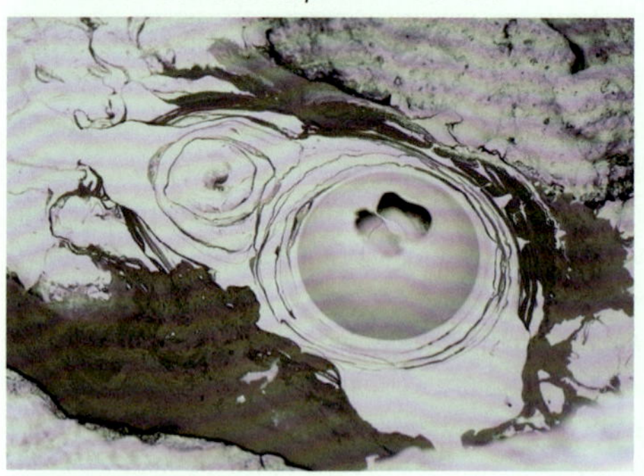

Normalerweise sind das die Photosynthese betreibenden grünen Pflanzen, die mit Hilfe des Sonnenlichtes organische Substanz bilden und die letztlich Mensch und Tier zur Nahrung dienen. Bei vulkanischen Ökosystemen wird diese Biomasse durch Chemosynthese – also unabhängig von der Sonne – produziert. Die meisten dieser Organismen leben außerdem im anaeroben (sauerstofffreien) Milieu. Für ihren Stoffwechsel benötigen sie lediglich Wasserstoff, Kohlendioxid und Schwefel. Je nach Milieu und Art der Archaeen entstehen dabei Methan oder Schwefelwasserstoff als Stoffwechselprodukt.

Auf der anderen Seite des Ökosystems stehen die Konsumenten, die sogenannten **Heterotrophen**, die für ihren Stoffwechsel auf organisches Material abgestorbener Primärproduzenten angewiesen sind.

In Solfataren auf dem Festland gehören *Thermoproteus* und *Methanothermus* zu den Primärproduzenten, während *Desulfurococcus* und *Thermofilum* die Konsumentenseite einnehmen. Eine etwas abweichende Position besetzt *Sulfolobus*, das zwar auch als Primärproduzent gilt, für seinen Stoffwechsel jedoch Sauerstoff benötigt, mit dem es aus Schwefel oder Schwefelwasserstoff Schwefelsäure bildet. Außerdem verhalten sich bestimmte Stämme von *Sulfolobus* und auch von *Ther-*

moproteus bei Gelegenheit ebenfalls wie Konsumenten. In Solfataren am Meeresboden bilden *Pyrodictium* und andere Hyperthermophile ähnlich gegliederte Ökosysteme.

Bei der **Entstehung des Lebens** auf der Erde spielten die Archaeen wahrscheinlich eine entscheidende Rolle, denn wenn eine Gruppe von Organismen den extremen Bedingungen der primitiven Erde angepasst war, dann war es die der hyperthermophilen Archaeen. Es ist nicht undenkbar, dass einige dieser ersten Lebensformen in ihrer ökologischen Nische in den Vulkangebieten bis heute überlebt haben.

Klima und Wetter

Im Vergleich zu anderen Gebieten in ähnlicher Breitenlage genießt Island ein erstaunlich mildes Klima. Die Sommer sind kurz und relativ kühl, die Winter lang, aber recht moderat. Auch die Temperaturgegensätze zwischen Sommer und Winter sind gering. Z. B. beträgt für Reykjavík die Durchschnittstemperatur im Juli 11,7° C und im Januar 1,4° C (2017).

Diese relative Milde und Ausgeglichenheit verdankt das Land in erster Linie dem bis zu 12° C warmen **Irmingerstrom** (einer nördlichen Fortsetzung des Golfstroms), der die Insel von Süden kommend in Uhrzeigersinn umfließt. Ihm entgegen kommt der kalte **Ostgrönlandstrom**, der im Nordwesten an Island vorbeistreicht und dessen Ausläufer, der Ostislandstrom, 0 bis 3° C kalte polare Wassermassen an der Ostküste entlangführt.

Eng an die kalten Meeresströmungen gebunden ist das Treibeis, das ab und zu die Nordküste bis in den Sommer hinein blockiert. Charakteristisch für solche „Treibeisjahre" sind deutlich niedrigere Temperaturen im Frühjahr und Sommer sowie eine dramatische Verkürzung der Vegetationsperiode.

Vor allem während der Kleinen Eiszeit von ca. 1550 bis zum Ende des 19. Jh. gab es viele Treibeisjahre. Das Treibeis war Auslöser einer Hungersnot für Mensch und Tier und viele Bauernhöfe wurden deshalb aufgegeben.

Die überwiegend süd-südwestlichen Winde bringen Wolken und jede Menge Niederschlag über Südisland. Der Küstenort Vík verzeichnet jährlich über 2.000 mm Regen und Schnee. Noch viel höhere Niederschläge gehen über den Eiskappen Mýrdalsjökull (mehr als 4.000 mm) und Vatnajökull (bis 8.000 mm) nieder. Regnet es im Süden, ist das Wetter im Nordland (im Regenschatten) meist warm und trocken. Umgekehrt bedeutet Nordwind meist schlechtes Wetter für den Norden und sonniges für den Süden.

Hinzu kommt die Unbeständigkeit des Wetters, wobei nicht selten innerhalb eines Tages mehrere Perioden mit starker Bewölkung, Niederschlägen und Aufheiterungen wechseln. Treffend sagt es der auf Island oft zitierte Satz: „Wenn dir das Wetter nicht gefällt, dann warte nur ein Viertelstündchen!"

Flora

Island zeichnet sich zum einen durch eine großflächige Vegetationsarmut und dem fast vollständigen Fehlen von Wald und zum anderen durch eine extrem niedrige Artenvielfalt aus. So gibt es etwa 1.000 Moos- und Flechtenarten, aber nur 470 Arten höherer Pflanzen (Gefäßpflanzen). Verantwortlich hierfür sind vor allem die Eiszeiten, die viele Pflanzen von der Vulkaninsel „vertrieben" haben. Nur 200 bis 250 Arten überdauerten die Vergletscherungen – in eisfrei gebliebenen Refugien wie den Ost- und Westfjorden oder der gebirgigen Halbinsel Tröllaskagi.

Geflecktes Knabenkraut

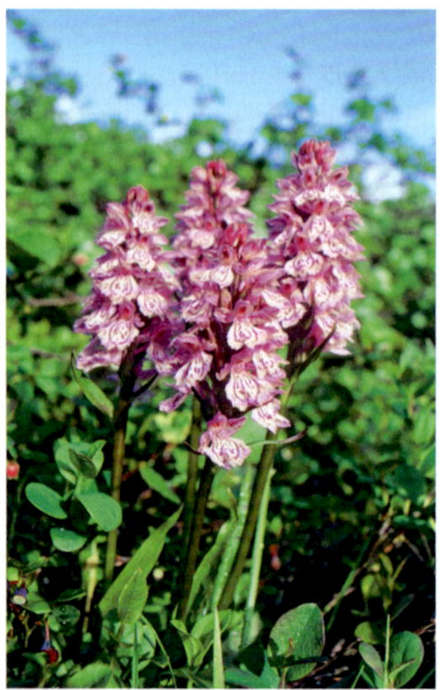

Vor 1.100 Jahren brach eine weitere ökologische Katastrophe über die Insel herein: Island wurde durch die Menschen besiedelt. Weil die Siedler Bau- und Feuerholz oder Holzkohle brauchten, wurde jede Menge Wald gerodet. Hinzu kamen vielerorts Verbiss- und Trittschäden durch weidendes Vieh, vor allem durch Schafe. Nicht zuletzt infolge der durch all diese Aktivitäten eingeleiteten Bodenerosion schrumpfte die Vegetationsdecke von 40.000 km² zum Zeitpunkt der Landnahme auf etwa 23.800 km² zusammen.

Die Vegetation differenziert sich je nach Höhenlage, Klima, Grundwasserspiegel und den Bodenverhältnissen in verschiedene natürliche Pflanzengesellschaften.

Nur in klimatisch begünstigten Arealen sind Restbestände des **subpolaren Birkenwaldes** anzutreffen. Bestandsbildend ist dort vor allem die **Moorbirke** (*Betula pubescens*); vereinzelt kommt auch die **Eberesche** (*Sorbus aucuparia*) vor. Hinzu gesellen sich in der Strauchschicht **Zweifarbige** und **Wollige Weide** (*Salix phylicifolia* und *Salix lanata*). Den Boden bedeckt eine dichte Krautschicht, in der u. a. die roten Früchte der **Steinbeere** (*Rubus saxatilis*), die violetten Blüten des **Wald-Storchschnabels** (*Geranium sylvaticum*) und die gelben des **Echten Labkrauts** (*Galium verum*) und des **Scharfen Hahnenfußes** (*Ranunculus acris*) sowie die weißen Dolden der **Wald-Engelwurz** (*Angelica sylvestris*) farbige Akzente setzen. Zu den größten Waldvorkommen gehören Þórsmörk im Süden und Hallormsstaður im Osten Islands. Vielerorts erinnern nur noch Orts- und Flurnamen – wie Skógar (= Wälder) oder Markarfljót (= Waldstrom) – an einstige Waldgebiete.

Am Fuß von Bergzügen oder auf deren Vorland findet sich vor allem in Ost- und Nordostisland die **Zwergstrauchheide** (isl. *móar*), eine baumlose Landschaft mit Heidekraut- und Krähenbeerengewächsen. Typische Vertreter sind die **Krähenbeere** (*Empetrum nigrum*), die **Rauschbeere** (*Vaccinium uliginosum*) und die **Heidelbeere** (*Vaccinium myrtillus*) (☞ 📷 Seite 159), deren im Herbst heranreifenden Beeren vielerorts zu einem wahren Ansturm auf die Zwergstrauchheide führen. Hinzu gesellen sich oft die im Herbst rote Beeren tragende **Echte Bärentraube** (*Arctostaphylos uva-ursi*), das **Gemeine Heidekraut** (*Calluna vulgaris*), die **Silberwurz** (*Dryas octopetala*) und die **Alpenheide** (*Loiseleuria procumbens*). Im Bergland schließt sich an die Zwergstrauchheide die von den rosafarbenen Blüten der Alpenheide geprägte **Zwergstrauchtundra** an.

Besonders in Südisland sind neuzeitliche Lavaströme und vulkanische Auswurfmassen oft von der **Rhacomitrium-Heide** bedeckt. Diese besteht aus einer bis zu 10 cm dicken grau- bis gelbgrünen Schicht des **Grauen** und **Wolligen Zackenmützen-Mooses** der Gattung *Rhacomitrium*. Rhacomitrium-Heiden sind z. B. weit verbreitet rund um Landmannalaugar und auf der Halbinsel Reykjanes.

Große Teile des Tieflands bestehen aufgrund des hohen Grundwasserstands aus Sumpf- und Moorgebieten – insgesamt bedecken sie 10 % der Landesfläche. Typisch für die Flora der **Sümpfe** (isl. *flói*) sind die weißen Wollbüschel des **Schmalblättrigen Wollgrases** (*Eriophorum angustifolium*). Mit zunehmender Verlandung schließt sich die Vegetationsdecke und der Sumpf verwandelt sich allmählich in ein **Moor** (isl. *mýri*). Dort bilden sich durch den ständigen Wechsel von Frost und Tau allmählich grasbewachsene Höcker, sog. *þúfur*.

Ausgesprochen karg ist die Vegetation der Sand- und Kieswüsten (isl. *melur*) im zentralen Hochland, wo Niederschlagswasser sofort im Boden versickert. Diese durch einzelne zerstreut wachsende Pflanzen charakterisierte **Melur-Vegetation** prägt auch die Sander Südislands, wo die ständig ihren Lauf ändernden Gletscherflüsse und die Winderosion ebenfalls das Aufkommen einer geschlossenen Pflanzendecke verhindern. Für spärliche Farbtupfer in dieser düsteren Landschaft sorgen **Stengelloses Leimkraut** (*Silene acaulis*), **Gemeine Grasnelke** (*Armeria maritima*), **Felsen-Schaumkresse** (*Cardaminopsis petraea*) und **Alpen-Hornkraut** (*Cerastium arcticum*). Eine ähnliche Farbwirkung haben die gelblich grün leuchtenden Teppiche der **Quellmoose**, die Quellaustritte und Bachränder säumen.

Quellmoose auf der Halbinsel Snæfellsnes

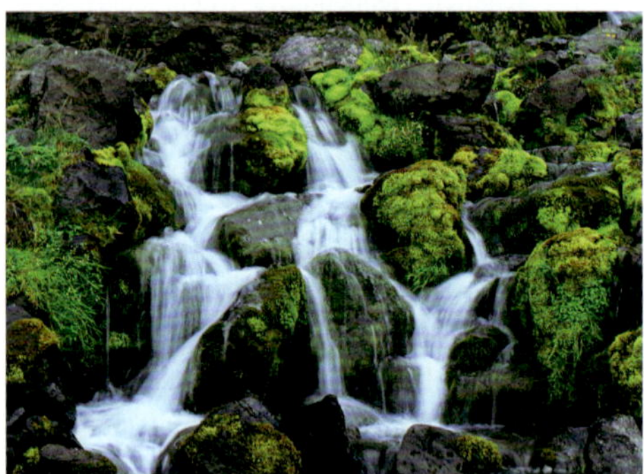

Fauna

Bevor die ersten Siedler Island betraten, gehörte das ganze Land dem **Polarfuchs** (*Alopex lagopus*) (☞ 📷 Seite 282). Alle anderen heute auf der Insel heimischen Landsäugetiere sind mit den Menschen dorthin gelangt. Beim Polarfuchs wird aufgrund der Farbe des Winterpelzes zwischen zwei Typen unterschieden: Der Weißfuchs – mit weißem Winterfell – überwiegt im Inland, der Blaufuchs – mit blaugrauem Winteranzug – hält sich mehr an der Küste auf. Auf dem Speiseplan der Füchse stehen Vögel, Eier, Beeren, Schafskadaver, Fische und sogar tote Robben.

Mit den Siedlern kamen Nutztiere wie Pferde und Schafe nach Island. Das **Schaf** als Kleidungs- und Fleischlieferant ermöglichte überhaupt erst die Besiedlung der Insel. Das berühmte **Islandpferd** zeichnet neben seiner Robustheit aus, dass es als einzige Pferderasse fünf Gangarten – Schritt, Trab, Galopp, Tölt und Pass – beherrscht. Als Transportmittel auf dem Lande war es bis ins frühe 20. Jh. hinein unersetzbar. Das Pferd schaffte Waren von der Küste zu entlegenen Höfen;

es transportierte das Heu von den Wiesen; im Herbst trieb es die Schafe zusammen; es beförderte die Säuglinge zur Taufe und die Toten zum Friedhof.

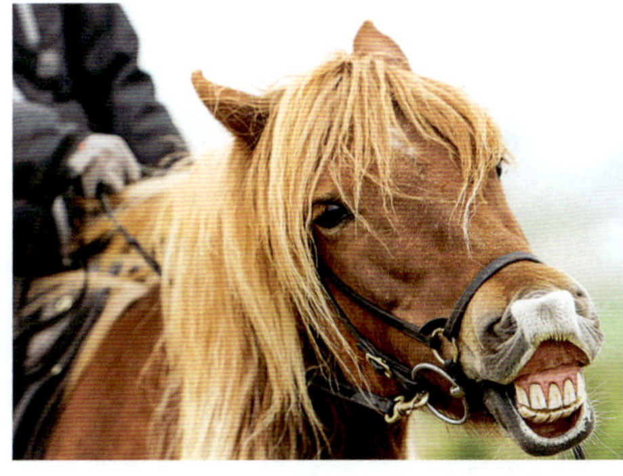

Islandpferd

Dem misslungenen Versuch, auf Island eine Rentierzucht nach lappländischem Modell einzurichten, entstammen die in Ostisland wildlebenden **Rentiere** (*Rangifer tarandus*). Ihr Bestand umfasst heute ca. 7.000 Tiere.

Zu einer wahren Plage entwickelte sich der um 1930 zu Zuchtzwecken importierte **Amerikanische Nerz** (*Mustela vison*) alias **Mink**. Durch die rasche Vermehrung aus der Gefangenschaft entwichener Tiere ist er zu einer ernsten Bedrohung für die Wasservögel geworden und wird deshalb massiv bejagt. Auch **Haus-** und **Wanderratten** sowie **Feld-** und **Waldmäuse** wurden durch Menschen eingeschleppt.

Kegelrobbe

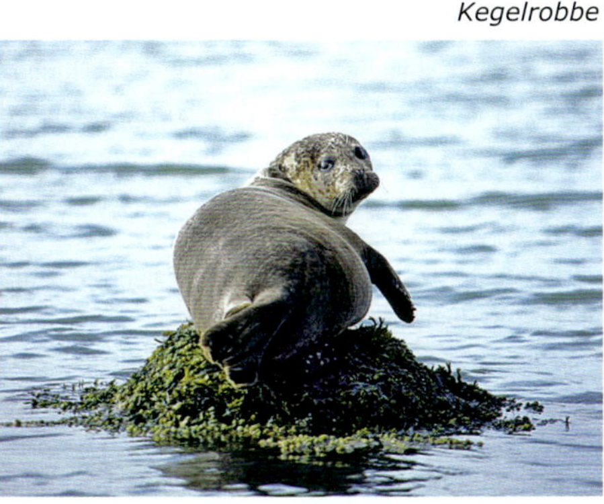

Zwei Robbenarten sind an Islands Küsten weit verbreitet. Die ca. 6.200 **Kegelrobben** (*Halichoerus grypus*) bevorzugen felsige Küsten. Häufiger ist der **Seehund** (*Phoca vitulina*), der vor Flussmündungen, auf Sandbänken und auf kleinen Inseln anzutreffen ist. Der Seehundbestand wird auf 7.600 Tiere geschätzt (2016). Robben werden schon seit der Besiedlung gejagt, zunächst wegen ihres Fells und Fleisches, heute auch, weil sie angeblich die Fischbestände beeinträchtigen.

Mit etwas Glück lassen sich auf dem offenen Meer Wale beobachten. 23 Arten wurden in isländischen Gewässern gesichtet. Bei den Bartenwalen sind Finn-,

Sei- und Zwergwal am häufigsten; bei den Zahnwalen Pott-, Grind- und Schwertwal. Der Nördliche **Zwergwal** (*Balaenoptera acutorostrata*) und der **Finnwal** (*Balaenoptera physalus*) werden seit der Wiederaufnahme des Walfangs durch die Isländer heute wieder bejagt (☞ Geschichte).

Buckelwal

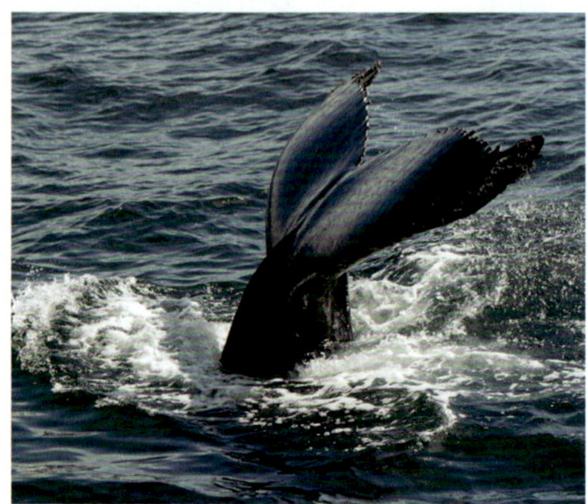

Islands Binnengewässer enthalten nur fünf Fischarten, von denen die **Forelle** (*Salmo trutta*) und vor allem der **Lachs** (*Salmo salar*) bei Anglern hoch im Kurs stehen. Von den 150 marinen Arten haben zwanzig eine wirtschaftliche Bedeutung.

Die Vögel sind die eigentliche Attraktion der isländischen Fauna, wobei nicht so sehr die Artenzahl – 70 nisten regelmäßig auf der Insel –, sondern eher die bei einigen Arten gewaltige Individuenzahl ausschlaggebend ist. Das lässt sich am besten an den **Vogelfelsen**, Inseln oder Kliffs mit Zehn- oder Hunderttausenden von Seevögeln, illustrieren. Zu den beeindruckendsten gehören die von Látrabjarg und Hornbjarg (Westfjorde), Grímsey und Drangey (Nordisland) sowie Vestmannaeyjar (Südisland).

Charakteristisch ist der klar gegliederte Aufbau eines Vogelfelsen. Unten, gleich oberhalb der Flutlinie, nistet die **Gryllteiste** (*Cepphus grylle*); darüber liegen die aus Seetang aufgebauten Nester der **Dreizehenmöwe** (*Rissa tridactyla*); auf schmalen Simsen im steilsten Teil des Kliffs hocken **Trottel-** und **Dickschnabellumme** (*Uria aalge* und *Uria lomvia*), oft in Gesellschaft des **Tordalks** (*Alca torda*); im oberen Stockwerk folgen der **Eissturmvogel** (*Fulmarus glacialis*) und der **Papageitaucher** (*Fratercula arctica*), der in der Grasnarbe lange Brutröhren ausgräbt.

Auf unzugänglichen Kliffs oder Brandungssäulen nistet der **Basstölpel** (*Sula bassana*). Der größte Vogel des Nordatlantiks – Flügelspannweite 1,80 m! – gilt als extrem tiefer Schläfer, eine Eigenheit, die ihm früher oft zum Verhängnis

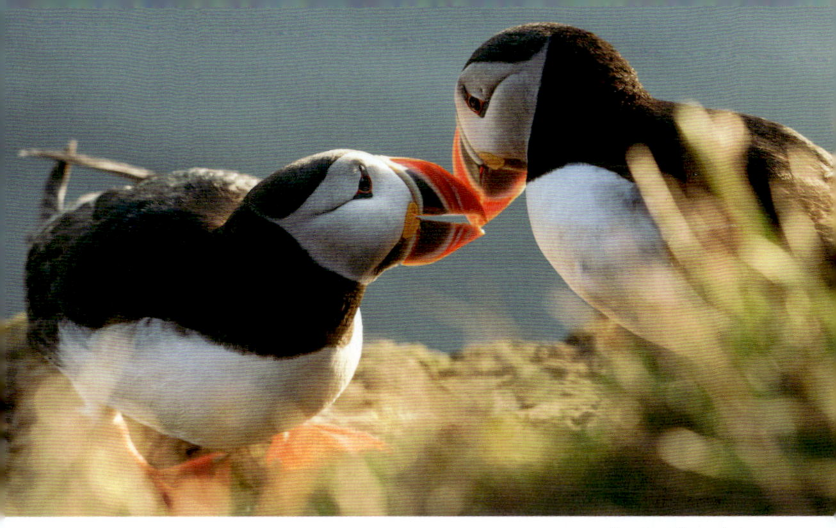

Papageitaucher

wurde. Im 18. Jh. ruderten Vogelfänger aus Akranes in den hellen Sommernächten in die Bucht Faxaflói hinaus und brauchten die auf dem Wasser schlafenden Vögel nur einzusammeln. Heute zählt Island fünf Kolonien des Basstölpels, die auf der Insel Eldey gehört zu den bedeutendsten der Welt. Auf der kleinen Felsinsel vor der Südspitze der Halbinsel Reykjanes wurde 1844 auch das weltweit letzte Exemplar des **Riesenalks** erlegt.

Zu den aggressivsten Küstenbewohnern gehört die **Große Raubmöwe** (*Stercorarius skua*), die Störenfriede mit gezielten Angriffsflügen aus ihrem Brutgebiet verscheucht. Sie ernährt sich hauptsächlich von Fischen, die sie anderen Seevögeln abjagt und nistet vor allem auf den sandigen Küstenstreifen von Skeiðarár- und Breiðamerkursandur. Ihr in nichts nach stehen die kleinen, aber flinken **Küstenseeschwalben** (*Sterna paradisaea*), die mit lautem Geschrei und Scheinattacken ihre oft riesigen, auf küstennahen Grasebenen angesiedelten Brutkolonien verteidigen.

Weltweit bekannt für seine **Enten** ist der See **Mývatn** (= Mückensee). Auf dem 38 km² großen See im Nordosten Islands nisten bis zu 7.000 Brutpaare. Alle 16 auf Island bekannten Entenarten sind vertreten, darunter die **Spatelente** (*Bucephala islandica*), die europaweit nur dort nistet. Ihre Eigenart auch Häuser und Schuppen als Nistplatz auszuwählen, brachte der Spatelente auf Island den Namen *húsönd* (= Hausente) ein.

Die vor allem entlang der Küste liegenden Kolonien der **Eiderente** (*Somateria mollissima*) sind wegen der gesammelten Daunen von wirtschaftlicher Bedeutung. Für 1 kg reine Eiderdaune, der den Flaum von 50 bis 60 Nestern erfordert, erhält der Bauer bis zu ISK 100.000 (ca. € 750). Die ca. 250 Brutkolonien, die sich nicht selten aus über tausend Entenpaaren zusammensetzen, werden von den Besitzern streng überwacht. 450.000 Brutpaare nisten entlang der isländischen Küste. Zu den größten Brutkolonien gehören Æðey in den Westfjorden und Papey in Südostisland.

Von gigantischen Wasserkraftprojekten bedroht, sind die Brutstätten der **Kurzschnabelgans** (*Anser brachyrhynchus*), die in Feuchtgebieten im zentralen Hochland nistet. Als eine der weltweit bedeutendsten Brutplätze gilt die Oase Þjórsárver am Hofsjökull, wo 6 bis 10.000 Brutpaare nisten. Sie genießt deshalb seit 1990 als Ramsar-Gebiet einen Sonderschutz.

Islands begehrtester Vogel ist der **Gerfalke** (*Falco rusticolus*). Er war einst als Jagdfalke beim europäischen Adel und im Orient besonders geschätzt. Allein in den Jahren 1731 bis 1793 ließ sich der dänische Königshof fast 5.000 Exemplare aus Island liefern, um sie als diplomatische Geschenke an fast alle europäischen Königshöfe zu senden. Eine totale Ausrottung konnte zuletzt nur noch dank strenger Schutzmaßnahmen verhindert werden. Heute gibt es noch 300 bis 400 Paare dieses Greifvogels, der unzugängliche Kliffs und Canyons als Nistplatz bevorzugt. Einige Exemplare nisten in der Schlucht ☞ Jökulsárgljúfur.

Die Verbreitung des Gerfalken ist eng mit der des **Alpenschneehuhns** (*Lagopus mutus*) verbunden, seiner Hauptnahrung. Schneehühner sind durch ihr Federkleid – braun im Sommer, weiß im Winter – hervorragend an ihre Umgebung angepasst. Aber auch das kann nicht verhindern, dass viele Tiere alljährlich als Weihnachtsbraten auf den Tischen der Isländer landen.

Der Frühling kommt

Alljährlich verkünden Zeitungen und Rundfunk die Ankunft des **Goldregenpfeifers** (*Pluvialis apricaria*) auf Island. Im Herzen der Insulaner nimmt der gesprenkelte Vogel mit der schwarz-weißen Brust einen besonderen Platz ein, gilt er doch als Symbol für den Beginn des Frühlings. „*Jetzt ist der Goldregenpfeifer gekommen, um den Schnee wegzusingen*", heißt es in einem beliebten alten isländischen Lied, wenn der Bewohner von trockenen Heidegebieten (meist im Mai) wieder auf der Vulkaninsel gesichtet wird.

Geschichte

Die Erstbesiedlung Islands hüllt sich im Nebel der Geschichte. Der Fund römischer Münzen aus der Zeit um 300 n. Chr. lässt zwar vermuten, dass bereits die Römer die Insel kannten. Wahrscheinlich waren es aber **irische Mönche** (isl. *papar*), die zuerst die Insel erreicht und zeitweise besiedelt haben. Von den Iren ist bekannt, dass sie sich schon im 6. Jh. in einfachen Fellbooten weit auf den Atlantik hinauswagten. Spuren hinterließen die Mönche jedoch nicht – abgesehen von Ortsnamen wie Papey (= Pfaffeninsel) oder Papafjörður (= Pfaffenfjord).

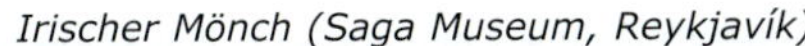

Irischer Mönch (Saga Museum, Reykjavík)

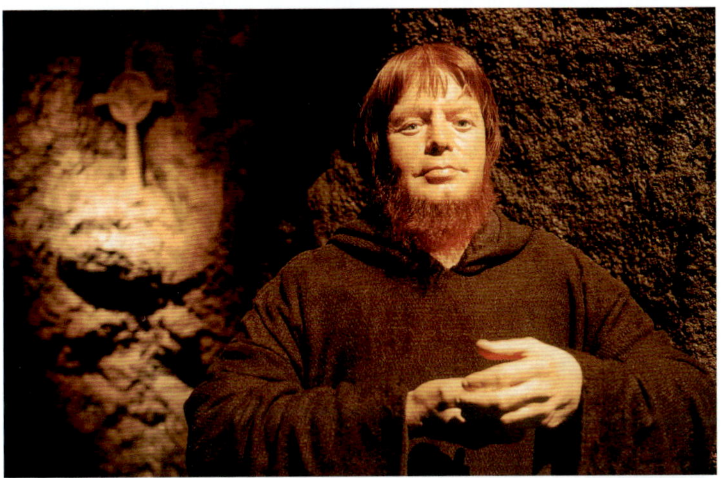

Fast 300 Jahre vergingen bis die Insel erneut entdeckt wurde – von den **Wikingern**: Um 860 landeten **Naddoður** und **Garðar Svavarsson** unabhängig voneinander auf Island – möglicherweise hat sie ein Sturm vom Kurs abkommen lassen. Ihre Erzählungen weckten das Interesse des Abenteurers **Flóki Vilgerðarson**, der 865 das unbekannte Land ansteuerte und sich am Vatnsfjörður im Nordwesten der Insel niederließ. Dieser erste Besiedlungsversuch ging aber gründlich daneben, denn schon im ersten Winter starb das gesamte Vieh. Als der Pechvogel vom Gipfel eines hohen Berges nur Fjorde voller Treibeis erblickte, taufte er das unbarmherzige Land enttäuscht *Ísland* (= Eisland) und ging wieder fort.

Als erster dauerhafter Siedler gilt der Norweger **Ingólfur Arnarson**. Er erreichte 874 die südisländische Landzunge Ingólfshöfði (= Ingólfurs Kap). Später ließ er sich in einer Bucht nieder, für die es wegen der vielen emporsteigenden Dampfsäulen nur einen logischen Namen geben konnte: *Reykjavík* – die rauchende Bucht.

In den folgenden Jahrzehnten erlebte Island eine beispiellose Einwanderungswelle: In der **Landnahmezeit** (874-930) wuchs die Bevölkerung auf 20.000 bis 40.000 Menschen an. Viele Siedler waren Großbauern und Fürsten, die aus Norwegen und anderen Gebieten fliehen mussten, da sie sich weigerten, den aufstrebenden Kleinkönig Haraldur hárfagri (= Harald Schönhaar) anzuerkennen. Andere kamen aus den norwegischen Kolonien von den britischen Inseln.

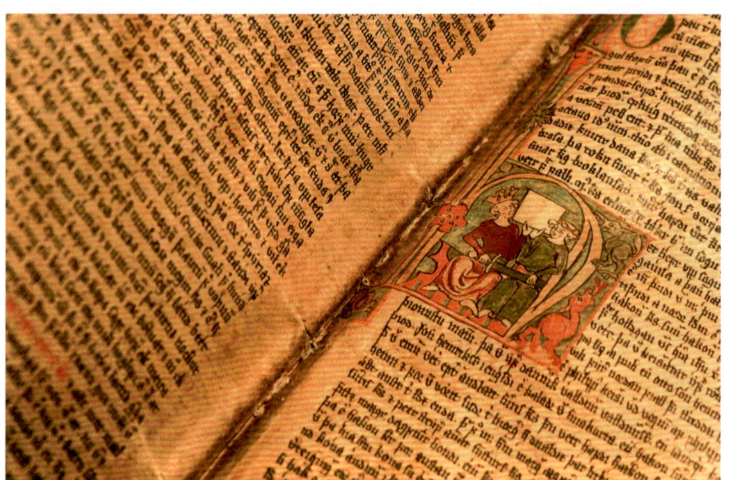

Ausschnitt aus dem Flateyjarbók

Schon gegen Ende des 9. Jh. bildeten sich im gerade besiedelten Land Tempelgemeinden (isl. *goðorð*). Diese entstanden um die Höfe der Goden (isl. *goðar*), Häuptlinge im Besitz eines Tempels. Die Goden waren nicht nur Priester, sondern sprachen auch innerhalb der Gemeinschaft Recht. Zur Klärung von Streitfragen zwischen einzelnen Gemeinden wurden nach altgermanischem Brauch Thingstätten (isl. *þing*) eingerichtet. Ein weiterer und entscheidender Schritt erfolgte 930 mit der Gründung des ***Alþingi***, einer Volksversammlung mit oberster gesetzgebender und richterlicher Befugnis aber ohne Exekutivgewalt. Faktisch wurde mit der Einrichtung des Alþingi, das fortan jedes Jahr auf den *Þingvellir* (= Versammlungsebenen) zusammenkam, der isländische Staat gegründet.

Das **Zeitalter des isländischen Freistaates** (930-1264) war in vielerlei Hinsicht eine Blütezeit. Der Wohlstand wuchs; neue Länder wurden entdeckt. 982 erfolgte die Kolonisierung Grönlands durch **Eiríkur rauði** (= Erich der Rote); wenig später entdeckte sein Sohn **Leifur Eiríksson** Amerika – 500 Jahre vor Kolumbus!

Nach dem Übertritt zum Christentum im Jahr 1000 entwickelte sich die Kirche im 11. und 12. Jh. zu einem bedeutenden Machtfaktor. 1056 wurde **Ísleifur Gissurarson** in Skálholt zum ersten Bischof Islands geweiht; 1106 folgte die Einrichtung eines zweiten Bischofssitzes für Nordisland in Hólar.

In der literarischen Blütezeit des 12. und 13. Jh. entstanden bedeutende Werke wie „**Landnámabók**" (eine umfassende Übersicht der ersten Siedler Islands), die **Edda** (Helden- und Götterlieder) und die **Sagas** (Familien- und Sippengeschichten). Weltberühmt sind die ***Íslendingasögur*** (= Sagas über die Isländer), die die Zeit von der Besiedlung Islands bis etwa um 1030 behandeln; zu den bekanntesten gehören „Njáls saga", „Laxdæla saga" und „Egils saga".

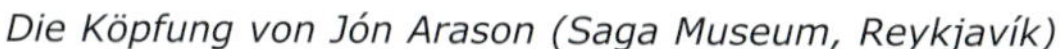

Die Köpfung von Jón Arason (Saga Museum, Reykjavík)

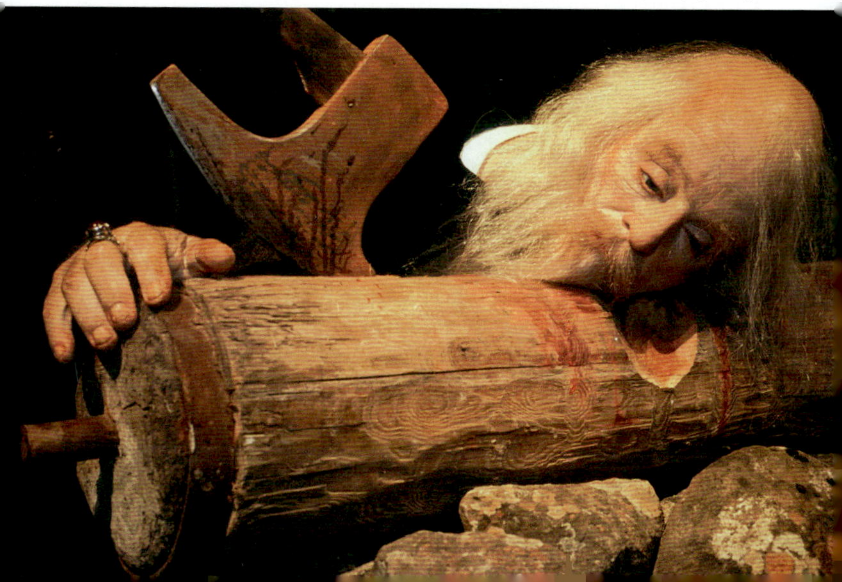

Letztere entstammt vermutlich, wie die „Snorra-Edda" und „Heimskringla" (ein Prosawerk über die norwegischen Könige bis 1177) der Feder eines Mannes, der nicht nur der größte Dichter und Autor seiner Zeit, sondern auch ein brillanter Gelehrter und Staatsmann war: **Snorri Sturluson** (1179-1241). Mit dem isländischen Freistaat ging es da aber schon steil abwärts: Machtkämpfe und Intrigen, bei denen Snorris Sippe der Sturlungar eine entscheidende Rolle spielte, prägten die **Sturlungar-Zeit** (1200-1264). Nutznießer war der norwegische König Hákon Hákonarson, der die Streitigkeiten geschickt ausnutzte, um seinen Einfluss auf Island zu vergrößern und das Land 1264 schließlich zu unterwerfen. Dies bedeutete das Ende des isländischen Freistaates.

Ursprünglich war nur eine Vereinigung Islands und Norwegens unter dem norwegischen König vorgesehen; die Landesrechte sollten unangetastet bleiben. Besiegelt wurde die Personalunion durch den „**Alten Vertrag**" (isl. *Gamli sáttmáli*), der u. a. die regelmäßige Versorgung Islands mit lebensnotwendigen Gütern absichern sollte, denn das Land verfügte aufgrund akuten Holzmangels seit längerem nicht mehr über eine eigene Handelsflotte. Die norwegische Krone ignorierte jedoch schon bald die Vereinbarungen und begann stattdessen eine rücksichtslose Ausbeutung der Insel.

Als Island 1380 zusammen mit Norwegen, bedingt durch die Erbfolge, unter dänische Herrschaft geriet, drehte sich die Abwärtsspirale weiter. Das *Alþingi* verlor zunehmend an Bedeutung; drakonische Einschränkungen der dänischen Herrscher brachten den Handel mit Island fast zum Erliegen. Um den im 15. Jh. aufblühenden Handel mit englischen und hanseatischen Kaufleuten zu unterbinden, schuf König Christian IV. das **dänische Handelsmonopol**, das nur den Städten Kopenhagen, Malmö und Helsingør das Recht auf den Handel mit Island einräumte. Die Folgen für die isländische Wirtschaft waren katastrophal. Dänische Kaufleute missachteten alle Vereinbarungen, kauften isländische Güter weit unter Wert ein und verkauften oft verrottete oder nutzlose Waren zu Wucherpreisen.

Zu allem Überfluss dezimierten **Seuchen** und **Vulkanausbrüche** die durch Unterdrückung und Hunger gepeinigte Bevölkerung: 1347 forderte eine Pockenepidemie allein in Südisland 1.000 Tote; in den Jahren 1402-1405 raffte die Pest zwei Drittel der Bevölkerung dahin. Gleich drei Ausbrüche der Hekla legten im 14. Jh. die Siedlungen am Fuß des Vulkans in Schutt und Asche, 1362 löschte ein gewaltiger Ausbruch des Öræfajökull den Bezirk Litlahérað aus. Hinzu kamen dramatische **Klimaverschlechterungen** wie zu Beginn des 17. Jh., als eine Reihe harter Winter Tausenden Menschen den Tod brachte. In ihrer Not begann die Bevölkerung sogar, auf Kalbshaut geschriebene Manuskripte zu essen. 1707 und 1709 fielen 18.000 Menschen – ein Drittel der verbliebenen Bevölkerung – den Pocken zum Opfer; die Einwohnerzahl sank auf 35.000 – die niedrigste Zahl seit 700 Jahren! Den grausamen Höhepunkt bildete 1783/84 der **Laki-Ausbruch**, der eine weltweite Klimaverschlechterung herbeiführte. In den Folgejahren starben auf Island 10.000 Menschen einen qualvollen Hungertod. Die dänischen Herrscher überlegten sogar, das Land aufzugeben und die Restbevölkerung in den Heidegebieten Jütlands anzusiedeln.

Eine positive Konsequenz hatte der Laki-Ausbruch dennoch: Ab 1787 begann die dänische Regierung das Handelsmonopol schrittweise zu lockern. Die Lebensbedingungen der Isländer verbesserten sich nun allmählich. Außerdem begann unter der energischen Führung des Pastorensohnes **Jón Sigurðsson** (1811-1879) die Rückeroberung der Unabhängigkeit. Ein Meilenstein bedeutete 1843 die Wiedereinsetzung des 1800 aufgelösten *Alþingi*. 1874 überbrachte der dänische König Christian IX. zur 1.000-Jahr-Feier der Besiedlung Islands die neue Verfassung. Damit erhielt das *Alþingi* die gesetzgebende Gewalt und die autonome Verwaltung der Finanzen zurück.

Der Durchbruch folgte 1918: Island wurde wieder ein unabhängiger Staat, nur noch durch eine Personalunion mit Dänemark verbunden.

Mitten im Zweiten Weltkrieg, als zunächst britische und später amerikanische Streitkräfte Island besetzten, um einer deutschen Invasion zuvorzukommen, wurde in Þingvellir die **unabhängige Republik** ausgerufen. Dies geschah am **17. Juni 1944**, dem 133. Geburtstag des Freiheitshelden Jón Sigurðsson. Der 17. Juni ist seitdem der isländische **Nationalfeiertag**.

1949 trat Island der Nato bei. Da das kleine Land nicht über eigene Streitkräfte verfügte, übernahmen die USA die Aufgaben der Verteidigung und erhielten im Gegenzug die Erlaubnis, einen Militärstützpunkt in Keflavík zu errichten und zu nutzen. Weltweit in die Schlagzeilen geriet Island durch die **Kabeljaukriege** und 1986, als die beiden mächtigsten Männer der Erde, **Ronald Reagan** und **Michail Gorbatschow**, bei einem Treffen in Reykjavík den Grundstein zur Beendigung des Kalten Krieges legten.

2001 trat Island dem Schengen-Abkommen bei. In den letzten Jahrzehnten entdeckte die einstige Agrar- und Fischereination ihr gewaltiges Potential an Wasserkraft und Geothermie und mauserte sich durch den Bau vieler Kraftwerke zu einer **Energiegroßmacht**. Dass dafür beträchtliche Teile der „letzten Wildnis Europas" geopfert wurden, stößt vielerorts auf Unverständnis, genauso wie die isländische Haltung zum Thema Walfang. Nachdem seit 1990 offiziell kein Walfang mehr betrieben wurde, wurde 2003 die Jagd auf die großen Meeressäuger zu Forschungszwecken wieder aufgenommen – trotz boomendem Whale-Watching-Tourismus. Noch entsetzter reagierte die Welt, als 2006 auch die Wiederaufnahme des kommerziellen Walfangs angekündigt wurde.

Geothermalkraftwerk Reykjanesvirkjun

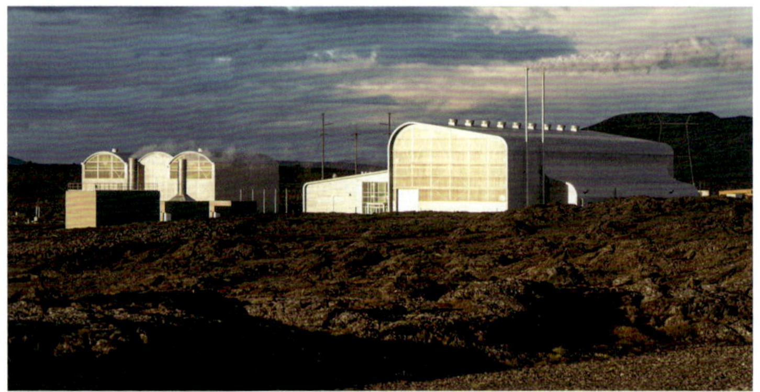

Mit der Auflösung des **US-Militärstützpunktes**, der seit 1951 in Keflavík existierte, ging 2006 das Kapitel der amerikanischen Präsenz auf Island zu Ende.

2008 erfuhr die Isländische Krone durch die **internationale Finanzkrise** eine starke Entwertung. Große Teile des Finanzsektors, darunter die drei Großbanken Glitnir, Landsbankinn und Kaupþing, wurden von der isländischen Regierung unter staatliche Kontrolle gebracht.

2009 trat die Regierung Haarde wegen der Finanzkrise zurück. Jóhanna Sigurðardóttir wurde seine Nachfolgerin als Premierministerin.

Am 20. März 2010 erwachte im Süden des Landes der Vulkan **Eyjafjallajökull**, dessen Aschewolke den Flugverkehr in großen Teilen Nord- und Mitteleuropas zum Erliegen brachte (☞ Fimmvörðuháls, Eyjafjallajökull erwacht).

2011 wurde der erste isländische Geopark eröffnet: Der Katla UNESCO Global Geopark schließt u. a. den Vulkan Eyjafjallajökull ein.

2012 wurde der ehemalige Ministerpräsident Geir Hilmar Haarde vor einem Sondergericht angeklagt und für schuldig befunden. Er hätte sich grob fahrlässig nicht gegen die Krise gestemmt und dem Volk deshalb geschadet. Im gleichen Jahr gewann Ólafur Ragnar Grímsson die Wahl zum Staatspräsidenten zur 5. Amtszeit mit 53 % der Stimmen.

Die EU-freundliche Jóhanna Sigurðardóttir wurde 2013 nach vierjähriger Amtszeit vom EU-Skeptiker Sigmundur Davíð Gunnlaugsson als Premierminister abgelöst.

Vom 31. August 2014 bis zum 28. Februar 2015 hielt ein weiterer Vulkanausbruch die Welt in Atem. Der Ausbruch im System der **Bárðarbunga** gilt als der größte seit der Laki-Eruption (1783/84).

Im April 2016 wurde Premierminister Sigmundur Davíð Gunnlaugsson durch die Veröffentlichung der Panama Papers zum Rückzug gezwungen. Ihm wurde vorgeworfen, seine ehemalige Beteiligung an einer Briefkastenfirma seiner Ehefrau dem Parlament vorenthalten zu haben. Noch am Tag seines Rücktritts wurde Sigurður Ingi Jóhannsson zum neuen Übergangsministerpräsidenten ernannt. Bei der Präsidentschaftswahl im gleichen Jahr zog Ólafur Ragnar Grímsson seine ursprüngliche Kandidatur später zurück, vermutlich weil der Name seiner Ehefrau mit den Panama Papers in Verbindung gebracht wurde. Aktueller Präsident ist der Historiker Guðni Thorlacius Jóhannesson.

Seit dem 30. November 2017 regiert das Kabinett Katrín Jakobsdóttir, eine Koalition aus Links-Grüner Bewegung, Fortschritts- und Unabhängigkeitspartei.

Die isländische Wirtschaft hat sich mittlerweile von der Krise erstaunlich gut erholt. Das BIP verzeichnete 2018 ein Wachstum von 3,2 % (zum Vergleich: Deutschland 1,5 %).

Bevölkerung

Die meisten Isländer stammen von norwegischen Siedlern ab. Allerdings verraten rote Haare und teils ausgeprägte Sommersprossen auch keltische Einflüsse aus Irland und Schottland.

Bis Ende des 19. Jh. wohnten fast 90 % der Isländer auf Einzelhöfen und in Kleinsiedlungen, die sich über die ganze Küste verteilten. Heute konzentrieren sich zwei Drittel der Menschen im Hauptstadtgebiet, das nicht einmal 0,1 % der Landesfläche einnimmt. Mit fortschreitender Urbanisierung sind ganze Regionen weitgehend verödet, wie z. B. der Nordwesten der Westfjorde. Es wird allerdings

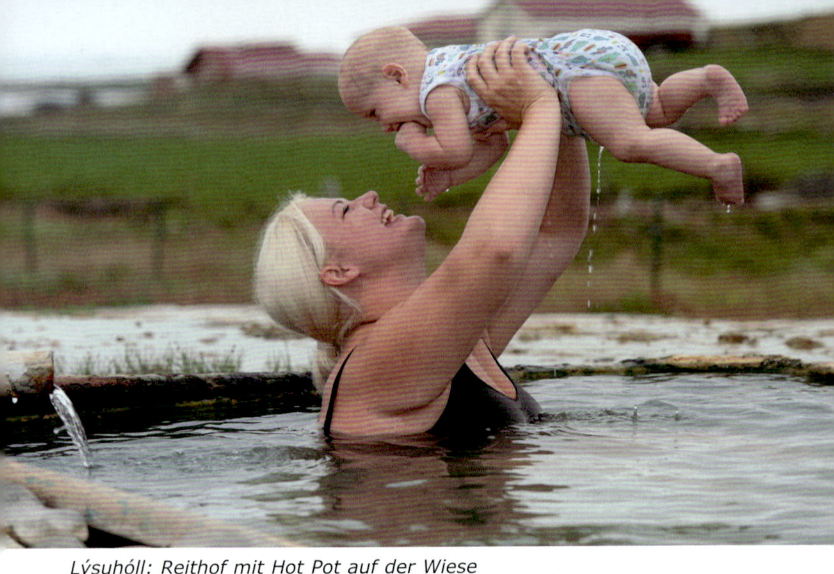

Lýsuhóll: Reithof mit Hot Pot auf der Wiese

versucht, diese Entwicklung zu bremsen und die Landflucht aus entlegenen Gebieten in nahe gelegene größere Siedlungen zu lenken, um so die weitere Expansion des Großraums Reykjavík zu verhindern. Mit diesem Argument probieren auch die Entscheidungsträger zu punkten, die den Bau neuer Aluminiumfabriken in ländlichen Regionen im Osten und Norden der Insel vorantreiben wollen.

Die Entwicklung der Bevölkerung unterlag seit der Landnahmezeit starken Schwankungen. Während die Insel zu Beginn des 13. Jh. vermutlich schon 80.000 Einwohner zählte, dezimierten Naturkatastrophen, Epidemien und Hungersnöte die Bevölkerung im Laufe der Jahrhunderte immer wieder – im 18. Jh. erreichte sie sogar einen historischen Tiefststand (☞ Geschichte).

Erst im letzten Jahrhundert setzte parallel zum wirtschaftlichen und industriellen Aufschwung ein starkes und kontinuierliches Bevölkerungswachstum ein, das bis heute anhält. Einen maßgeblichen Anteil an diese Entwicklung hatte der Anstieg der durchschnittlichen Lebenserwartung der Isländer: Diese beträgt 80,4 Jahre für Männer und 84,1 Jahre für Frauen (2016). Hinzu kommt eine extrem niedrige Säuglingssterblichkeit: Von 1.000 Lebendgeborenen überleben nur zwei das erste Lebensjahr nicht. 19,3 % der Isländer sind jünger als 15 Jahre, 66,6 % sind zwischen 15 und 64 Jahren und 14,1 % älter als 65 Jahre (2018).

Die isländische Küche

An der traditionellen isländischen Küche scheiden sich die Geister. Manches, was bis heute in der Zeit von Mitte Januar bis Mitte Februar beim *Þorrablót*, dem traditionellen Winterfest, kredenzt wird, gilt vielen eher als Mutprobe denn als Gaumenschmaus. Ein Trost: Auch viele Isländer rümpfen heute bei „Leckereien" wie *hákarl* (= fermentiertes Haifischfleisch) oder *svið* (= gesengte Schafköpfe) durchaus die Nase – im Gegensatz zu ihren Vorfahren.

Besucher des „Haifischhofs" Bjarnarhöfn (Snæfellsnes-Halbinsel) kommen nicht um eine Kostprobe des fermentierten Haifisches herum.

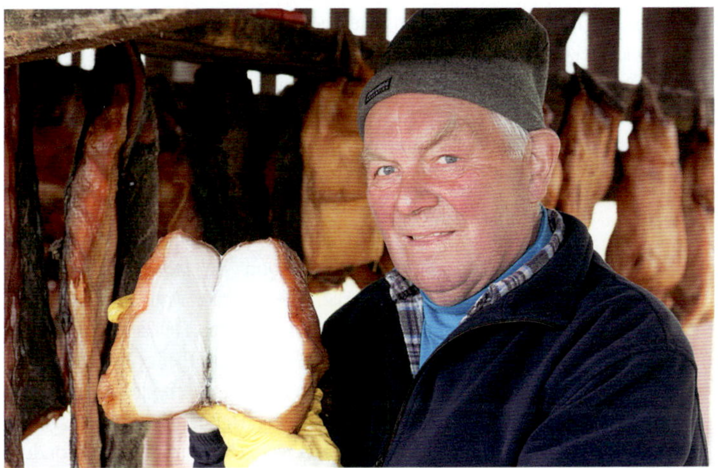

Als die Wikinger die Insel am Rande des Polarkreises vor mehr als tausend Jahren besiedelten (☞ Geschichte), fanden sie dort als einziges Säugetier den eher ungenießbaren Polarfuchs vor. Alles andere, Schafe, Kühe, Ziegen, Hühner, Getreide, Kartoffeln, Gemüse und Früchte, musste über den langen Seeweg herangeschafft werden. Da Getreide und Gemüse im kalten Klima der Insel kaum gediehen und sich nur selten Handelsschiffe in den hohen Norden verirrten, war das Leben der Isländer über Jahrhunderte oft von Hunger und Entbehrung geprägt (☞ Geschichte). Deshalb waren die Insulaner sehr darauf bedacht, die wenigen vorhandenen Lebensmittel so zu konservieren, dass sie auch nach

Monaten noch genießbar waren. Das Ergebnis war ein Speiseplan, der sich vor allem aus Trockenfisch, *skyr* und Hammelfleisch zusammensetzte.

Einen schrillen Kontrast bietet die heutige isländische Küche, die sich in den letzten Jahrzehnten zu einer der feinsten und vielseitigsten in Nordeuropa gemausert hat. Kreative Köche entwickelten aus der Mischung von einheimischen Zutaten wie Fisch und Meeresfrüchten, Pilzen, Beeren, Rentier und Lamm und importierten Gemüsesorten und Früchten, Gewürzen und Kräutern, eine spannende moderne Küche, die dem Vergleich mit anderen internationalen Küchen durchaus standhält.

Köstliches

Einheimische Fleischwaren genießen einen hervorragenden Ruf und sind garantiert hormonfrei. Ähnlich hochwertig sind die in isländischen Treibhäusern ohne Pestizide produzierten Tomaten, Gurken, Paprika und Pilze. Auch lokale Milchprodukte wie ***skyr*** (eine quarkähnliche Milchspeise) oder ***þykkmjólk*** (Cremejoghurt) gelten als besonders schmackhaft.

Hverabrauð

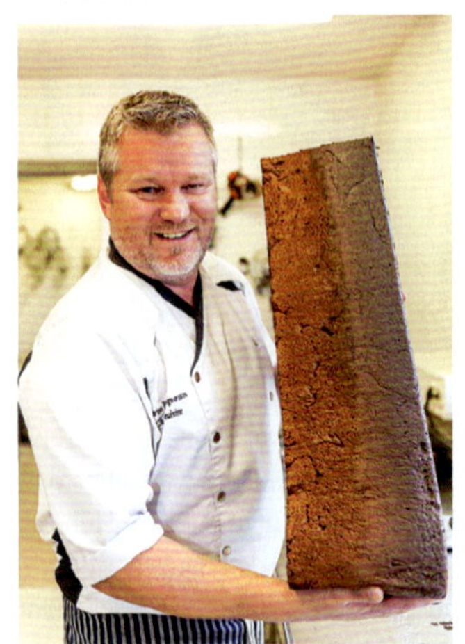

Fisch ist traditionell ein Eckpfeiler der isländischen Küche und wird in vielen Variationen angeboten. Eine Spezialität der Mývatn-Region ist ***taðreyktur silungur***, Forelle, die mithilfe von Schafmist kalt geräuchert wird. Als Delikatesse gilt auch ***síld***, mit Zwiebeln, Pfeffer und Kräutern wahlweise in Essig, Senf oder Tomatensauce marinierter Hering, der bevorzugt mit ***rúgbrauð*** gereicht wird. Eine besondere Variante dieses süßlich schmeckenden, dunklen Roggenbrots ist ***hverabrauð*** (= Heiße-Quellen-Brot), das in Reykjahlíð (Mývatn) in der heißen Erde gebacken wird.

Großer Beliebtheit erfreut sich **Trockenfisch** (isl. *harðfiskur*), der, mit Butter bestrichen, gern als Imbiss gegessen wird. Einheimische Wanderer ziehen nie los, ohne einige Tütchen dieser Leckerei im Rucksack verstaut zu haben (☞ Reise-Infos von A bis Z, Verpflegung). Hergestellt wird der luftgetrocknete Fisch vor allem aus Schellfisch, Dorsch und Seewolf.

Auch **Lamm** fehlt auf keiner isländischen Speisekarte. Als besonders schmackhaft gilt *lambasteik* (= Lammbraten). ***Hangikjöt***, geräuchertes und gesalzenes Lammfleisch, wird, zusammen mit Karamellkartoffeln, weißer Soße und Erbsen, traditionell zu festlichen Anlässen wie Weihnachten serviert. ***Saltkjöt*** (= gepökeltes Lammfleisch) kommt bevorzugt mit Erbsensuppe (isl. *saltkjöt og baunir*) auf den Tisch.

Vielen dieser Leckereien werden Sie beim *Þorrablót*, dem traditionellen Winterfest, begegnen. Und natürlich auch den „anderen" …

Für Hartgesottene

Manch einer soll in Anbetracht eines Berges schwarz gesengter Schafköpfe, die die geladenen Gäste vom Buffet, fein säuberlich gestapelt, angrinsen, gleich die Flucht ergriffen haben: ***Svið*** (= gesengte Lammköpfe) entsteht durch das Abbrennen der Schafköpfe mit dem Zweck, Wolle und Fell zu entfernen. Später werden die Köpfe zweigeteilt, um das Hirn zu entfernen, in Salzwasser gekocht und entweder frisch oder zu Sülze (isl. *sviðasulta*) verarbeitet verspeist. *Svið* wird wahlweise warm oder kalt zu gekochten Kartoffeln oder Kartoffel- bzw. Kohlrübenpüree gereicht. Die Augen gelten als besondere Delikatesse …

Aus Schafsinnereien wird ***slátur*** hergestellt, eine mit dem schottischen *Haggis* vergleichbare Schafswurst. Dabei bietet die isländische Speisekarte gleich zwei Varianten: Die schwarze Blutwurst ***blóðmör*** wird aus Schafsblut, Mehl, Nierenfett und Gewürzen zubereitet und in gereinigte Magenhäute eingenäht, die weiße Leberwurst ***lifrarpylsa*** enthält statt Blut Lammleber. Schafswürste werden drei Stunden gekocht und mit Kartoffel- oder Steckrübenpüree serviert.

Gefürchtet sind auch ***hrútspungar***, das sind in saurer Molke eingelegte Widderhoden.

Das berüchtigtste Gericht ist jedoch vermutlich ***hákarl***, fermentiertes Fleisch eines Grönlandhais, das über Monate im Sand vergraben worden ist. Grund für diese ungewöhnliche Konservierungsweise ist die Tatsache, dass das Tier keine Nieren besitzt, sodass sich die Stoffwechselprodukte in seinem Fleisch konzentrieren. In frischem Zustand wäre es wegen des darin enthaltenen Harnstoffs schlicht giftig. Durch die Fermentierung in der Erde wird der Harnstoff zersetzt, was den scharfen Ammoniakgeruch erklärt. Der extrem scharfe Geschmack lässt sich am besten mit einem kräftigen Schluck des nationalen Kartoffel- und Kümmelschnaps ***svartidauði*** (= schwarzer Tod) neutralisieren.

Reise-Infos von A bis Z

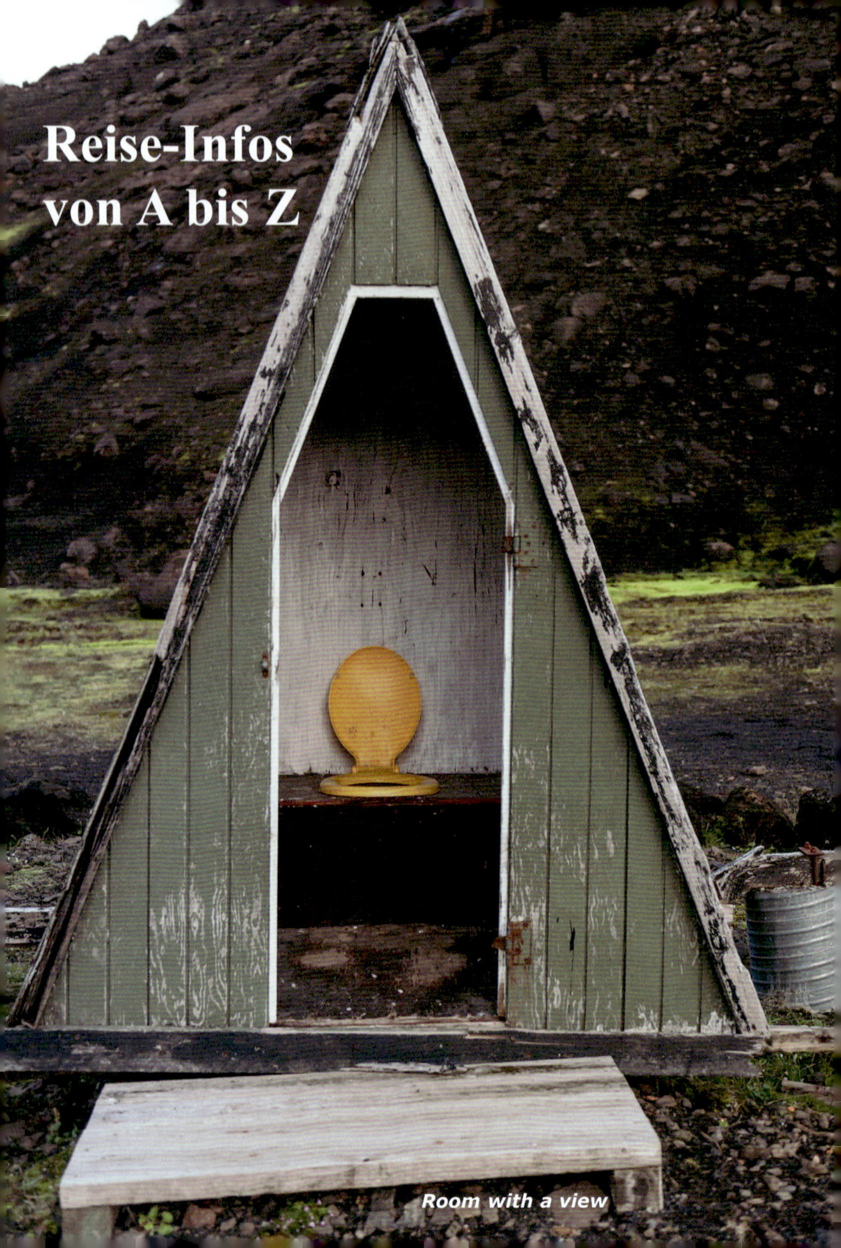

Room with a view

Anreise nach Island

Mit dem Flugzeug

Direktflüge aus dem deutschsprachigen Raum nach Reykjavík (zum internationalen Flughafen in Keflavík, IATA-Kennung KEF) bietet **Icelandair** von Frankfurt, München, Berlin (Tegel), Hamburg und Zürich an, im Sommer außerdem von Düsseldorf und Genf.

Lufthansa fliegt ganzjährig direkt von Frankfurt, in der Saison auch von München und Hamburg. Weitere Alternativen gibt es in der Saison von **Eurowings** ab Hamburg und weiteren deutschen Städten (mit Umsteigen in Hamburg) sowie ab Zürich und Wien.

EasyJet startet ganzjährig von Basel, in der Saison auch von Genf. **Austrian** fliegt in der Saison von Wien.

Verbindungen von **Scandinavian Airlines (SAS)** via Kopenhagen gehen von mehreren deutschen Städten aus.

- www.icelandair.com
- www.lufthansa.com
- www.eurowings.com
- www.easyjet.com
- www.austrian.com
- www.flysas.com

Die durchschnittliche Flugzeit von deutschen Flughäfen nach Island beträgt ca. 3 Std. 30 Min. Alle internationalen Flüge nach und von Island (mit Ausnahme der Flüge nach Grönland) gehen über Keflavík, 45 km von Reykjavík entfernt. Der **Duty-free-Shop** dort ist auch für ankommende Reisende geöffnet. Hinter dem Shop liegt die Passkontrolle (an der aber nur Nicht-EU-Bürger kontrolliert werden), danach gelangen Sie an die Gepäckbänder. Anschließend passieren Sie den Zoll.

☺ Für den Transfer zum Flughafen empfiehlt sich das **Rail & Fly-Ticket**. Mit diesem preisgünstigen Kombiticket, das von ☞ Icelandair, Lufthansa und Eurowings aufgrund von Kooperationsverträgen mit der Bahn zusammen mit dem Flugticket gekauft werden kann, gelangen Sie von jedem deutschen Bahnhof zum Flughafen bzw. von dort wieder nach Hause. Das Rail & Fly-Ticket gilt am Tag vor dem Abflugtermin, am Abflugtag selbst sowie am Tag der Rückkehr und am Tag danach. Zwischenstopps sind erlaubt, Hin- und Rückreise müssen aber in Richtung des Flughafens bzw. Heimatbahnhofs erfolgen. Zwischen Hin- und Rückfahrt dürfen maximal zwei Monate liegen. Details zur Nutzung erfahren Sie bei der jeweiligen Fluggesellschaft.

Der Preis des „**Rail & Fly-Tickets**" variiert von € 34 (Eurowings) bis € 50 (Icelandair) pro Strecke.

Zwischen dem Flughafen und der Hauptstadt Reykjavík verkehren regelmäßig **Transferbusse** von zwei Unternehmen:

▷ Der **Flybus Airport Shuttle** fährt 35 bis 40 Min. nach jeder Landung von Keflavík zum zentralen Busbahnhof BSÍ. Die Busse starten direkt vor der Tür der Ankunftshalle. Sitzplätze sind immer garantiert. Fahrscheine erhalten Sie am Flybus-Schalter oder am Ticketautomaten am Ausgang des Flughafengebäudes. Sie können auch online erworben werden, sind aber nicht mehr wie bisher üblich im Bus erhältlich. ⌛ Die Fahrt zum BSÍ-Terminal (Endstation) dauert ca. 45 Min.

Mit dem Ticket „**Flybus+**" können Reisende am BSÍ-Terminal in kleinere Busse umsteigen, die zu den verschiedenen Busterminals und den bedeutendsten Hotels und Pensionen in Reykjavík weiterfahren.

Vom BSÍ-Terminal fährt der Flybus 2 Std. vor dem jeweiligen Abflug nach Keflavík ab. Das Ticket „Flybus+" schließt den Transfer vom Hotel zum BSÍ-Terminal ein. Voraussetzung ist eine rechtzeitige Anmeldung des Rücktransfers am Vorabend der Abreise an der Rezeption Ihrer Unterkunft.

Tarife: einfache Fahrt ISK 3.499, Hin- und Rückfahrt ISK 6.499; „Flybus+": einfache Fahrt ISK 4.499, Hin- und Rückfahrt ISK 7.999, Kinder von 12-15 Jahren zahlen die Hälfte, Kinder bis 11 Jahre fahren gratis (Stand Juni 2019). Auf der Homepage finden Sie auch eine Liste der Hotels, die mit dem „Flybus+" erreichbar sind.

Reykjavík Excursions, BSÍ Bus Terminal, 101 Reykjavík, ☏ 580 5400, main@re.is, www.re.is/flybus

▷ Auch der **Airport Express** startet alle 25 bis 45 Min. nach jeder Landung gen Reykjavík. Endziel ist der Gray Line Bus Terminal (Skarfagarðar 8) im Hafen. Auch hier ist eine Weiterfahrt bis zum bzw. Abholung vom Hotel oder der Jugendherberge möglich. Fragen Sie nach dem Ticket „**Reykjavík Door to Door**" (rechtzeitig buchen!). Fahrscheine sind beim Busfahrer und online erhältlich.

Tarife: einfache Fahrt ISK 2.450, Hin- und Rückfahrt ISK 4.800; „Reykjavík Door to Door": einfache Fahrt ISK 3.400, Hin- und Rückfahrt ISK 6.600, Kinder von 12-17 Jahren zahlen die Hälfte, Kinder bis 11 Jahre fahren gratis (Stand Juni 2019).

Airport Express, Hafnarstraeti 20, 101 Reykjavík, ☏ 540 1313, iceland@grayline.is, airportexpress.is

Für die Fahrt mit dem **Taxi** von Keflavík nach Reykjavík sind etwa ISK 17.500 zu berappen!

Mit der Fähre

Die M/S „**Norröna**" (35.966 BRT) verkehrt einmal pro Woche zwischen dem dänischen Hafen Hirtshals und Seyðisfjörður an der isländischen Ostküste. Die 2003 gebaute Passagier- und Autofähre der färöischen Reederei Smyril-Line kann bis zu 800 Pkw und 1.482 Passagiere transportieren.

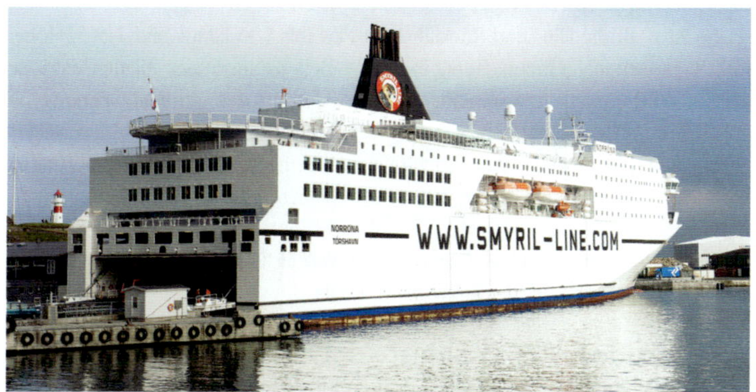

Die Fähre „Norröna"

Fahrplan

Im **Sommer** (ca. Mitte Juni bis Mitte August) legt die „Norröna" dienstags um 11:30 in Hirtshals (Terminal Fjord Line) ab und läuft nach 30 Std. Fahrzeit am Mittwoch um 17:30 in den färöischen Hafen von Tórshavn ein (kein Landgang). Dort läuft die Fähre mittwochs um 18:00 erneut aus und trifft am Donnerstagmorgen um 8:30 in Seyðisfjörður ein. In Seyðisfjörður fährt die „Norröna" donnerstags um 10:30 ab, macht freitags von 3:00 bis 3:30 kurz in Tórshavn fest und erreicht Hirtshals samstags um 12:30.

In den **übrigen Monaten** (Januar bis Mitte Juni und Ende August bis Dezember) startet die „Norröna" samstags um 15:00 in Hirtshals und erreicht montags um 6:00 den Hafen von Tórshavn, wo Reisenden die Möglichkeit zu einem „Schnupperbesuch" geboten wird, bevor das Schiff nachmittags um 14:00 wieder ablegt. Die Hinfahrt endet dienstags um 9:00 in Seyðisfjörður. Die Rückreise beginnt in Seyðisfjörður am Mittwochabend um 20:00, eine weitere Möglichkeit zu einem Landgang gibt es donnerstags in Tórshavn, wo die Fähre von 15:00 bis 21:00 festmacht. Die Rückfahrt endet samstags um 10:00 in Hirtshals. Alle Angaben entsprechen der jeweiligen Ortszeit.

Preise

Die Preise für die Überfahrt variieren stark zwischen der „blauen" (Hauptsaison), „orangefarbigen" (Mittelsaison), „grünen" (Nebensaison) und „grauen" (Wintersaison) Periode. Außerdem richten sich die Fahrpreise nach dem Kabinentyp und der Fahrzeuggröße.

So ist z. B. die Hin- und Rückfahrt mit Pkw (bis 5 m Länge und 1,9 m Höhe) für 2 Personen inkl. Übernachtung in einer 4-Bett-Kabine in der „blauen" Periode ab € 2.120 erhältlich, während dasselbe Paket in der „grünen" Periode ab € 1.120 zu haben ist.

Für eine Einzelperson (Übernachtung in 4-Bett-Kabine) ohne Transportmittel kostet die Hin- und Rückfahrt € 700 in der „blauen" bzw. € 410 in der „grünen" Periode.

Smyril Line Deutschland, Sell Speicher, Wall 55, 24103 Kiel, ☏ 04 31/20 08 86, info@smyrilline.de, www.smyrilline.de

Mit dem RoRo-Schiff

Seit Kurzem bietet die Smyril Line auch die Möglichkeit der reinen Fahrzeugverschiffung nach Island an. Dabei wird Ihr Fahrzeug mit dem RoRo-Schiff nach Island verschifft, während Sie per Flugzeug dorthin reisen. Das RoRo-Schiff „MS Mykines" verkehrt wöchentlich zwischen dem niederländischen Hafen Rotterdam und dem isländischen Hafen Þorlákshöfn in der Nähe von Reykjavík. Nähere Auskünfte erhalten Sie bei der Reederei Smyril Line (☞ Mit der Fähre).

Anreise Laugavegur

Landmannalaugar und Þórsmörk sind nur im Hochsommer mit dem Auto oder per Bus erreichbar.

Mit dem Auto nach Landmannalaugar

Landmannalaugar, der nördliche Ausgangspunkt des Laugavegur, ist je nach Schneeschmelze meist ab Mitte Juni erreichbar (☞ Straßenverkehr, Eröffnungsdatum der Hochlandpisten). Es existieren drei Anreiserouten.

▷ Ausgangspunkt der einzigen Anreiseroute, die **ohne Allradantrieb** zu bewältigen ist, ist die Kleinstadt **Selfoss**. Von dort folgen Sie zunächst der Ringstraße Nr. **1** nach Osten, biegen nach 15 km nach Norden ab und gelangen über die Straßen **30**, **32** und **26** zum **Highland Center Hrauneyjar** (letzte Tankgelegenheit!). 7 km östlich davon geht die Straße **208** nach rechts ab, auf der es nach Landmannalaugar weitergeht. Dieser Schotterweg ist relativ gut befahrbar, kann aber im Laufe des Sommers stark ausgefahren und holprig werden. Von der Weggabelung hinter dem See Frostastaðavatn führt eine kurze Stichstraße, die **F224**, zur 2 km entfernten Hochlandoase **Landmannalaugar**. Unmittelbar vor dem Zeltplatz warten **zwei Furten**, die nur mit Geländewagen zu bewältigen sind. Die übrigen Fahrer parken auf dem Parkplatz vor dem ersten Bach.

▷ Eine landschaftlich reizvolle Variante führt über weite Strecken am Fuß des Vulkans **Hekla** (☞ Land und Leute, Geologie) entlang. Aufgrund mehrerer kleiner Furten ist diese Strecke nur **mit Allradantrieb** und meist nur **mit Geländewagen** befahrbar. Vom Ausgangspunkt **Selfoss** folgen Sie erneut der Ringstraße Nr. **1** nach Osten, biegen nun aber nach 25 km links in die Straße **26** ein. Diese führt zunächst durch Weideland nach Nordosten und weicht später einer Schotterstraße, während zur Rechten die Silhouette der Hekla auftaucht. Ein Pfeil markiert den Beginn der Hochlandpiste **F225**, auch bekannt als **Landmannaleið**. Diese abwechslungsreiche Piste schlängelt sich durch helle Bimssteinfelder und schwarzen Sand, umkurvt moosbewachsene Palagonitkegel und windet sich über raue Blocklavafelder. Beim See Frostastaðavatn treffen Sie auf die Straße **208**, die von Norden kommt. Weiter wie oben.

▷ Die dritte Anfahrtstrecke über die **Fjallabaksleið nyrðri** ist die wildeste und auf jeden Fall **nur mit Geländewagen** befahrbar. Unterwegs warten viele Furten. Die Anfahrt erfolgt zunächst wieder auf der Ringstraße Nr. **1**. Gleich hinter der Brücke über den Gletscherfluss Kúðafljót biegen Sie links in die Straße **208** ein (bzw. vor der Brücke rechts, falls Sie von Osten kommen). Der Weg ist zunächst eine breite Schotterstraße, schrumpft aber hinter dem letzten Bauernhof (Búland) zu einer Piste und bietet schöne Ausblicke auf das Flusstal der Skaftá. Spätestens bei der tiefen Furt durch die Syðri-Ófæra ist für „normale" Pkw Schluss.

Es folgt ein wilder Ritt auf der **F208** durch eine schroffe Gebirgslandschaft mit skurrilen Bergen und tief eingeschnittenen Tälern, neongrünen Moosteppichen und Dutzenden von Bächen, die sich durch den schwarzen Sand schlängeln. Aber

Vorsicht! Beim Furten manch eines harmlos aussehenden Bachs können tückische „Quicksands" lauern. Wenn das türkisfarbene Gewässer der Tungnaá und die ersten bunten Rhyolithberge am Horizont auftauchen, ist das Ziel fast erreicht. Die letzten Kilometer nach **Landmannalaugar** geht es wieder auf der vorhin erwähnten Stichstraße weiter.

Für **Mietwagenfahrer** gilt zu bedenken, dass sämtliche Routen nach Landmannalaugar in der Regel nur mit Geländewagen befahren werden dürfen. Erkundigen Sie sich im Zweifelsfall beim Anbieter. Verstöße werden mit hohen Bußgeldern geahndet (☞ Straßenverkehr, Fahren im Hochland)!

Mit dem Auto nach Þórsmörk

Der einzige Zugangsweg nach **Þórsmörk**, am Südende der Wanderroute, ist die kurze, aber anspruchsvolle Hochlandpiste **F249**. Diese stellt sogar für große Jeeps und Busse eine echte Herausforderung dar, da mehrere tiefe, reißende und oft unberechenbare Gletscherflüsse zu queren sind.

Von **Reykjavík** folgen Sie der Ringstraße Nr. **1** nach Osten und biegen hinter der Brücke über den Gletscherfluss Markarfljót links in die Straße **249** ein. Diese

Die tückische Krossá

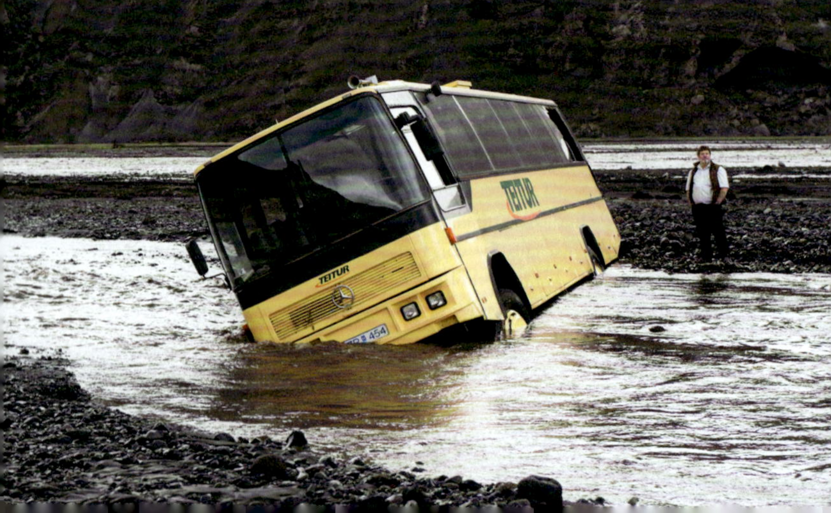

führt vorbei am sehenswerten Wasserfall **Seljalandsfoss** und geht später in die Piste **F249** über, in deren Verlauf etliche tiefe Furten warten.

Je näher Þórsmörk rückt, desto deutlicher wird der Impact des letzten Ausbruchs des nahen Vulkans **Eyjafjallajökull** (☞ Fimmvörðuháls, Eyjafjallajökull erwacht). Den Boden des Tals bedeckt jede Menge Asche und lockeres Sediment. Der Schock folgt bei der Furt der **Jökulsá**. Wer den reißenden Gletscherfluss, der aus dem Gígjökull entspringt, noch von Reisen vor 2010 in Erinnerung hat, wird sich wundern, denn die Lagune am Fuß des Gletschers ist schlicht verschwunden. Dort, wo einst türkisfarbenes Wasser schimmerte, erstreckt sich heute eine riesige Ebene aus Geröll und Sand.

Nur wenige Kilometer später lauert die tückische **Steinsholtsá**. Anschließend gabelt sich die Piste: Links geht es nach Húsadalur, rechts taleinwärts nach Básar bzw. zur FÍ-Hütte in Langidalur. Während auf dem Weg nach Básar nur noch die unbequeme **Hvanná** zu durchfahren ist, führt der Weg nach Langidalur und Húsadalur auf jeden Fall durch die gefährliche **Krossá**.

Von einer Durchquerung der **Krossá** ist aus Sicherheitsgründen abzuraten! Schon unter „Normalbedingungen" weist die Furt oft eine Wassertiefe von 1 m auf und ist dann mit einem großen Geländewagen gerade noch zu schaffen – d. h. mit entsprechender Ausrüstung, Erfahrung und Kenntnis des genauen Verlaufs der Furt. Vor allem bei anhaltend warmem Wetter kann der Pegel so stark ansteigen, dass der Fluss sogar tagelang für große Busse unpassierbar ist!

Mit dem Bus nach Landmannalaugar

Im Sommer bieten mehrere Unternehmen Direktverbindungen nach ☞ Landmannalaugar ab Reykjavík (☞ Transport, Busfahren). Die Fahrzeit schwankt zwischen 4 und 5 Stunden.

Reykjavík Excursions: Reykjavík – Landmannalaugar (Linie 11/11a)

Mitte Juni bis Mitte Sep 1-3 x tägl. Abfahrt Reykjavík: Reykjavík City HI Hostel/Laugardalur Campsite bzw. BSÍ Bus Terminal

Reykjavík Excursions, ☏ 580 5400, main@re.is, www.re

♦ **Sterna Travel: Reykjavík – Landmannalaugar (Linie 13/13a)**

Mitte Jun bis Mitte Sep 1 x tägl. Abfahrt Reykjavík: Harpa und Laugardalur Campsite

Sterna Travel, ☏ 551 1166, info@sternatravel.com, icelandbybus.is

Trex: Reykjavík – Hella – Landmannalaugar

21. Juni bis 8. Sep 2-3 x tägl. Abfahrt Reykjavík: City Hall (2 x tägl.), Abfahrt Hella: Árhús Campsite (3 x tägl.)

Trex, 587 6000, info@trex.is, trex.is

♦ **Thule Travel: Reykjavík – Landmannalaugar**

Mitte Jun bis Mitte Sep 1 x tägl. Abfahrt Reykjavík: Laugardalur Campsite und City Hall

Thule Travel, 519 3399, thuletravel@thuletravel.is, www.thuletravel.is

Mit dem Bus nach Þórsmörk

Im Sommer bieten mehrere Unternehmen Direktverbindungen nach Þórsmörk ab Reykjavík (Transport, Busfahren). In Þórsmörk gibt es drei Ziele: Húsadalur, Langidalur und Básar. Achtung: Die Busse steuern nicht immer alle drei Ziele an! Die Fahrzeit schwankt zwischen 4 und 6 Stunden je nach Anbieter und Ziel.

Reykjavík Excursions: Reykjavík – Þórsmörk (Linie 9/9a)

Juli bis Aug 3 x tägl., Juni und 1. bis 20. Sep 1 x tägl. Abfahrt Reykjavík: Reykjavík City HI Hostel/Laugardalur Campsite bzw. BSÍ-Terminal. Alle Busse halten in Húsadalur, manche auch in Langidalur und Básar.

Reykjavík Excursions, 580 5400, main@re.is, www.re.is

♦ **Sterna Travel: Reykjavík – Þórsmörk (Linie 14/14a)**

Mitte Juni bis Mitte Sep 1 x tägl. Abfahrt Reykjavík: Harpa und Laugardalur Campsite. In Þórsmörk werden Básar und Húsadalur angesteuert.

Sterna Travel, 551 1166, info@sternatravel.com, icelandbybus.is

♦ **Trex: Reykjavík – Þórsmörk**

14. Juni bis 8. Sep 2 x tägl. Abfahrt Reykjavík: City Hall und Laugardalur Campsite. In Þórsmörk werden Básar und Langidalur angefahren.

Trex, 587 6000, info@trex.is, trex.is

♦ **Thule Travel: Reykjavík – Þórsmörk**

Mitte Juni bis Mitte Sep 1 x tägl. Abfahrt Reykjavík: Laugardalur Campsite und City Hall. In Þórsmörk sind Húsadalur, Langidalur und Básar erreichbar.

Thule Travel, 519 3399, thuletravel@thuletravel.is, www.thuletravel.is

Anreise Fimmvörðuháls

Þórsmörk ist im Sommer mit großen Geländewagen oder mit dem Bus erreichbar. Skógar am Südende des Treks ist das ganze Jahr über problemlos erreichbar, sowohl mit eigenem Pkw als auch per Bus.

Mit dem Auto nach Þórsmörk

☞ Anreise Laugavegur

Mit dem Auto nach Skógar

Der kleine Ort liegt an der Ringstraße. Für die 155 km lange Strecke von Reykjavík via Hveragerði, Selfoss und Hvolsvöllur brauchen Sie ca. 2 Std. 30 Min.

☺ Unterwegs lohnt ein Abstecher zum 40 m hohen Wasserfall **Seljalandsfoss**!

Mit dem Bus nach Þórsmörk

☞ Anreise Laugavegur

Mit dem Bus nach Skógar

Mehr unter ☞ Transport, Busfahren

Reykjavík Excursions: Reykjavík – Skógar (Linie 21/21a)

Juli bis Aug 2 x tägl. Abfahrt Reykjavík: Reykjavík City HI Hostel/Laugardalur Campsite bzw. BSÍ-Terminal

Reykjavík Excursions, ☎ 580 5400, main@re.is, www.re.is

- **Sterna Travel: Reykjavík – Skógar**

  Juli bis Aug 2 x tägl., 15. bis 30. Juni und 1. bis 15. Sep 1 x tägl. Abfahrt Reykjavík: Harpa

  Sterna Travel, ☎ 551 1166, info@sternatravel.com, icelandbybus.is

- **Strætó: Reykjavík – Skógar – Höfn (Linie 51)**

  ganzjährig 1 x tägl. Abfahrt Reykjavík: Mjódd

  Strætó, ☎ 540 2700, straeto@straeto.is, www.straeto.is

- **Thule Travel: Hella – Skógar**

  Mitte Juni bis Mitte Sep 1 x tägl. Abfahrt Hella: Bus-Terminal

  Thule Travel, ☎ 519 3399, thuletravel@thuletravel.is, www.thuletravel.is

Anreise Kjalvegur

Die **Hochlandroute** über Kjölur ist im Sommer unter Normalbedingungen ohne Allradantrieb befahrbar (☞ Straßenverkehr, Eröffnungsdatum der Hochlandpisten). Empfehlenswert ist das jedoch nur bedingt. Abgesehen von vielen Kilometern mit grobem Schotterbelag und Wellblech ist aufgrund der großen Höhe (über 600 m) sogar im Hochsommer Schneefall möglich.

Für **Mietwagenfahrer** ist das Befahren der Kjölur-Strecke ausschließlich mit Geländewagen gestattet. Für alle anderen Mietwagen (inkl. Pkw mit Allradantrieb) ist die Strecke tabu (☞ Straßenverkehr, Fahren im Hochland).

Mit dem Auto nach Hvítárnes und Hveravellir

Von **Reykjavík** folgen Sie der Ringstraße Nr. **1** nach Osten, passieren das Treibhauszentrum **Hveragerði** und biegen vor der Brücke über die Hvítá in die nach Nordosten führende Straße **35** ein. Diese führt vorbei an den **Geysiren** und dem Wasserfall **Gullfoss**. Hinter Gullfoss hört die Asphaltdecke aber bald auf und die Straße verkümmert zu einer rauen **Piste**.

Kurz nach der Brücke über die Hvítá, die aus dem nahen Gletschersee Hvítárvatn entspringt, deutet ein Pfeil auf die nach links abzweigende Stichstraße zur Wanderhütte **Hvítárnes** hin. Die Hütte liegt 8,5 km von der Straße **35** entfernt.

Eine zweite Abzweigung zu der Hütte, 10 km nördlicher, ist nur **mit Geländewagen** befahrbar, da sie eine tiefe Furt durch den Fluss Svartá beinhaltet.

Wer nach Hveravellir fährt, ignoriert die Abzweigung nach Hvítárnes und folgt weiter der Straße **35**, die im weiteren Verlauf vor allem gegen Ende des Sommers oft zu einer üblen Wellblechpiste verkommt. Sie schlängelt sich im ständigen Auf und Ab durch eine karge Steinwüste, geizt aber nicht mit tollen Ausblicken auf die Eiskappen Langjökull (im Westen) und Hofsjökull (im Osten) sowie auf die Rhyolithzacken der Kerlingarfjöll. 55 km hinter der Abzweigung nach Hvítárnes zweigt die Stichstraße zur Hochlandoase **Hveravellir** (2 km) ab.

Wer aus **Akureyri** im Norden kommt, stellt rasch fest, dass die Schotterstraße zunächst von erheblich besserer Qualität ist, was daran liegt, dass diese gleichzeitig Servicestraße für den Blöndulón-Stausee ist. Südlich des Stausees ist auch hier mit Wellblechstrecken zu rechnen.

Mit dem Bus

SBA-Norðurleið: Reykjavík – Kjölur – Akureyri (Linie 610/610a)

18. Juni bis 6. Sep 4 x wöchentlich. Abfahrt Reykjavík (BSÍ Bus Terminal) am So, Mo, Mi und Fr, Abfahrt Akureyri (Oddeyrarbót 2) am So, Di, Do und Sa. Der Bus hält an der Abzweigung nach Hvítárnes (8,5 km bis zur Hütte!) und in Hveravellir.

SBA-Norðurleið, ☏ 550 0700, sba@sba.is, www.sba.is

Anreise Jökulsárgljúfur

Ásbyrgi und Dettifoss sind mit dem Auto erreichbar. Sämtliche Busverbindungen von SBA-Norðurleið, Sterna Travel und Strætó zum/im Jökulsárgljúfur-Nationalpark sind 2018 eingestellt worden. Ab Sommer 2019 organisiert ein kleines lokales Unternehmen jedoch einen Shuttledienst zu fairen Preisen zwischen Húsavík und Ásbyrgi (mit Kleinbus) sowie zwischen Ásbyrgi und Vesturdalur bzw. Dettifoss.

Mit dem Auto nach Ásbyrgi

▷ Von **Reykjavík** geht es auf der Ringstraße nach Nordosten. Die Fahrt führt über **Borgarnes**, die Pässe **Holtavörðuheiði** (⇧ 407 m), **Vatnsskarð** (⇧ 420 m) und **Öxnadalsheiði** (⇧ 540 m), **Akureyri** und durch den neuen Tunnel Vaðlaheiðargöng (Maut ISK 1.500). Anschließend biegen Sie nach links in die Straße **85** ab und erreichen über **Húsavík** und die Halbinsel Tjörnes den Startpunkt **Ásbyrgi**.

▷ Von **Seyðisfjörður** geht es zunächst auf der Straße **93** nach **Egilsstaðir** und von dort auf der Ringstraße durch das nordöstliche Hochland Richtung Mývatn. Vor der Brücke über den Gletscherfluss Jökulsá á Fjöllum biegen Sie in die Schotterstraße **864** ab, die über den Weiler Grímstunga östlich der Jökulsá Fjöllum nach Norden führt. Die Strecke ist aufgrund des starken Verkehrsaufkommens mit fortschreitendem Sommer oft stark ausgefahren. Das bedeutet: Staub, Wellblech und Schlaglöcher über viele Kilometer.

☺ Entschädigung bietet ein sagenhafter Ausblick auf den **Dettifoss**. Eine kurze Stichstraße (ausgeschildert) führt 26 km nördlich von Grímsstaðir zu einem Parkplatz oberhalb des Wasserfalls. Weniger bekannt, aber genauso beeindruckend ist der Wasserfall **Hafragilsfoss**, der nur wenige Kilometer weiter über eine zweite Stichstraße erreichbar ist.

Die Straße **864** mündet schließlich in die Straße **85** ein, auf der Sie nach links einbiegen, um nach wenigen Kilometern **Ásbyrgi** zu erreichen.

Mit dem Auto zum Dettifoss

▷ Um zum Wasserfall **Dettifoss** am südlichen Ende des Wanderweges zu gelangen, folgen Sie von Reykjavík oder Akureyri der Ringstraße Richtung Mývatn/Egilsstaðir und biegen 26 km hinter **Reykjahlíð** nach links ab in die relativ neue und gut ausgebaute Straße **862** zum Dettifoss.

▷ Von **Ásbyrgi** führt die Straße **862** ebenfalls zum Dettifoss. Folgen Sie dazu zunächst 2 km der Straße **85** Richtung Húsavík und biegen Sie dann nach links in die Straße **862** ein, die zwischen Ásbyrgi und Dettifoss noch weitgehend ungeteert ist. Auch dieser Abschnitt der Straße 862 wird jedoch zurzeit durch eine neue Straße ersetzt, deren Öffnung für den Sommer 2020 vorgesehen ist.

▷ Von **Egilsstaðir** aus folgen Sie der Ringstraße Nr. **1**, überqueren die Brücke über den Gletscherfluss Jökulsá á Fjöllum und biegen 10 km weiter links ab in die Straße **862** zum Dettifoss.

Shuttle nach Ásbyrgi

Nordic Natura: Húsavík – Ásbyrgi (Minibus)

10. Juni bis 20. Aug 5 x wöchentlich (Di-Fr und So), nur auf Reservierung. Abfahrt Húsavík: N1-Tankstelle; Abfahrt Ásbyrgi: Gljúfrastofa Visitor Centre

Nordic Natura, 862 7708, info@nordicnatura.is, nordicnatura.is

Shuttle im Nationalpark Jökulsárgljúfur

Nordic Natura: Ásbyrgi – Vesturdalur bzw. Ásbyrgi – Dettifoss

ca. Juni bis Sep 1-2 x tägl., nur auf Bestellung. Abfahrt Ásbyrgi: Gljúfrastofa Visitor Centre

Nordic Natura, 862 7708, info@nordicnatura.is, nordicnatura.is

Taxi

Fjallasýn, ein kleines Familienunternehmen aus Húsavík, organisiert auf Anfrage einen Transfer zwischen Dettifoss und Ásbyrgi.

Fjallasýn, 464 3940 + 464 3941, info@fjallasyn.is, fjallasyn.is

Anreise Öskjuvegur

Herðubreiðarlindir, der östliche Ausgangspunkt, ist im Sommer mit Geländewagen und per Bus erreichbar. Nach **Svartárkot**, am westlichen Ende, gelangen Sie mit normalem Pkw; es gibt leider keine Busverbindung.

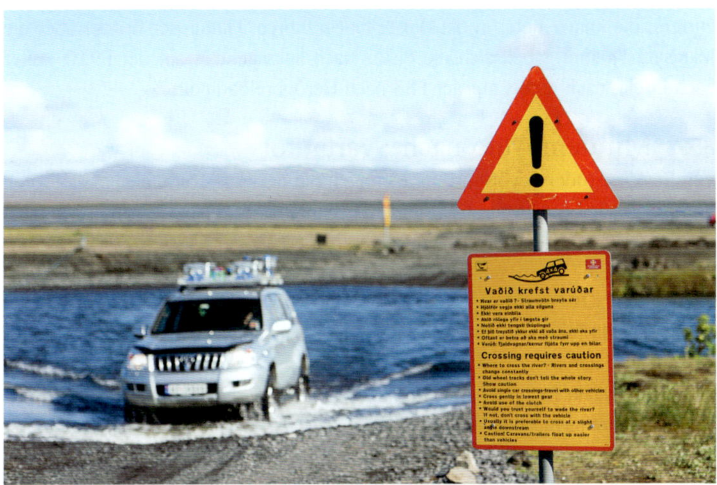

Auf dem Weg zur Askja müssen mehrere Flüsse durchfahren werden.

Mit dem Auto nach Herðubreiðarlindir

Herðubreiðarlindir ist nur mit Geländewagen erreichbar.

▷ Der einfachste Anreiseweg von **Reykjavík** aus führt auf der Ringstraße nach Norden über Akureyri und Mývatn. 36 km östlich von **Reykjahlíð** biegen Sie, in Sichtweite des Ringwallkraters Hrossaborg, nach rechts in die Piste **F88** ein. Diese führt südwärts in die Lavawildnis Ódáðahraun. Nach einer rauen Fahrt durch Sand, über Lava und durch drei Flüsse – die **Grafarlandaá** muss einmal, die **Lindaá** zweimal gefurtet werden – erreichen Sie nach 1 Std. 30 Min. die Oase **Herðubreiðarlindir**. (Von dort führt die Piste noch weiter südwärts und mündet in die von Osten kommende Piste **F910** ein, die in **Dreki** endet.)

▷ Vom Fährhafen **Seyðisfjörður** aus folgen Sie der Str. **93** bis **Egilsstaðir** und fahren dann auf der **Ringstraße** gen Nordwesten. Nachdem die letzten Höfe im **Jökuldalur** am Horizont verschwunden sind, biegen Sie links in die Straße **901** ein – die Schotterstraße entspricht der alten Ringstraße. 2 km vor dem Einödhof **Möðrudalur** (Tankstelle, Übernachtungsmöglichkeit und Café) biegen Sie erneut links ab und folgen den Pisten **F905** und **F910** (sandige Passagen, Lavafelder, vier Furten), die immer tiefer in die Wüste hinein führen. Hinter der Brücke über die Jökulsá á Fjöllum gabelt sich die Piste: Nach links geht es auf der **F910** weiter nach **Dreki**, nach rechts auf der **F88** nach **Herðubreiðarlindir**.

Mit dem Auto nach Svartárkot

Von Reykjavík oder Seyðisfjörður aus folgen Sie der Ringstraße bis **Fosshóll**. Von dort geht es auf der Straße **844** durch das Bárðardalur gen Süden und schließlich auf der Straße **843** weiter zum Einödhof **Svartárkot**.

Mit dem Bus nach Herðubreiðarlindir und Askja

 **Mývatn Tours: Mývatn/Reykjahlíð – Herðubreiðarlindir – Askja**

18. Juni bis 10. Sep 1 x tägl.

Mývatn Tours, ☏ 464 1920, myvatntours@gmail.com, www.myvatntours.is

Taxi von/nach Svartárkot

 **Fjallasýn**, ☏ 464 3940 + 464 3941, info@fjallasyn.is, fjallasyn.is

Ausrüstung

Die klimatischen Bedingungen auf Island lassen sich keineswegs mit denen in Westeuropa vergleichen. Sturmwinde, Regen und Kälte stellen auch im Sommer hohe Ansprüche an die Trekkingausrüstung. Bei der Zusammenstellung sollten Sie unbedingt auf Qualität achten! Fehlende Ausrüstung ergänzen bzw. defektes Equipment ersetzen geht vor Ort am besten in den gut sortierten ☞ **Outdoorläden** in der Hauptstadt Reykjavík.

Schuhwerk

Wanderungen auf Island erfordern stabile **Wanderstiefel**, die die Knöchel fest umschließen. Eine kräftige Profilsohle gewährt festen Halt und Schutz vor scharfkantiger Lava. Ob Leder oder *Gore-Tex* ist eher Geschmackssache. Persönlich bevorzuge ich hochwertige Lederstiefel, die, mit Schuhwachs imprägniert, auch dem Durchwaten kleinerer Bäche und einem kräftigen Regenguss standhalten. Ungeeignet sind Jogging- oder Halbschuhe.

Unterwegs treffen Sie oft auf unüberbrückte Flüsse und Bäche, die nur mit entsprechendem **Schuhwerk zum Waten** zu meistern sind. Geeignet sind Plastiksandalen, alte Joggingschuhe, Neoprenschuhe und Kunststoffsandalen. Letztere trocknen schnell, sind leicht und eignen sich auch gut abends zum Erholen.

Der beste Schuh bringt jedoch nur wenig, wenn beim Strumpf gespart wird. Gute **Wanderstrümpfe** bestehen aus einer Mischung von Wolle und Kunstfasern (auf keinen Fall Baumwolle) und sollten möglichst weich sein.

Bekleidung

Die optimale Bekleidung umfasst drei Schichten mit spezifischen Funktionen. Die innere Schicht, die **Funktionsunterwäsche**, muss den Schweiß aufnehmen und nach außen ableiten, damit der Körper warm und trocken bleibt. Diese Eigenschaften erfüllt Unterwäsche aus Merinowolle, Kunstfasern (z. B. Polypropylen)

Mit der richtigen Bekleidung kann einem der schlimmste Regen nichts anhaben.

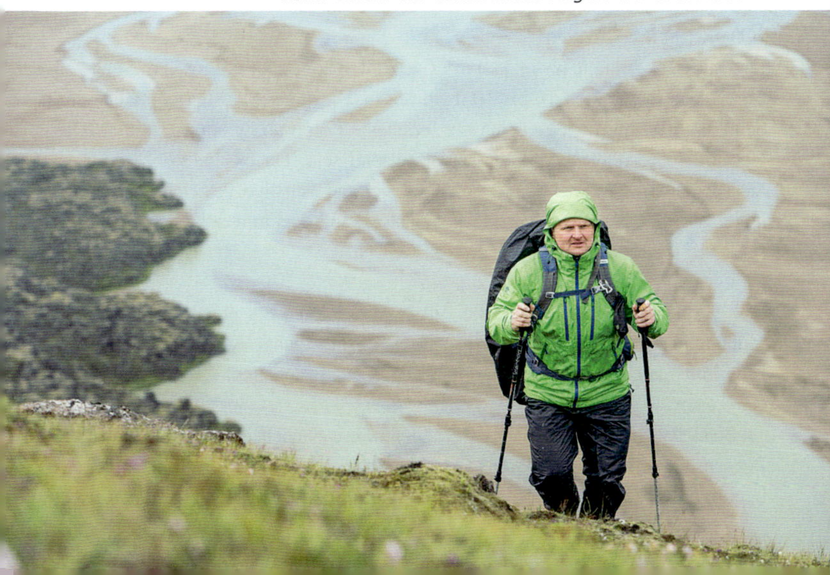

oder einer Mischung von beidem. Unterwäsche aus Merinowolle ist teurer, bleibt dafür aber auch nach tagelangem Tragen geruchsneutral. Auf Island kein übertriebener Luxus ist eine lange Unterhose aus demselben Material.

Für die mittlere Schicht, die eine isolierende Funktion hat, eignen sich vor allem **Fleecepullover**, denn sie sind leicht und trocknen schnell. Ergänzt wird diese Schicht durch eine leichte **Trekkinghose** aus robustem Microfaser-Gewebe und eine **Fleecehose** für kalte Tage.

Die äußere Schicht mit **Regenjacke** und **-hose** soll optimalen Wind- und Wasserschutz bieten und gleichzeitig atmungsaktiv sein. Ein Idealmaterial, das diese an sich widersprüchlichen Eigenschaften vereint, gibt es jedoch – trotz Versprechungen der Werbung – noch nicht! Eine gute Kompromisslösung bietet z. B. Regenkleidung aus Materialien wie *Gore-Tex* oder *Dermizax*. Achten Sie bei der Anschaffung auf eine gute Verarbeitung der Nähte und Reißverschlüsse!

Um den Wärmeverlust zu beschränken, dürfen auch wasserdichte **Handschuhe** und ein **Stirnband** oder eine **Mütze** nicht fehlen.

Kleidung aus Baumwolle (T-Shirts, Sweatshirts, Socken) hält die Feuchtigkeit fest und ist daher unbrauchbar! Absolut verpönt sind Jeans, die, einmal nass, bei kühlen Temperaturen nicht mehr trocknen und Unterkühlung geradezu fördern.

Rucksack

Der **Rucksack** sollte je nach Dauer der geplanten Tour ein Fassungsvermögen von 60 bis 80 l (bei Frauen 50 bis 70 l) aufweisen. Wichtig sind justierbare Hüft- und Schultergurte, mit denen er sich der jeweiligen Körpergröße anpassen lässt. Das Gewebe sollte reißfest und Wasser abweisend sein. Da die meisten Rucksäcke nicht wirklich wasserdicht sind, empfiehlt sich die Mitnahme einer **Regenschutzhülle**. Wichtige Ausrüstungsteile wie Schlafsack und Kleidung sollten auch in wasserdichte Beutel (Plastiktüten) verpackt werden.

☺ Eine billige und praktische Alternative: Packen Sie einen großen, festen Müllbeutel in den Rucksack und stopfen Sie dort die ganze Ausrüstung hinein. So kann Ihnen auch der schlimmste Dauerregen nichts anhaben!

Beim Packen des Rucksacks werden schwere Sachen in der Mitte und zum Rücken hin verstaut, sodass das Hauptgewicht auf den Hüften ruht. Unterwegs benötigte Gegenstände wie Regenkleidung und Tagesproviant müssen leicht erreichbar bleiben. Das Gesamtgewicht sollte möglichst 20 kg (bei Frauen 15 kg) nicht übersteigen. Kontrollieren Sie das Gewicht vor Beginn der Tour und sortieren Sie alles Überflüssige rigoros aus!

Zelt

Zelttouren auf Island erfordern ein hochwertiges **Zelt**. Die preisgünstige Stoffhütte, mit der schon mancher Mittelmeerurlaub erfolgreich absolviert wurde, sollte auch ruhig weiterhin den dortigen Gefilden überlassen werden.

Gefragt ist ein leichtes, wasserdichtes und sturmfestes Expeditionszelt. Ob Kuppel- oder Tunnelform spielt dabei eine untergeordnete Rolle. Wichtiger ist die Verwendung hochwertiger Materialien für Gewebe und Gestänge sowie eine saubere Verarbeitung der Nähte und Reißverschlüsse. Weitere Anschaffungskriterien sind Moskitonetze, gute Belüftungsmöglichkeiten und ausreichend Leinen zum Abspannen bei Sturm. Eine geräumige Apsis bietet Stauraum fürs Gepäck und dient bei Regen als Kochnische im Trockenen.

Für das Zelten auf sandigem oder steinigem Untergrund empfiehlt sich eine Plastikfolie zum Schutz des Zeltbodens.

Traumhafter Zeltplatz mit einem warmen Bach vor der Haustür

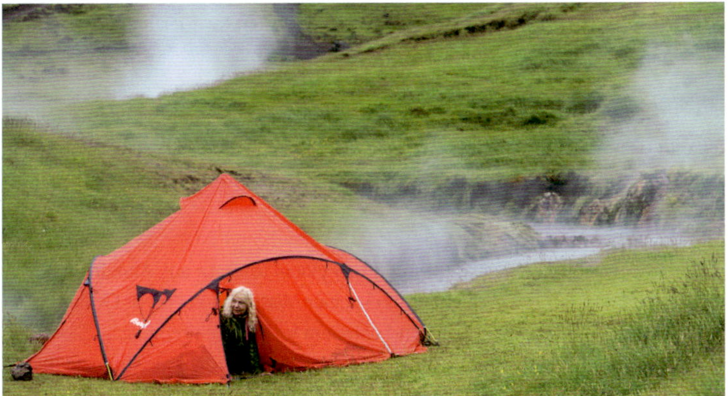

Schlafsack

Der Temperaturbereich des **Schlafsacks** sollte nach unten hin genügend Spielraum bieten (bis -10 oder -15° C). Im Hochland ist Nachtfrost im Sommer nicht ungewöhnlich. Der von Herstellern angegebene Temperaturbereich bezieht sich meist auf den „Extrembereich". Der „Komfortbereich" – d. h., der Bereich, bei dem der Schlafsack als kuschelig warm empfunden wird – liegt indes deutlich höher.

Ob Daune oder Kunstfaser ist nicht nur eine Frage des Gewichts und des Volumens, sondern auch des Budgets. Ein Daunenschlafsack ist leichter und kompakter als das Pendant aus Kunstfasern, dafür wesentlich teurer. Für einen Schlafsack aus Kunstfasern spricht, dass er viel schneller trocknet und auch bei Nässe seine Isolierfähigkeit behält! Wenn bei Zelttouren dennoch ein Daunenschlafsack verwendet wird, dann am besten zusammen mit einem Biwaksack.

Ein **Inlett** aus Baumwolle oder Seide steigert den Schlafkomfort und ist unterwegs einfacher zu waschen als der Schlafsack. Als Unterlage leistet eine selbstaufblasbare **Isomatte** (z. B. von Exped oder Therm-a-Rest) gute Dienste.

Kochgerät

Gerade bei Zelttouren ist ein guter **Kocher** unentbehrlich. Gaskocher sind sauber und einfach in der Bedienung, aber windanfällig. Für Benzinkocher spricht die extrem gute Kochleistung. Der Nachteil: Bei der Zündung kann sich bei unsachgemäßer Handhabung eine Stichflamme entwickeln – ein Risiko, wenn bei Regen in der Zeltapsis gekocht wird. Am unkompliziertesten sind leichte, robuste und windresistente Spiritus-Sturm-Kocher (Trangia).

☺ Da der Transport von Brennstoffen jeglicher Art im Flugzeug verboten ist, müssen diese vor Ort beschafft werden. Gaskartuschen und Brennspiritus sind an Tankstellen und in ☞ **Outdoorläden** in Reykjavík erhältlich, im Sommer auch auf dem Zeltplatz in Reykjavík.

Ergänzt wird die **Kochausstattung** durch einen Topfsatz aus Aluminium, wasserdicht verpackte Streichhölzer, Besteck, einen Wasserbeutel (z. B. Ortlieb), eine Trinkflasche (1 bis 2 l), einen kleinen Schwamm und umweltfreundliche Bio-Seife, die sich auch für Körper- und Kleiderwäsche eignet. Unterwegs leistet eine robuste **Thermosflasche** aus Edelstahl gute Dienste.

✋ Wer vorhat zu zelten, sollte auf jeden Fall die komplette Kochausrüstung mitnehmen. Die Ausstattung der Wanderhütten kann nicht von Zeltgästen benutzt werden.

Weitere Ausrüstung

Zur Orientierung unterwegs sind gute ☞ **Karten** sowie ein **GPS** und/oder **Kompass** (☞ Orientierung) unentbehrlich.

Wanderstöcke (z. B. von Leki) tragen beim Abstieg zur Entlastung der Knie- und Hüftgelenke bei und erhöhen die Standfestigkeit beim Durchwaten von Flüssen. Beim Queren kleinerer Wasserläufe und bei längeren Schneepassagen leisten wasserfeste **Gamaschen** gute Dienste. Schnee und Eis und auch die oft unterschätzte Sandwüste erfordern eine **Sonnenbrille** und eine **Sonnencreme** mit hohem Schutzfaktor. Nicht fehlen darf auch ein **Erste-Hilfe-Set,** bestehend aus Tapeverband, Pflaster von Second-Skin oder Compeed, Schmerztabletten, Trillerpfeife (Notsignale) und einem kleinen Nähset mit Schere.

Wanderstöcke entlasten die Gelenke beim Abstieg.

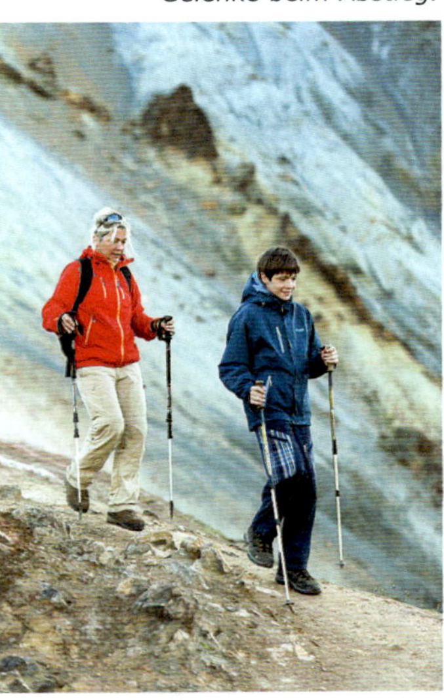

Denken Sie außerdem an einen Fotoapparat, eine Badehose und ... Ohrenstöpsel – kein übertriebener Luxus bei der Übernachtung in einer Hütte mit 70 weiteren Menschen.

Gletscherbegehungen erfordern zusätzlich eine **alpine Basisausrüstung** (Steigeisen, Pickel, Seil und Klettergurt).

Diplomatische Vertretungen

auf Island von ...

Ⓓ **Botschaft der Bundesrepublik Deutschland**, Laufásvegur 31, 101 Reykjavík, ☏ 530 1100 und 663 7800 (Bereitschaftsdienst in Notfällen), ✉ info@reykjavik.diplo.de, 💻 www.reykjavik.diplo.de

Ⓐ **Honorargeneralkonsulat der Republik Österreich**, Orrahólar 5, 111 Reykjavík, ☏ 557 5464, ✉ arni-siemsen@simnet.is

(CH) **Generalkonsulat der Schweiz**, Laugavegur 13, 101 Reykjavík, ☏ 551 7172, ✉ reykjavik@honrep.ch

Islands Vertretungen in …

Ⓓ **Isländische Botschaft**, Rauchstraße 1, 10787 Berlin, ☎ 030/50 50 40 00, infoberlin@mfa.is, www.iceland.is/de

Ⓐ **Ständige Vertretung Islands**, Naglergasse 2/3/8, 1010 Wien, ☎ 01/533 27 71, icedel.vienna@mfa.is, www.iceland.is/at

(CH) **Isländisches Honorarkonsulat**, c/o Ingmar J.M. Snijders, Bahnhofstraße 70, 8021 Zürich, ☎ 058/258 10 30, is.cons@bratschi.ch

Einkaufen

Auch in kleinen Orten gibt es fast immer einen Lebensmittelladen oder Supermarkt. Lebensmittel sind außerdem an vielen Tankstellen erhältlich. Das Obst- und Gemüseangebot ist etwas kleiner und teurer als bei uns. So gut wie alles ist Import- oder Gewächshausware.

Die üblichen **Öffnungszeiten** der Läden sind Mo-Fr 9:00-18:00, Sa 10:00-14:00/16:00. Viele Supermärkte haben länger bzw. auch am Wochenende geöffnet. In Reykjavík haben einige sogar rund um die Uhr geöffnet. Im Sommer bleiben auch Souvenir- und Kunsthandwerksgeschäfte teilweise am Wochenende geöffnet.

Für bestimmte auf Island gekaufte Waren können ausländische Reisende eine **Mehrwertsteuererstattung** bekommen. Die Erstattung beträgt bis zu 14 % des Rechnungsbetrags, vorausgesetzt, die Ausreise aus Island erfolgt nicht später als drei Monate nach dem Erwerb der Waren. Um die Mehrwertsteuererstattung in Anspruch nehmen zu können, muss die Ware in einem Laden erstanden werden, der mit dem Iceland-Refund-Symbol gekennzeichnet ist und der an der Kasse einen **Tax-Free-Cheque** ausstellt.

Die **Mindestsumme** pro Kassenbon für die Steuerrückerstattung beträgt ISK 6.000. Die ausgestellten Tax-Free-Gutscheine können im Flughafen von Keflavík am Schalter der Arion Bank (in der Abflughalle, gleich hinter dem Check-in) und auf der Fähre „Norröna" (Deck 5, neben der Rezeption) eingelöst werden. Wenn der zu erstattende Betrag auf einem einzigen Kassenbon ISK 5.000 übersteigt, ist ein Ausfuhrstempel vom Zoll nötig. Der Zoll befindet sich in der Abflughalle in Keflavík hinter dem Check-in, in Seyðisfjörður im Fährterminal.

Den Betrag können Sie sich entweder bar auszahlen lassen oder er wird (bei Einwurf des Tax-Free-Formulars neben der Auszahlstelle) auf der Kreditkarte gutgeschrieben. Der Gegenwert des Tax-Free-Cheques kann in einer Währung nach freier Wahl ausgezahlt werden.

i www.tollur.is

Zu den beliebtesten Mitbringseln von der Vulkaninsel gehört der Islandpullover aus Schafwolle mit seinem charakteristischen Muster. Strickjacken, Mützen und Fäustlinge sind ebenfalls beliebt. Auch Silberschmuck, Keramik und Glas sowie Kunsthandwerk aus Naturmaterialien und die erstklassigen Fischereiprodukte sind empfehlenswerte Souvenirs.

Einreisebestimmungen

▷ Besucher aus der Bundesrepublik Deutschland, Österreich und der Schweiz benötigen für einen Aufenthalt bis zu drei Monaten lediglich einen gültigen **Personalausweis** oder **Reisepass**. Die Reisedokumente müssen nach dem geplanten Abreisetag noch mindestens drei Monate gültig sein. Da Island Mitglied des Schengener Abkommens ist, entfällt bei der Ankunft am Flughafen die Passkontrolle. Schutzimpfungen sind nicht erforderlich.

▷ Der **Warenimport** unterliegt strikten Einschränkungen. Pro Person dürfen **Lebensmittel** im Wert von bis zu ISK 25.000 (ca. € 180) und mit einem Gesamtgewicht von bis zu **3 kg** eingeführt werden.

▷ Es gilt ein **Importverbot** für Eier und Milchprodukte. Fleisch, Geflügel und Wurstwaren sind nur als Konserven erlaubt.

▷ **Zollfrei** dürfen eingeführt werden: 1 l Spirituosen (22 % Alkohol und mehr) und 1,5 l Wein **oder** 1 l Spirituosen und 6 l Bier **oder** 1,5 l Wein und 12 l Bier **oder** 3 l Wein und 6 l Bier **oder** 18 l Bier. Außerdem: 200 Zigaretten **oder** 250 g andere Tabakwaren. Die Altersgrenze für Alkohol liegt bei 20 Jahren, für Tabakwaren bei 18 Jahren.

i **Directorate of Customs**, www.tollur.is

▷ Da die Einfuhrbestimmungen für lebende Tiere sehr streng sind, erweist sich die Mitnahme von **Haustieren** für Urlaubsreisende in der Praxis als äußerst schwierig – und teuer. Für die Einreise von Hunden und Katzen ist eine Einfuhrgenehmigung des isländischen Landwirtschaftsministeriums erforderlich. Damit diese erteilt wird, sind von einem anerkannten

Veterinär im Herkunftsland ausgestellte, gültige Bescheinigungen über die Gesundheit des Tieres, dessen Herkunft, Impfungen usw. vorzulegen. Anschließend erwartet den geliebten Vierbeiner nach der Ankunft in Island noch eine vierwöchige Quarantäne.

Mast – Icelandic Food and Veterinary Authority, www.mast.is

▷ Auch die Mitnahme von **Angel-** und **Reitzubehör** unterliegt strengen Beschränkungen, denn die geografische Isolation macht isländische Tiere besonders anfällig für ansteckende Krankheiten. Sie werden nicht geimpft und haben daher keinen Schutz gegen eingeschleppte Krankheitserreger. Gebrauchtes Sattelzeug darf gar nicht importiert werden, bei gebrauchter Reitkleidung und gebrauchten Angelausrüstungen muss eine ordnungsgemäße Desinfektion nachgewiesen werden. Angel- und Reitzubehör können auch bei der Anreise kostenpflichtig desinfiziert werden.

Mast – Icelandic Food and Veterinary Authority, www.mast.is

▷ Bei der vorübergehenden Einfuhr eines **Kraftfahrzeugs** muss der Fahrer neben dem Führerschein Fahrzeugschein und grüne Versicherungskarte vorweisen können. Ein Fahrzeug kann ohne Einschränkungen für den Zeitraum von bis zu 12 Monaten importiert werden.

Directorate of Customs, www.tollur.is

▷ Bei der Ein-/Ausreise mitgeführte Bargeldmengen, die den Gegenwert von € 10.000 übersteigen, sind unverzüglich beim Zoll zu deklarieren.

Elektrizität

Die Stromspannung in Island beträgt 220 Volt, sodass unsere Geräte ohne Probleme anzuschließen sind.

Wanderer sollten bedenken, dass entlang der isländischen Treks in der Regel keine Möglichkeit zum Aufladen von Akkus (Handy, Kamera usw.) existiert. Nehmen Sie ggf. ein Ersatzakku für die Kamera oder eine Powerbank mit.

☺ In den FÍ-Hütten am Laugavegur werden Powerbanks zum Verkauf angeboten; Kostenpunkt: ISK 3.500.

Entfernungen

ZIEL	ab Reykjavík	ab Seyðisfjörður	ab Akureyri
Laugavegur			
1. Landmannalaugar	182 km	500 km	270 km
2. Þórsmörk	158 km	565 km	437 km
Fimmvörðuháls			
1. Þórsmörk	158 km	565 km	437 km
2. Skógar	155 km	508 km	434 km
Kjalvegur			
1. Hvítárnes	160 km	536 km	255 km
2. Hveravellir	206 km	478 km	204 km
Jökulsárgljúfur			
1. Ásbyrgi	524 km	216 km	138 km
2. Dettifoss	520 km	190 km	133 km
Öskjuvegur			
1. Herðubreiðarlindir	562 km	208 km	174 km
2. Svartárkot	466 km	244 km	77 km

Feiertage & Feste

- ▷ 1. Januar (Neujahr)
- ▷ Gründonnerstag
- ▷ Karfreitag
- ▷ Ostersonntag und -montag
- ▷ Erster Sommertag (3. Donnerstag im April)
- ▷ 1. Mai (Tag der Arbeit)
- ▷ Himmelfahrt
- ▷ Pfingstsonntag und -montag
- ▷ 17. Juni (Nationalfeiertag)
- ▷ Handelsfeiertag (1. Montag im August)

- 24. bis 26. Dezember (Weihnachten)
- 31. Dezember (Silvester, ab mittags)

An diesen Tagen sind Banken und die meisten Geschäfte geschlossen. Insbesondere am verlängerten Wochenende des Handelsfeiertags ist ganz Island auf den Beinen. Populäre Zeltplätze wie Þórsmörk, Skaftafell, Húsafell, Ásbyrgi oder Akureyri sind dann oft gerammelt voll mit feiernden Isländern und besser zu meiden.

Fotografieren

Island ist gerade für Naturfotografen ein reizvolles Ziel. Der Kampf der Elemente, insbesondere von Feuer und Eis, hat eine oft surreal anmutende Welt geschaffen, deren Wirkung durch die plötzlich wechselnden Lichtstimmungen noch verstärkt wird. Motive gibt es in Hülle und Fülle, im Sommer sogar 24 Stunden lang!

- Auf Trekkingtouren sollten Sie genügend **Speicher** mitnehmen, denn gerade bei den oft reizvollen Lichtstimmungen fotografieren Sie schnell mehr als erwartet. Nehmen Sie auch einen **Ersatzakku** mit (☞ Elektrizität).
- Die Fotoausrüstung wird zum Teil harten Bewährungsproben unterzogen. Auf den holprigen Straßen wird sie oft durchgerüttelt, auf Wandertouren von Regen und Sand bedroht. Verstauen Sie Kameragehäuse und Objektive in einer gut gepolsterten regen- und staubdichten Tasche! Vorsicht bei Sandsturm! Digitalkameras reagieren äußerst empfindlich auf feinste **Sandkörner**, die z. B. beim Objektivwechsel in das Kameragehäuse eindringen und den Sensor verunreinigen bzw. Funktionsstörungen oder andere Schäden herbeiführen können.
- Meiden Sie in Geothermalgebieten den Kontakt mit den korrodierenden Dämpfen der **Solfataren**!
- Unter Strafe steht das Fotografieren/Filmen an Nestern gefährdeter Vogelarten wie z. B. Schnee-Eulen, Falken und Adler.
- **Drohnenfotografen** sollten bedenken, dass der Einsatz des Kopters in Island seit 2017 durch die Icelandic Transport Authority gesetzlich geregelt ist. Vielerorts wurden Flugverbotszonen eingerichtet. Auch in sämtlichen Nationalparks ist der Einsatz von Drohnen mittlerweile verboten.

ℹ **Icelandic Transport Authority**, 💻 www.icetra.is/aviation/drones

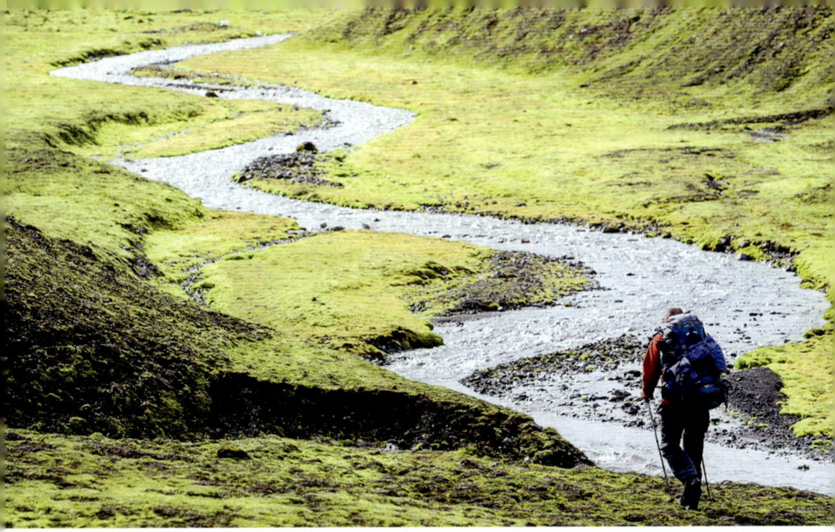

Ausgetretene Pfade sind auf Island eher nicht die Regel.

Gehzeiten

Überschätzen Sie bei der Planung grundsätzlich nicht das eigene **Gehtempo**! Als Anhaltspunkt gilt, dass ein halbwegs durchtrainierter Wanderer mit einem 15 bis 20 kg schweren Rucksack in einer Stunde in der Ebene 3 bis 4 km zurücklegen bzw. in den Bergen 400 Höhenmeter gewinnen würde. Solche Werte sind allerdings nur grobe Richtwerte, die individuell stark variieren können. Entscheidend ist auch das Gelände: Sand, Schlamm, Schnee, Geröll oder Blocklava rauben Zeit und Kräfte. Hinzu kommen natürliche Hindernisse wie unüberbrückte Gletscherflüsse. Schließlich spielt auch das Wetter (Nebel, Wind, Sandsturm usw.) oft eine Rolle. Kalkulieren Sie die Zeit nie zu knapp und planen Sie Reservetage ein!

Die angegebenen Zeiten sind **reine Gehzeiten**, d. h. bei günstigem Wetter ermittelt und ohne Foto-, Ruhe- und Esspausen.

Geld

Währung

Währungseinheit ist die **Isländische Krone** (*króna*, ISK). Münzen sind im Wert von 1, 5, 10, 50 und 100 Kronen im Umlauf. Die isländische Nationalbank gibt Banknoten im Wert von 500, 1.000, 2.000, 5.000 und 10.000 Kronen heraus.

Wechselkurs

▷ Im Juni 2019 war der Umtauschkurs:
€ 1 = ISK 139 bzw. ISK 100 = € 0,72.

▷ Der Schweizer Franken wurde so notiert:
CHF 1 = ISK 125 bzw. ISK 100 = CHF 0,80.

ℹ www.oanda.com, www.landsbankinn.com

☺ Der Umtausch auf Island ist wesentlich günstiger als zu Hause. Auch beim Rücktausch daheim entstehen beträchtliche Verluste.

Geldbeschaffung

Die **Banköffnungszeiten** sind in der Regel Mo-Fr 9:15-16:00. In kleineren Ortschaften sind die Banken nicht so lange geöffnet, dann z. B. nur vormittags.

Am Flughafen und bei den meisten Banken gibt es Geldautomaten, an denen Sie mit den gängigen **Bankkarten** Geld abheben können.

Das Bezahlen mit **Kreditkarten** ist auf Island viel weiter verbreitet als im übrigen Europa. Am gebräuchlichsten sind Visa und MasterCard. Eine Kreditkarte ist nicht nur für Mietwagenfahrer, sondern eigentlich für alle Autofahrer unentbehrlich, da Benzin (☞ Straßenverkehr, Tanken) vielerorts nur an Automatentankstellen erhältlich ist. (Vergessen Sie die PIN nicht!)

Nützlich ist auch die Postbank SparCard 3000 plus, das „Sparbuch im Scheckkartenformat", mit dem, unabhängig von den Öffnungszeiten der Post, Geld vom Sparbuch abgehoben werden kann. Möglich ist dies an allen Geldautomaten, die VISA-Karten akzeptieren.

☺ Auch wenn Sie nach der kurzen Taxifahrt oder zum Abrechnen einer Tasse Kaffee die Kreditkarte zucken, wird Sie niemand merkwürdig anschauen.

☹ Problematisch wird es teilweise im Hochland – in Wanderhütten ist Bargeld nach wie vor erforderlich. Beim Fahren mit den städtischen Bussen in Reykjavík ist ebenfalls Bares gefragt und das auch passend. Im Bus kann nicht gewechselt werden!

Karte verloren – was nun?

Bei Verlust oder Diebstahl der Kreditkarte oder EC-Karte sollte umgehend bei Ihrer Bank deren Sperrung veranlasst werden. Dazu gibt es in Deutschland eine einheitliche gebührenfreie Rufnummer, wo alle Geldkarten aller Banken gesperrt werden können.

Zentraler Bankkartennotfalldienst: ☏ +49-11 61 16

Alternativ kann die Karte natürlich direkt beim jeweiligen Herausgeber gesperrt werden.

Halten Sie zur Sperrung bitte Name des Kreditinstituts, Bankleitzahl, Kontonummer, Kartennummer und Gültigkeitsende bereit.

☺ Unter www.kartensicherheit.de können Sie sich einen SOS-Infopass ausdrucken. Dieser beinhaltet die wichtigsten Sperr-Rufnummern für alle Zahlungskarten.

Gesundheit

Island verfügt über ein modernes Gesundheitssystem. Gesundheitszentren – Gemeinschaftspraxen mehrerer Ärzte – oder Krankenhäuser gibt es in allen größeren Orten. Im Notfall wählen Sie die landesweite **Notrufnummer 112**. Medikamente sind nur in Apotheken (isl. *apótek*) erhältlich. Diese gibt es in jedem Ort und sie sind zu den normalen Geschäftszeiten geöffnet.

Deutsche, österreichische und schweizerische Staatsangehörige, die sich vorübergehend im Land aufhalten, haben nach dem europäischen Gemeinschaftsrecht im Krankheitsfall Anspruch auf Leistungen nach isländischem Recht. Als Anspruchsnachweis ist vor Aufnahme der Behandlung beim Arzt, beim Zahnarzt oder im Krankenhaus die **europäische Krankenversicherungskarte** (*European Health Insurance Card – EHIC*) vorzulegen. Zusätzlich zur Versicherungskarte muss als Identifikationsnachweis ein gültiger Personalausweis oder Reisepass vorgelegt werden.

Bei jedem Arztbesuch wird ein vom Aufwand abhängiger Eigenanteil von mindestens ISK 1.000 sofort fällig. Der Eigenanteil unterscheidet sich von deutschen Regelungen. Wenn Sie ärztliche Hilfe benötigen, wenden Sie sich dazu an das nächste Gesundheitszentrum (isl. *heilsugæslustöð*). Diese Zentren gibt es in allen Regionen. Alternativ können Sie eine Krankenhausambulanz aufsuchen bzw. bei Zahnschmerzen den zahnärztlichen Notdienst in Reykjavík konsultieren.

Ärztlicher Notdienst (*læknavaktin*): Austurver, Háaleitisbraut 68, 103 Reykjavík, ☏ 1770, laeknavaktin@laeknavaktin.is, laeknavaktin.is, Mo-Fr 17:00-23:30, Sa/So 9:00-23:30

Zahnärztlicher Notdienst (*tannlæknavaktin*): Skipholt 33, 105 Reykjavík, 426 8000, tannlaeknavaktin@gmail.com, www.tannlaeknavaktin.is, Mo-Fr 8:00-22:00, Sa/So 10:00-20:00

Ausführliche Informationen sind erhältlich bei der Deutschen Verbindungsstelle Krankenversicherung – Ausland (DVKA):

www.dvka.de

Unabhängig davon wird empfohlen, für die Dauer des Auslandsaufenthalts eine **Auslandsreise-Krankenversicherung** abzuschließen, die Risiken abdeckt, die von den gesetzlichen Krankenkassen nicht übernommen werden dürfen (z. B. notwendiger Rücktransport im Krankheitsfall).

Information

Island:

- **Inspired by Iceland**, www.inspiredbyiceland.com

Regionen:

- **Südisland:** South Iceland Information Centre, Sunnumörk 2-4, 810 Hveragerði, 483 4601, tourinfo@hveragerdi.is, www.south.is
- **Ostisland:** East Iceland Regional Information Centre, Miðvangur 1-3, 700 Egilsstaðir, 471 2320, info@east.is, www.east.is
- **Nordisland:** Visit North Iceland, Hafnarstræti 91, 600 Akureyri, 462 3300, info@northiceland.is, www.northiceland.is

Nationalparks: ☞ Nationalparks

Island im Internet:

- nordvulk.hi.is: Homepage des Nordic Volcanological Center mit Infos über den isländischen Vulkanismus
- www.nat.is: Busverbindungen, Inlandsflüge, Fährverbindungen und Wanderrouten
- www.vedur.is: Website des Isländischen Meteorologischen Instituts mit Informationen über Wetter, Erdbeben und Vulkanausbrüche auf Englisch
- www.road.is: Informationen über das isländische Straßennetz auf Englisch
- icelandmonitor.mbl.is/news: Nachrichten aus Island in englischer Sprache

- www.icelandreview.com: Nachrichten und Hintergrundgeschichten auf Deutsch
- www.edgeofthearctic.is: gemeinsamer Internetauftritt der Touristinformationen Nordostislands, Info auf Englisch

Internet & Internetcafés

In Reykjavík und weiteren größeren Ortschaften gibt es Internetcafés. Besonders in der Hauptstadt sind Café-Hotspots mit kostenlosem drahtlosem Internetzugang weit verbreitet. Darüber hinaus stehen in vielen Hotels, Guesthouses, Jugendherbergen, Touristeninformationszentren und den örtlichen Bibliotheken (gebührenpflichtige) Computerterminals mit Internetzugang zur Verfügung.

Karten

Zur groben Orientierung reicht eine **Übersichtskarte** im Maßstab 1:500.000. Empfehlenswert sind Karten isländischer Herausgeber, die zwar teurer, aber oft genauer sind.

Für Trekkingtouren eignen sich die Karten der Serie **Atlaskort**: Das vom isländischen Verlag **Mál og Menning** herausgegebene topographische Kartenwerk besteht aus 31 Blättern und deckt das ganze Land im Maßstab 1:100.000 ab. Auf den farblich ansprechenden Karten sind nicht nur viele nützliche Informationen wie Höhenlinien, Wander- und Notschutzhütten, Campingplätze und Schwimmbäder eingetragen, sondern auch alle Wanderwege eingezeichnet. Dabei sollten Sie sich aber im Klaren darüber sein, dass so manch schwungvoll eingezeichneter „Wanderweg" in der Praxis wohl eher als Routenvorschlag zu deuten ist. Das gilt insbesondere für Routen, die über Gletscher führen, die in der Regel nur von erfahrenen Bergsteigern mit entsprechender Ausrüstung begangen werden sollten.

Für die im Buch beschriebenen Routen empfehlen sich die für populäre Wandergebiete erhältlichen **Sonderkarten** (*sérkort*), die zumeist im Maßstab 1:100.000 (mit Gebietsausschnitten im Maßstab 1:50.000) existieren. Am besten geeignet sind die Karten des Verlags **Mál og Menning**, die auf seiner **Atlaskort-Serie** basieren. Für manche Wanderwege gibt es auch Karten des Verlags **Iðnú**, basierend auf der Kartographie und den Daten des isländischen Vermessungsamtes Landmælingar Íslands. Die unten aufgeführten Preise geben den Ladenpreis in Deutschland wieder.

Übersichtskarten

- 📖 **Ferðakort Ísland**, Iðnú, Maßstab 1:500.000, € 18,90
- ♦ **Ísland Vegaatlas**, Iðnú, Maßstab 1:200.000, € 43,80. Spiralgebundener Straßenatlas mit gebrauchsfreundlichen Karten

Wanderkarten

Laugavegur und Fimmvörðuháls

- 📖 **Sérkort 4: Landmannalaugar – Þórsmörk – Fjallabak (New revised edition)**, Mál og Menning, Maßstab 1:100.000 und 1:50.000, € 19,95. Sonderkarte mit eingezeichnetem Verlauf der Wanderwege Laugavegur und Fimmvörðuháls, auf der Rückseite Detailkarte Fimmvörðuháls im Maßstab 1:50.000
- ♦ **Sérkort Þórsmörk – Landmannalaugar**, Iðnú, Maßstab 1:100.000, € 20,90. Sonderkarte mit Verlauf von Laugavegur und Fimmvörðuháls. Die Route über Fimmvörðuháls ist jedoch nicht sehr akkurat eingezeichnet, so fehlt z. B. der Wanderweg entlang der Schlucht der Skógá.

Kjalvegur

- 📖 **Sérkort 3: Kjölur – Langjökull – Kerlingarfjöll (New revised edition)**, Mál og Menning, Maßstab 1:100.000 und 1:50.000, € 19,95. Sonderkarte mit eingezeichnetem Verlauf der Wanderroute Kjalvegur, auf der Rückseite Detailkarte Kerlingarfjöll im Maßstab 1:50.000

Jökulsárgljúfur

- 📖 **Sérkort 8: Akureyri – Mývatn – Dettifoss (New revised edition)**, Mál og Menning, Maßstab 1:120.000 und 1:50.000, € 19,95. Sonderkarte mit eingezeichneten Wanderrouten. Auf der Rückseite zeigt eine Detailkarte die Mývatn-Region und den Verlauf des Gletscherflusses Jökulsá á Fjöllum zwischen Dettifoss und Bakkahlaup im Maßstab 1:50.000.
- ♦ **Atlaskort 20: Kelduhverfi**, Mál og Menning, Maßstab 1:100.000, € 19,95. Die Karte entspricht in etwa der vorherigen. Auch hier sind die Wanderwege im Nationalpark eingezeichnet.

Öskjuvegur

- 📖 **Sérkort 7: Askja – Herðubreið – Kverkfjöll (New Revised Edition)**, Mál og Menning, Maßstab 1:100.000 und 1:50.000, € 19,95. Sonderkarte mit eingezeichnetem Verlauf des Öskjuvegur. Die Rückseite zeigt die Askja-Region und die Umgebung zwischen Herðubreið und Upptypingar.

Bezugsquellen

In Deutschland

Eine gute Auswahl an Karten und Wanderkarten von Island finden Sie bei vielen gut sortierten Reisebuchhandlungen, z. B. beim Kieler Skandinavienspezialisten:

- **Geobuchhandlung Kiel**, Schülperbaum 9, 24103 Kiel, ☏ 04 31/910 02, info@geobuchhandlung.de, www.geobuchhandlung.de

Auf Island

Kurzentschlossene können Wanderkarten auch vor Ort bei den größeren Buchläden und Touristinformationen beziehen. Die Wanderkarten kosten dort in der Regel etwa 1/3 weniger. Eine große Auswahl bieten z. B. die Buchläden Mál og Menning und Penninn Eymundsson im Zentrum der Hauptstadt.

- **Mál og Menning**, Laugavegur 18, 101 Reykjavík, ☏ 580 5000, einar@bmm.is, www.bmm.is
- **Penninn Eymundsson**, Austurstræti 18, 101 Reykjavík, ☏ 540 2130, austurstraeti@penninn.is, www.penninn.is

Markierungen und Brücken

Populäre Wanderwege wie Laugavegur oder Kjalvegur sind in der Regel durchgehend mit **Holzpflöcken** markiert. Auch im Vatnajökull-Nationalpark treffen

Stattliche Steinwarten erleichtern die Orientierung auf dem Kjalvegur.

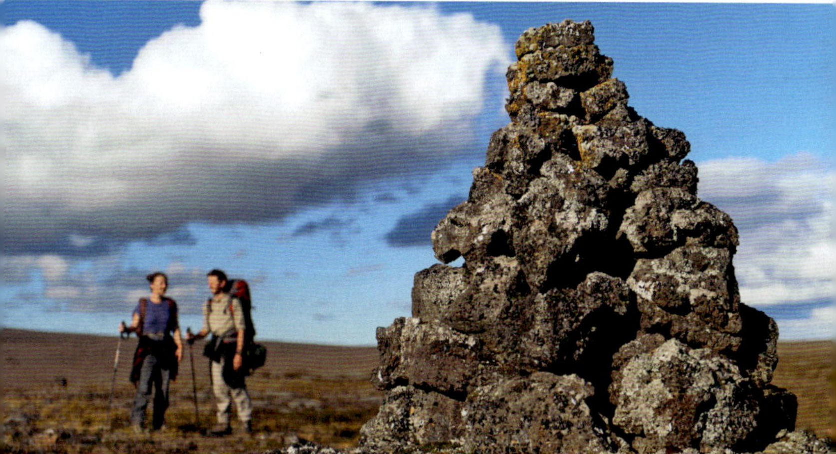

Wanderer auf ein sehr gut markiertes und beschildertes Wanderwegenetz, wobei die Farbe der Hinweisschilder (grün, blau, rot oder schwarz) dort, nach Analogie mit dem weitverbreiteten System zur Kennzeichnung alpiner Abfahrtrouten, Auskunft über den Schwierigkeitsgrad des jeweiligen Weges gibt. Dennoch ist Wandern auf Island nicht mit dem in Mitteleuropa vergleichbar.

Fußgängerbrücken sind vielerorts Mangelware. So sind auch bei populären Treks oft nur größere Gletscherflüsse überbrückt, kleinere Wasserläufe müssen häufig durchwatet werden. Breite, ausgetretene Trampelpfade sind eher die Ausnahme. Bei Nebel und im Frühsommer, wenn Pflöcke im Gebirge noch unter dem Schnee versteckt liegen, kann die ☞ Orientierung Probleme bereiten, eine sonst harmlose Tour zu einer Extremerfahrung werden.

Noch extremer sind Touren in entlegenen Gebieten im Hochland. Dort sind Markierungen, wenn überhaupt, oft nur sporadisch angebracht. Eine gute Orientierungshilfe bieten mancherorts stattliche **Steinmänner** (isl. *varðar*), kunstvoll aufgeschichtete Steinhaufen, die schon in vergangenen Jahrhunderten Reiter sicher durchs Hochland führten.

Hornstrandir: die Klippen von Hornbjarg im Licht der Mitternachtssonne

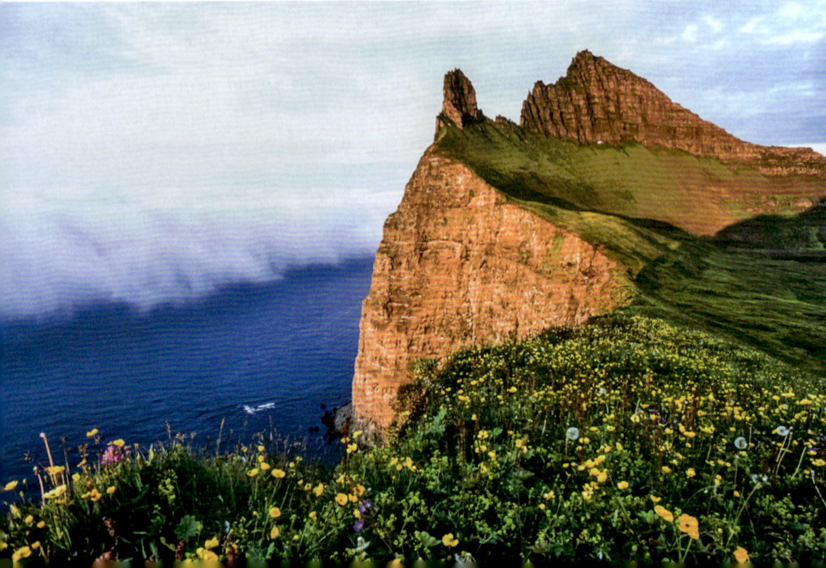

Mitternachtssonne

Wegen der Lage kurz unterhalb des Polarkreises sind die Sommernächte in Island hell und kurz. Von Mitte Mai bis Mitte Juli beschert die **Mitternachtssonne** den Isländern sogar 24 Stunden Helligkeit. Genau genommen verschwindet die Sonne zwar kurz unter dem Horizont, hell bleibt es aber dennoch. Wer wirklich die Mitternachtssonne erleben möchte, müsste einen Ausflug zur Insel Grímsey machen, die 100 km nördlich von Akureyri auf dem Polarkreis liegt.

Ende August wird es im Süden bereits um 21:30 dunkel, während der äußerste Norden noch bis zu eine Stunde mehr Tageslicht bekommt. Doch dann nimmt die Dauer des Tageslichts rapide ab. Wer im September unterwegs ist, muss die knappe Helligkeit einkalkulieren und kürzere Tagesetappen planen.

Im Winter sind die Tage extrem kurz, im Dezember und Januar lässt sich die Sonne gerade mal etwa vier Stunden blicken. Dafür bietet die kalte Jahreszeit oft die Möglichkeit, das Phänomen der Nordlichter (☞ 📷 Seite 95) zu beobachten.

Nationalparks

Island zählt drei Nationalparks, die für Wanderer gut erschlossen sind.

Vatnajökull-Nationalpark

Der 2008 gegründete Nationalpark ist das ehrgeizigste Naturschutzprojekt, das je in Island umgesetzt wurde. Der Mega-Nationalpark umfasst, neben den beiden ehemaligen Nationalparks **Skaftafell** und **Jökulsárgljúfur**, die gesamte Fläche der Eiskappe **Vatnajökull** (7.800 km²), die Caldera der **Askja**, die Kraterreihe **Lakagígar**, den See **Langisjór** und die Region **Krepputunga**. Mit einer Fläche von 14.482 km² – das entspricht 14 % der Fläche Islands – ist der Nationalpark der zweitgrößte in Europa. Die vorerst letzte Erweiterung fand im Juni 2017 statt, als die Gletscherlagunen Jökulsárlón, Breiðárlón und (Teile des) Fjallsárlón eingegliedert wurden. 2018 wurde der Vatnajökull-Nationalpark für die Aufnahme in die Welterbeliste nominiert. An den wichtigsten Toren des Nationalparks wurden Besucherzentren eröffnet. Diese befinden sich in Ásbyrgi, Skaftafell, Skriðuklaustur und Höfn.

i **Vatnajökull National Park**, Urriðaholtsstræti 6-8, 210 Garðabær, ☎ 575 8400, ✍ info@vjp.is, 💻 www.vatnajokulsthjodgardur.is

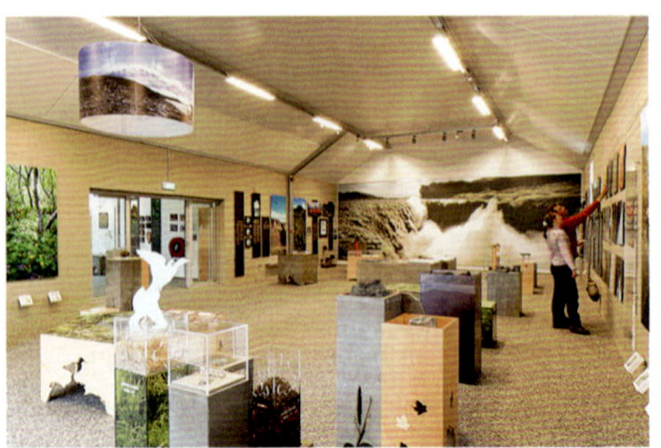
Nationalpark-Infozentrum Gljúfrastofa

Im Nordosten Islands liegt die vom restlichen Areal des Nationalparks isolierte Schlucht **Jökulsárgljúfur**, von 1973 bis 2008 ein eigenständiger Nationalpark. Die 28 km lange, bis zu 500 m breite und 120 m tiefe Schlucht gilt als die beeindruckendste Erosionsschlucht Islands. An ihrem Südrand befindet sich der 54 m hohe Dettifoss, der mächtigste Wasserfall Europas. Ein weiteres Highlight ist der fossile Canyon von Ásbyrgi im Norden. Beide Naturwunder verbindet ein herrlicher Wanderweg entlang der Schlucht der Jökulsá (☞ Jökulsárgljúfur). Auskünfte erhalten Sie im Nationalpark-Infozentrum **Gljúfrastofa** in Ásbyrgi.

Gljúfrastofa Visitor Centre, Ásbyrgi, 671 Kópasker, ☎ 470 7100, asbyrgi@vjp.is, ganzjährig

Durch die Aufnahme des 1967 gegründeten und sowohl 1984 als auch 2004 erweiterten **Nationalparks Skaftafell** wurden große Teile der Eiskappe Vatnajökull und die vorgelagerten Sander eingegliedert. Auch Hvannadalshnúkur (⇧ 2.109 m), der höchste Berg Islands, und aktive Vulkane wie Grímsvötn sind seitdem Teil des Vatnajökull-Nationalparks. Die eisfreien Gebiete der Region sind für Wanderer gut erschlossen. Informationen erhalten Sie im Besucherzentrum **Skaftafellsstofa**. Gezeigt wird dort auch ein Video der subglazialen Eruption des Vulkans Gjálp (1996), der ein 10 km langer Abschnitt der Ringstraße zum Opfer fiel.

Skaftafellsstofa Visitor Centre, Skaftafell, 785 Öræfi, ☎ 470 8300, skaftafell@vjp.is, ganzjährig

Informationen über die Naturperlen im Osten des Nationalparks, wie die Caldera der **Askja**, der aktive Vulkan **Kverkfjöll** und der vergletscherte Tafelvulkan **Snæfell**, bietet das Nationalpark-Besucherzentrum **Snæfellsstofa** in Skriðuklaustur.

Snæfellsstofa Visitor Centre, Skriðuklaustur, 701 Egilsstaðir, ☎ 470 0840, snaefellsstofa@vjp.is, Mai bis Sep

Das Nationalparkzentrum **Gamlabúð**, untergebracht in einem alten Holzhaus am Hafen in Höfn, beherbergt eine Ausstellung über regionale Geologie, Gletscher und Kultur. Aufgrund der Bedeutung des Hornafjörður für Zugvögel liegt ein besonderes Augenmerk auf die Vogelwelt. Ein weiterer Schwerpunkt ist der Klimawandel.

Gamlabúð Visitor Centre, Heppuvegur 1, 780 Höfn, ☏ 470 8330, hofn@vjp.is, ganzjährig

Snæfellsjökull-Nationalpark

Ziel dieses 2001 gegründeten Nationalparks ist der Schutz der einzigartigen Natur (Lavaformationen, Steilküste, Vogelfelsen) und der archäologischen Fundstätten (Ruinen von Bauernhöfen aus der Landnahmezeit, 500 bis 700 Jahre alte Fischerbuden) im Westen der Halbinsel Snæfellsnes. Im Mittelpunkt des 170 km² großen Nationalparks steht der majestätische Gletschervulkan **Snæfellsjökull** (⇧ 1.446 m), der durch Literaturklassiker wie die „Reise zum Mittelpunkt der Erde" von Jules Verne und „Am Gletscher" vom isländischen Literatur-Nobelpreisträger Halldór Laxness verewigt wurde.

Auch der Snæfellsjökull-Nationalpark ist für Wanderer gut erschlossen. Die Farben (blau, rot und schwarz) geben Aufschluss über den Schwierigkeitsgrad der Wanderwege. Eine Übersicht der Wandermöglichkeiten bietet die (online erhältliche) Broschüre „Wanderwege im Snæfellsjökull-Nationalpark". Auskünfte erteilen die Ranger im **Besucherzentrum** des Nationalparks, untergebracht in einer renovierten Scheune in der Nähe des Leuchtturms Malarrif.

Snæfellsjökull National Park Visitor Centre, Malarrif, 356 Snæfellsbær, ☏ 436 6888, snaefellsjokull@ust.is, www.ust.is/snaefellsjokull-national-park, ganzjährig

Þingvellir-Nationalpark

Ein geschichtsträchtiger Ort: In Þingvellir wurde 930 das *Alþing* gegründet, das erste Parlament der Welt. Auch die geologische Bedeutung ist immens: Ein gewaltiger Graben, flankiert von langen Spalten, dokumentiert auf eindrucksvolle Weise das Auseinandertreiben der europäischen und amerikanischen tektonischen Platten.

Die Notwendigkeit, das Gebiet für künftige Generationen zu schützen, wurde schon früh erkannt. 1930 entstand in Þingvellir der erste Nationalpark des Landes. Eine weitere Anerkennung folgte 2004 mit der Aufnahme in die

Welterbeliste der UNESCO. Heute gehört der 237 km² große, nur 50 km von Reykjavík entfernte Nationalpark zu den meistbesuchten Touristenzielen der Vulkaninsel.

Ein modernes **Multimedia-Besucherzentrum**, errichtet oberhalb der Schlucht Almannagjá, gibt Einblicke in Geschichte, Geologie, Fauna und Flora der Region.

Þingvellir Visitor Centre, Hakið, 801 Selfoss, ☏ 482 3613, www.thingvellir.is, tägl. 9:00-18:00, Eintritt ISK 1.000, P ISK 750

Auskünfte und Wanderkarten sind erhältlich im **Informationszentrum** an der Kreuzung der Straßen 36, 550 und 361.

Service Centre Þingvellir, Leirar, 801 Selfoss, ☏ 482 2660, www.thingvellir.is, Juni bis Aug tägl. 9:00-22:00, Sep bis Mai tägl. 9:00-18:00, P und Eintritt frei,

Naturgefahren

Vulkanausbrüche

Vorweg: Die Wahrscheinlichkeit, einen Vulkanausbruch hautnah zu erleben, ist auch auf Island relativ gering (☞ Geologie, Geburt einer Vulkaninsel). Vor allem der Ausbruch des **Eyjafjallajökull** (☞ Fimmvörðuháls) im Frühjahr 2010 hat jedoch verdeutlicht, wie drastisch die Folgen sein können.

Potentielle Unruhestifter wie Hekla, Katla, Askja und Grímsvötn werden heute mit einer Vielzahl von Messgeräten (Seismometer, in Bohrlöchern installierte Neigungsmesser und Dehnungsmesser, GPS-Empfänger usw.) rund um die Uhr überwacht. Eine hundertprozentige Sicherheit ergibt sich daraus jedoch auch nicht. Denn einerseits können, schon aus logistischen Gründen, längst nicht alle Vulkane überwacht werden. Anderseits lässt sich der genaue Zeitpunkt einer Eruption oft nur kurz vorher eindeutig feststellen, sodass die Vorwarnzeit manchmal (Hekla!) sehr kurz sein kann.

Meist jedoch kündigt sich eine mögliche Eruption über einen längeren Zeitraum durch eine erhöhte Erdbebentätigkeit (Hochfrequenz- und Niedrigfrequenz-Erdbeben und Tremors ☞ Glossar) und Deformationen (Aufbeulungen, Buckeln, Neigungen usw.) der Oberfläche des Vulkans an. Im Ernstfall erfolgt eine Sperrung gefährdeter Gebiete. Beim jüngsten Ausbruch des Bárðarbunga-Systems (2014/15) wurde die Region nördlich der Eiskappe Vatnajökull weiträumig abgeriegelt. Davon betroffen waren damals auch zwei Wanderwege in diesem Buch: ☞ Öskjuvegur und der Weg entlang des ☞ Jökulsárgljúfur. Der Grund:

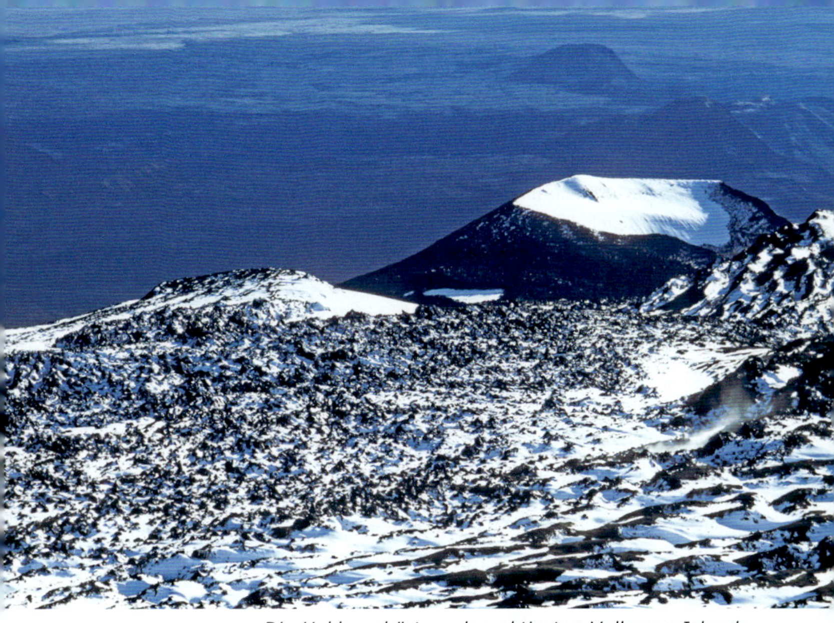

Die Hekla gehört zu den aktivsten Vulkanen Islands.

Bei einer Verlagerung der Ausbruchsstelle unter die nahe Eiskappe Vatnajökull wäre (wie 2010 beim Eyjafjallajökull) mit Ascheregen und Gletscherläufen zu rechnen gewesen.

Zurzeit stehen laut Dr. Matthew J. Roberts (Veðurstofa Íslands) gleich mehrere Feuerberge in den Startlöchern. Ein besonders heißer Kandidat ist die **Katla**, die als „längst überfällig" gilt. Im Falle einer Eruption dieses Nachbarn des ☞ Eyjafjallajökull wäre im Gebiet des ☞ Laugavegur und des ☞ Fimmvörðuháls mit massivem **Ascheregen** zu rechnen, beim Laugavegur außerdem mit **Gletscherläufen**.

An Wanderwegen aufgestellte Infotafeln weisen auf die potentiellen Gefahren des Vulkans hin. Verhaltensrichtlinien für den Ernstfall finden Sie auch in der deutschsprachigen Broschüre „Warnungs- und Bereitschaftsplan für Reisende", erhältlich in Hotels, Guesthouses und der regionalen Touristinformation.

Ungemach droht auch von der **Hekla**. Der Vulkan liegt zwar in einiger Entfernung von ☞ Laugavegur und ☞ Fimmvörðuháls, die bei einer Eruption ausgestoßene Aschewolke könnte jedoch bei entsprechender Windrichtung ebenfalls zu massiven Beeinträchtigungen auf beiden Wanderwegen führen. Der Dauerbrenner, der seit mindestens 6.600 Jahren aktiv ist, legte seit der Besiedlung Islands die Region mehrmals in Schutt und Asche. Jahrzehntelang brach er mit erstaunlicher Regelmäßigkeit aus: 1970, 1980 (und 1981), 1991 und 2000 ließ der Vulkan Dampf ab. Seitdem herrscht Ruhe – und es wächst die Sorge um einen größeren Ausbruch.

Was Geowissenschaftler wie Dr. Matthew J. Roberts besonders beunruhigt, ist der unberechenbare Charakter der Hekla, die oft aus heiterem Himmel ausbricht. Die Vorwarnzeit beträgt hier in der Regel nur 20 bis 40 Minuten. Wer sich dann auf dem Vulkan befinden würde, wäre so gut wie totgeweiht. Gerade nach einer längeren Ruhephase ist von einer Besteigung des Vulkans deshalb unbedingt abzuraten!

Auch nach dem Ende einer Eruption drohen Gefahren. Denn während frische Lavaströme an der Oberfläche rasch abkühlen, kann die Temperatur in geringer Tiefe noch sehr hoch sein. Bei der Besteigung des neuen Vulkans Magni (☞ Fimmvörðuháls, Eyjafjallajökull erwacht) im August 2010 war dort in Spalten unmittelbar unter der Oberfläche noch rot glühendes Gestein sichtbar. **Folgen Sie beim Betreten neuer Lava deshalb unbedingt den offiziell gekennzeichneten Pfaden!** Sonst droht die Gefahr einzubrechen, sich zu verbrennen oder von giftigen Gasen niedergestreckt zu werden.

Hypothermie

Der tückische, weil unsichtbare Feind: **Hypothermie** (Unterkühlung) führt auf Island jedes Jahr zu ernsten, manchmal fatalen Zwischenfällen. Ursache ist meist eigenes Verschulden: eine unzureichende Ausrüstung, Selbstüberschätzung und/oder Unwissenheit. Unterschätzt wird z. B. oft das isländische Wetter. Hypothermie wird durch Nässe, niedrige Temperaturen und Wind, vor allem aber durch eine Kombination dieser Faktoren verursacht. So empfinden die meisten Menschen trockene Kälte wesentlich angenehmer als feuchte. Beträchtlich gesteigert wird das Kälteempfinden mit zunehmendem Wind. Dieser durch den Wind verstärkte Auskühlungseffekt ist der sog. **Windchill-Faktor**. Die physikalische Erklärung liegt auf der Hand: Durch den Wind wird die Körperwärme schneller abgeleitet. Man kühlt aus und friert.

Erste Anzeichen von Unterkühlung sind heftiges Zittern, erhöhter Herzschlag, zunehmender Harndrang und beginnende Apathie. Ein Absinken der Körpertemperatur auf 35 bis 32° C (leichte Unterkühlung) geht mit einer Abnahme des Zitterns und beginnenden Sprachstörungen einher. Bei 32 bis 29° C (schwere Unterkühlung) hört das Zittern auf, während die Muskeln versteifen und Seh- und Denkvermögen drastisch nachlassen. Kühlt man auf weniger als 29° C ab, besteht akute Lebensgefahr!

Checken Sie Ihre ☞ Ausrüstung, bevor Sie ins Hochland aufbrechen. Holen Sie bei den Rangern der Nationalparks oder Hüttenwirten zuverlässige Informationen ein und befolgen Sie immer deren Ratschläge!

Flüsse

Ein besonderes Risiko birgt das Durchwaten von Flüssen, insbesondere von **Gletscherflüssen**. Letztere sind oft unberechenbar, da sie ständig ihren Lauf ändern und die Schmelzwassermenge je nach Wetter und Tageszeit stark variieren kann. Neben der nicht erkennbaren Bodenbeschaffenheit machen die reißende Strömung und die niedrige Temperatur des Gletscherwassers zu schaffen. Hinzu kommt – bei tiefen oder langen Furten – die psychische Belastung.

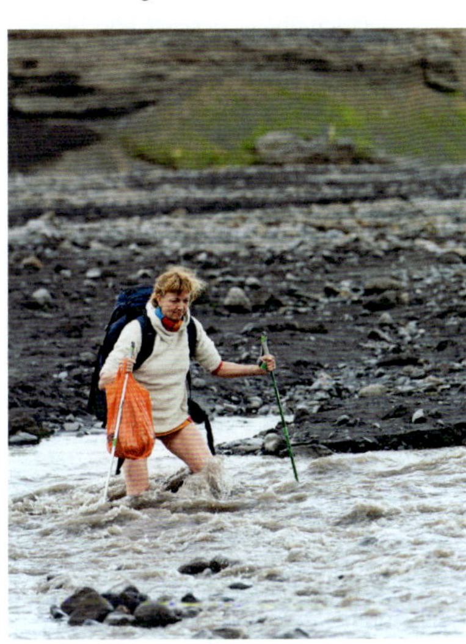

Die reißende Þröngá bildet das größte Hindernis auf dem Laugavegur.

Was tun, wenn ein Fluss auftaucht und die ersehnte Brücke fehlt?

- ▷ Zunächst sollte in Ruhe eine geeignete **Furt** gesucht werden. Als Faustregel gilt: Dort, wo der Fluss sich weitet oder sich stark verzweigt (Delta), ist er in der Regel auch besser zu queren. In Außenkurven ist die Strömung grundsätzlich stärker und der Fluss tiefer als in Innenkurven. In einer Flussbiegung deshalb nie von innen nach außen furten!
- ▷ Das Waten sollte wegen der Verletzungsgefahr **nie barfuß** (☞ Ausrüstung) erfolgen! Wanderschuhe fest am Rucksack befestigen. Niemals versuchen, die Stiefel über den Fluss zu werfen!

- ▷ **Hüft- und Brustgurte** des Rucksacks müssen beim Waten geöffnet sein! Nur so hätten Sie bei einem Sturz die Chance, sich sofort zu befreien. Trekkingstöcke, zum Furten auf ihre maximale Länge eingestellt, erhöhen die Stabilität beim Waten beträchtlich.
- ▷ Bei **starker Strömung** wird der Fluss möglichst quer zur Fließrichtung und mit dem Körper gegen die Strömung gewandt, gequert, wobei Sie sich mit kleinen Schritten fortbewegen. Im Wasser bewegen Sie sich nach der Dreipunkttechnik weiter. Drei der vier Fixpunkte (zwei Füße und zwei Stöcke) werden immer belastet und bleiben fix. Wird ein Schritt gemacht, bleiben beide Stöcke fest und belastet. Wird ein Stock bewegt, bleiben Sie mit beiden Füßen stehen.
- ▷ Beim Queren des Flusses wegen der drohenden **Schwindelgefahr** nicht in die Strömung schauen, sondern einen Fixpunkt am Ufer anvisieren.
- ▷ Der **Wasserpegel** bestimmt, ob das Furten überhaupt möglich ist. Als Faustregel gilt, bei starker Strömung niemals tiefer als bis zu den Knien waten. Sonst sollten Sie lieber warten, bis der Wasserstand sinkt, oder eine geeignetere Furt suchen. Gletscherflüsse sind in der Regel frühmorgens am besten passierbar, da der Pegel dann am niedrigsten ist, spätnachmittags ist er am höchsten. Warmes Wetter, starke Niederschläge oder eine erhöhte geothermische Aktivität unter dem Gletscher können Flüsse auf Tage hinaus unpassierbar machen (☞ Sicherheit)!

Schnee und Eis

Gletscher sollten nur mit entsprechender ☞ Ausrüstung und Erfahrung oder in Begleitung eines Bergführers überquert werden. Unter einer geschlossenen Schneedecke können tiefe Spalten lauern.

Auch wenn der Gletscher aper (schneefrei) ist, ist Vorsicht angebracht, insbesondere beim Queren harmlos ausschauender Schmelzwasserbäche, die an der Oberfläche abfließen. Das eiskalte Wasser entwickelt nicht selten eine große Geschwindigkeit, bevor es früher oder später gurgelnd in sogenannte **Strudellöcher** im Innern des Gletschers stürzt. Und da wollen Sie bestimmt nicht hin!

Auch **Eishöhlen** sind mit Vorsicht zu genießen, unabhängig davon, ob ein Gletscherfluss oder heiße Quellen Urheber sind. Halten Sie einen gebührenden Abstand zu den Höhlen, da jederzeit und ohne Vorwarnung tonnenschwere Eisblöcke aus der Decke brechen könnten!

Eine gesunde Skepsis ist auch bei **Altschneefeldern** angebracht. Zum Risiko werden sie im Steilgelände, wenn sie verharscht sind. Dann sollten Sie eine Begehung ohne Steigeisen unterlassen. Gefahr droht auch, wo Bacheinschnitte verdeckt oder heiße Quellen unter dem Schnee aktiv sind. Überlegen Sie auch, ob sich unter der perfekt horizontalen Schneefläche nicht ein See verbergen könnte. Umgehen Sie weitläufig kritische Bereiche, die sich zum Beispiel durch Risse im Schnee bemerkbar machen! Auch Fußabdrücke anderer Wanderer sind keine Sicherheitsgarantie: Eine Schneebrücke, die am frühen Morgen stabil war, kann aufgrund der Sonneneinstrahlung nur wenige Stunden später nachgeben.

Die Eishöhlen bei Hrafntinnusker

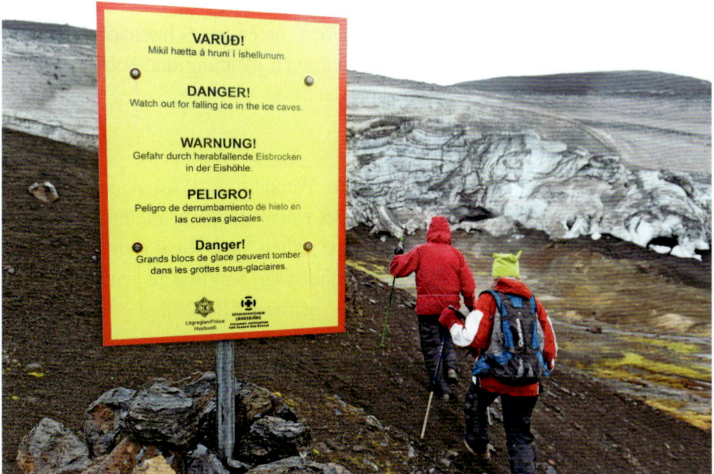

Geothermalgebiete

Die Begegnung mit **heißen Quellen** und **kochenden Schlammtöpfen** fasziniert – und verführt oft zu Leichtsinn. Alljährlich müssen Touristen mit teils schlimmen Verbrühungen (bis hin zu gar gekochten Gliedmaßen!) ins Krankenhaus eingeliefert werden.

- ▷ Respektieren Sie immer die angebrachten **Absperrungen**! Die sind nicht nur zum Schutz der heißen Quellen, sondern auch zu Ihrem Schutz da. Wer sich zu nahe heranwagt, riskiert einzubrechen. Nicht immer entspricht die oberflächlich sichtbare Begrenzung der heißen Quellen ihrer tatsächlichen Ausdehnung.
- ▷ Die **Aktivität** harmlos vor sich hin köchelnder heißer Quellen kann plötzlichen Schwankungen unterliegen. Kochende Schlammtöpfe können urplötzlich aufbrausen und heiße Schlammfetzen meterweit emporschleudern.
- ▷ Die **Farbe** stellt ein Gefahrenindiz dar. Meiden Sie im Geothermalgebiet grundsätzlich helle, gelbe, weiße und graue Bereiche: Diese deuten auf saures, heißes Wasser, das in geringer Tiefe unter der Oberfläche fließt. Dunkle Bereiche gelten als ungefährlich.
- ▷ Vermeiden Sie den Kontakt mit heißen, ätzenden **Schwefeldämpfen**: Sie sind nicht nur giftig, sondern greifen auch Kleidung und Fotoausrüstung an.

Sandstürme

Schon bei mäßig starkem Wind kann das Wandern in Wüstengebieten ohne Sturm- oder Skibrille zur Tortur geraten. Bei einem ausgewachsenen Sandsturm, der Unmengen von Sand in Bewegung setzt, sollten Sie erst gar nicht vor die Tür gehen (☞ Sicherheit). Die Kraft eines isländischen Sandsturms reicht durchaus aus, um einen Pkw komplett vom Lack zu „befreien". Berüchtigt sind die Sandstürme des Ódáðahraun im zentralen Hochland (☞ Öskjuvegur, Sandsturm). In der Nähe der Askja wirbeln Stürme manchmal sogar faustgroße, messerscharfe Bimssteinfragmente durch die Luft (☞ Land und Leute, Geologie), die ein Zelt im Nu zerlegen. An der Südküste führen Sandstürme auf dem Mýrdals- oder Skeiðarársandur hin und wieder zu Straßensperrungen.

Lavafelder

Während Fladenlava (☞ Land und Leute, Geologie) leicht zu überqueren ist, birgt Blocklava erhebliche Gefahren. Junge Blocklavafelder sind in der Regel stark zerklüftet und nur mühsam zu überwinden. Hinzu kommt das Risiko eines Sturzes, der auf der scharfkantigen Lava böse Wunden zur Folge hätte. Überqueren Sie solche jungen Blocklavafelder nur mit größter Vorsicht. Besser noch: Meiden Sie sie, wenn möglich!

Naturschutz

Die Zahl der Besucher, die Island im Sommer durchstreift, wächst rasch – und damit die Belastung der Natur: Geologische Formationen werden von „Mineraliensammlern" abgeerntet, Schwefelkrusten in Geothermalgebieten zertrampelt, Moosteppiche von Reifenspuren rücksichtsloser Offroad-Fahrer verschandelt. Vor allem die Vegetation, der nur eine kurze Wachstumszeit (☞ Land und Leute, Flora) zur Verfügung steht, läuft Gefahr, von unseren Schuhsohlen zerrieben, unterm Zelt platt gewalzt oder vom gedankenlos abgestellten Benzinkocher angekokelt zu werden.

Zum Schutz der Natur in Naturschutzgebieten wurde von der isländischen Umweltagentur (*Umhverfisstofnun*) eine Reihe von **Verhaltensregeln** aufgestellt, deren Einhaltung eigentlich überall selbstverständlich sein sollte.

- ▷ **Wildzelten** ist in Naturschutzgebieten verboten! Zelten außerhalb ausgeschilderter Campingplätze ist nur mit einer Sondergenehmigung erlaubt.
- ▷ **Offroad fahren** ist (wie im gesamten Land) strikt verboten! Die Furchen wilder Jeepspuren sind noch viele Jahre später sichtbar, entzaubern die Landschaft und bieten eine Angriffsfläche für die Erosion. Auch Wanderer sollten möglichst vorhandenen Wegen folgen! Schonen Sie beim Wandern möglichst die Vegetation, insbesondere Moosteppiche. Sogar dicke Moospolster, die robust erscheinen, können mit einem einzigen Schritt zerstört werden.
- ▷ **Tiere**, insbesondere brütende Vögel, dürfen nicht gestört werden! Einige Gebiete (u. a. Teile des Mývatn) sind während der Brutzeit gesperrt.
- ▷ Untersagt ist das Pflücken und Ausreißen von **Pflanzen**!
- ▷ **Offenes Feuer** ist nicht gestattet! Heiße Gegenstände (Kocher, Topf) bitte nicht auf der empfindlichen Vegetation abstellen!
- ▷ Lassen Sie keinen **Müll** zurück! Auch einbuddeln ist zwecklos, da der Wind Vergrabenes rasch wieder freilegt. Toilettenpapier in der Wüste am besten vor Ort verbrennen (Papier braucht durch die arktischen Bedingungen Jahre, um abgebaut zu werden).
- ▷ Besondere **geologische Formationen** (Schwefelausblühungen, Lavagebilde usw.) und heiße Quellen dürfen nicht beeinträchtigt werden!
- ▷ Nicht erlaubt ist das Aufschichten von **Steinmännchen**!
- ▷ Die **Ruhe** der Landschaft muss respektiert werden!

Die Einhaltung der Vorschriften wird von den Landwärtern überwacht. Verstöße werden mit Bußgeldern geahndet und die Übeltäter für entstandene Schäden haftbar gemacht.

Organisierte Touren

Veranstalter auf Island

- **Ferðafélag Akureyrar**, Strandgata 23, 600 Akureyri, ☏ 462 2720, ✉ ffa@ffa.is, 💻 www.ffa.is. Geführte Touren mit Hüttenübernachtung auf dem Öskjuvegur
- **Ferðafélag Íslands**, Mörkin 6, 108 Reykjavík, ☏ 568 2533, ✉ fi@fi.is, 💻 www.fi.is. Geführte Touren mit Hüttenübernachtung auf Laugavegur und Fimmvörðuháls
- **Icelandic Mountain Guides**, Stórhöfði 33, 110 Reykjavík, ☏ 587 9999, ✉ info@mountainguides.is, 💻 www.mountainguides.is. Die Experten für Wildnistouren! Neben Laugavegur und Fimmvörðuháls gehören Wildnistouren mit Gletscherüberquerungen und Winterexpeditionen zum Programm.
- **Trex**, Hestháls 10, 110 Reykjavík, ☏ 587 6000, ✉ info@trex.is, 💻 trex.is. Laugavegur
- **Útivist**, Laugavegur 178, 105 Reykjavík, ☏ 562 1000, ✉ utivist@utivist.is, 💻 www.utivist.is. Laugavegur und Fimmvörðuháls

Veranstalter in Deutschland

Wandertouren entlang des Laugavegur usw. können über eine ganze Reihe von Veranstaltern gebucht werden. Einige Beispiele:

- **Contrastravel**, Bahnhofstraße 44, 24582 Bordesholm, ☏ 043 22/889 00-0, ✉ info@contrastravel.de, 💻 www.contrastravel.de. Laugavegur und Fimmvörðuháls mit Gepäcktransport
- **DIAMIR Erlebnisreisen**, Berthold-Haupt-Straße 2, 01257 Dresden, ☏ 03 51/312 07-0, ✉ info@diamir.de, 💻 www.diamir.de. Laugavegur
- **Forum anders reisen**, Brandstwiete 4, 20457 Hamburg, ☏ 040/181 26 04-60, ✉ info@forumandersreisen.de, 💻 www.forumandersreisen.de. Laugavegur und Fimmvörðuháls mit Gepäcktransport
- **IPT Island ProTravel**, Theodorstraße 41a, 22761 Hamburg, ☏ 040/28 66 87-0, ✉ memo@islandprotravel.de, 💻 www.islandprotravel.de. Laugavegur
- **Island Reisen**, Kurfürstendamm 137, 10711 Berlin, ☏ 030/823 14 35, ✉ info@island-reisen.de, 💻 www.island-reisen.de. Laugavegur und Fimmvörðuháls

- **Islandspezialisten**, Helmutstraße 4, 40472 Düsseldorf, ☏ 021 51/387 71 09, ✉ info@islandspezialisten.de, 💻 www.islandspezialisten.de. Laugavegur mit Gepäcktransport
- **Nordwind Reisen**, Maximilianstraße 17, 87700 Memmingen, ☏ 083 31/870 73, ✉ info@nordwindreisen.de, 💻 www.nordwindreisen.de. Laugavegur
- **Wikinger Reisen**, Kölner Straße 20, 58135 Hagen, ☏ 023 31/90 46, ✉ mail@wikinger.de, 💻 www.wikinger-reisen.de. Laugavegur und Kjalvegur mit Zeltübernachtung und Gepäcktransport

Veranstalter in Österreich und in der Schweiz

- **AlpinSchule Innsbruck**, Tschurtschentalerhof 1, A-6161 Natters/Tirol, ☏ +43-512/54 60 00, ✉ info@asi.at, 💻 www.asi-reisen.de. Laugavegur mit Hüttenübernachtung und Gepäcktransport
- **IPT Island ProTravel**, Usterstraße 56, CH-8620 Wetzikon, ☏ +41-43/497 04 81, ✉ memo@islandprotravel.ch, 💻 www.islandprotravel.ch. Laugavegur mit Hüttenübernachtung und Gepäcktransport

Orientierung

Neben der Wanderkarte gehören ein **Kompass** und/oder **GPS-Satellitenempfänger** zur Standardausrüstung. Für Wildnistouren sind beide unverzichtbar, aber auch auf markierten Wanderrouten sorgen sie für zusätzliche Sicherheit: Bei dichtem Nebel nutzen Markierungen, die 100 und mehr Meter entfernt sind, wenig!

Der Umgang mit dem **Kompass** sollte vor Antritt der Tour geübt werden. Auf Island muss auch die dort nicht unerhebliche Missweisung (☞ Infokasten „Kompasskurs ist nicht gleich Kartenkurs") berücksichtigt werden. Sie ist auf einigen Karten eingetragen, muss für andere Gebiete erfragt werden.

Kompasskurs ist nicht gleich Kartenkurs

Die Missweisung ist der Winkelunterschied zwischen der geografischen Nordrichtung und der Richtung einer Magnetnadel, die sich zum magnetischen Norden hin ausrichtet. In Mitteleuropa beträgt die Missweisung 1 bis 2 Grad West und ist damit zu vernachlässigen. Auf Island schwankt sie zwischen 15 Grad West (Ostfjorde) und 23 Grad West (Westfjorde) und muss deshalb berücksichtigt werden. Um z. B. auf der Halbinsel Hornstrandir (Missweisung 22 Grad West) genau nach Süden zu gehen (= 180 Grad), muss einem Kompasskurs von 202 Grad gefolgt werden.

Als Grundregel gilt: **Kompasskurs = Kartenkurs + Missweisung**
Kartenkurs = Kompasskurs - Missweisung

Nützlich ist auch ein **Höhenmesser**. Er basiert darauf, dass der Luftdruck je nach Höhe über dem Meeresspiegel variiert. Die gemessenen Druckunterschiede rechnet das Gerät in Höhenmeter um. Einziger Haken dabei: Der Luftdruck hängt nicht nur von der Höhe, sondern auch vom Wetter und der Temperatur ab. Darum sollte das Gerät möglichst oft an Orten mit bekannter Höhe (See, Gipfel usw.) neu geeicht werden. Die Wetterabhängigkeit können Sie sich auch zu Nutzen machen: Bleiben Sie über einen längeren Zeitraum (z. B. über Nacht) an einem festen Punkt, so lässt sich aus der registrierten Veränderung des Luftdrucks die Wettertendenz ablesen.

Erheblich erleichtert werden Touren im Hochland durch die Mitnahme eines **GPS-Satellitenempfängers**. Das Prinzip des *Global Positioning System* – kurz GPS – ist einfach: 32 Satelliten, die um die Erde kreisen, senden Signale aus, die vom GPS-Gerät empfangen und in Koordinaten umgerechnet werden. Hat der Empfänger die Signale von mindestens vier Satelliten erfasst, berechnet er zuverlässig seine Position inklusive der Höhe über dem Meeresspiegel. Die Genauigkeit des vom US-Militär entwickelten Systems beträgt bis zu 10 m.

Ein GPS-Satellitenempfänger bietet den Vorteil, dass (fast) immer eine exakte Standortbestimmung möglich ist – und das zu jedem Zeitpunkt und bei jedem Wetter. Mittels fortlaufend gespeicherter Punkte dokumentiert das Gerät die zurückgelegte Wegstrecke (*track*). Anhand einer Reihe sogenannter Wegpunkte (*waypoints*), deren Koordinaten vor Antritt der Tour eingegeben werden, können auch Gehrichtung, verbleibende Strecke und bisherige Durchschnittsgeschwindigkeit ermittelt werden. Darüber hinaus lassen sich in das Gerät Karten in der für den Einsatz optimalen Qualität speichern.

Wenn die Satellitensignale auf der Erde ankommen, sind sie sehr schwach. Deshalb benötigen GPS-Empfänger möglichst Sichtkontakt zum Himmel. In einer engen Schlucht etwa kann der Kontakt zu einzelnen Satelliten abreißen, was zu einer Beeinträchtigung der Genauigkeit führt. Ohnehin ersetzt ein GPS-Empfänger weder Kompass noch Höhenmesser! Stellen Sie sich vor, dass das stromabhängige Wundergerät am Berg plötzlich den Geist aufgibt und das ausgerechnet im dichten Nebel …

Outdoorläden

Fehlende Ausrüstung ergänzen oder defektes Equipment ersetzen? Das klappt am besten in den großen Outdoorläden in Reykjavík und (in geringerem Umfang) in Akureyri.

Reykjavík

Ellingsen Grandi, Fiskislóð 1, 101 Reykjavík, 580 8500, ellingsen@ellingsen.is, www.ellingsen.is

- **Everest**, Skeifan 6, 108 Reykjavík, 533 4450, everest@everest.is, www.everest.is
- **Fjallakofinn**, Laugavegur 11, 101 Reykjavík, 510 9511, fjallakofinn@fjallakofinn.is, fjallakofinn.is
- **Fjallakofinn**, im Einkaufszentrum Kringlan, Kringlan 7, 103 Reykjavík, 510 9510, fjallakofinn@fjallakofinn.is, fjallakofinn.is
- **Íslensku Alparnir**, Faxafen 12, 108 Reykjavík, 534 2727, verslun@alparnir.is, alparnir.is
- **Útilif**, 2 Filialen in den Einkaufszentren Kringlan und Smáralind, 545 1500, sport@utilif.is, www.utilif.is
- **66° North**, Filialen in Faxafen 12, Bankastræti 5, Laugavegur 17-19 und im Einkaufszentrum Kringlan, 66north@66north.com, www.66north.com. Hochwertige Bekleidung der isländischen Marke

Akureyri

Ellingsen Akureyri, Tryggvabraut 1-3, 600 Akureyri, 460 3630, akureyri@ellingsen.is, www.ellingsen.is

Post

Nahezu jede isländische Ortschaft verfügt über ein eigenes Postamt (isl. *Íslandspóstur*).

Die Öffnungszeiten der Postämter in Reykjavík und Akureyri sind Montag bis Freitag von 10:00-17:00. In kleineren Ortschaften sind diese sehr unterschiedlich.

Beim Versand wird zwischen A- und B-Post. A-Post unterschieden, versehen mit entsprechendem Aufkleber, wird in der Regel etwas schneller befördert. Kosten für Postkarten und Briefe (bis 50 g) nach Europa: ISK 250 für A-Post bzw. ISK 220 für B-Post.

i www.postur.is

Reisezeit

Die isländische **Trekkingsaison** ist relativ kurz: von Anfang/Mitte Juni bis Ende August/Anfang September. Außerhalb dieser Periode drohen vielerorts logistische Probleme. Etliche Campingplätze, Hotels, Jugendherbergen, Wanderhütten, Informationszentren usw. sind nur von Juni bis August geöffnet. Auch viele Buslinien werden nur in der Saison bedient.

Wer im Frühsommer (Juni) unterwegs ist, muss in höheren Lagen mit (erheblichen) Behinderungen durch Altschneefelder rechnen.

Im Juni und Juli locken die **Vogelberge** an den Küsten mit ihrem reichen Vogelleben. In diesen Monaten können Sie außerdem das Schauspiel der **Mitternachtssonne** erleben.

Ab September flimmern mit etwas Glück schon die ersten **Nordlichter** am Himmel. Mitte August, spätestens Anfang September melden sich die ersten Herbststürme, während im Hochland und im Norden ab September mit Wintereinbrüchen zu rechnen ist.

Die in diesem Buch aufgenommenen Treks sind normalerweise von **Mitte Juni/Anfang Juli bis Anfang September** begehbar.

Sicherheit

Der Sicherheit wegen sollten am Ausgangspunkt der Tour Ihr Reiseplan und der voraussichtliche Zeitpunkt der Rückkehr zurückgelassen werden. Bei manchen Treks (☞ Laugavegur) ist das sogar längst obligatorisch. Ansprechpartner sind u. a. lokale Fremdenverkehrsämter, Aufseher der Naturschutzbehörde und Hüttenwirte. Unterwegs empfiehlt sich auch ein Eintrag in das vorhandene Gästebuch der Hütten, in denen übernachtet bzw. eine Rast eingelegt wird. Melden Sie sich nach Abschluss der Tour bitte wieder ab!

Falls Wanderer nicht wie vereinbart auftauchen, erleichtert die zurückgelassene Spur eine eventuelle Suchaktion erheblich.

Im Spätsommer tanzen mit etwas Glück bereits die ersten Nordlichter am Himmel.

Extremwetter

Bei Touren im Hochland sollte die Wettervorhersage berücksichtigt werden. Sandstürme in der Wüste, Schneefall im Hochland und Hochwasser in Bächen und Flüssen können im Extremfall zu einer erheblichen Beeinträchtigung oder gar zum Abbruch der geplanten Tour führen (☞ Naturgefahren).

Aktuelle Wettervorhersagen und Warnhinweise liefert eine **Wetter-App** (einfach „weather app" in die Suchmaschine eingeben) des Isländischen Wetteramts – zumindest so lange, wie der Netzempfang gewährleistet ist:

ℹ **Icelandic Meteorological Office**, 💻 en.vedur.is

Rettungsgesellschaft

Die isländische Rettungsgesellschaft ICE-SAR umfasst landesweit hundert Rettungsteams, denen mehrere Tausend freiwillige Mitglieder angehören. Die Rettungsteams sind auf die Rettung auf See und auf dem Land spezialisiert. Sie sind mit modernstem Gerät ausgestattet, u. a. mit Superjeeps und Schneemobilen. Unter den Mitgliedern sind Spezialisten mit Lawinensuchhunden, Taucher, Fallschirmspringer und Extremkletterer.

ℹ **ICE-SAR – Icelandic Association for Search and Rescue**, Skógarhlíð 14, 105 Reykjavík, ☎ 570 5900, ✉ skrifstofa@landsbjorg.is, 💻 www.icesar.com

ICE-SAR pflegt außerdem eine Website mit zahllosen Tipps zur Sicherheit unterwegs (Tourenplanung, Ausrüstung, Gletscher, Sturmwarnungen usw.). Auf dieser Website können Sie auch Ihren Reiseplan inkl. Kontaktinformationen hinterlegen.

i safetravel.is

☺ Auf dieser Website wird auch die **App 112 Iceland** zur Verfügung gestellt, mit der Sie täglich Ihre Koordinaten weiterleiten, im Notfall die Rettungsgesellschaft alarmieren und aktuelle Warnmeldungen (Sandsturm, Hochwasser, Lawinengefahr usw.) empfangen können.

Notsignale

Fernab der Zivilisation können die **internationalen Bodennotsignale** im Ernstfall lebensrettend sein. Diese Zeichen, die von allen Flugzeugpiloten verstanden werden, müssen mindestens 2,5 m lang sein. Bei mehreren Zeichen sollte zwischen den einzelnen ein Mindestabstand von mehreren Metern liegen. Damit sich die Zeichen deutlich vom Untergrund abheben, empfiehlt sich z. B. die Verwendung bunter Kleidungsstücke.

Einige der wichtigsten Zeichen sind:

I Ernste Verletzung, ärztliche Hilfe erforderlich
X Es geht nicht weiter
F Nahrung und Wasser werden gebraucht
+ Ich bewege mich in der angegebenen Richtung
LL Alles ist in Ordnung
N Nein (No)
Y Ja (Yes)

Notschutzhütten

Entlang verlassener Küstenstreifen und entlegener Gebirgsstraßen werden von der isländischen Lebensrettungsgesellschaft ICE-SAR Notschutzhütten (isl. *neyðarskýli*) aufrechterhalten. Diese orangefarbenen Hütten sind für Schiffbrüchige oder andere Reisende in Not gedacht und zu diesem Zweck mit Notproviant, Brennstoff und Decken, teilweise auch mit Radio und/oder Telefon ausgestattet. Sie stehen jedem im Notfall zur Verfügung – aber eben auch nur dann! Notschutzhütten sind keine Billigunterkünfte! Missbräuche werden geahndet!

Sprache

Amtssprache ist Isländisch, eine germanisch-nordische Sprache, die seit der Besiedlung durch norwegische Einwanderer aufgrund der isolierten Insellage weitgehend unverändert geblieben ist. Diese sprachliche Eigenständigkeit ist ein wichtiger Bestandteil der isländischen Kultur und es wird penibel darauf geachtet, das Einschleichen fremder Begriffe zu verhindern. Dazu gehört auch, dass allgemein verbreitete moderne Begriffe, die es im altisländischen Wortschatz nicht gab, durch Umschreibungen gebildet werden. So heißt das isländische Telefon schlicht *sími* (Draht). Und der Begriff *tölva* (Computer) setzt sich aus der Kombination der Wörter *tala* (Zahl) und *völva* (Wahrsagerin) zusammen.

Im Isländischen suchen Sie vergeblich nach den Buchstaben c, q, w und z. Dafür finden sich im isländischen Alphabet die Sonderzeichen *þ, ð* und *æ* sowie die Vokale *á, é, í, ó, ú* und *ý*, die aufgrund der Akzente ganz anders ausgesprochen werden als das jeweilige akzentfreie Pendant. Die Aussprache des Isländischen gilt als recht schwierig und gelingt nur wenigen Reisenden auf Anhieb. Manche Wörter gestalten sich für manch einen als Zungenbrecher.

Versuchen Sie es doch mal mit *Þjóðveldisbærinn* (so heißt das rekonstruierte Gehöft aus der Wikingerzeit am Fuß der Hekla).

Zum Trost sei gesagt, dass Sie mit Englisch fast überall sehr gut zurechtkommen werden. In touristischen Zentren wird manchmal auch Deutsch gesprochen.

Straßenverkehr

Straßenverhältnisse

Die 1.321 km lange **Ringstraße** (isl. *Hringvegur*) ist die Hauptverkehrsader des isländischen Wegenetzes, das eine Gesamtlänge von fast 13.000 km aufweist. Die Nationalstraße Nr. 1 ist durchgehend geteert, sodass eine Inselumrundung mit nahezu jedem erdenklichen Fahrzeug möglich ist. Sobald Sie jedoch die Ringstraße verlassen, werden Sie vor allem in dünn besiedelten Gebieten immer wieder auf staubige **Schotterstraßen** mit **Wellblechabschnitten** und **Schlaglöchern** stoßen. Diese strapazieren Fahrzeuge und Insassen, drücken das Reisetempo und bergen auch besondere Risiken.

Die Straßenqualität lässt sich in etwa an der **Straßennummer** ablesen. Die Ringstraße trägt logischerweise die Nr. 1, weitere Hauptverkehrsstraßen sind durch zweistellige Nummern gekennzeichnet. Die Beschaffenheit von Straßen mit einer dreistelligen Nummer kann gelegentlich schon etwas abenteuerlicher sein, mit „F" gekennzeichnete Wege sind nur mit Geländewagen zu befahren.

Verkehrsregeln

Mit der zunehmenden Zahl ausländischer Besucher ist in den letzten Jahren auch die Zahl der Unfälle stark gestiegen. Gerade die ungewohnten Straßenverhältnisse und Fehleinschätzungen führen nicht selten zu Unfällen. So warnen besondere Verkehrsschilder vor Gefahrenstellen, ohne spezifisch dazu aufzufordern, die Geschwindigkeit zu verringern. Beachten Sie deshalb bitte immer folgende Regeln:

- ▷ Die **Höchstgeschwindigkeit** beträgt 50 km/h (manchmal 30 km/h) in Ortschaften, 90 km/h außerhalb geschlossener Ortschaften und 80 km/h auf unbefestigten Straßen.
- ▷ Drosseln Sie immer die Geschwindigkeit, wenn Ihnen ein Fahrzeug entgegenkommt, besonders auf **Schotterstraßen**! Die Schotterdecke ist häufig locker, besonders an den Banketten, weshalb Ausweichmanöver mit großer Vorsicht und bei niedriger Geschwindigkeit durchzuführen sind.
- ▷ Auch am Ende eines asphaltierten Straßenabschnitts muss die Geschwindigkeit erheblich verringert werden. Der plötzliche Wechsel des Straßenbelags ist gerade für Fahrer, die nicht mit den isländischen Straßenverhältnissen vertraut sind, eine potentielle Gefahrenquelle. Mit der fehlenden Bodenhaftung geht leicht auch die Kontrolle über das Fahrzeug verloren. Das Ende einer Asphaltstraße wird durch das Hinweisschild: *„Malbik endar"* angekündigt.
- ▷ **Unübersichtliche Straßenkuppen**, gekennzeichnet durch das Hinweisschild *„Blindhæðir"*, sind keine Seltenheit. Verringern Sie dort stets die Geschwindigkeit und halten Sie sich rechts.
- ▷ Eine weitere Gefahr sind **einspurige Brücken**, da oft keine eindeutige Vorfahrt geregelt ist. Auch dort gilt: Runter vom Gas und gegebenenfalls mit Lichthupe andeuten, dass Sie warten. Eine einspurige Brücke kündigt sich an durch das Hinweisschild *„Einbreið brú"* (☞ 📷 Seite 99).
- ▷ Rechnen Sie immer mit Weidetieren (vor allem Schafen, manchmal auch Pferden), die Ihnen auf der Straße unvermittelt in die Quere kommen könnten. Falls Sie dennoch ein Tier „erlegt" haben, sollte unbedingt die

Polizei verständigt werden. Bei Viehschäden kann vom Fahrer Schadensersatz verlangt werden.

- ▷ Es besteht **Anschnallpflicht** für alle Insassen, auch auf den Rücksitzen.
- ▷ Telefonieren am Steuer mit dem **Handy** ist auch auf Island nur mit Freisprecheinrichtung erlaubt!
- ▷ Autofahren unter Drogen- oder Alkoholeinfluss ist strikt verboten. Die **Promillegrenze beträgt 0,5**!
- ▷ Das **Abblendlicht** muss auch am Tage eingeschaltet werden.
- ☝ Die **Strafen** für Verkehrsverstöße sind spürbar höher als in Deutschland!

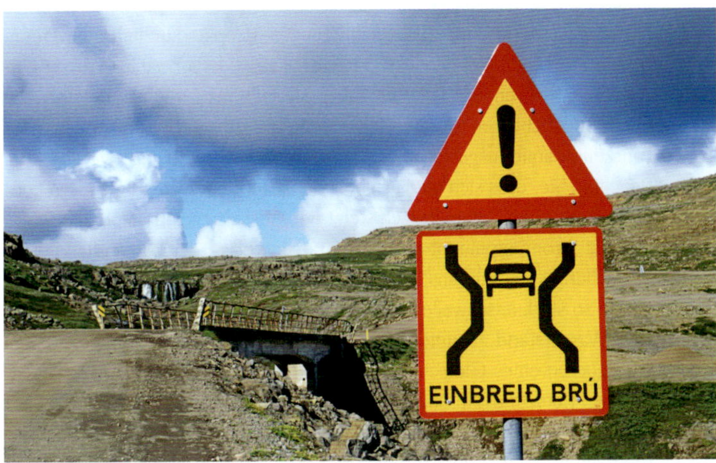

Keine Seltenheit bei isländischen Straßen: einspurige Brücken

Fahren im Hochland

Wer schon im Frühsommer unterwegs ist und auch das Hochland bereisen will, sollte sicherstellen, dass die geplante Strecke befahrbar ist. Viele Hochlandpisten sind aufgrund der Schneeschmelze bis Mitte/Ende Juni und manchmal noch länger unpassierbar (☞ Eröffnungsdatum der Hochlandpisten). Auch nach ihrer Freigabe sind die meisten nur mit Geländewagen befahrbar.

Besorgen Sie sich detaillierte, aktuelle Straßenkarten (☞ Karten) und sammeln Sie Informationen über die Straßenbeschaffenheit, bevor Sie ins Landesinnere aufbrechen. Ansprechpartner sind u. a. lokale Touristeninformationen und

Tankstellen. Dort informieren zu Beginn des Sommers in regelmäßigen Abständen Aushänge über die aktuelle Situation der Hochlandpisten. Die Infos sind auch telefonisch auf Englisch unter ☏ 1777 bzw. im Internet bei der Isländischen Straßenbehörde (*Vegagerðin*) abrufbar.

Vegagerðin, Borgartún 5-7, 105 Reykjavík, ☏ 522 1000 und 1777 (Straßenverhältnisse), vegagerdin@vegagerdin.is, www.road.is

Im Hochland sind besondere Verhaltensregeln zu beachten:

- **Offroadfahren**, das Fahren abseits markierter Wege und Pisten, ist aufgrund des Naturschutzgesetzes strikt verboten!
- **Flüsse** sollten nur mit Geländefahrzeugen (Jeeps) durchfahren werden. Prüfen Sie, ob der Allradantrieb zugeschaltet ist, bevor Sie ins Wasser hineinfahren. Fahren Sie langsam, aber stetig ohne anzuhalten im ersten Gang und benutzen sie die Geländeuntersetzung (*Low Range*), falls Ihr Fahrzeug damit ausgestattet ist. Schalten Sie nicht im Fluss!
- Beachten Sie, dass sich die Furten in **Gletscherflüssen** ständig ändern können. An warmen Sommertagen steigt der Wasserpegel im Laufe des Tages und die Strömung nimmt ebenfalls zu. Generell ist der Wasserstand eines Gletscherflusses morgens am niedrigsten. Auch heftige Regenfälle können Flüsse so stark anschwellen lassen, dass sie sogar unpassierbar werden.
- Den **Wasserstand** zu unterschätzen, kann fatale Folgen haben! Vor dem Überqueren eines Gletscherflusses müssen unbedingt dessen Geschwindigkeit, Tiefe und Flussbett geprüft werden, am besten indem Sie hineinwaten. Wer sich das nicht zumuten möchte, sollte auf die Überquerung lieber verzichten. Bitten Sie gegebenenfalls andere (isländische) Autofahrer um Rat und beobachten Sie, wie und wo diese den Fluss bewältigen.
- Wenig frequentierte und/oder schwierige Pisten sollten aus Sicherheitsgründen nur mit mindestens zwei Fahrzeugen im **Konvoi** befahren werden!
- Überprüfen Sie den Umfang Ihrer **Kfz-Versicherung**, bevor Sie ins Hochland aufbrechen. Bei Mietwagen sind Schäden, die beim Durchfahren von Flüssen entstehen, in der Regel nicht abgedeckt. Auch das Fahrgestell ist nicht mitversichert. Eine Reise ins Hochland erfordert eine Zusatzversicherung.
- Bei **Mietwagen** ist zu beachten, dass das Befahren sämtlicher Hochlandstraßen – dazu gehören alle **F-Straßen,** aber z. B. auch die Kjölur – aus-

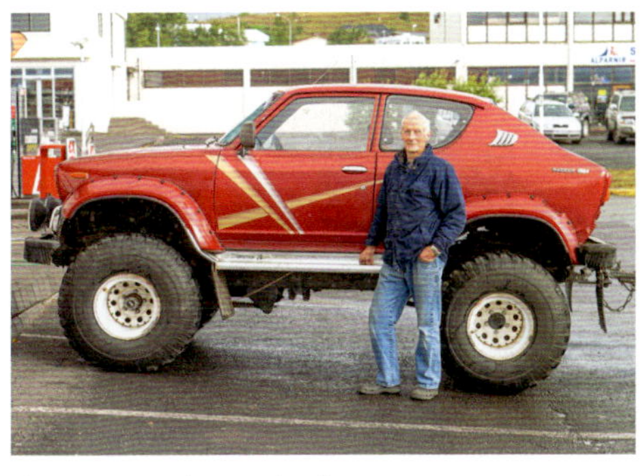

A man must have wheels ...

schließlich für Jeeps mit Allradantrieb (4x4) erlaubt ist. Für Pkw mit Front- oder Heckantrieb (2wd) oder Allradantrieb (4wd) sind diese tabu. Wer dennoch mit einem Pkw ins Hochland aufbricht, begeht Vertragsbruch. Die Folgen: Der Versicherungsschutz erlischt, der Fahrer haftet für sämtliche Schäden am Fahrzeug und kann von der Autoverleihfirma mit einer saftigen Geldstrafe belegt werden! Die Fahrzeugortung ist für die Mietwagenfirma heute ein Leichtes, dank des eingebauten GPS-Moduls. Lesen Sie auf jeden Fall das Kleingedruckte im Mietvertrag und erkundigen Sie sich im Zweifelsfall vorab, ob die anvisierte Route mit dem Mietfahrzeug befahren werden darf.

Eröffnungsdatum der Hochlandpisten

HOCHLANDPISTE (2014-2018)	Frühestens geöffnet am:	Spätestens geöffnet am:	Im Schnitt geöffnet am:
Lakagígar – F206	16.6.	9.7.	25.6.
Fjallabaksleið nyrðri – F208			
1. Sigalda – Landmannalaugar	9.6.	26.6.	16.6.
2. Landmannalaugar – Eldgjá	19.6.	17.7.	30.6.
3. Eldgjá – Skaftártunga	13.6.	26.6.	17.6.
Fjallabaksleið syðri – F210			
1. Keldur – Hvanngil	30.6.	17.7.	7.7.
2. Hvanngil – Skaftártunga	30.6.	23.7.	7.7.
Landmannaleið – F225	18.6.	3.7.	1.7.
Emstruleið – F261	27.6.	10.7.	4.7.

HOCHLANDPISTE (2014-2018)	Frühestens geöffnet am:	Spätestens geöffnet am:	Im Schnitt geöffnet am:
Kjalvegur – 35			
1. Gullfoss – Hveravellir	8.6.	1.7.	17.6.
2. Hveravellir – Blönduvirkjun	2.6.	25.6.	13.6.
Sprengisandur – F26			
1. Hrauneyjar – Nýidalur	20.6.	10.7.	29.6.
2. Nýidalur – Bárðardalur	20.6.	10.7.	30.6.
Skagafjarðarleið – F752	29.6.	16.7.	6.7.
Eyjafjarðarleið – F821	1.7.	24.7.	10.7.
Öskjuleið – F88			
1. Öskjuleið bis Herðubreiðarlindir	14.6.	26.6.	20.6.
2. Herðubreiðarlindir – Dreki	14.6.	26.6.	20.6.
Öskjuvatnsvegur – F894	14.6.	24.7.	30.6.
Vesturdalur/Hljóðaklettar – F862	12.6.	24.6.	15.6.
Kverkfjallaleið – F902	14.6.	27.6.	21.6.
Uxahryggjavegur – 52	24.4.	13.5.	3.5.
Kaldadalsvegur – 550	1.6.	7.7.	14.6.

Beachten Sie, dass Straßensperrungen auch im Sommer aufgrund einer Laune der Natur jederzeit möglich sind. Mal ist es dichtes Schneetreiben, das die Askja-Region im August von der Außenwelt abschneidet, mal ein heftiger Sandsturm, der über die Sander an der Südküste hinwegfegt. Ein anderes Mal hat ein Gletscherlauf der Skaftá die Sperrung der **F208** nach Landmannalaugar zur Folge. Im Spätsommer 2014 führte ein Vulkanausbruch im Bárðarbunga-System zu einer umfassenden Sperrung des Hochlands nördlich der Askja.

Tanken

In Reykjavík und in größeren Orten sind die meisten Tankstellen täglich bis 23:30 geöffnet. In kleineren Ortschaften sind kürzere Öffnungszeiten durchaus üblich. Nach Geschäftsschluss stehen an den meisten Tankstellen im Großraum Reykjavík sowie in größeren Orten Selbstbedienungszapfsäulen bereit, von denen manche nur Kreditkarten und EC-Karten, andere auch Banknoten annehmen. Abseits der Ortschaften liegen die einzelnen Tankmöglichkeiten zum Teil weit auseinander.

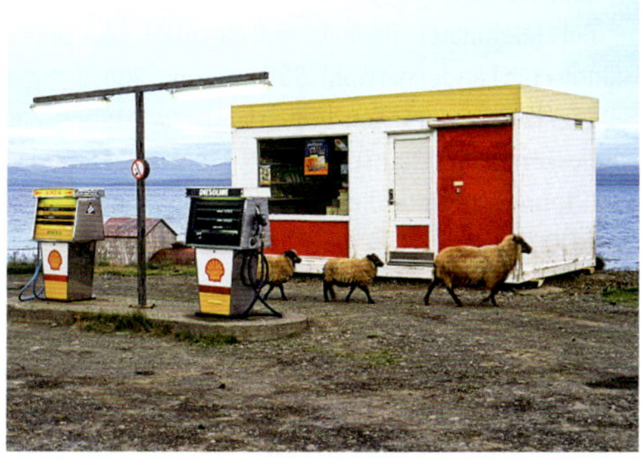

Tankstelle in den Westfjorden

Die **Kraftstoffpreise** liegen deutlich über deutschem Niveau.

Kraftstoffrichtpreise:

Kraftstofftyp	Preis in ISK	Preis in €
Bleifrei (*blýlaust*) 95 Oktan	211,30	1,51
Diesel (*dísil*)	201,90	1,44

(Stand Juni 2019, Quelle: www.bensinverd.is)

Pannenhilfe

Diese Hilfe brauchen Sie hoffentlich nicht: Der Isländische Automobilclub (*Félag íslenskra Bifreiðaeigenda*) verschafft Abhilfe, wenn Ihr Fahrzeug streikt. Im Hauptstadtgebiet sowie in Akureyri unterhält die Organisation einen 24-Stunden-Service, erreichbar unter der Rufnummer ☎ 511 2112.

The Icelandic Automobile Association (*FÍB – Félag Íslenskra Bifreiðaeigenda*), Skúlagata 19, 101 Reykjavík, ☎ 414 9999, fib@fib.is, www.fib.is

Telefon

Die isländische Bezeichnung für Telefon ist *sími* (= Draht). Öffentliche Telefone finden sich bei manchen Postämtern und Tankstellen, in Hotels und bei einigen

Touristeninformationen. Sie sind oft alt und werden kaum noch benutzt. Üblich sind Prepaid-Kartentelefone, Münzfernsprecher und Kreditkartentelefone. Zu beachten ist, dass das isländische Telefonverzeichnis nach Vornamen geordnet ist. Bei Inlandsgesprächen muss grundsätzlich die komplette **7-stellige Rufnummer** gewählt werden. Regionale Vorwahlen gibt es auf Island nicht.

Bei **Telefonaten nach Island** aus Ⓓ, Ⓐ oder (CH) wählen Sie **00** und die isländische Ländervorwahl **354**, gefolgt von der **7-stelligen Teilnehmernummer**. Bei **Auslandsgesprächen** von Island aus werden nacheinander **00**, die jeweilige Landeskennzahl (Deutschland **49**, Schweiz **41** und Österreich **43**), die Ortskennzahl (ohne 0) und die Teilnehmernummer gewählt. Aktuelle Tarifinfos unter ☏ 800 7000.

Die Inlandsauskunft erreichen Sie unter **118**, die Auslandsauskunft unter **114**. Für Notrufe wählen Sie **112**.

Mobiltelefone mit GSM-Standard können im Großraum Reykjavík, in der Umgebung aller Orte und im Tunnel unter dem Hvalfjörður genutzt werden. Auf dem Land und im Hochland ist die Netzabdeckung noch recht lückenhaft, wird jedoch von Jahr zu Jahr besser.

Wenn Sie über ein SIM-Lock-freies Handy/Smartphone verfügen und nicht nur viel telefonieren, sondern auch regelmäßig im Netz surfen, Musik streamen und Bilder posten wollen, lohnt es sich, sich vor Ort eine Prepaid-SIM-Karte eines isländischen Anbieters anzuschaffen.

Empfehlenswert wegen der besseren Netzabdeckung und vieler Verkaufsstellen, in denen es Karten zum Nachladen gibt, sind z. B. die Prepaid-Karten von Síminn und Vodafone. Diese erhalten Sie u. a. in Telefonläden, bei der Post, in vielen Geschäften und Tankstellen.

☺ Kaufen Sie ihre Prepaid-Karte gleich bei Ankunft am Flughafen in Keflavík im Duty-Free-Laden!

Trampen

Tramper brauchen vor allem eines: Zeit! Entlang der Ringstraße stehen die Chancen, dass ein Fahrer „in die Eisen geht", noch passabel. Zur Geduldsprobe wird Trampen auf den kaum befahrenen Nebenstraßen, geradezu zum Verzweifeln sind die Hochlandpisten. Denn fast alle Fahrzeuge, die dort Staubfahnen ziehend vorbeidonnern, sind in der Regel bis zur Decke mit Menschen und Gepäck vollgepackt.

Transport

Mietwagen

Mietwagen verschiedener isländischer und internationaler Firmen können über Reisebüros oder Fluggesellschaften, an Flughäfen und vielen anderen Orten gebucht werden. Die Auswahl reicht vom Kleinwagen bis zum großen Geländewagen. Das Preisniveau liegt generell deutlich über dem deutschen. Kleinwagen (z. B. Hyundai i10, Kia Picanto) gibt es bei den großen Anbietern in der Hochsaison ab € 120 pro Tag bzw. ab € 450 pro Woche. Große **Geländewagen** (z. B. Toyota Land Cruiser) sind im Sommer ab € 375 pro Tag bzw. ab € 1.840 pro Woche zu haben. Kleinere, lokale Anbieter sind oft (deutlich) günstiger. Preisvergleiche lohnen sich auf jeden Fall! Auch eine Buchung zusammen mit dem Flug kann erhebliche Preisvorteile bringen.

Das erforderliche Mindestalter des Fahrers beträgt 20 Jahre, für Geländewagen oft sogar 23 Jahre. Der Führerschein muss mindestens ein Jahr alt sein. Als Sicherheit wird eine Kreditkarte verlangt. Hochlandpisten dürfen nur mit Geländewagen befahren werden (☞ Straßenverkehr, Fahren im Hochland). Während der Hochsaison sollten vor allem Geländefahrzeuge rechtzeitig reserviert werden.

- Hertz, 💻 www.hertz.is
- Budget Car Rental, 💻 www.budget.is
- AVIS, 💻 www.avis.is
- Europcar, 💻 www.holdur.is

Busfahren

Mit den **Linienbussen** von Strætó sind die wichtigsten Ortschaften zu erreichen. Ein- und Aussteigen ist in der Regel an jeder beliebigen Stelle entlang der Strecke möglich. Fahrkarten sind online, in Busbahnhöfen, bei Fremdenverkehrsämtern und an vielen weiteren Verkaufspunkten erhältlich.

- **Strætó**, ☎ 540 2700, ✉ straeto@straeto.is, 💻 www.straeto.is

Populäre **Hochlandziele** wie Landmannalaugar, Þórsmörk, Hveravellir und Askja werden im Sommer von geländegängigen Bussen angesteuert.

Interessant für Wanderer sind auch die von Reykjavík Excursions, Sterna Travel und Thule Travel herausgegebenen **Buspässe**:

▷ Der **„Iceland on Your Own Hiking Pass“** von **Reykjavík Excursions** ist ideal für Reisende, die den Laugavegur und/oder die Fimmvörðuháls-Route

erwandern möchten. Der Pass schließt die Fahrt von Reykjavík nach Landmannalaugar, Þórsmörk oder Skógar und die Rückreise nach Reykjavík ein. Bedingung ist, dass Hin- und Rückfahrt nicht mit der gleichen Linie erfolgen. Wenn der Pass z. B. für die Anreise nach Landmannalaugar genutzt wird, muss die Rückreise von Þórsmörk oder Skógar erfolgen.
Preis: ISK 14.000.

Reykjavík Excursions, ☏ 580 5400, main@re.is, www.re.is

▷ Ein ähnliches Paket beinhaltet der **„Highland Hikers Passport"** von **Sterna Travel**. Auch mit diesem Pass, gültig für den Transfer von Reykjavík nach Landmannalaugar, Þórsmörk und Skógar, können Sie den Laugavegur und/oder die Fimmvörðuháls-Route erwandern. Preis: ISK 13.900. Für Wanderer, die nur die Fimmvörðuháls-Überquerung planen, bietet das Unternehmen den etwas günstigeren **„Fimmvörðuháls Hikers Passport"** an, der für ISK 12.900 zu haben ist.

Sterna Travel, ☏ 551 1166, info@sternatravel.com, icelandbybus.is

▷ Eine weitere Option für Wanderer, die von Reykjavík nach Landmannalaugar, Þórsmörk und Skógar fahren möchten, ist der **„Golden Hikers Pass"** von **Thule Travel**. Preis: ISK 14.000.

Thule Travel, ☏ 519 3399, thuletravel@thuletravel.is, www.thuletravel.is

Flugzeug

Island besitzt ein dichtes Flugstreckennetz. Die Hauptstrecken werden von der Icelandair-Tochter **Air Iceland Connect** bedient. Die Airline fliegt vom Reykjavík Airport, dem Stadtflughafen von Reykjavík, nach Akureyri, Egilsstaðir, Ísafjörður, Þórshöfn, Vopnafjörður und Grímsey. Ein einfaches Flugticket von Reykjavík nach Akureyri ist online ab € 68 erhältlich.

Air Iceland Connect, Reykjavík Airport, 101 Reykjavík, ☏ 570 3000, websales@airicelandconnect.com, www.airicelandconnect.com

Eagle Air, die zweite Inlandsfluggesellschaft, verbindet Reykjavík mit Vestmannaeyjar, Höfn, Húsavík, Bíldudalur und Gjögur.

Eagle Air, Reykjavík Airport (hinter Icelandair Hótel Reykjavík Natura), 101 Reykjavík, ☏ 562 2640, info@eagleair.is, www.eagleair.is

Trinkgeld

Trinkgeld war vor wenigen Jahren noch gänzlich unbekannt, fast schon verpönt. Heute ist die Bedienung bei der Restaurant-, Hotel- oder Taxirechnung nach wie vor im Endpreis enthalten. Bei Busrundfahrten wird Trinkgeld mittlerweile akzeptiert und für Fahrer, Guide und eventuelles Küchenpersonal sogar erwartet.

Unterkunft

Wanderhütten

Entlang populärer Trekkingrouten wurden vielerorts **einfache Wanderhütten** (*sæluhús*) errichtet. Zur Grundausstattung der oft kleinen, aber gemütlichen Unterkünfte gehören ein großer Schlafraum mit Etagenbetten, Toiletten und eine Kochnische mit Herd, Töpfen, Besteck und Geschirr. Manche Hütten bieten den Luxus einer warmen Dusche oder eines von heißen Quellen gespeisten Hot Pots.

Größere Hütten verfügen über fließendes Wasser und Wassertoiletten. Bei den kleineren muss manchmal Wasser aus dem nahen Bach geschöpft oder Schnee geschmolzen werden, statt Wassertoilette gibt es hier oft nur Latrine oder Plumpsklo.

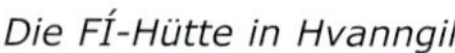

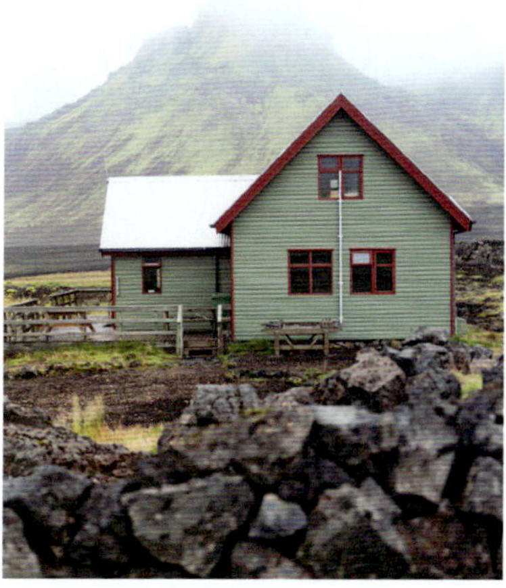

Die FÍ-Hütte in Hvanngil

Mahlzeiten und Proviant sind in der Regel nicht erhältlich. Eine Ausnahme bildet der **Laugavegur** (☞ Verpflegung). Müll und Abfälle können nur in einigen größeren Hütten entsorgt werden und müssen sonst vom Gast wieder mitgenommen werden!

☺ In den Hütten gibt es keine Möglichkeit, Akkus (Handy, Kamera usw.) zu laden. In den Hütten am **Laugavegur** werden jedoch **Powerbanks** (ISK 3.500) verkauft.

Viele Hütten sind im Sommer bewirtschaftet. In der übrigen Zeit muss beim jeweiligen Wanderverein ein Schlüssel beantragt oder der Türcode erfragt werden. Der Gast trägt immer die Verantwortung dafür (unabhängig von der Anwesenheit eines Hüttenwirts), dass die Hütte in einem sauberen Zustand zurückgelassen wird!

Die Übernachtungsgebühr variiert je nach Wanderverein und Ausstattung. Hüttenübernachtungen sollten im Voraus beim jeweiligen Wanderverein gebucht und bezahlt werden. Nur so ist der Schlafplatz garantiert. Wer sich nicht im Vorfeld festlegen will, sollte sicherheitshalber ein Zelt mitführen (☞ Zelten).

Isländische Wanderhütten sind meist einfach, aber urig.

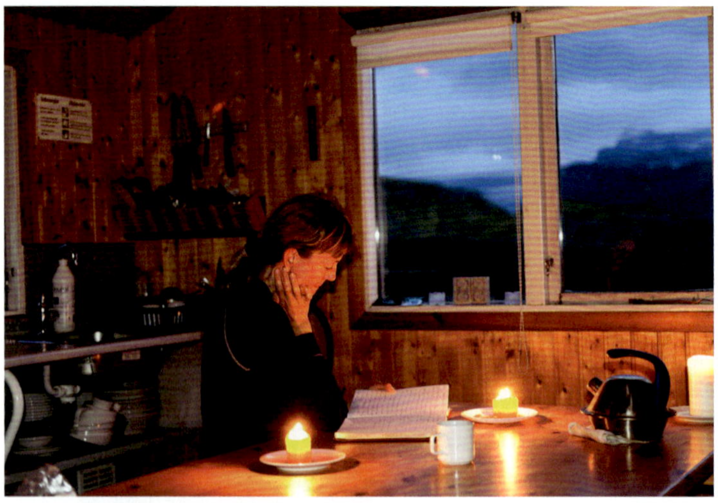

▷ **Ferðafélag Íslands (FÍ)**, der Isländische Touring Club, verfügt landesweit über ein Netz von 40 Wanderhütten. 15 werden von FÍ selbst verwaltet, die übrigen von lokalen Partnervereinen. FÍ betreibt sechs Hütten am ☞ Laugavegur, eine am ☞ Fimmvörðuháls und drei am ☞ Kjalvegur. Hüttenübernachtungen sollten frühzeitig online gebucht werden. Gerade auf dem populären Laugavegur sind die Übernachtungsplätze rasch ausgebucht. Nach Eingang der Zahlung (mit Kreditkarte) werden per E-Mail Gutscheine für die gebuchten Übernachtungen zugeschickt. Die Übernachtungsgebühr beträgt ISK 5.500 bis 9.000 (ca. € 40 bis 65). Eine Übernachtung im Zelt bei den FÍ-Hütten kostet ISK 2.000 (€ 15) pro Person (Stand 2019).

Ferðafélag Íslands, Mörkin 6, 108 Reykjavík, ☎ 568 2533, fi@fi.is, www.fi.is

▷ Die fünf Hütten am ☞ Öskjuvegur werden vom FÍ-Partnerverein **Ferðafélag Akureyrar (FFA)** verwaltet. Die Tarife für Hütten- und Zeltübernachtungen sind ähnlich gegliedert.

Ferðafélag Akureyrar, Strandgata 23, 600 Akureyri, ☎ 462 2720, ffa@ffa.is, www.ffa.is

▷ **Útivist**, dem zweiten großen isländischen Wanderverein, gehören sieben Hütten, darunter diese in Básar und auf dem Pass Fimmvörðuháls (☞ Fimmvörðuháls). Die Übernachtungsgebühr in beiden Hütten beträgt ISK 7.000 (ca. € 50). Für eine Übernachtung im Zelt wird ISK 1.500 (€ 11) pro Person berechnet (Stand 2019).

Útivist, Laugavegur 178, 105 Reykjavík, ☎ 562 1000, utivist@utivist.is, www.utivist.is

Wesentlich spartanischer ausgestattet sind die viel vorkommenden **Schäferhütten** (*gangnamannakofi*), die im Herbst beim Schafabtrieb genutzt werden. Im Sommer stehen diese winzigen Buden (4 bis 8 Betten) auch Wanderern offen.

Nur für Notfälle gedacht sind die in leuchtendem Orange angestrichenen **Notschutzhütten**. Diese wurden von der isländischen Lebensrettungsgesellschaft ICE-SAR in einsamen Küstenregionen und auf Passstraßen errichtet und können von Wanderern im Notfall (Unfall, Unwetter) genutzt werden (☞ Sicherheit).

Zelten

Island zählt etwa 170 Campingplätze (*tjaldstæði*), die meist von Anfang Juni bis Ende August oder Mitte September geöffnet sind. Darüber hinaus gibt es private Zeltmöglichkeiten, die oft an ein Gästehaus oder einen Bauernhof angegliedert sind. Die einfachsten Zeltplätze verfügen nur über kaltes Wasser und ein Plumpsklo. Viele sind jedoch in den letzten Jahren mit modernen sanitären Einrichtungen (Wassertoiletten, warme Dusche) ausgestattet worden. Die großen Campingplätze in Skaftafell, Reykjavík und Ásbyrgi verfügen über ausgesprochen gute Sanitäranlagen und weitere Annehmlichkeiten wie Waschmaschinen, Trockner usw.

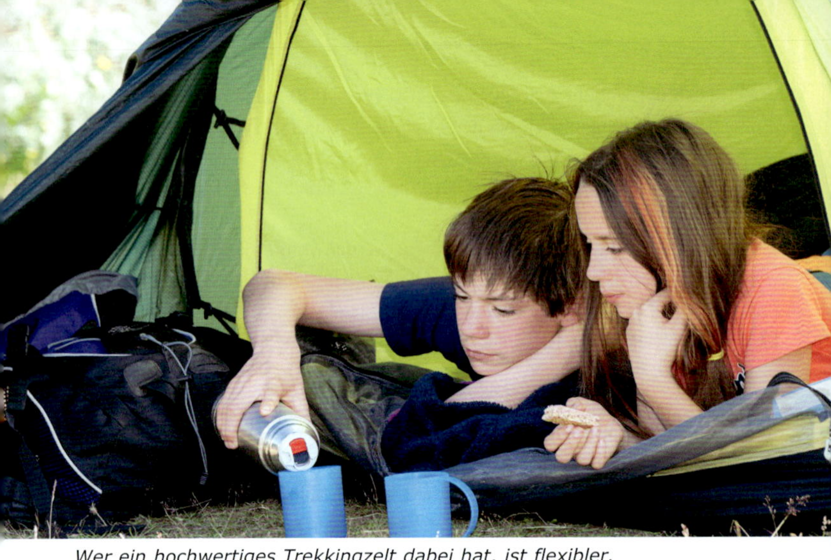

Wer ein hochwertiges Trekkingzelt dabei hat, ist flexibler.

Die meisten Zeltplätze werden vom Staat oder von Gemeinden betrieben, nur wenige privat. Die Übernachtungsgebühr liegt in der Regel zwischen € 12 und € 16 pro Person. Manch kommunaler Platz ist sogar kostenlos.

In ☞ **Nationalparks** und **Naturschutzgebieten** ist Zelten ausdrücklich nur auf den ausgewiesenen Plätzen erlaubt. Außerhalb dieser geschützten Gebiete ist **Wildzelten** zwar prinzipiell erlaubt, aber dennoch nicht überall gleich gern gesehen. Der Grund: die besonders im isländischen Hochland sehr sensible Vegetation. Es gibt deswegen bereits Initiativen, die das Wildzelten gänzlich verbieten wollen.

Zelten auf privatem Gelände ist nur nach Absprache mit den Besitzern erlaubt.

Jugendherbergen

Über das Land verteilt, finden Sie 34 gut ausgestattete Jugendherbergen (*farfuglaheimili*), die dem weltweiten Dachverband Hostelling International (HI) angegliedert sind. Die isländischen HI-Jugendherbergen sind zum Teil ganzjährig, zum Teil nur im Sommer geöffnet. Übernachtet wird meist in kleinen 2- bis 6-Bett-Zimmern. Fast alle Herbergen haben auch Familienzimmer. Bettzeug kann vor Ort gemietet werden. Auf Wunsch kann auch im eigenen Schlafsack übernachtet werden.

Zur Grundausstattung gehört eine Küche für Selbstversorger. Die meisten offerieren ein Frühstück, manche auch weitere Mahlzeiten.

Reservierungen sind zwar nicht obligatorisch, vor allem im Sommer jedoch empfehlenswert. Buchungen können entweder telefonisch, schriftlich oder per E-Mail erfolgen, entweder über die Buchungszentrale von **Hostelling International Iceland (HI Iceland)** oder direkt bei den einzelnen Herbergen.

i **HI Iceland**, Sundlaugavegur 34, 105 Reykjavík, ☏ 575 6700, ✉ info@hostel.is, 💻 www.hostel.is

Für Mitglieder kostet eine Übernachtung im Doppelzimmer € 50-75 pro Person im Sommer bzw. € 40-55 im Winter. In Reykjavík liegen die Preise etwas höher. Nichtmitglieder zahlen € 6-8 mehr, auch Bettwäsche wird extra berechnet.

Sind mehrere Übernachtungen in HI-Jugendherbergen geplant, lohnt sich die Anschaffung eines Jugendherbergsausweises, der vor Antritt der Reise beim heimischen Jugendherbergsverband erworben werden kann:

(D) **DJH Service Center**, Leonardo-da-Vinci-Weg 1, 32760 Detmold, ☏ 052 31/74 01-0, ✉ djh-service@jugendherberge.de, 💻 www.jugendherberge.de. Jahresmitgliedschaft: € 22,50

(A) **Österreichischer Jugendherbergsverband (ÖJHV)**, Zelinkagasse 12, A-1010 Wien, ☏ 01/533 53 53, ✉ office@oejhv.at, 💻 www.oejhv.at. Jahresmitgliedschaft: € 25

(CH) **Schweizer Jugendherbergen**, Schaffhauserstraße 14, CH-8042 Zürich, ☏ 044/360 14 14, ✉ contact@youthhostel.ch, 💻 www.youthhostel.ch. Jahresmitgliedschaft: CHF 33

Hotels und Pensionen

Die größte Auswahl an **Hotels** bietet die Hauptstadt Reykjavík, aber auch auf dem Lande finden Sie vielerorts gute Mittelklassehotels. Die Preise richten sich nach Ausstattung, gebotenem Service und Jahreszeit. Im Allgemeinen muss für ein Doppelzimmer mit Dusche/WC (fast immer mit Frühstück) € 150-250 gerechnet werden. Eine Reihe von Hotels gehört zu Ketten wie Íslandshótel (früher Fosshótel), KEA Hotels und Icelandair Hotels.

i **Íslandshótel**, 💻 www.islandshotel.is. 17 Touristenhotels (6 in Reykjavík, die übrigen über das ganze Land verteilt)

- **KEA Hotels**, 💻 www.keahotels.is. 11 Hotels (darunter 6 in Reykjavík)
- **Icelandair Hotels**, 💻 www.icelandairhotels.com. 8 Hotels, die zum Teil der gehobenen Klasse angehören

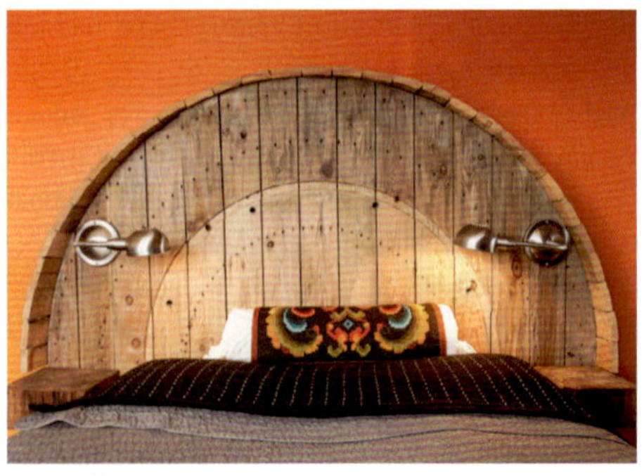

Keflavík - Guesthouse 1x6

Eine günstigere Alternative bieten die vielerorts vorhandenen **Pensionen** (*gistiheimilið, gistihúsið*), die sich oft durch eine einfache, familiäre Atmosphäre auszeichnen. Der Preis für ein Doppelzimmer mit Frühstück in der Hochsaison variiert hier von € 130-170 (mit geteiltem Bad) bis € 190-230 (mit eigenem Bad). Viele Herbergen bieten auch ☞ Schlafsackunterkünfte an. Im Sommer (Mitte Juni bis Ende August) verwandeln sich viele Internate vorübergehend in **Sommerhotels**. 9 davon bilden die Kette der **Edda-Hotels**. Ein Doppelzimmer mit Frühstück gibt es hier ab € 122 (mit geteiltem Bad) bzw. ab € 168 (mit eigenem Bad). Zum Angebot einiger Sommerhotels gehören auch preisgünstige ☞ Schlafsackunterkünfte (Schlafsaal im Klassenzimmer).

ℹ **Hótel Edda**, ☏ 444 4000 (Buchungen), ✉ edda@hoteledda.is, 💻 www.hoteledda.is

Ferien auf dem Bauernhof

Einfach, aber urig: Campinghütten in Þakgil (bei Vík)

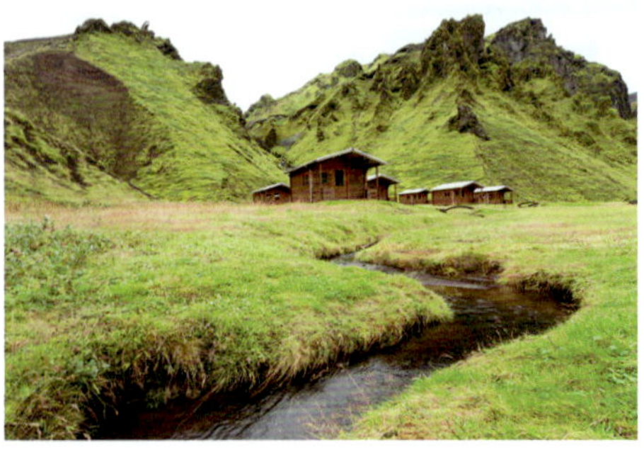

Voll im Trend: Urlaub auf dem Bauernhof! Unter dem Dachverband **Hey Iceland** bieten landesweit über 170 Häuser ein vielseitiges Übernachtungsangebot an. Neben Bauernhöfen sind kleine Landhotels und Pensionen, Betreiber von Ferienwohnungen und Hütten sowie Übernachtungsmöglichkeiten in Gemeindezentren und Schulen angeschlossen. Angeboten werden Zimmer mit/ohne Bad und preiswerte Schlafsackunterkünfte, oft auch Zeltmöglichkeiten. Viele Häuser bieten warme Mahlzeiten, einige sind mit einer Küche für Selbstversorger ausgestattet.

Der Preis für ein DZ mit Frühstück schwankt von € 115-160 (Zimmer mit geteiltem Bad) bis € 180-250 (Zimmer mit Privatbad). In touristisch stark frequentierten Regionen wie die isländische Südküste und Mývatn liegen die Preise zum Teil deutlich höher.

Neben dem engen Kontakt zur Bevölkerung bieten viele Höfe interessante Aktivitäten, wie Reiten, Baden, Angeln, Jagd, Gletschertouren oder die Teilnahme am Schafabtrieb im Herbst an.

ℹ **Hey Iceland**, Síðumúli 2, 108 Reykjavík, ☏ 570 2700, ✉ info@heyiceland.is, 💻 www.heyiceland.is

Schlafsackunterkünfte

Eine landestypische Einrichtung sind Schlafsackunterkünfte, die überwiegend Edda-Hotels und einigen anderen Hotels und Gästehäusern angegliedert sind. Wer den eigenen Schlafsack mitbringt, kann hier in einer Art Lager im Schlafsaal preisgünstig übernachten.

Ein Schlafplatz ist oft schon ab € 35-40 pro Person zu haben. Für das Frühstück wird meist ein Zuschlag von € 10-15 berechnet.

Neuerdings bieten auch viele Bauernhöfe diese Übernachtungsmöglichkeit. In manchen (Edda-)Hotels gibt es eine gehobene Form, nämlich Zweibettzimmer, in denen im eigenen Schlafsack übernachtet wird. Diese sind deutlich günstiger als eine normale Hotelübernachtung.

Updates

Der Conrad Stein Verlag veröffentlicht Updates zu diesem Buch, die direkt vom Autor oder von Lesern dieses Buches stammen.

Bitte suchen Sie vor Ihrer Abreise auf der Verlag-Homepage 💻 www.conrad-stein-verlag.de diesen Titel. Unter dem Punkt „Updates“ finden Sie alle wichtigen Informationen. Der rechts abgebildete QR-Code führt Sie direkt zu der richtigen Seite.

Verpflegung

Versorgungsmöglichkeiten

Generell muss auf Trekkingtouren die gesamte Verpflegung mitgenommen werden, dazu Notproviant für ein bis zwei Tage. Isländische Wanderhütten (☞ Unterkunft) sind im Prinzip einfache **Selbstversorgerhütten** ohne Restauration oder Lebensmittelverkauf.

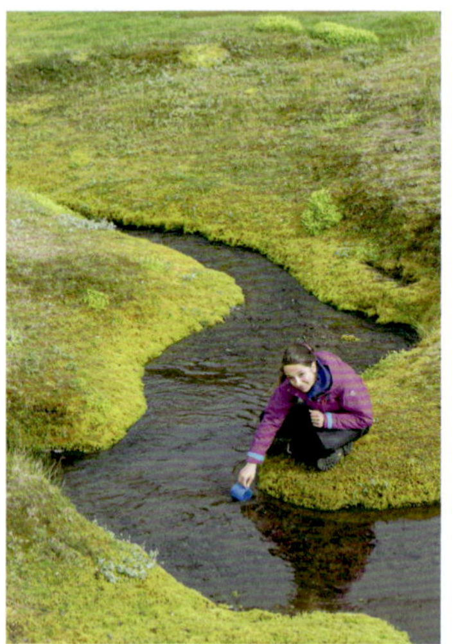

Trinkwasser kann vielerorts bedenkenlos aus Bächen entnommen werden.

Eine Ausnahme bildet der **Laugavegur**. Hier gibt es mittlerweile Restaurants in Álftavatn und Þórsmörk (Húsadalur). Seit einigen Jahren werden in den Hütten am populären Wanderweg in bescheidenem Umfang auch Proviant (Trockenmahlzeiten, Schokolade, Energieriegel usw.), Gaskartuschen, Blasenpflaster usw. verkauft. In den großen Hütten (Landmannalaugar, Álftavatn und Þórsmörk) ist das Angebot etwas größer, in kleineren (Hrafntinnusker, Hvanngil und Emstrur) kann es hin und wieder zu Versorgungsengpässen kommen.

Die meisten Grundnahrungsmittel sind auf Island problemlos erhältlich, wenn auch oft zu höheren Preisen als in Deutschland. Einkaufen können Sie am günstigsten in den Filialen großer Supermarktketten wie Bónus, Hagkaup oder Nettó. Auf dem Land überraschen kleinere Läden und Tankstellen mit einem recht guten Warensortiment. Bereits daheim eindecken sollten Sie sich mit gefriergetrockneten Mahlzeiten, die auf Island deutlich teurer und außerhalb der Hauptstadt kaum erhältlich sind.

Proviant

Als Tourenproviant geeignet sind alle getrockneten Lebensmittel: Müsli, Schokolade, Trockenobst, Nüsse, Müsliriegel, Kekse usw. Grundsätzlich nicht in den

Rucksack gehören wasserhaltige Lebensmittel. Zusätzliches Gewicht sparen Sie durch das Entfernen überflüssigen Verpackungsmaterials.

Abwechslung auf dem Speiseplan bringen lokale Spezialitäten wie das dunkle, dem Schwarzbrot ähnliche *rúgbrauð* und das süße, an Pumpernickel erinnernde *hverabrauð*. Lange haltbar sind *flatkökur* und *flatbrauð* (nahrhafte Roggenpfannkuchen) sowie *harðfiskur* (Trockenfisch).

Unterwegs wirkt eine Thermosflasche mit heißem Tee oder Kakao Wunder. Zum Abendessen eignen sich die auf Island allgemein erhältlichen Fertiggerichte diverser Anbieter. Leicht im Transport und besonders nahrhaft sind gefriergetrocknete Mahlzeiten, z. B. die expeditionserprobten Mahlzeiten von *Trek'n Eat* der Firma Katadyn.

Trinkwasser

Abgesehen von Wüstenregionen und Lavafeldern steht fließendes Wasser als Trinkwasserquelle fast überall zur Verfügung und gilt als unbedenklich. Eine Ausnahme bieten Geothermalgebiete, wo sie vorsichtshalber nur Frischwasser verwenden sollten. Über den Tag verteilt sollten Sie mindestens 1,5 bis 2 l Flüssigkeit aufnehmen.

Wintertouren

Vor allem im Frühjahr (März) genießen sowohl der Laugavegur als auch die schwierigere Strecke über Fimmvörðuháls als Skitour zunehmende Popularität. Die Hütten sind in dieser Zeit in der Regel nicht bewirtschaftet. Wer solche Touren plant, sollte Tourenski-Erfahrung mitbringen und sich auf extreme Wetterbedingungen einstellen.

Wintertouren werden u. a. von Icelandic Mountain Guides (☞ Organisierte Touren, Veranstalter auf Island) angeboten.

Zeitverschiebung

Auf Island gilt die Greenwich Mean Time (GMT). Das bedeutet, dass im Sommer auf Island die Uhren im Vergleich zu Deutschland um 2 Std. zurückgedreht werden müssen. Im Winter beträgt die Differenz nur 1 Std.

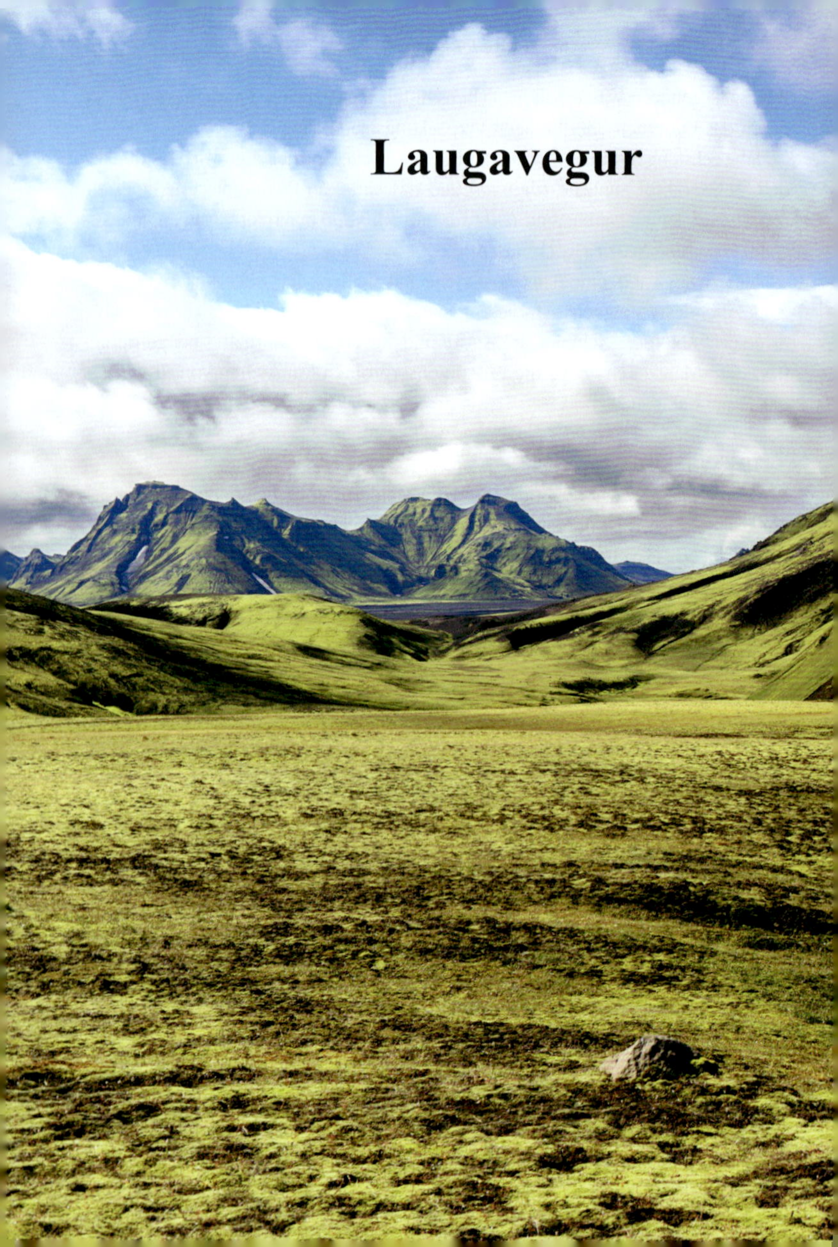

Laugavegur

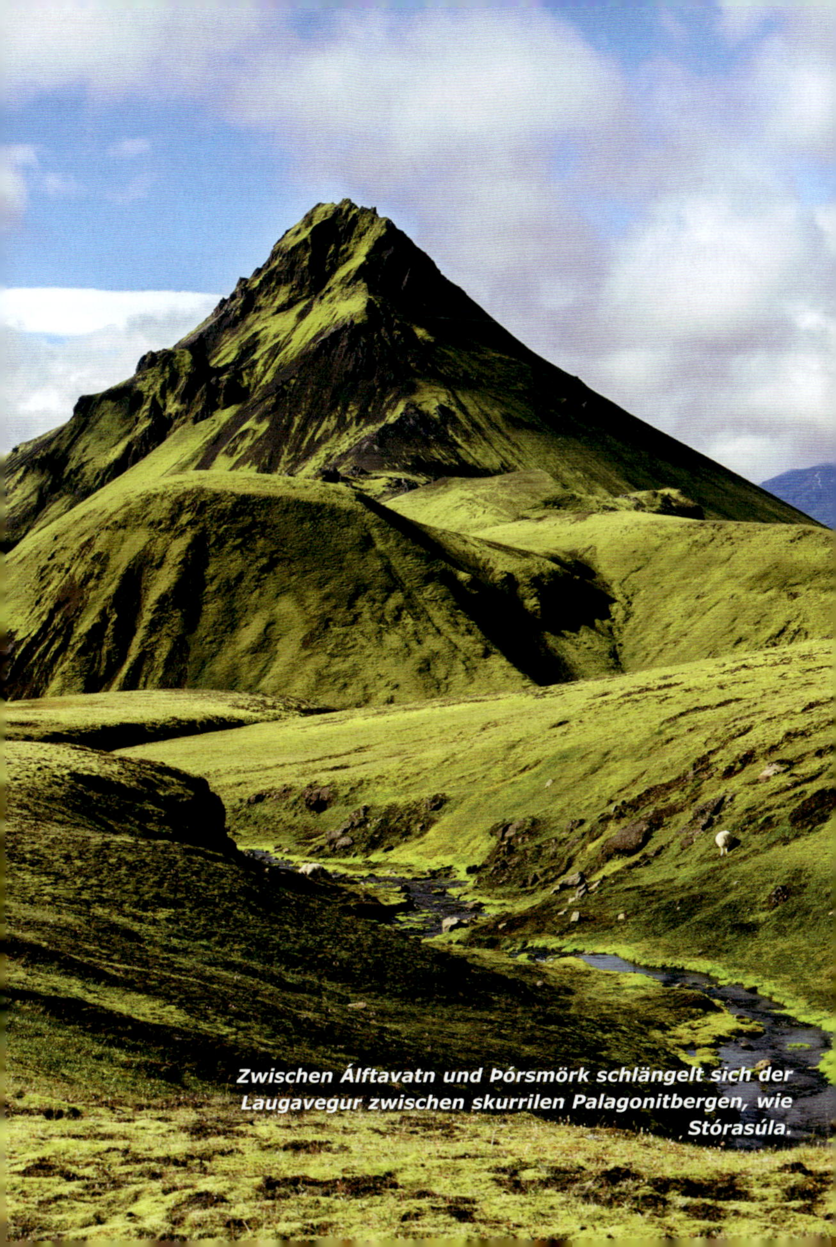

Zwischen Álftavatn und Þórsmörk schlängelt sich der Laugavegur zwischen skurrilen Palagonitbergen, wie Stórasúla.

Der Laugavegur, der in vier Etappen von Landmannalaugar nach Þórsmörk führt, ist der mit Abstand populärste Wanderweg Islands. Jeden Sommer lassen sich zwischen 6.000 und 8.000 Wanderer von der landschaftlichen Vielfalt des Wanderweges verzaubern, der von vielen als einer der schönsten überhaupt erfahren wird.

In der Umgebung von Landmannalaugar prägen zunächst die bunt schillernden Rhyolithberge mit ihren gelben, roten und braunen Farbtönen die Landschaft, während am Wegesrand heiße Quellen brodeln und Dampfquellen fauchen. Zwischen Álftavatn und Emstrur erinnern moosbewachsene Palagonitkegel an den eiszeitlichen Vulkanismus. Ab Hvanngil geht es durch die für das Hochland typische Sand- und Geröllwüste, während am Horizont das Eis gewaltiger Gletscher schimmert und wütende Gletscherflüsse tiefe Schluchten in die Landschaft ritzen. Das Kontrastprogramm bietet Þórsmörk, wo der Wanderer nach der kargen Hochlandumgebung vom satten Grün der Birkenwälder geradezu erschlagen wird.

Die Geschichte des Laugavegur ist relativ jung. Ein durchgehender Wanderweg zwischen Landmannalaugar und Þórsmörk existiert erst seit **1978**, als das entscheidende Hindernis, der Gletscherfluss Fremri-Emstruá, durch den Bau einer Brücke entschärft wurde.

Instand gehalten wird der Trek durch Ferðafélag Íslands (FÍ), den isländischen Touring Club. Dem Wanderverein gehören auch die am Ende der einzelnen Etappen stehenden **Wanderhütten**, die von Ende Juni bis Anfang September bewirtschaftet sind. Hüttenübernachtungen sollten aufgrund der großen Beliebtheit des Weges lange im Voraus gebucht werden. Nach der Saison werden die Hütten abgeschlossen. Wer früher oder später unterwegs sein möchte, muss sich beim Wanderverein einen Schlüssel besorgen (☞ Reise-Infos von A bis Z, Unterkunft).

Bei den Hütten kann auch gezeltet werden. **Wildes Zelten** ist innerhalb der Naturschutzgebiete Fjallabak und Þórsmörk verboten. Im restlichen Verlauf des Laugavegur sollte aus Rücksicht auf die sensible Vegetation darauf verzichtet werden.

Die **beste Wanderzeit** ist von Mitte Juni bis Mitte September.

☺ Meiden sollten Sie den Tag des jährlichen ☞ **Laugavegur Ultra Marathon**, an dem Hunderte von Läufern und Heerscharen von Zuschauern für hektisches Treiben sorgen.

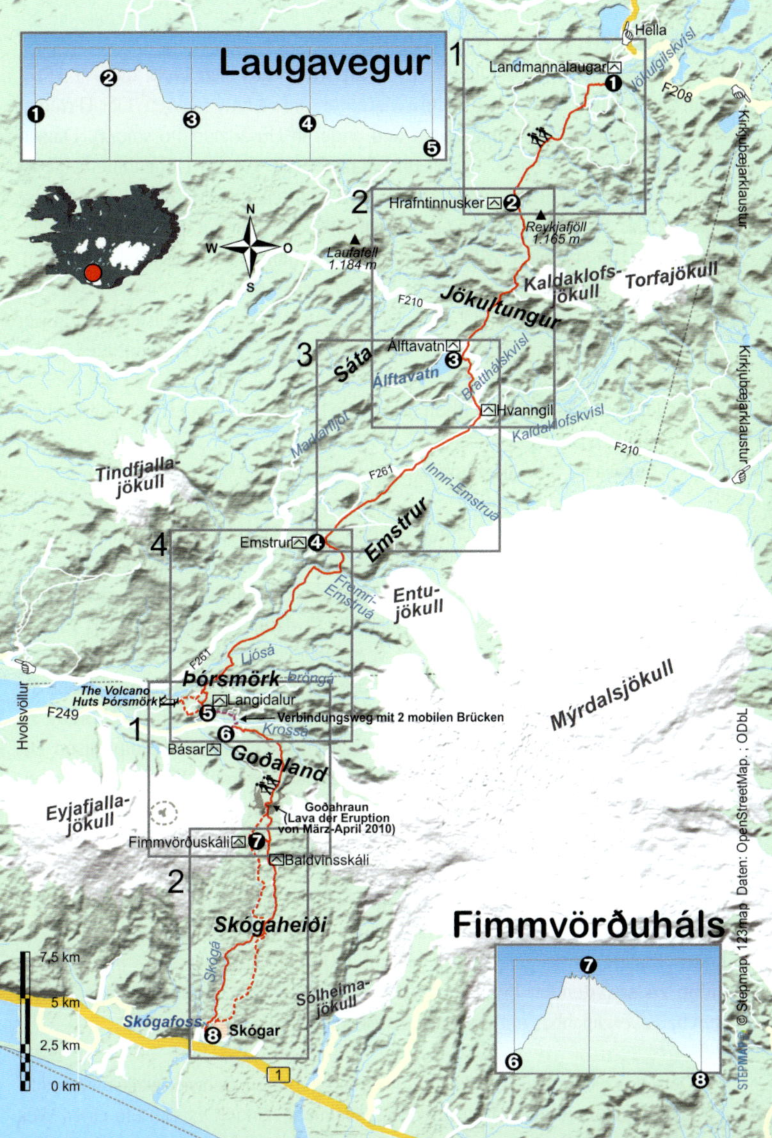

Laugavegur
Fimmvörðuháls
Hella
Landmannalaugar
Jökulgilskvísl
F208
Kirkjubæjarklaustur
Hrafntinnusker
Reykjafjöll
1.165 m
Laufafell
1.184 m
Kaldaklofs-
jökull
Torfajökull
Jökultungur
F210
Álftavatn
Sáta
Brattháskvísl
Hvanngil
Kaldaklofskvísl
Markarfljót
F261
Innri-Emstrua
Emstrur
Tindfjalla-
jökull
Fremri-
Emstruá
Entu-
jökull
Ljósá
Þröngá
Þórsmörk
The Volcano
Huts Þórsmörk
Langidalur
F249
Hvolsvöllur
Verbindungsweg mit 2 mobilen Brücken
Krossá
Básar
Goðaland
Mýrdalsjökull
Eyjafjalla-
jökull
Goðahraun
(Lava der Eruption
von März-April 2010)
Fimmvörðuskáli
Baldvinsskáli
Skógaheiði
Skógá
Sólheima-
jökull
Skógafoss
Skógar
7,5 km
5 km
2,5 km
0 km
STEPMAP © Stepmap 123map Daten: OpenStreetMap ; ODbL

Laugavegur Ultra Marathon

Der Laugavegur ist auch Ziel von Extremsportlern aus aller Welt, die seit 1997 beim alljährlichen „Laugavegur Ultra Marathon" ihre Kräfte messen. Der Ultramarathon beginnt in Landmannalaugar und endet in Húsadalur (Þórsmörk). Dazwischen liegen 55 km Sand, Geröll und Schnee. Die großen Höhenunterschiede, Steigungen bis zu 25 % und etliche Furten durch eiskalte Bäche und Flüsse machen das Rennen zu einer Grenzerfahrung, die Jahr für Jahr mehr Athleten anzieht. 2018 starteten 538 LäuferInnen, von denen 505 das Ziel erreichten. Den Streckenrekord der Männer hält der Isländer Þorbergur Ingi Jónsson, der die Gewalttour 2015 in 3 Std. 59 Min. 13 Sek. zurücklegte. Schnellste Läuferin war die Britin Jo Meek, die für die Strecke 5 Std. 00 Min. 46 Sek. benötigte.

⏳ Der nächste Ultramarathon findet am 13. Juli 2019 statt, der übernächste am 18. Juli 2020.

ℹ **Laugavegur Ultra Marathon**, 💻 www.laugavegshlaup.is

Die **Gehrichtung** ist Geschmackssache. Viele Wanderer sehen den verzaubernden Anblick der bunten Rhyolithberge und das abschließende Bad in den heißen Quellen in Landmannalaugar als krönenden Abschluss. Der Start in Landmannalaugar bietet indes den Vorteil eines Netto-Höhenverlustes von ca. 350 m.

Ich habe mich in diesem Buch aus verschiedenen Gründen für eine Beschreibung **von Landmannalaugar nach Þórsmörk** entschieden. Zum einen scheint die Mehrheit der Wanderer dem Start in Landmannalaugar ohnehin den Vorzug zu geben. Zum anderen können Hüttenübernachtungen in der Hauptsaison bei Ferðafélag Íslands nur in diese Gehrichtung gebucht werden. Wer ein Zelt dabeihat, kann die Tour selbstverständlich auch in umgekehrter Richtung laufen.

Die meisten Wanderer benötigen für die **53 km** lange, mit Holzpflöcken durchgehend markierte Strecke **vier Tage**. Neben einer adäquaten Ausrüstung ist eine gute körperliche Verfassung erforderlich. Hinzu kommt, dass bereits auf der ersten Etappe ein langer Anstieg bis auf 1.060 m Höhe wartet – die in dieser Höhe zu erwartenden Bedingungen sind aufgrund der nördlichen Lage Islands durchaus vergleichbar mit denen in 3.000 m Höhe in den Alpen.

Der Laugavegur wird oft als Traumweg mit geringem Schwierigkeitsniveau dargestellt. Das stimmt jedoch nur bedingt. Vielmehr handelt es sich um einen **Weg**

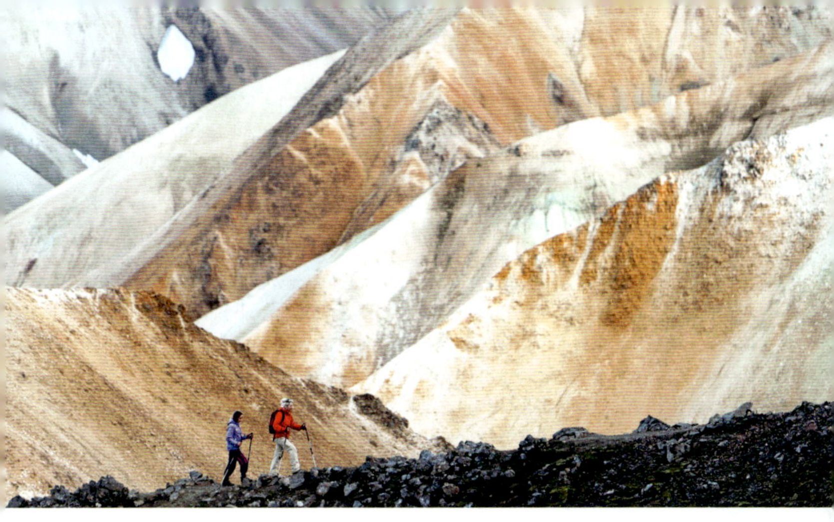

Bunte Rhyolithberge in Landmannalaugar

der Extreme: extrem schön bei gutem Wetter, extrem gefährlich bei schlechtem Wetter. Jedes Jahr kommt es aufgrund von Selbstüberschätzung oder mangelhafter Ausrüstung zu ernsten Unfällen und Unterkühlung, manchmal mit fatalem Ausgang.

Bei gutem **Wetter** wird der Weg den meisten Wanderern keine größeren Schwierigkeiten bereiten. Anders verhält es sich bei **Nebel** oder tief hängenden Wolken, die die Orientierung auf den rauen Höhen zwischen Landmannalaugar und Álftavatn erschweren können. In höheren Lagen ist sogar im Hochsommer noch mit **Schneefall** zu rechnen.

Eine besondere Herausforderung stellen **unüberbrückte Flüsse** dar. Nur über die größten Gletscherflüsse wie Innri- und Fremri-Emstruá wurden Fußgängerbrücken gebaut, kleinere Flüsse müssen durchwatet werden. Zusätzliche Schuhe zum Furten (z. B. Trekkingsandalen oder Crocs) und Wanderstöcke sind deshalb Pflicht (☞ Reise-Infos von A bis Z, Ausrüstung).

Während die Furten unter „normalen" Bedingungen von den meisten Wanderern problemlos bewältigt werden, können diese unter extremen Bedingungen rasch unpassierbar werden. Ursachen gibt es verschiedene: starke Niederschläge, hohe Temperaturen (verstärktes Abschmelzen der Gletscher), aber zum Beispiel auch die geothermische Aktivität im Ursprungsgebiet eines Gletscherflusses.

So führte die Bláfjallakvísl, einer der zu querenden Flüsse am Laugavegur, im Sommer 2016 aufgrund erhöhter geothermischer Aktivität unter dem Mýrdalsjökull so viel Wasser, dass vor der Furt ausdrücklich gewarnt werden musste (☞ Reise-Infos von A bis Z, Naturgefahren).

Bei starkem Nordwind drohen **Sandstürme** in der Wüste zwischen Hvanngil und Emstrur.

Aus Sicherheitsüberlegungen wurde für den Laugavegur eine **An- und Abmeldepflicht** eingeführt, d. h., Wanderer werden gebeten, vorab bei den Hüttenwirten Reiseziel und Route, geplante Übernachtungsorte und Zeitplan schriftlich einzutragen. Dies wurde beschlossen, nachdem sich in den letzten Jahren z. B. wetterbedingt mehrere tragische Zwischenfälle ereignet haben. Aus Sicherheitsgründen werden Wanderer auch gebeten, sich unterwegs in das Gästebuch der passierten Hütten einzutragen (☞ Reise-Infos von A bis Z, Sicherheit).

☺ Unerfahrene Wanderer können die Tour auch mit einem (lokalen) Veranstalter durchführen. Diese stellen nicht nur erfahrene Führer, sondern übernehmen oft auch den Gepäcktransport (☞ Reise-Infos von A bis Z, Organisierte Touren).

Sowohl der Startpunkt Landmannalaugar als der Endpunkt Þórsmörk sind im Hochsommer gut mit öffentlichen Bussen erreichbar (☞ Reise-Infos von A bis Z, Anreise Laugavegur). Für Autofahrer empfiehlt sich, den Wagen bzw. Leihwagen in Hella oder Hvolsvöllur abzustellen und von dort mit dem Bus nach Landmannalaugar zu reisen. Zurück zum Ausgangspunkt geht es bequem mit dem Bus von Þórsmörk aus (☞ Mit dem Bus nach Landmannalaugar bzw. ☞ Mit dem Bus nach Þórsmörk).

☺ Einer wachsenden Beliebtheit erfreut sich die Kombination des Laugavegur mit einer Wanderung über den Pass ☞ **Fimmvörðuháls** nach Skógar an der Südküste.

Geologie des Torfajökull-Gebiets

Der Laugavegur liegt innerhalb der **aktiven Vulkanzone** (☞ Land und Leute, Geologie). Die ältesten Gesteine des Gebietes sind vor **8 bis 10 Mio.** Jahren im östlichen Bereich der Reykjanes-Riftzone entstanden und seitdem infolge der Plattenbewegung nach Osten transportiert worden.

Vor 2 Mio. Jahren bekam die vulkanische Aktivität erneut einen Schub. Grund dafür war eine neue Riftzone, die sich in Verlängerung der zentral- und nordisländischen Rift- und Vulkanzone nach Süden hin ausbreitete. Zahlreiche Eruptionen bauten nun einen gewaltigen **Zentralvulkan** auf, der nach dem Gletscher Torfajökull benannt wurde und während der letzten Eiszeit sehr aktiv war. Unter dem Druck der aufgeschichteten **Rhyolithlaven** brach die leere Magmakammer schließlich in sich zusammen, sodass eine **Caldera** zurückblieb. Als Folge hat sich das Gebiet zwischen Landmannalaugar, Torfajökull, Kaldaklofsfjöll und Laufafell gesenkt.

Die vulkanische Tätigkeit im Jahr 1480 schuf auch das Maar Ljótipollur.

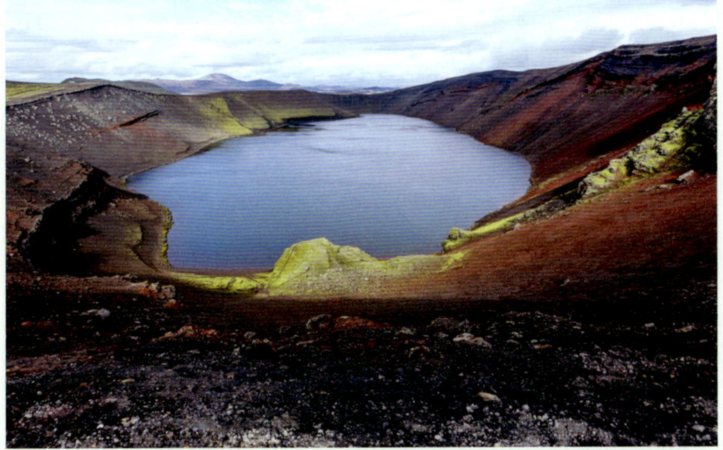

Die Caldera, mit einem Durchmesser von rund 18 km eine der größten Islands, wurde später von jüngeren Rhyolithstaukuppen und See- und Flussablagerungen aufgefüllt. Spuren der ältesten Rhyolithe finden sich deshalb nur in den tief eingeschnittenen Schluchten **Brandsgil** und **Vondugil**. Durch die Einwirkung vulkanischer Gase aus Fumarolen und **Solfataren** wurden die Rhyolithe weitgehend zersetzt und erhielten ihre schillernden Farben.

Nach der letzten Eiszeit konzentrierte sich die vulkanische Aktivität auf einen Gürtel mit NO-SW-Verlauf zwischen Laufafell und dem Nordwestrand der Eiskappe Vatnajökull. Seitdem ereigneten sich dort mindestens 12 Eruptionen. Vermutet wird, dass auch der gewaltige Lavastrom **Þjórsárhraun** vor ca. 8.600 Jahren in diesem Gebiet seinen Ursprung hatte. Die Lage des Ausbruchsherds lässt sich nicht mehr feststellen, da er von späteren Lavaströmen bedeckt wurde. Es wird aber vermutet, dass der Lavastrom einem 20 bis 30 km langen Spaltensystem südwestlich der Gebirgskette Gjáfjöll entstammt. 140 km legte der Lavafluss zurück, bevor er sich zwischen den Flussmündungen von Ölfusá und Þjórsá ins Meer ergoss. Þjórsárhraun bedeckt eine Fläche von 950 km². Das Volumen wird auf 21 bis 30 km³ geschätzt – das ist die größte Lavamenge, die seit der Eiszeit weltweit in einer einzigen Eruption gefördert wurde.

Die drei letzten Eruptionsphasen sind relativ gut erforscht. Sie ereigneten sich 150 n. Chr., 870 n. Chr. und 1480. In ihren Abläufen waren sie vermutlich sehr ähnlich. Die Aktivität verteilte sich jeweils auf mehrere Eruptionszentren. Jede Ausbruchsphase wurde von einem regen Ascheniederschlag eingeleitet und produzierte mindestens 1 km³ Lava und Tephra.

Bei der Eruption um **150 n. Chr.** ergossen sich aus einer 8 km langen Eruptionsspalte die basaltischen Laven des **Dómadalshraun** und **Tjörvahraun**.

Bei der **„Vatnaöldur-Eruption"** um **870 n. Chr.** konzentrierte sich die Aktivität auf eine 42 km lange Spalte nordöstlich der Veiðivötn. Diese Eruption hatte einen wesentlich explosiveren Charakter und förderte v. a. Asche und Schlacke. Sie schuf wahrscheinlich die Vulkanlandschaft **Vatnaöldur**, den Explosionskrater **Hnausapollur** (Basalt) und den Lavastrom **Hrafntinnuhraun** (Rhyolith).

Bei der jüngsten Ausbruchsphase **1480** entstanden innerhalb weniger Tage die meisten Schlackenkegel der **Veiðivötn**, die Vulkanlandschaft **Svartikrókur**, das Maar **Ljótipollur** sowie die Lavaströme **Norðurnámshraun** (Basalt), **Námshraun** und **Laugahraun** (Rhyolith). Bei diesem verhältnismäßig kleinen Ausbruch wurden „nur" 1 km³ Lava und Tephra gefördert.

Weitere Eruptionen müssen sich früher ereignet haben, sind jedoch bisher nicht datiert worden. Mittlerweile wird davon ausgegangen, dass Eruptionen in der Region alle 600 bis 800 Jahre stattfinden.

Landmannalaugar

Der Laugavegur beginnt in **Landmannalaugar** (= warme Quellen der Landmänner). In den hier vorhandenen warmen Quellen erholten sich einst die Bauern aus der Region Landsveit beim herbstlichen Schafabtrieb von den Strapazen. Legendär war ihr *laugakaffi* (= Heiße-Quellen-Kaffee). Der in einem Krug mit Wasser

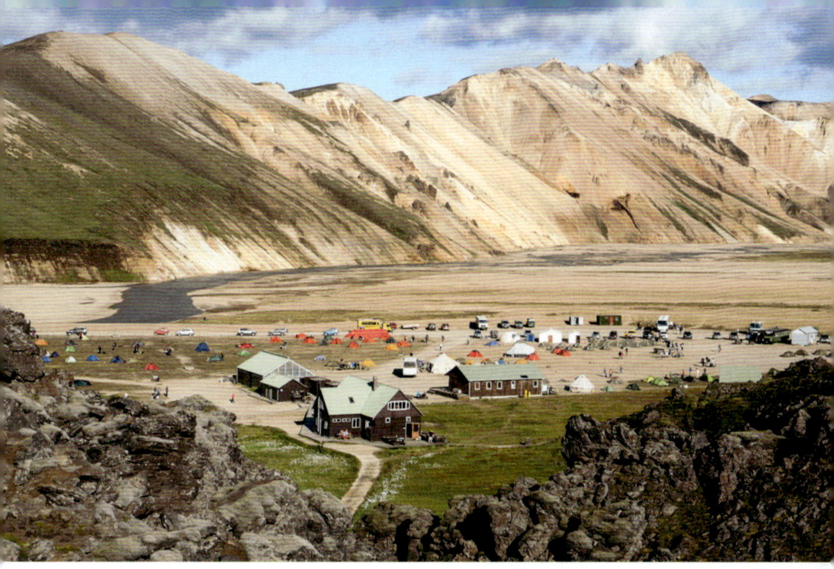

Die FÍ-Hütte in Landmannalaugar

aus den heißen Quellen bereitete Kaffee galt als höchst delikater Trunk, dem sogar eine heilsame Wirkung bei allerlei Ungemach nachgesagt wurde.

Statt Bauern durchstreifen heute im Sommer über 20.000 Touristen das Gebiet, das mit seinen vielfarbigen Rhyolithbergen, düsteren Lavazungen und geheimnisvollen Schluchten viele reizvolle Ziele für Wanderer und Naturliebhaber bereithält.

Die Hochlandoase, die in einer Höhe von 590 m liegt, kennzeichnet ein eher **kontinentales Klima** mit starken jahreszeitlichen Temperaturschwankungen. Die mittlere Jahrestemperatur beträgt 0 bis 1° C. Im Januar und Februar fallen die Temperaturen im Schnitt auf -6° C ab. In den „warmen" Sommermonaten Juli und August kann das Thermometer ab und zu auf Spitzenwerte zwischen 15 und 20° C klettern, kommt jedoch im Schnitt nicht über 7 bis 8° C hinaus. Außerdem ist das Kälteempfinden durch den eisigen Wind oft wesentlich ausgeprägter. Darüber hinaus ist auch im Sommer mit Nachtfrost (☞ Reise-Infos von A bis Z, Ausrüstung) zu rechnen.

Im Vergleich zur Südküste ist das Klima relativ trocken: Während der Torfajökull jährlich noch 2.000 bis 3.000 mm Regen und Schnee erhält, sinkt die Niederschlagsmenge nördlich von Landmannalaugar auf 1.000 mm pro Jahr.

Nördlich des Torfajökull bilden die Gipfel von Bláhnúkur, Háalda und Brennisteinsalda eine **Wetterscheide**. Bei Südwind sorgt ein Föhneffekt nicht selten für trockene und warme Wetterverhältnisse in Landmannalaugar und im nördlichen Teil des Fjallabak-Naturschutzgebietes, während Hrafntinnusker und Gebiete weiter südlich in Nebel und Regen versinken. Nordwinde bringen meist kaltes Wetter und klare Sichtverhältnisse im gesamten Gebiet.

Landmannalaugar, Ferðafélag Íslands, 568 2533 (Buchung), 860 3335 (Hütte/Saison), fi@fi.is, www.fi.is, 78 Schlafplätze, verteilt auf mehrere Schlafsäle, WC, Ü ISK 9.000, ISK 500, ca. Mitte Juni bis Sep. Die große Hütte liegt am Fuß des Lavafeldes Laugahraun. Im Erdgeschoss gibt es eine gut ausgestattete Küche mit Gaskochplatten, fließendem Wasser, Geschirr und Töpfen (nur für Gäste der Hütte!). Das Haus wird mit Erdwärme beheizt. Sanitäranlagen und befinden sich in einem Nebengebäude ohne Strom (ab August ist eine Taschenlampe unentbehrlich!). Anmeldung bei den Hüttenwirten (im Haus hinter der Hütte)

Der große, aber spartanische Zeltplatz liegt neben der Hütte. Der harte Schotterplatz (im ehemaligen Flussbett) verlangt Campern einiges an Improvisationsgeschick ab. Zeltheringe erweisen sich oft als nutzlos. Zur Zeltabsicherung fungieren Steine, die in Holzbehältern zur Verfügung gestellt werden (und nach dem Abbau des Zeltes gern wieder dorthin finden sollten ...). Auch der Zeltplatz ist in der Hochsaison oft gerammelt voll. Die Zeltgebühr ist bei den Hüttenwirten zu entrichten. Ü ISK 2.000 pro Person.

In der Hütte gibt es keine Möglichkeit, Akkus (Handy, Kamera usw.) zu laden. Es werden jedoch Powerbanks (ISK 3.500) verkauft.

Fjallafang, 618 7822 (Saison), Juli bis Aug tägl. 11:30-20:00. In einer Ecke des Zeltplatzes betreiben Halli und Gunna den wohl ungewöhnlichsten Krämerladen Islands, untergebracht in zwei olivgrünen ausgemusterten Schulbussen, die im Sommer eigens nach Landmannalaugar hochgekarrt werden. Das Preisniveau ist höher als im Supermarkt, das Lebensmittelangebot erstaunlich vielfältig und reicht von Nudeln und Tütensuppen über Frischobst und Gemüse bis hin zu belegten Brötchen und fangfrischem Seesaibling (auf Bestellung). Hinzu kommen u. a. Moskitonetze, Gaskartuschen, Wanderkarten und ... Kondome. Einer der beiden Busse fungiert als „Café“.

An der Lavakante (100 m von der Hütte) entspringen die heißen Quellen, nach denen das Gebiet benannt wurde. Ein Holzsteg führt von der Hütte zu einer Plattform, wo Sie sich für ein Bad im warmen Bach umziehen können. Die Wassertemperatur variiert, je nachdem, wie stark das Wasser mit kaltem Regen- oder Schmelzwasser vermischt wird. Nach längeren Regenfällen im Sommer wird das „Bad" oft als kühler empfunden. Im Winter ist das Wasser deutlich heißer, da kaum Vermischung mit kaltem Schmelzwasser stattfindet. Der Gebrauch von Seife im Pool ist ausdrücklich untersagt! Die Erdwärme beschert der Umgebung eine für diese Höhenlage ungewöhnlich üppige Flora (☞ Infokasten „Ungeahnte Pflanzenvielfalt").

☞ Reise-Infos von A bis Z, Anreise Laugavegur

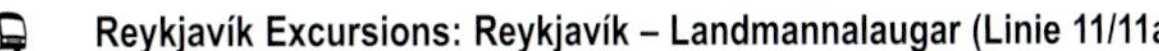

Reykjavík Excursions: Reykjavík – Landmannalaugar (Linie 11/11a)

Mitte Juni bis Mitte Sep 1-3 x tägl. Ab **Reykjavík**: Juli bis Aug 6:40, 7:15 und 12:30, 14. bis 30. Juni und 1. bis 15. Sep 7:15; ab **Landmannalaugar** Juli bis Aug 13:00, 16:00 und 19:00, 14. bis 30. Juni und 1. bis 15. Sep 16:00. Abfahrt Reykjavík: Reykjavík City HI Hostel/Campsite (die meisten Busse halten auch am BSÍ-Terminal). Fahrtdauer: 4-5 Std., Fahrpreis Reykjavík – Landmannalaugar ISK 9.000

Reykjavík Excursions, 580 5400, main@re.is, www.re.is

♦ **Trex: Reykjavík – Hella – Landmannalaugar**

21. Juni bis 8. Sep 3 x tägl. Ab **Reykjavík** (City Hall) 7:30 und 12:30, der dritte Bus startet um 7:45 in Hella (Árhús & Campsite); ab **Landmannalaugar** 16:30 (fährt nur bis Hella!), 14:30 und 18:00. Fahrtdauer ab Reykjavík: 4 Std., Fahrpreis Reykjavík – Landmannalaugar: ISK 9.400

Trex, 587 6000, info@trex.is, trex.is

Natürlicher Hot Pot in Landmannalaugar

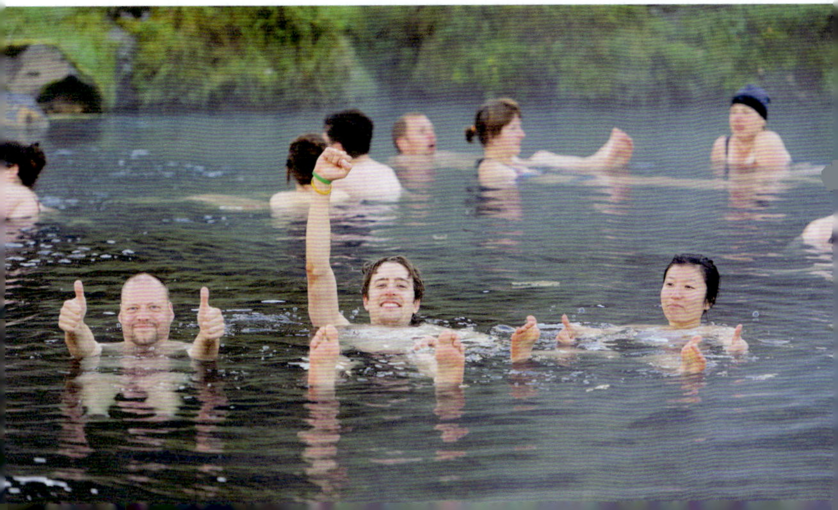

Sterna Travel: Reykjavík – Landmannalaugar (Linie 13/13a)

Mitte Juni bis Mitte Sep 1 x tägl. Ab **Reykjavík** (Harpa) 7:15; ab **Landmannalaugar** 18:00. Der Bus hält in Reykjavík auch am Zeltplatz Laugardalur. Fahrtdauer: ca. 4 Std., Fahrpreis Reykjavík – Landmannalaugar: ISK 8.500

Sterna Travel, ☏ 551 1166, info@sternatravel.com, icelandbybus.is

♦ **Thule Travel: Reykjavík – Landmannalaugar**

Mitte Juni bis Mitte Sep 1 x tägl. Ab **Reykjavík** (Laugardalur Campsite) 7:00; ab **Landmannalaugar** 17:00. Fahrtdauer: ca. 4 Std., Fahrpreis Reykjavík – Landmannalaugar ISK 7.900

Thule Travel, ☏ 519 3399, thuletravel@thuletravel.is, www.thuletravel.is

♦ ☺ Landmannalaugar ist auch mit den **Buspässen** von Reykjavík Excursions und Sterna Travel erreichbar (☞ Reise-Infos von A bis Z, Transport, Busfahren).

Es gibt zwei Parkplätze. Der Parkplatz am Zeltplatz ist nur mit Geländewagen erreichbar, die übrigen Fahrzeuge parken auf dem Parkplatz vor der ersten der beiden Furten (100 m vor dem Zeltplatz). Fußgängerbrücken führen über beide Flüsse.

Auskünfte über Landmannalaugar und Laugavegur erteilen die Hüttenwirte in Landmannalaugar. Informationen finden Sie auch unter www.landmannalaugar.info.

Landmannalaugar bietet viele Möglichkeiten für Tages- und Halbtagestouren. Populäre Wanderziele sind die Schluchten Vondugil und Grænagil, der See Frostastaðavatn, das Maar Ljótipollur und der Aussichtsgipfel Bláhnúkur.

Bláhnúkur

⇔ 6 km, ⌛ ca. 3 Std., ↑ 360 m

Zwischen den goldfarbenen Rhyolithbergen sticht der düstere Gipfel des Bláhnúkur (= blaue Kuppe) deutlich hervor. Der rhyolithische Lavadom, der zu einem großen Teil aus Pechstein-Brekzien (eckigen Fragmenten) besteht, entstand in der letzten Eiszeit unter einer bis zu 400 m dicken Eisdecke.

Der 945 m hohe Gipfel wird am einfachsten von der Nordseite „erobert". Von der FÍ-Hütte folgen Sie zunächst dem Pfad, der am Fuß der Lavakante nach Süden zur Schlucht Grænagil führt. 100 m nach der Überquerung des Baches, der aus der Schlucht austritt, beginnt der Anstieg. Ein schmaler Trampelpfad führt zunächst mäßig steil den Kamm hinauf. Vom kleinen Plateau unterhalb des Gipfels, das zu einer Verschnaufpause einlädt, geht es deutlich steiler, zum Schluss im Zickzack, zum Gipfel hoch.

Der Gipfel bietet eine großartige Aussicht auf die umgebenden Rhyolithberge. Bei klaren Sichtverhältnissen reicht der Blick nach Norden bis zu den Eiskappen Langjökull und Hofsjökull. Im Osten zeichnen sich der 115 km (!) entfernte Vulkan Öræfajökull und die Eiskappe Vatnajökull ab.

Der Abstieg erfolgt über den Westhang des Berges. Die Abstiegsroute weist ein sehr steiles Gefälle auf und ist kaum zu verfehlen, da ein deutlicher Trampelpfad vorhanden ist. Dieser mündet schließlich in die Schlucht Grænagil, deren Ausfluss erneut gequert wird (Watschuhe zum Furten mitnehmen!). Anschließend führt ein mit Holzpflöcken markierter Weg durch Grænagil zur Hütte zurück.

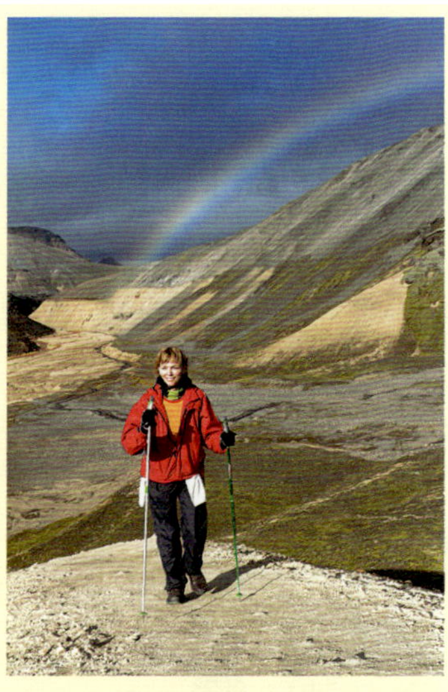

Aufstieg zum Bláhnúkur

Ungeahnte Pflanzenvielfalt

Für Botaniker halten die heißen Quellen von Landmannalaugar so manche Überraschung bereit, denn hier wächst in einer Höhe von fast 600 m über NN so manches Pflänzchen, das sich in dieser Höhenlage normalerweise nicht wohlfühlt.

So gedeihen im feuchten Moorgebiet am Fuß des Lavafeldes Laugahraun nicht nur die **Wiesen-Segge** (*Carex nigra*) und **Lyngbyes-Segge** (*Carex lyngbyei*), sondern auch Blütenpflanzen wie das dunkelrote **Sumpf-Blutauge** (*Potentilla palustris*), das schlanke **Sumpf-Weidenröschen** (*Epilobium palustre*) und das Insekten fressende, von winzigen violetten Blüten geprägte **Echte Fettkraut** (*Pinguicula vulgaris*). An der Lavakante lässt sich ferner noch der **Zerbrechliche Blasenfarn** (*Cystopteris fragilis*) entdecken.

Eine sehr üppige Vegetation säumt auch die Ufer des von heißen Quellen gespeisten Baches Laugalækur. Von der „Fußbodenheizung" profitieren die **Kuhblume** (*Taraxacum spp.*), der **Scharfe Hahnenfuß** (*Ranunculus acris*) und auch die ausgedehnten Teppiche des **Herbst-Löwenzahns** (*Leontodon autumnalis*). Nebenan gedeihen im schlammigen Boden die **Glanzfrüchtige Binse** (*Juncus articulatus*) und die seltene **Atlantische Natternzunge** (*Ophioglossum azoricum*). Im Bach selbst wachsen der **Großblütige Wasserstern** (*Callitriche stagnalis*) und das **Kleine Laichkraut** (*Potamogeton pusillus*).

Eine weitere Wärme liebende Pflanze, das **Sumpf-Ruhrkraut** (*Filaginella uliginosa*), findet sich bei den Solfataren am Fuß der Brennisteinsalda.

Überquerung des Obsidianlavafeldes Laugahraun

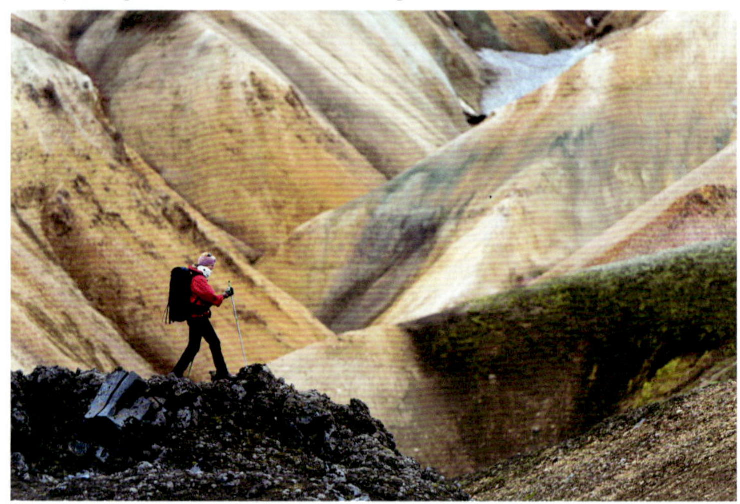

1. Etappe: Landmannalaugar – Hrafntinnusker

➲ *9,8 km,* ⌛ *N → S 5 Std., S → N 4 Std.,* ↑ *600 m,* ↓ *160 m,* ⇧ *590-1.060 m*

0,0 km	⇧	590 m	Landmannalaugar
1,5 km	⇧	633 m	Abzweigung Vondugil
2,4 km	⇧	712 m	Solfataren Brennisteinsalda /Abzweigung Grænagil
5,0 km	⇧	940 m	Abzweigung Skalli
6,8 km	⇧	905 m	Stórihver
9,5 km	⇧	1.060 m	Pass zwischen Söðull und Hrafntinnusker (höchster Punkt des Laugavegur)
9,8 km	⇧	1.026 m	Hrafntinnusker

Von Landmannalaugar wandern Sie zunächst bequem über das Obsidianlavafeld Laugahraun zu den Solfataren am Fuß der Brennisteinsalda. Danach folgt ein langer, steiler Anstieg zu einem 1.060 m hohen Pass, bevor der Weg schließlich zur nahen Hütte leicht abfällt. Der Aufstieg nach Hrafntinnusker wird oft bis in den Sommer hinein durch große Altschneeflächen erschwert. Bei Nebel kann die Orientierung im Pass Probleme bereiten. Bei schönem Wetter bietet der Weg traumhafte Ausblicke über die bunten Rhyolithberge von Landmannalaugar.

✋ Auf diesem Abschnitt kam es in den letzten Jahren aufgrund der Witterung zu einigen dramatischen Zwischenfällen! Erkundigen Sie sich bei ungünstigen Wetterverhältnissen bei den Hüttenwirten, ob ein Aufstieg nach Hrafntinnusker ratsam ist. Warten Sie gegebenenfalls auf besseres Wetter.

Von der FÍ-Hütte in Landmannalaugar führen die Holzpflöcke steil auf das Lavafeld **Laugahraun** hoch. Ein breiter Trampelpfad schlängelt sich anschießend über die stark zerklüftete Lava und bietet schöne Ausblicke auf die bunten Rhyolithberge Suðurnámur im Norden, Bláhnúkur im Süden und Brennisteinsalda im Südwesten. Die hoch aufgetürmte, dunkle Lava ist Obsidian (vulkanisches Glas) und entstammt einer Vulkanspalte, die 1480 aktiv war.

Nach 1,4 km ist das Ende des Lavafeldes erreicht. Die Pflöcke führen von der Lava hinunter, schwenken nach Süden und führen nun rechts von der Lava bergan. In Gehrichtung verraten aufsteigende Dampffahnen die Lage eines Solfatarenfeldes in den Hängen der **Brennisteinsalda** (= rauchende Schwefelkuppe). Gut 100 m weiter deutet ein Pfeil auf die **Abzweigung nach Vondugil ❶** hin. In dieser nahen Schlucht brodeln weitere heiße Quellen.

Sie gehen jedoch geradeaus weiter und erreichen nach weiteren 800 m die ◎ **Solfataren ❷** am Fuß der Brennisteinsalda, wo ein Pfeil auf eine nach Landmannalaugar zurückführende Variante durch die Schlucht **Grænagil** hinweist (☞ Bláhnúkur).

Der Laugavegur knickt hier nach rechts und schraubt sich nun, stets rechts von der dunklen Lava, steil empor. Nach weiteren 300 m ist auch dieser Anstieg geschafft. Rechts führt ein Trampelpfad zum nahen Gipfel der Brennisteinsalda (Pfeil). Hier oben ist deutlich zu sehen, wie die zähflüssige Lava – wie die Zahnpasta aus der Tube – förmlich aus einem der 1480 aktiven Krater herausgepresst wurde.

Oberhalb der Lava steigt der Weg zwischen vereinzelten Solfataren weiter und erreicht bald einen breiten Rücken. Im Frühsommer warten hier oft bereits die ersten Altschneefelder. Das zersetzte Rhyolithgestein ist von zahlreichen kleinen Furchen und Tälern durchzogen, aus denen Dampffahnen emporsteigen. Rückblickend ergibt sich eine herrliche Aussicht auf die finstere Obsidianlava, die aus dieser Perspektive an einen riesigen versteinerten Drachen erinnert.

An der **Abzweigung nach Skalli** ❸ (km 5) macht der Laugavegur einen starken Rechtsknick.

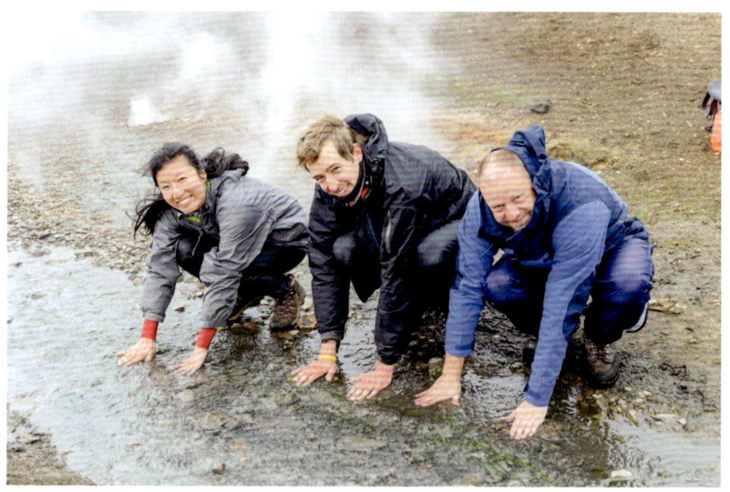

Stórihver: Auftauen im warmen Bach ...

Nach weiteren 1,8 km kündigen lautes Wummern und eine große Dampfsäule die Lage einer sehr ergiebigen ◎ heißen Quelle an. Kochend heißes Wasser schießt bei **Stórihver** (= große heiße Quelle) ❹ mit Wucht aus einer kreisförmigen Öffnung im Boden. Fauchende Dampfquellen, brodelnde Schlammtöpfe und fauliger Schwefelgeruch rufen eine Assoziation mit der Hölle hervor. Der Bach, der nach Westen in die Reykjadalir abfließt, ist übrigens einer der Quellbäche des **Markarfljót**, jenes mächtigen Gletscherflusses, dem Sie weiter südlich (☞ 3. Etappe und 4. Etappe) begegnen werden.

Ab Stórihver (⇧ 905 m) steigt die Route (meist) über ausgedehnte Altschneeflächen zu einem **Pass** ❺ zwischen Söðull (⇧ 1.132 m) und Hrafntinnusker

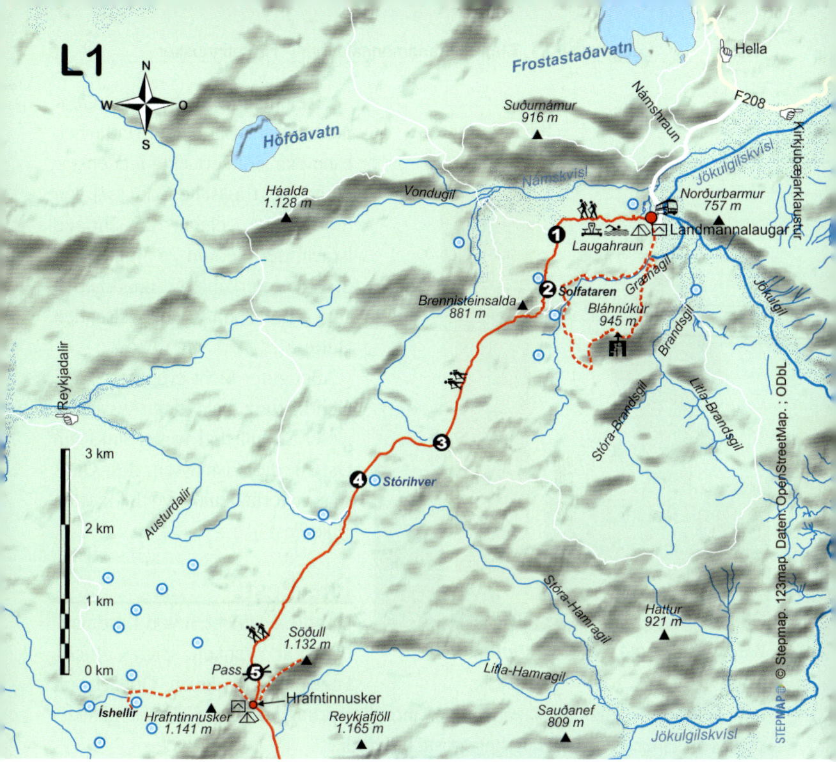

(⇧ 1.141 m) hoch. Sonnenschutz und -brille sind hier unentbehrlich. Auch Gamaschen leisten im Schneematsch oft gute Dienste. Der Aufstieg kann bei Nebel recht beschwerlich sein, da die Markierungen in schneereichen Jahren bis tief in den Sommer hinein unter dem Schnee verborgen sein können (Kompass/GPS!). Im Spätsommer können die Altschneefelder verharscht sein.

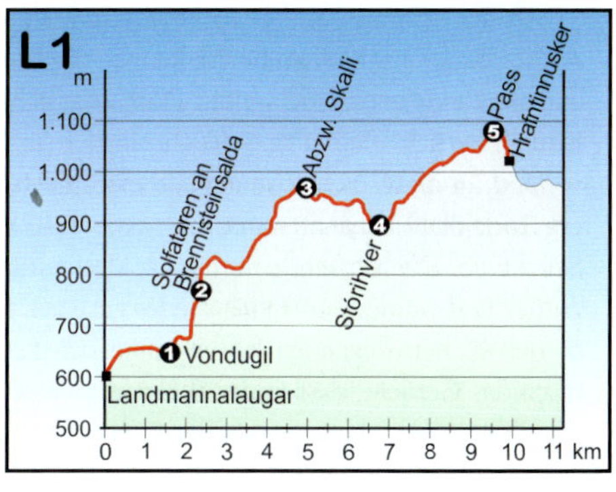

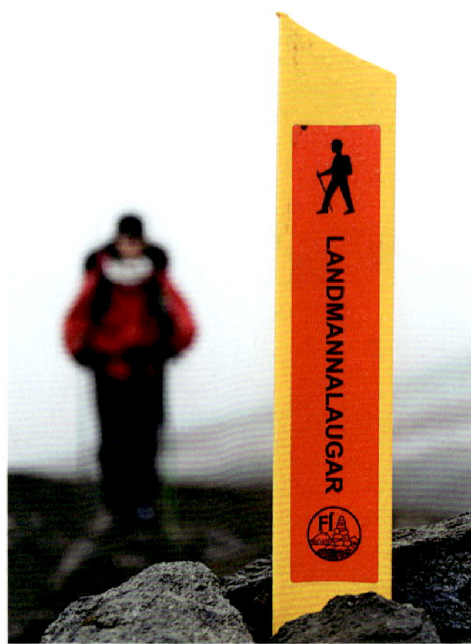

Wegmarkierung bei Hrafntinnusker

Steinmänner geben die Gehrichtung an. Bei einem stattlichen Exemplar erinnert eine Gedenktafel an das tragische Schicksal von Ido Keinan, einem 25-jährigen Israeli, der hier am 27. Juni 2004 durch Unterkühlung ums Leben kam – nur 1 km vor der rettenden Hütte.

Bei guter Sicht erblicken Sie in Gehrichtung bald den Aussichtsgipfel **Söðull** und weiter links (im Osten) die Eismassen des Gletschers **Torfajökull** (☞ Infokasten „Die Pest").

Die Pest

Um die Schluchten von Landmannalaugar ranken sich etliche Legenden, in denen Outlaws oft eine Hauptrolle spielen. Manche finden ihren Ursprung im 15. Jh., als Island letztmals von einer Pestepidemie heimgesucht wurde.

Als der Schwarze Tod 1493 erneut Südisland erreichte, floh **Torfi Jónsson**, ein reicher Bauer aus Klofi im Bezirk Rangárvalla, mit seinem Gesinde Hals über Kopf auf die Landmanna-Hochweide. Dort zog sich die Gruppe immer tiefer in die **Jökulgil** zurück, eine enge Schlucht, in der sie Wald und fruchtbares Weideland vorfand. In dieser Schlucht, am Fuß eines Gletschers, der später nach dem Bauern **Torfajökull** benannt wurde, warteten Torfi und seine Knechte das Ende der Seuche ab. Danach kehrte Torfi nach Klofi zurück. Ein Teil seines Gesindes blieb zurück und wurde seitdem nie wieder gesehen. Da aber beim herbstlichen Schafabtrieb in den folgenden Jahren immer wieder Schafe fehlten, verbreitete sich rasch das Gerücht, dass in der Schlucht Outlaws hausten. Ein Gerücht, das noch verstärkt wurde, als Reiter bei der Durchquerung der Wüste Mælifellssandur bei Nordwind ab und zu den unverkennbaren Geruch von brennendem Birkenholz wahrnahmen – einen Geruch, der eindeutig aus der Richtung des Gletschers kam ...

Der bei Nebel heikle Abschnitt über den Pass ist von langen, gelben Plastiksäulen markiert (auf jeder Säule ist als Orientierungshilfe angegeben, wo es nach Landmannalaugar bzw. nach Hrafntinnusker geht). Der Boden ist übersät mit scharfkantigen Obsidianbrocken.

Von der **Passhöhe** (⇧ 1.060 m) erblicken Sie bereits die 400 m entfernte **FÍ-Hütte von Hrafntinnusker** (⇧ 1.026 m), die etwas tiefer liegt.

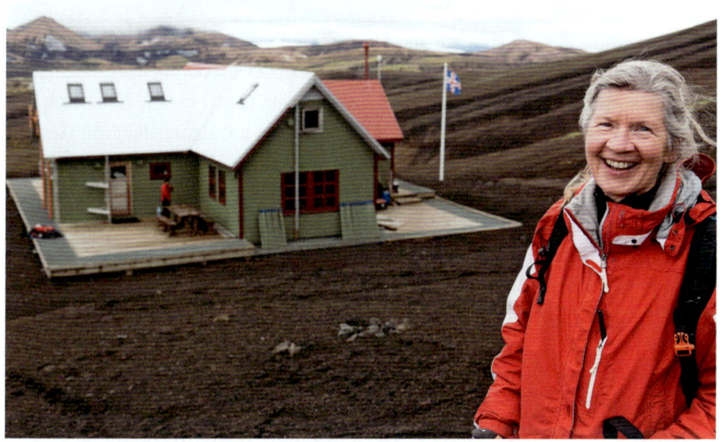

FÍ-Hütte in Hrafntinnusker und die deutsche Hüttenwirtin Marianne

Höskuldsskáli (Hrafntinnusker), Ferðafélag Íslands, ☏ 568 2533 (Buchung), ✉ fi@fi.is, 💻 www.fi.is, 52 Schlafplätze (Schlafsaal mit Einzel- und Doppelbetten im Erdgeschoss, Matratzenlager im ersten Stock), WC, Gas, Ü ISK 9.000, ca. Ende Juni bis Mitte Sep. Die 1977 erbaute Hütte liegt in der Nähe eines kleinen Solfatarenfeldes. Die kleinste Hütte am Wanderweg platzt oft aus allen Nähten, denn vor allem bei Unwetter werden oft deutlich mehr Leute aufgenommen, als die Kapazität hergibt. Küche mit Gaskochplatten, Geschirr und fließendem Wasser. **Trinkwasser** stammt aus einer nahen Quelle. Da diese nicht sehr ergiebig ist, wird um sparsamen Umgang mit Wasser gebeten! Außerhalb der Saison ist die Wasserzufuhr abgeschaltet und es muss Wasser in der Schlucht westlich der Hütte gesammelt oder Schnee geschmolzen werden. Plumpsklos sind auf der Rückseite des Gebäudes. Die Hütte wird mit Erdwärme geheizt, Sonnenkollektoren liefern Strom für die Lampen. Eingeschränkter Verkauf von Snacks und Proviant. Sämtliche **Abfälle** müssen von Übernachtungsgästen wieder mitgenommen werden, vor Ort ist keine Entsorgung möglich.

Auf dem Sandboden neben der Hütte (spartanisch, sehr windig!). Trinkwasser ist in der Hütte erhältlich. Die Küche der Hütte steht nur Gästen der Hütte zur Verfügung. Ü ISK 2.000

Eishöhlen am Hrafntinnusker

Noch bis Mitte des 20. Jh. war die Umgebung von Hrafntinnusker weitgehend vom Eis des Torfajökull (= Torfis Gletscher) bedeckt, der damals noch eine wesentlich größere Ausdehnung hatte. Nur einzelne Gipfel ragten vermutlich wie Schären (isl. *sker*) aus den Eismassen. Eine setzt sich aus dem auffälligen Gestein Obsidian (isl. *hrafntinna*) zusammen – daher der Name Hrafntinnusker (= Obsidian-Schäre).

In den letzten Jahrzehnten haben sich die Eismassen des Torfajökull rasch zurückgezogen. Lokal erinnern kleinere Eiskörper noch an die frühere Ausdehnung des Gletschers. Einer davon ist das Eisfeld am Westhang des Hrafntinnusker, in das heiße Quellen große Eishöhlen geschmolzen haben.

Von der Hütte bieten sich verschiedene Abstecher in die Umgebung an:

Íshellir

⇔ ca. 4 km, ⌛ 2 Std., ↑ 60 m, ↓ 120 m

Das beliebteste Ziel sind die **Eishöhlen** am Westhang des Hrafntinnusker. Eine Wegbeschreibung hängt in der Hütte aus, Infos zu den aktuellen Bedingungen gibt es beim Hüttenwirt.

Von der Hütte folgen Sie zum Auftakt der Piste bergaufwärts, verlassen diese aber schon in der ersten scharfen Rechtskurve. Von dort führt ein mit Pflöcken markierter Trampelpfad nach Westen allmählich auf das mit Obsidianbrocken übersäte Gipfelplateau des **Hrafntinnusker** (⇧ 1.141 m) hoch. Nach ca. 900 m ist ein großer Steinmann erreicht, der als Orientierungspunkt für den Rückweg fungiert. Anschließend geht es über schwarzen Lavasand abwärts, wo Sie bald den Rand eines ausgedehnten, im Spätsommer verharschten Altschneefeldes erreichen, das relativ steil nach Westen abfällt.

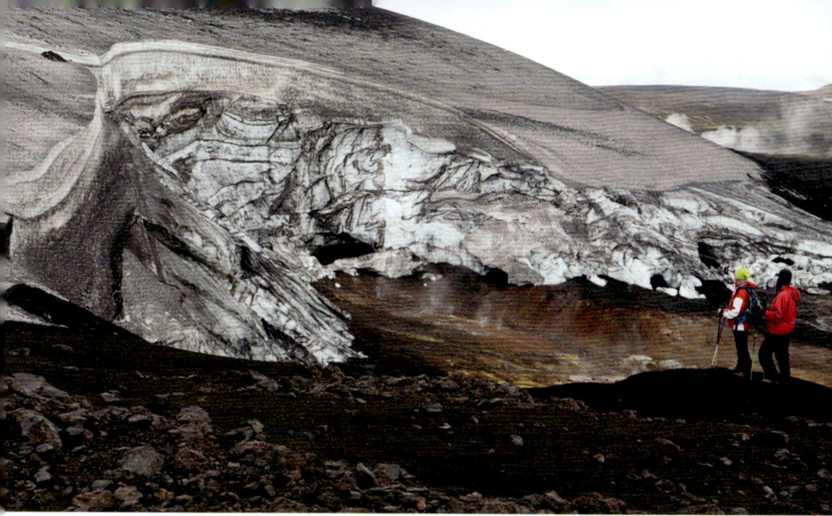

Íshellir: Urheber der Eishöhlen sind heiße Quellen unter dem Eis.

Von hier schweift der Blick über das ausgedehnte Geothermalgebiet **Reykjadalir** (= rauchende Täler), geprägt von zahllosen heißen Quellen und Solfataren. Unterhalb des vereisten Schneefeldes warnt ein gelbes Hinweisschild vor den Gefahren beim Betreten der Eishöhlen (☞ Seite 87).

Im Verlauf der letzten Jahre ist das Eis extrem schnell geschmolzen. Ein Großteil der Eishöhlen ist im Sommer 2008 eingestürzt. Gehen Sie auf jeden Fall nicht in die Eishöhlen hinein! Das Betreten ist lebensgefährlich, da jeder Zeit Eisblöcke aus der Decke brechen können. Bei den Höhlen erinnert ein schlichtes Kreuz an einen deutschen Wanderer, der dort am 16. August 2006 zu Tode kam.

Söðull

⇔ ca. 4 km, ⌛ 2 Std., ↑ 100 m

Ein Trampelpfad leitet von der FÍ-Hütte auf den Panoramagipfel Söðull (= Damensattel), der nordöstlich der Hütte aufragt.

Das Panorama vom 1.132 m hohen Gipfel über die farbenprächtigen, von tiefen Schluchten durchzogenen Rhyolithberge ist überwältigend, insbesondere der Blick auf die Berge Torfajökull, Kaldaklofsfjöll, Reykjafjöll und Hábarmur. Bei sehr guter Sicht lassen sich vom Gipfel elf (!) Gletscher erkennen. Im Osten zeichnet sich dann sogar der Öræfajökull ab – in einer Entfernung von mehr als 100 km.

2. Etappe: Hrafntinnusker – Álftavatn

11,1 km, N → S 4 Std. 30 Min., S → N 5 Std. 30 Min.,
↑ 240 m, ↓ 715 m, ⇧ 550-1.040 m

0,0 km	⇧ 1.026 m	FÍ-Hütte Hrafntinnusker
4,4 km	⇧ 988 m	Jökulgil
6,1 km	⇧ 912 m	Jökultungur
7,9 km	⇧ 618 m	Grashagakvísl ≈
10,2 km	⇧ 555 m	Einmündung in die Hochlandpiste F210
10,8 km	⇧ 552 m	Abzweigung zur FÍ-Hütte Álftavatn
11,1 km	⇧ 550 m	FÍ-Hütte Álftavatn

Auf den ersten 6 km geht es im leichten Auf und Ab über das stark zerfurchte, von Solfataren übersäte Rhyolithplateau nach Süden weiter. Auch hier sind oft bis tief in den Sommer hinein ausgedehnte Altschneeflächen zu queren. Bei Nebel ist die Orientierung nicht immer einfach. Von Jökultungur geht es, mit Aussicht auf Gletscher und Palagonitberge, steil hinunter. Nach der Furt durch den kleinen Gletscherfluss Grashagakvísl schlängelt sich der Weg durch flaches Gelände weiter zur FÍ-Hütte am See Álftavatn.

Die Pflöcke führen westlich der **Reykjafjöll** nach Süden auf die vergletscherten Gipfel der **Kaldaklofsfjöll** zu. Farbenprächtige Rhyolithberge beherrschen nach wie vor die Szenerie, während der Weg zunächst ohne größere Höhenunterschiede, streckenweise über große Altschneeflächen weiterführt.

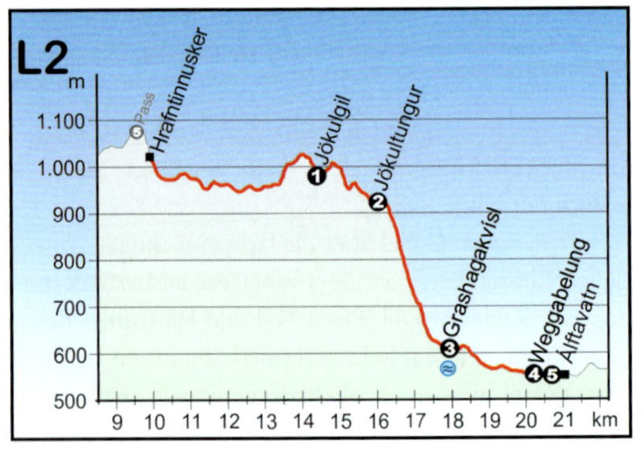

Wie beim Aufstieg von Landmannalaugar besteht auch hier bei schlechten Sichtverhältnissen die Gefahr, sich zu verlaufen, da in schneereichen Jahren die Markierungspflöcke bis in den Sommer hinein vom Schnee verdeckt sein können.

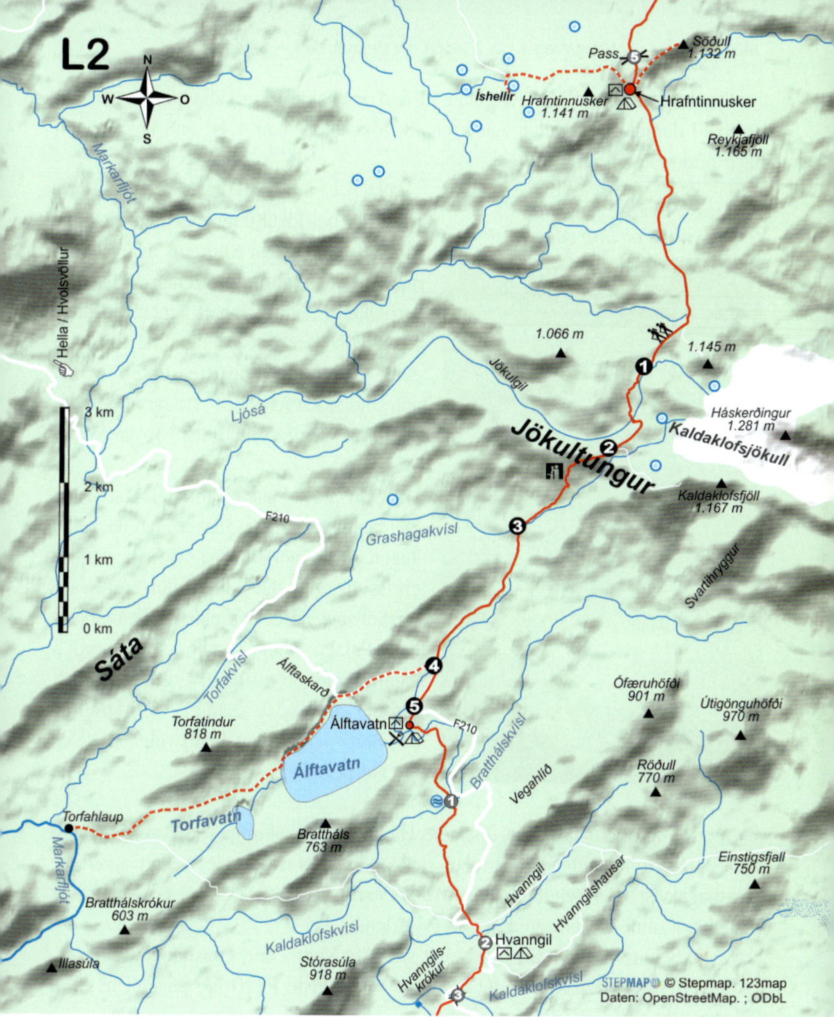

Vorsicht beim Überqueren von Bacheinschnitten! Hier kann der Schnee z. B. durch die Aktivität von heißen Quellen und Solfataren unterhöhlt sein! Risse und Löcher im Schnee sollten misstrauisch machen. Umgehen Sie solche Bereiche weitläufig, da Sie einbrechen könnten (☞ Reise-Infos von A bis Z, Naturgefahren).

Der Laugavegur führt westlich am Eisfeld des Kaldaklofsjökull vorbei, überwindet bald darauf einen tiefen Taleinschnitt, **Jökulgil** ❶ (km 4,4), und knickt dann nach Südwesten ab.

Solfatarenfelder zwischen Hrafntinnusker und Álftavatn

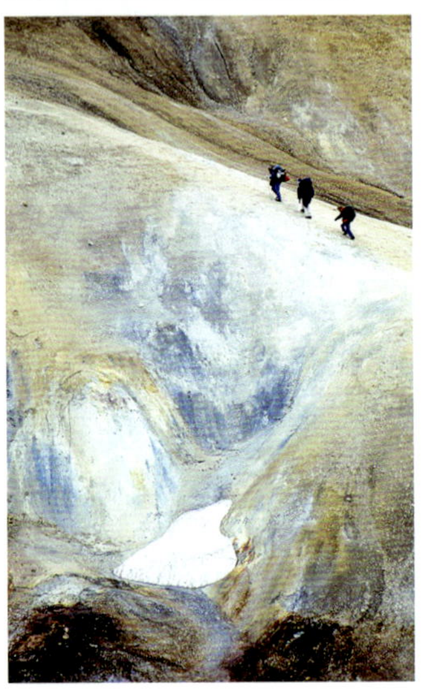

Nach einem weiteren Kilometer erreichen Sie bei **Jökultungur** ❷ den Plateaurand, der auch den Südrand der Caldera markiert. Der abrupte Szenenwechsel ist verblüffend: Hinter Ihnen liegen die bunten Rhyolithberge, vor Ihnen erstreckt sich eine schwarze Sandwüste, unterbrochen von moosbewachsenen Palagonitbergen, begrenzt vom Eisschild des Mýrdalsjökull.

Von der Plateaukante überschauen Sie das ganze Gebiet, das in den nächsten Tagen durchwandert wird. Mit einem Blick erfassen Sie das Tagesziel Álftavatn (= Schwanensee) und eine Reihe markanter Palagonitkegel mit sprechenden Namen wie Stórasúla (= große Säule), Illasúla (= böse Säule), Stórkonufell (= Berg der großen Frau) oder Hattafell (= Hutberg).

Der Laugavegur fällt nun über die Hänge der Jökultungur steil ab und büßt dabei 300 Höhenmeter ein. Am Fuß des Steilhanges wartet die ≈ **Furt** durch die **Grashagakvísl** ❸. Bei niedrigem Wasserstand kann der kleine Gletscherfluss manchmal ohne Durchwaten gequert werden.

Zum Schluss steigen Sie über sanft gewellte Moos- und Grashänge weiter ab. In einer scharfen Kurve mündet der Pfad in die **Piste F210** ❹, auf der es nach links weitergeht.

Nach weiteren 600 m zweigt die **Stichstraße** ❺ zur 300 m entfernten **FÍ-Hütte Álftavatn** (⇧ 550 m) ab.

Álftavatn, Ferðafélag Íslands, ☏ 568 2533 (Buchung), 823 4008 (Hütte/Saison), fi@fi.is, www.fi.is, 74 Schlafplätze, WC, Ü ISK 9.000, ISK 500,

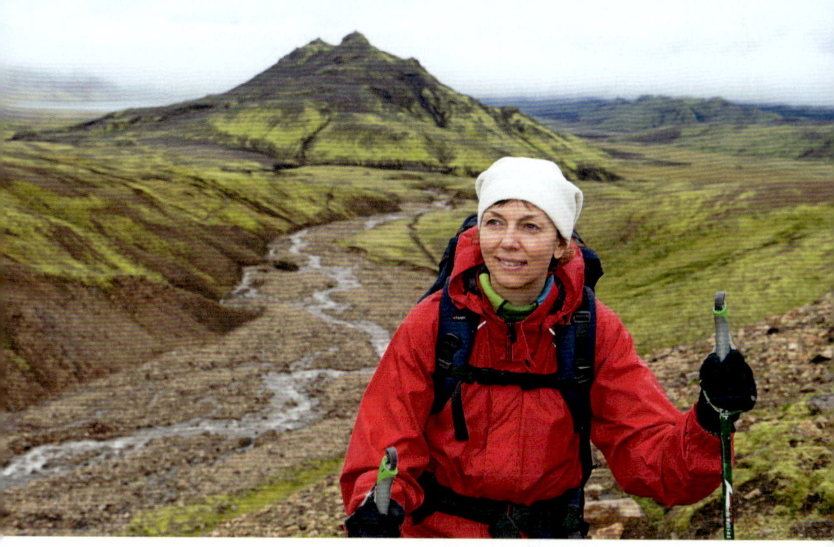

Blick auf das Tal der Grashagakvísl

Mitte/Ende Juni bis Mitte Sep. Die 2010 eröffnete Hütte liegt 500 m östlich des gleichnamigen Sees. Die aufgrund der Einrichtung oft als „IKEA-Hütte" bezeichnete Unterkunft besteht aus zwei Häusern: Im zweistöckigen Haupthaus (38 Schlafplätze) gibt es 2- und 3-Bett-Zimmer (unten) und zwei Schlafsäle (oben), im zweiten Haus (36 Schlafplätze) einen einzigen großen Schlafsaal. Beide Hütten verfügen über eine gut ausgestattete Küche mit Gaskochplatten, Geschirr und fließendem Wasser. Wassertoiletten und befinden sich im Nebengebäude (Taschenlampe mitnehmen!).

Gute Zeltmöglichkeiten bietet der Rasen am Ufer des Baches, der aus dem See abfließt. Ü ISK 2.000,

In Álftavatn betreiben die Eigentümer der Volcano Huts im Húsadalur (☞ 4. Etappe: Emstrur – Þórsmörk) seit 2018 im Sommer ein kleines **Restaurant**. Reservierung ist möglich, aber nicht notwendig.

Álftavatn Highland Restaurant & Bar (neben der FÍ-Hütte), 772 0615 (Saison), www.volcanohuts.com/alftavatn, ca. Mitte/Ende Juni bis Mitte Sep tägl. 7:00-23:00. Preise: Frühstück ISK 2.500, Mittagessen (Suppe mit Brot) ISK 2.500, Lunchpaket ISK 2.500, Abendessen (Tagesgericht) ISK 3.500

Álftavatn ist auch ein guter Ausgangspunkt für Abstecher in die Umgebung.

Bratthals ⇔ 4 km, ⌛ 1 bis 2 Std., ↑ 223 m

Beliebt ist die Besteigung des lang gezogenen Palagonitrückens **Bratthals** (= steiler Bergrücken), der südwestlich der Hütte aufragt. Queren Sie dazu zunächst südlich der Hütte den Bach, der aus dem See ausfließt. Anschließend wird der Pass zwischen dem östlichsten Gipfel des Palagonitrückens (auf der Karte mit ⇧ „640 m" markiert) und dem Hauptgipfel angepeilt. Vom Pass geht es am Kamm entlang zum 763 m hohen Hauptgipfel, der eine schöne Aussicht bietet. Beim Abstieg wählen Sie die gleiche Route zurück.

Torfahlaup ⇔ 10 km, ⌛ ca. 3 Std., ↑ 40 m

Diese etwas längere Wanderung führt zu einer sonderbaren, engen Schlucht des **Markarfljót** (= Waldfluss). Die Strecke verläuft über ebenes Gelände und ist einfach zu gehen. Von der Hütte folgen Sie zunächst der rauen Piste, die am Westufer des Sees und dann am Fuß des **Torfatindur** entlangläuft. Sie passieren einen kleineren See (Torfavatn) und erreichen schließlich den hohen, lang gestreckten Rücken einer Endmoräne.

Von hier ist es nur ein Katzensprung bis zur Schlucht **Torfahlaup** (= Torfis Sprung). Diese ist an der engsten Stelle nur wenige Meter breit.

Torfahlaup

Die Entstehung der Schlucht **Torfahlaup** hängt wahrscheinlich eng mit der gewaltigen Lagune Torfalón zusammen, die sich am Ende der letzten Eiszeit zwischen den Palagonitbergen Torfatindur, Stóra-Grænafjall und Sáta erstreckte. Beim Rückzug der Eismassen, die ihren Abfluss blockierten, hat sich die Lagune vermutlich in einer gigantischen Katastrophenflut (isl. *hlaup*) entleert, so als ob jemand plötzlich den Stöpsel aus einer riesigen Badewanne gezogen hätte. Durch die Kraft der Wassermassen wurde in kürzester Zeit eine tiefe Schlucht ausgehobelt.

Der Name der Schlucht basiert auf einer Legende. Sie erzählt von einem jungen Mann namens Torfi, der mit seiner Geliebten im Arm über die Schlucht gesprungen sei. Die kühne Aktion war der Höhepunkt einer dramatischen Flucht vor dem wütenden Vater des Mädchens, der seine Tochter daran hindern wollte, Torfi zu heiraten.

Der Verfolger hatte weniger Glück, schaffte den Sprung auf die andere Seite nicht ganz und konnte sich gerade noch an einem Ast festklammern. Daraufhin bat die junge Frau ihren Geliebten, den Ast abzuhacken …

3. Etappe: Álftavatn – Emstrur

16,1 km, N → S 5 Std., S → N 5 Std. 30 Min., ↑ 220 m, ↓ 285 m, ⇧ 485-610 m

0,0 km	⇧ 550 m	Álftavatn
1,5 km	⇧ 532 m	Bratthálskvísl ≈
3,2 km	⇧ 608 m	Einmündung in die Piste F210
4,0 km	⇧ 570 m	Hvanngil
4,9 km	⇧ 573 m	Kaldaklofskvísl)(
5,0 km	⇧ 572 m	Pistengabelung F210/F261
5,4 km	⇧ 570 m	Bláfjallakvísl ≈
9,0 km	⇧ 542 m	Innri-Emstruá)(
9,8 km	⇧ 558 m	Abzweigung Piste F261
11,7 km	⇧ 598 m	Útigönguhöfðar, Steinmann
16,1 km	⇧ 485 m	Emstrur

Diese Etappe ist lang, aber einfach, da sie durch relativ ebenes Gelände verläuft. Von Álftavatn wandern Sie zunächst in leichtem Auf und Ab zur 4 km entfernten FÍ-Hütte Hvanngil. Anschließend durchqueren Sie, mit Blick auf die Eiskappe Mýrdalsjökull, die schwarze Sandwüste Emstrur. Zum Schluss fällt der Weg steil ab zu der FÍ-Hütte Emstrur im Tal der Botnaá. Unterwegs werden vier Flüsse passiert. Zwei sind überbrückt, die relativ seichte Bratthálskvísl und die eiskalte, strömungsstarke Bláfjallakvísl müssen durchwatet werden. Bei starkem Wind drohen manchmal Sandstürme.

200 m von der FÍ-Hütte entfernt überquert ein Holzsteg den flachen Ausfluss des Álftavatn. Anschließend schlängelt sich der Weg westlich der Piste **F210** über die nördlichen Ausläufer des Rückens Brattháls nach Südosten.

Dort versperrt nach 1,5 km ein klarer Gebirgsbach den Weg. Die ≈ Furt durch die **Bratthálskvísl** ❶ ist meist nur wadentief und bereitet im Normalfall keine Probleme. Auf der Südseite des Flusses führen die Pflöcke auf eine kleine Anhöhe hinauf, wo Sie auf die Hochlandpiste **F210** (km 3,2) treffen. Sie kreuzen die Piste, die eine größere Schleife macht, treffen bald erneut auf die F210 und folgen dieser nun in Richtung der bereits sichtbaren, von skurrilen Palagonitrücken eingerahmten Schlucht **Hvanngil** (= Engelwurz-Schlucht).

Auf dem Weg dorthin passieren Sie zunächst eine einfach ausgestattete ⌂ Hütte (20 Schlafplätze, WC, ⛺), die vor allem von Reitergruppen genutzt wird. 100 m weiter folgt nach insgesamt 4 km die komfortable **FÍ-Hütte Hvanngil ❷** (⇧ 570 m).

Skurrile Palagonitberge in der Schlucht Hvanngil

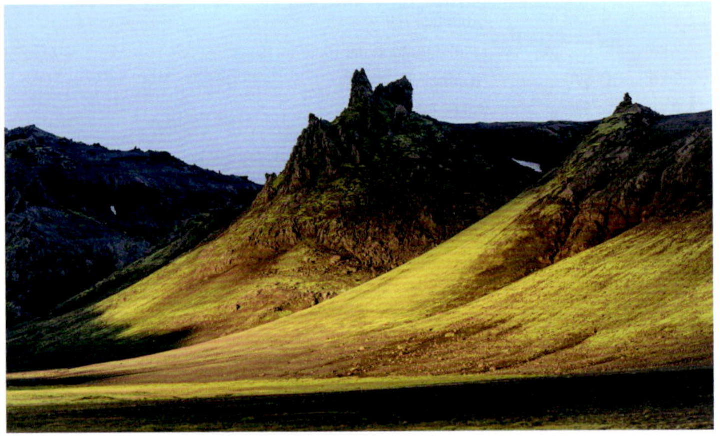

⌂ **Hvanngil**, Ferðafélag Íslands, ☎ 568 2533 (Buchung), 📱 860 3336 (Hütte/Saison), ✉ fi@fi.is, 💻 www.fi.is, 60 Schlafplätze, WC, 🚿 🍳, Ü ISK 9.000, 🚿 ISK 500, 🚪 Mitte/Ende Juni bis Mitte Sep. Die urige, zweistöckige Hütte (1995) verfügt über zwei Schlafsäle mit Stockbetten (unten) und ein Matratzenlager (oben). Im Erdgeschoss befindet sich auch eine kleine 🍳 Küche mit Gaskochplatten, Küchengeräten und fließendem Wasser. Toiletten mit Wasserspülung und 🚿 sind in einem separaten Gebäude (Taschenlampe mitnehmen!) untergebracht.

⛺ Der Zeltplatz wurde sehr schön in die Lava integriert. Die hohen Lavaschollen bieten einen hervorragenden Windschutz. Die Rasensoden wurden eigens in Hella gezüchtet, die ausgestochenen Rasenstücke per Lkw hierher verfrachtet und mit akribischer Sorgfalt zwischen den Lavaschollen wieder zusammengelegt.
Ü ISK 2.000, Sanitäranlagen und 🚿 ☞ ⌂

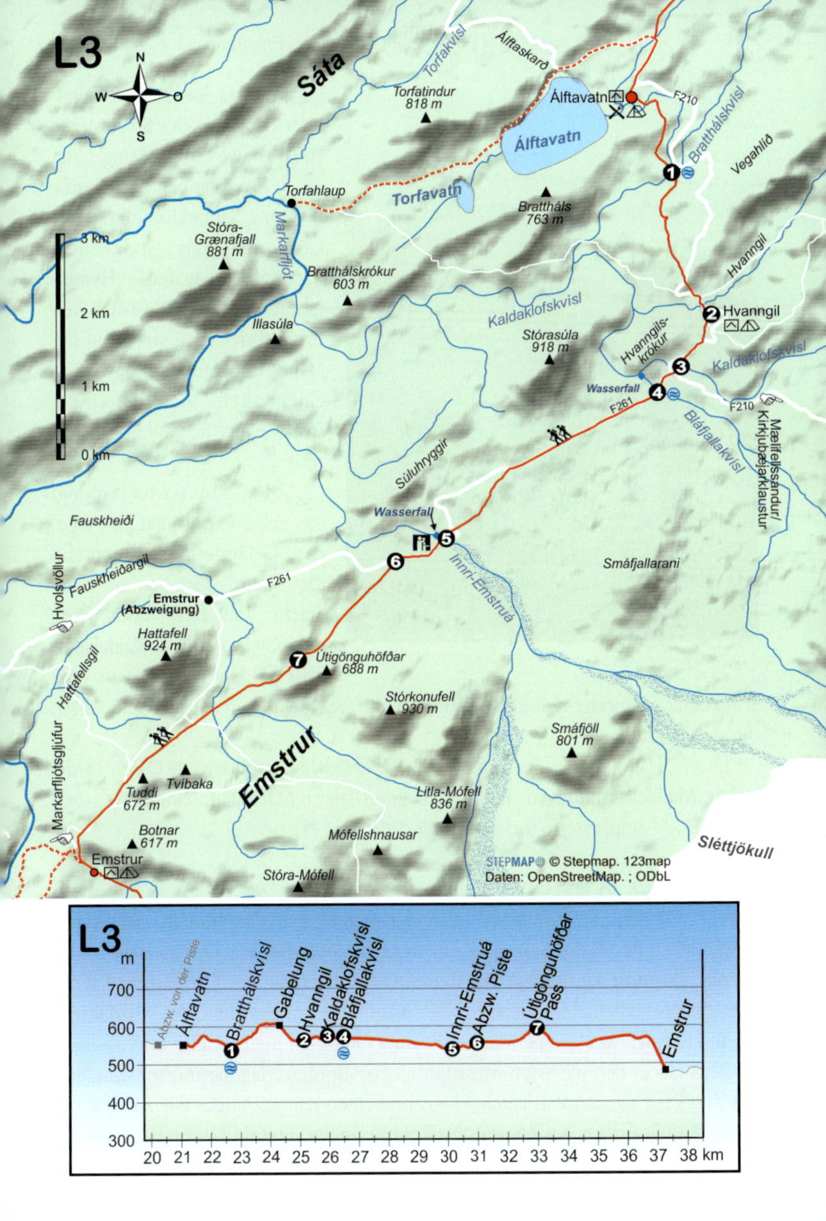

L3
Sáta
Torfakvísl
Álftaskarð
Torfatindur
818 m
Álftavatn
F210
Bratthálskvísl
Vegahlíð
Torfahlaup
Torfavatn
Bratthals
763 m
Stóra-
Grænafjall
881 m
Markarfljót
Bratthálskrókur
603 m
Hvanngil
Kaldaklofskvísl
Stórasúla
918 m
Illasúla
Hvanngils-
krókur
Wasserfall
F261
Mælifellssandur/
Kirkjubæjarklaustur
Bláfjallakvísl
Súluhryggir
Fauskheiði
Smáfjallarani
Hvolsvöllur
Fauskheiðargil
Innri-Emstruá
Emstrur
(Abzweigung)
Hattafell
924 m
Útigönguhöfðar
688 m
Hattafellsgil
Stórkonufell
930 m
Smáfjöll
801 m
Markarfljótsgljúfur
Tvíbaka
Tuddi
672 m
Litla-Mófell
836 m
Botnar
617 m
Mófellshnausar
Slettjökull
STEPMAP © Stepmap. 123map
Daten: OpenStreetMap. ; ODbL
Stóra-Mófell
3 km
2 km
1 km
0 km
m
700
600
500
400
300
Abzw. von der Piste
Álftavatn
Bratthálskvísl
Gabelung
Hvanngil
Kaldaklofskvísl
Bláfjallakvísl
Innri-Emstruá
Abzw. Piste
Útigönguhöfðar
Pass
Emstrur
20 21 22 23 24 25 26 27 28 29 30 31 32 33 34 35 36 37 38 km

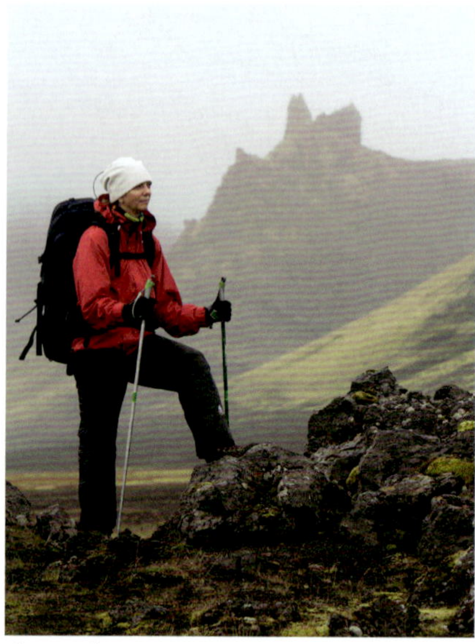

Hvanngil

Hvanngil ist auch Beginn- oder Endpunkt des Strútsstígur, einer weiteren Trekkingroute, die in drei Etappen nach Osten Richtung Hólaskjól führt. Der Laugavegur führt indes über das Fladenlavafeld **Hvanngilshraun** nach Südwesten weiter. Auf der Lava stehen in der Nähe der Hütte die Ruinen einer alten Viehtreiberhütte sowie eines Schafpferches (isl. *rétt*).

Schon von Weitem springt das gelbe Warnschild ins Auge, das Geländewagenfahrer auf die nahe Furt aufmerksam macht. Wanderer überqueren den Gletscherfluss **Kaldaklofskvísl** ❸ (km 4,9), die aus dem Torfajökull entspringt, auf einer)(**Brücke** und wechseln dann auf die Piste F210, die sich bald gabelt.

Die F210, auch als *Fjallabaksleið syðri* bezeichnet, führt nach Osten in die Wüste **Mælifellssandur**, vor mehr als hundert Jahren Schauplatz eines tragischen Unfalls (☞ Infokasten „Tod in der Wüste").

Tod in der Wüste

Am 11. Oktober 1868 machten sich vier Männer aus Skaftártunga, dem Landstrich östlich des Mýrdalsjökull, auf die beschwerliche Reise in den Südwesten des Landes, um dort zu fischen. Als Reiseroute wählten sie die ***Fjallabaksleið syðri***, eine damals noch viel frequentierte Hochlandroute am Nordrand des Mýrdalsjökull. In Hvanngil wollten die Männer in einer einfachen Schäferhütte übernachten.

Als man in den nächsten Monaten nichts von den Männern hörte, wunderte das zunächst niemanden. Nachrichten brauchten damals lange, um zu den isolierten Höfen östlich des Mýrdalsjökull zu gelangen. Erst im Dezember löste die Meldung eines Reisenden Panik aus: Das Quartett war nie am Ziel angekommen.

Aufwendige Suchaktionen im Winter und im darauffolgenden Sommer blieben ohne Erfolg. Die Männer waren wie vom Erdboden verschwunden.

Erst im Herbst 1878 kam die grausame Wahrheit ans Licht. Beim Schafabtrieb bemerkten Bauern einen weißen Fleck im schwarzen Sand der Wüste **Mælifellssandur**. Was aus der Ferne wie Schafe aussah, entpuppte sich bald als menschliche Skelette. Nach über zehn Jahren waren die Vermissten gefunden.

Ihre Überreste wurden auf dem Friedhof Ásakirkjugarður (Skaftártunga) beerdigt. Die genauen Umstände der Tragödie konnten nie geklärt werden. Vermutet wird, dass die Männer in einen Wettersturz geraten und an Unterkühlung gestorben sind. Laut Überlieferung hatte ein alter Bauer kurz nach dem Aufbruch der Männer einen Albtraum. Beim Aufwachen schrie er: „Jetzt passiert oben in den Bergen Fürchterliches!" War der Mann im Traum Zeuge des Unfalls?

An der Fundstelle der Skelette bei **Slysaalda** (= Hügel des Unfalls) erinnert eine Kupferplatte mit den Namen der Opfer an das tragische Ereignis.

Der Laugavegur folgt nun der nach Südwesten führenden Piste **F261**. Hier wartet bereits nach 500 m ein tückisches Hindernis: die eiskalte ≈ **Furt** durch den (meist) knietiefen und strömungsstarken Gletscherfluss **Bláfjallakvísl** ❹ (km 5,4).

Furt durch die Bláfjallakvísl

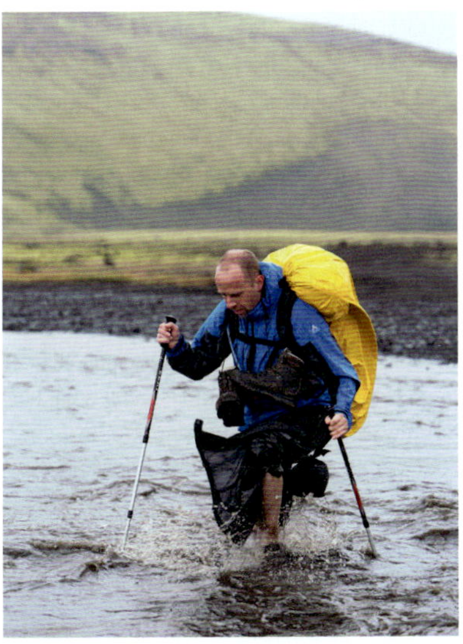

An warmen Sommertagen (mehr Schmelzwasser) kann der Pegel des Gletscherflusses im Laufe des Tages beträchtlich steigen. Ist das der Fall, sollte gegebenenfalls auf das Durchwaten verzichtet werden. Frühmorgens ist der Wasserstand in der Regel (deutlich) niedriger.

Flussabwärts stürzt sich die Bláfjallakvísl über einen sehenswerten Wasserfall in die Kaldaklofskvísl.

Der folgende Abschnitt durch die schwarze Sandwüste **Emstrur** vermittelt einen guten Eindruck von der Weite des Hochlandes. Rechts von der F261 erhebt sich der markante Palagonitberg **Stórasúla** (⇧ 918 m). Im Südosten schimmert die Eiskappe **Mýrdalsjökull**. Ascheschichten, die sich wie lange, schwarze Bänder durch das Eis schlängeln, zeugen von vergangenen Vulkanausbrüchen.

Sandstürme können die Strecke durch die Wüste zur Tortur werden lassen: In einem Moment herrscht absolute Windstille, im nächsten Moment können scheinbar aus dem Nichts auftauchende Windböen riesige Sandwolken hochwirbeln und die Wüste in eine Hexenküche verwandeln.

Nach gut 2 km zweigt der Wanderweg nach links von der Piste ab, die einen größeren Schlenker macht. Bald darauf quert der Weg eine gewaltige Rinne, die urplötzlich in der Landschaft auftaucht. Diese Rinne, die sich wie eine kilometerlange Narbe durch den Sand zieht, zeigt die dramatischen Auswirkungen eines subglazialen Vulkanausbruchs (☞ Land und Leute, Geologie), der sich vor ca. 2.000 Jahren unter dem Mýrdalsjökull ereignete und zu einem gewaltigen Gletscherlauf führte (☞ 4. Etappe, Imposante Schlucht).

Wahrscheinlich trat die Katastrophenflut am nördlichen Ende des Gletschers **Entujökull** aus, presste sich zwischen den Palagonitbergen **Stórkonufell** (= Berg der großen Frau) und **Smáfjöll** (= kleine Berge) hindurch und breitete sich dann nordöstlich davon über die Ebene aus. Weiter westlich teilten sich die Wassermassen, hobelten die Schluchten **Fauskheiðargil** und **Hattafellsgil** aus und stürzten sich schließlich in den Canyon **Markarfljótsgljúfur**.

Kurz vor der **Innri-Emstruá ❺** mündet der Laugavegur wieder in die F261, die diesen tosenden Gletscherfluss mit Hilfe einer)(Brücke überwindet. Wenn der Fluss viel Wasser führt, muss manchmal kurz vor der Brücke ein kleiner Nebenarm durchwatet werden. Der penetrante Schwefelgestank entstammt der geothermischen Aktivität unter dem Mýrdalsjökull.

Hinter der Brücke bildet der Gletscherfluss einen sehenswerten Wasserfall, der sich am besten vom Südufer aus betrachten lässt.

800 m weiter verabschiedet sich der Wanderweg definitiv von der F261 und biegt nach Südwesten ab. Die **Abzweigung von der F261 ❻** (km 9,8) markiert ein Schild mit dem Hinweis „skáli F.Í.".

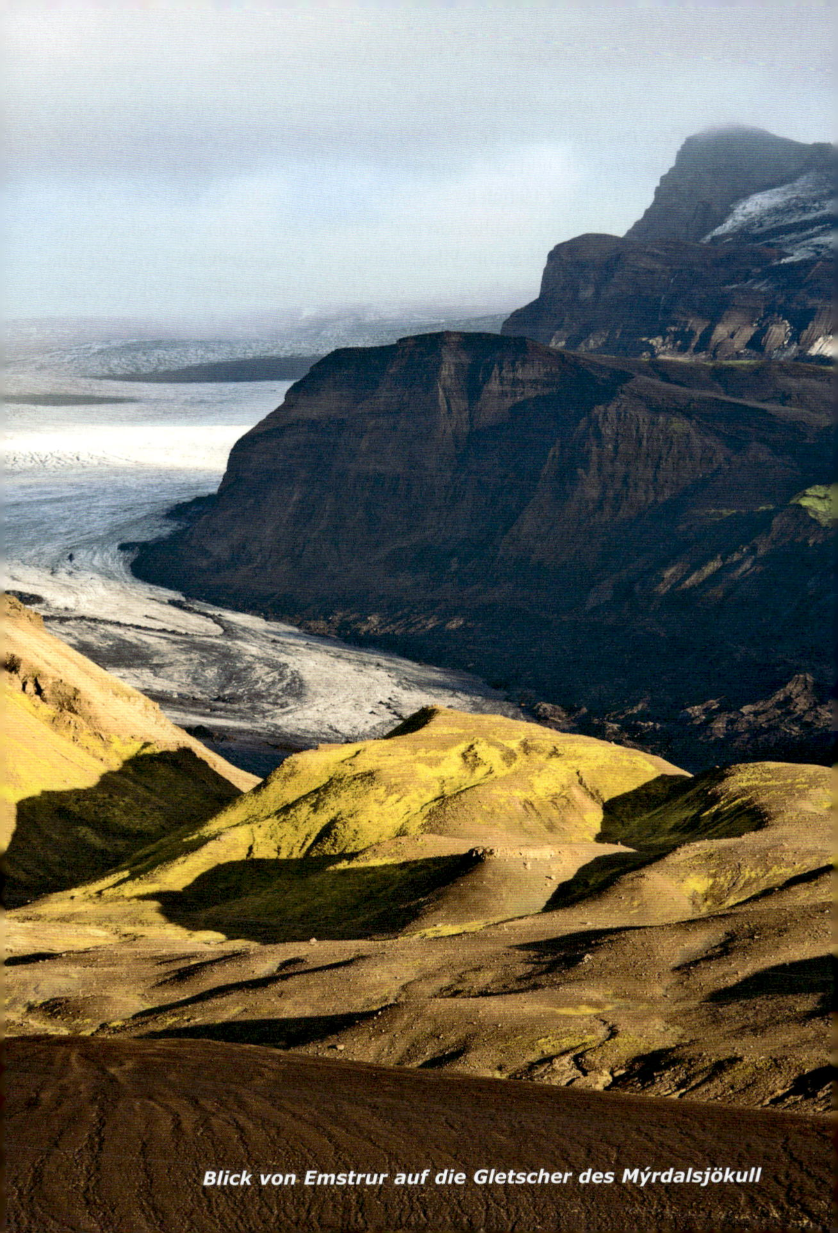

Blick von Emstrur auf die Gletscher des Mýrdalsjökull

Der Trampelpfad gewinnt bald wieder 50 Höhenmeter, zwängt sich über einen kleinen **Pass mit Steinmann** ❼ (⇧ 598 m) zwischen den Palagonitbergen **Útigönguhöfðar** hindurch und fällt dann wieder 50 Höhenmeter ab. Dabei rückt im Westen der formschöne **Hattafell** (= Hutberg) immer mehr ins Blickfeld. Manchmal muss zwischen Útigönguhöfðar und Hattafell ein kleiner Bach durchwatet werden, anschließend führen die Pflöcke zügig zu einer Steilkante, wo sich eine herrliche Aussicht auf die Eiszungen des Mýrdalsjökull und die Schlucht Markarfljótsgljúfur auftut. Vor der Kante knickt der Weg scharf nach Süden, wo in der Tiefe bereits die roten Dächer der **FÍ-Hütten** in **Emstrur** (⇧ 485 m) zu sehen sind.

Emstrur, Ferðafélag Íslands, ☏ 568 2533, 490 0137 (Hütte/Saison), fi@fi.is, www.fi.is, 60 Schlafplätze, WC, Ü ISK 9.000, ISK 500. Mitte/Ende Juni bis Mitte Sep. Die drei Hütten liegen am Ufer eines idyllischen kleinen Baches. Nachdem im Sommer 2010 die ehemalige Hütte von Álftavatn in Emstrur wieder aufgebaut wurde, sind nun die drei ältesten Hütten am Laugavegur (das dritte Haus stand einst in Hrafntinnusker) in Emstrur vereint. Die drei identischen Hütten (je 20 Schlafplätze) sind klein, einfach und gemütlich (☞ Seite 108). Jede verfügt über eine eigene Küche mit Gaskochplatten und fließendem Wasser. In einem separaten Sanitärgebäude gibt es Wassertoiletten und .

Schön in die Landschaft integrierter Zeltplatz am Bachufer unterhalb der Hütte. Trinkwasser kann aus dem Bach geschöpft werden. Ü ISK 2.000, ☞

Von den Hütten in Emstrur bietet sich eine schöne Kurztour an.

Markarfljótsgljúfur

⇔ 4 km, ⧗ 1 bis 2 Std., ↑ 180 m

Ziel dieser kurzen, leichten Wanderung ist der tiefe Canyon des Gletscherflusses Markarfljót (☞ 4. Etappe, Imposante Schlucht). Zum Auftakt wandern Sie von der Hütte zunächst auf dem Laugavegur den Steilhang (Richtung Álftavatn) hoch, zweigen dann nach links ab und wandern gut 1 km nach Südwesten bis zur Schluchtkante. Hier ist die Schlucht mit einer Tiefe von 160 bis 180 m am imposantesten.

An der Kante entlang geht es flussaufwärts bis zu einem kleinen Steinmann, der auf einem Hügel steht. Von dort bietet sich eine schöne Weitsicht über die Gletscherzungen der Eiskappen Mýrdalsjökull, Eyjafjallajökull und Tindfjallajökull. Noch beeindruckender ist der Blick hinunter in die unheimlichen Tiefen der Schluchtenwelt.

☺ Am schönsten ist die Tour frühmorgens wegen der besseren Lichtverhältnisse.

4. Etappe: Emstrur – Þórsmörk

16,3 km, N → S 5 Std., S → N 6 Std., ↑ 340 m, ↓ 590 m, ⇧ 232-490 m

0,0 km	⇧ 485 m	Emstrur
1,9 km	⇧ 370 m	Fremri-Emstruá
3,7 km	⇧ 425 m	Aussichtspunkt Markarfljótsgljúfur
6,0 km	⇧ 397 m	Slyppugil
6,7 km	⇧ 390 m	Bjórgil
11,4 km	⇧ 257 m	Ljósá
12,2 km	⇧ 345 m	Kápa
13,2 km	⇧ 232 m	Þröngá ≈
14,7 km	⇧ 280 m	Abzweig Húsadalur (alternatives Etappenende) (1,5 km)
16,3 km	⇧ 235 m	Langidalur (Þórsmörk)

Die Schlussetappe führt aus dem wüstenähnlichen Hochland in die Birkenwälder von Þórsmörk hinunter. Von Emstrur geht es zunächst steil bergab in die Schlucht des Gletscherflusses Fremri-Emstruá, der auf einer Brücke überquert wird. Anschließend wandern Sie, mit Blick auf die imposante Schlucht Markarfljótsgljúfur, weiter Richtung Þórsmörk. Auffällig ist die allmähliche Rückkehr der Vegetation. Kurz vor dem Ziel sorgt das Durchwaten des Gletscherflusses Þröngá für Nervenkitzel.

Von den FÍ-Hütten in **Emstrur** führen Treppenstufen hinunter. Am Wegesrand taucht hier erstmals eine Info-Tafel auf, die auf die Risiken eines Ausbruchs der Katla hinweist. In der Vergangenheit explodierte der Vulkan oftmals kurz nach einer Eruption des Nachbarvulkans Eyjafjallajökull (☞ Fimmvörðuháls, Eyjafjallajökull erwacht).

Der Laugavegur beschreibt zunächst einen weiten Bogen nach Osten. Am Wegesrand entspringen aus den sandigen Hängen kleine, von Quellmoos und Engelwurz gesäumte Quellbäche – leuchtende Vegetationsinseln in einer sonst kargen, wüstenähnlichen Landschaft.

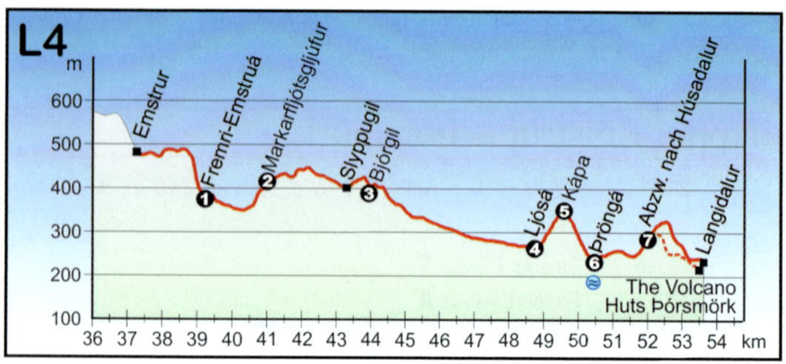

Nach 1,5 km taucht der Weg einen langen, sandigen Steilhang hinunter und führt direkt auf die **Fremri-Emstruá** ❶ (km 1,9) zu, die durch eine imposante Schlucht donnert. Um zu der)(**Brücke** über den tosenden Gletscherfluss zu gelangen, muss ein Stück in den Canyon hinuntergestiegen werden.

Vorsicht! Der Abstieg ist sehr steil und könnte Menschen mit Höhenangst etwas Überwindung kosten! Zur Sicherung dieses etwas abenteuerlichen Abschnitts sind auf beiden Seiten Ketten und Seile angebracht.

Südlich der Fremri-Emstruá beginnt der Landstrich **Sandar**, der von der Gletscherzunge Entujökull beherrscht wird. In der Schlucht **Entugjá** an der Nordseite des Gletschers versteckten sich laut Überlieferung einst Outlaws.

Der Laugavegur verläuft nun parallel zu der Schlucht der Fremri-Emstruá nach Westen und quert 1 km hinter der Brücke einen kleinen Bach (Trinkwasser). Ein steiler Anstieg zu einem 70 m höher gelegenen **Aussichtspunkt** ❷ (km 3,7) wird mit einer spektakulären Aussicht auf die Einmündung der Fremri-Emstruá in den tiefen Canyon **Markarfljótsgljúfur** belohnt.

Imposante Schlucht

Die Schlucht **Markarfljótsgljúfur** (= Schlucht des Waldflusses) ist vermutlich genauso wie Torfahlaup (☞ 2. Etappe) durch Gletscherläufe entstanden, die sich nach der letzten Eiszeit beim Entleeren einer riesigen Gletscherlagune ereigneten. Die Lagune **Emstrulón** erstreckte sich vor 9.000 bis 9.500 Jahren am Nordrand der Eiskappe Mýrdalsjökull und reichte vermutlich bis zum Palagonitrücken Brattháls.

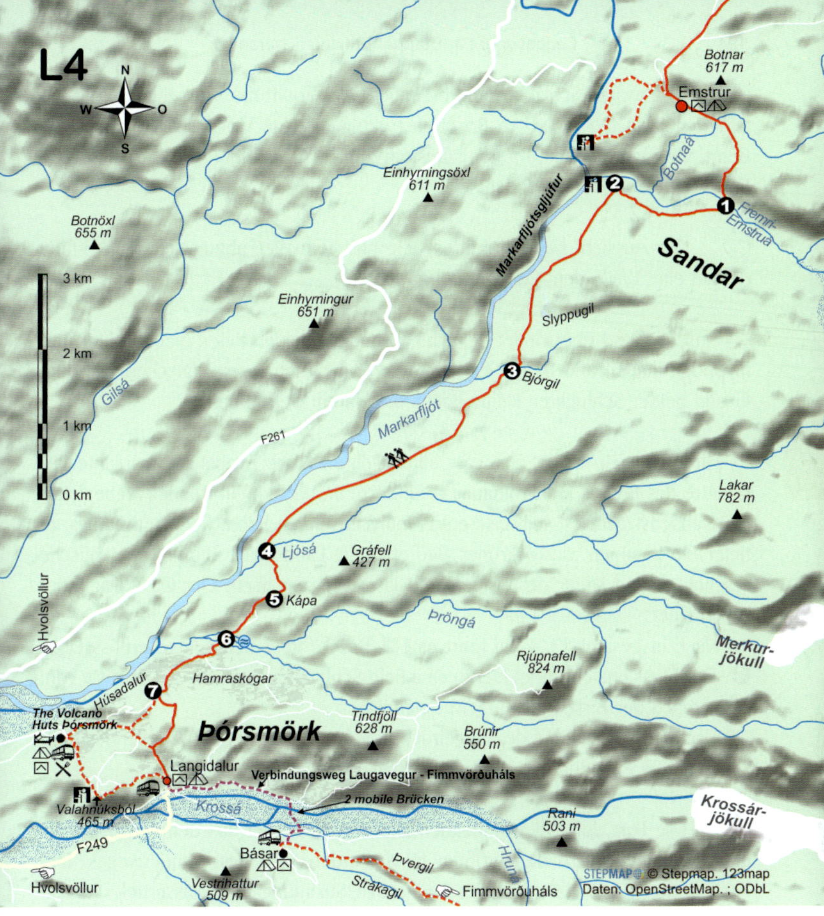

Die Lagune entstand wohl, weil die Eiszunge **Entujökull**, die damals viel weiter nach Westen reichte, die einzige Abflussmöglichkeit blockierte. Durch den Rückzug bzw. das Anheben der Eismassen entleerte sich der See. Die Folge waren gewaltige Gletscherläufe, die die tiefe Schlucht **Markarfljótsgljúfur** aushobelten. Für den letzten Schliff sorgte ein weiterer Gletscherlauf, ausgelöst vor 2.500 Jahren durch einen subglazialen Vulkanausbruch.

Die Erosionskraft des Markarfljót (= Waldfluss) hat in der 15 km langen Schlucht die unterschiedlichsten Gesteine angeschnitten: schwarze Basaltlaven, rote und schwarze Schlacken und bräunliche Palagonittuffe. Zwischen den Laven lassen sich an der typischen Rosettenstruktur einzelne Vulkanschlote erkennen. Beim Betrachten der bunten Gesteinsabfolgen eröffnet sich geologische Geschichte von Jahrtausenden.

☺ Der Aussicht wegen lohnt es sich, hier vom Weg abzuweichen und stattdessen eine Weile dem Canyonrand zu folgen.

Anschließend überwindet der Laugavegur die beiden tiefen Nebenschluchten **Slyppugil** (km 6) und **Bjórgil ❸** (km 6,7). Je nach Jahreszeit plätschern auf dem Grund beider Schluchten kleine Bäche mit klarem 💧 Trinkwasser.

Hinter Bjórgil verliert der Weg allmählich an Höhe, wobei die markante Silhouette des Berges **Einhyrningur** (= Einhorn) im Westen ein treuer Wegbegleiter ist. Zunächst geht es, teilweise etwas mühsam, durch Sand, Schutt und Lava. Je tiefer Sie kommen, desto grüner wird aber die Landschaft. Blumen und Büsche erscheinen und sogar der eisige Wind lässt langsam nach: Die Oase Þórsmörk rückt näher.

Nach insgesamt 11,4 km führt eine)(Brücke über den Gletscherfluss **Ljósá ❹**. Der Fluss entschwindet hier in eine tiefe Schlucht, die so eng ist, dass sie vom Blätterdach der Birken fast zugewachsen ist.

Nach Überschreitung des Hügelrückens **Kápa ❺** kündigt anschwellendes Rauschen die ≈ Furt durch die **Þröngá ❻** (km 13,2) an.

✋ Die Furt durch den reißenden Gletscherfluss, der aus dem Mýrdalsjökull entspringt, gehört zu den größten Herausforderungen des Wanderweges. Der Fluss ändert nicht nur oft seinen Lauf, auch Strömung und Wassertiefe können stark wechseln. Unter „Normalbedingungen" bereits knietief, kann der Wasserstand bei starkem Niederschlag oder warmem Wetter rasch in die Höhe schnellen. Die Wahl der Furt und das Durchwaten sollten mit der nötigen Umsicht erfolgen (☞ Reise-Infos von A bis Z, Naturgefahren).

Hinter der Furt tauchen die ersten Birkenwäldchen von **Hamraskógar** auf. Ein Steinmann zeigt, wo der Weg zwischen den Birken verschwindet. Duftende Blumen, summende Insekten und das Plätschern kleiner Bäche verleihen der Gegend im Vergleich zur herben Vulkanlandschaft der letzten Tage einen lieblichen Touch.

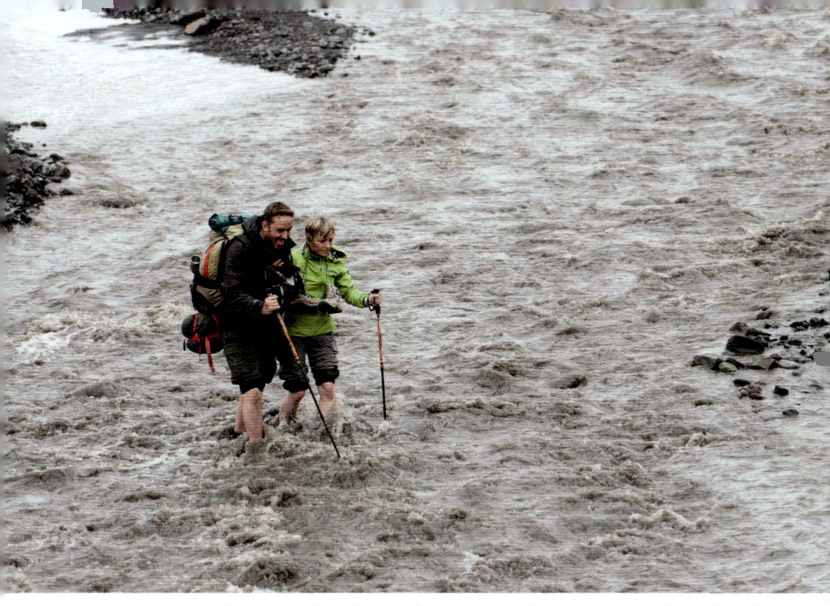

Eine eiskalte Herausforderung: die Furt durch die Þröngá

1,5 km hinter der Furt folgt eine **Weggabelung ❼** mit Hinweistafeln. Hier müssen Sie sich entscheiden, ob Sie die Wanderung in **Þórsmörk** in **Langidalur** oder in **Húsadalur** beenden möchten.

Wer anschließend noch über ☞ Fimmvörðuháls nach Skógar an der Südküste weiterwandern möchte, wählt auf jeden Fall den mit Pflöcken markierten Trampelpfad, der nach Südosten auf einen kleinen Höhenzug führt und schließlich durch immer dichter werdenden Birkenwald zur 2 km entfernten **FÍ-Hütte** in **Langidalur** (⇧ 235 m) hinunterleitet.

⌂ **Skagfjörðsskáli**, Þórsmörk (Langidalur), Ferðafélag Íslands, ☏ 568 2533 (Buchung), 📱 893 1191 (Hütte/Saison), ✉ fi@fi.is, 💻 www.fi.is, 75 Schlafplätze, 🚿 🍳 🚰, Ü ISK 9.000, 🚿 ISK 500, 🚪 Mai bis Anfang Okt. Die 1954 errichtete Hütte liegt am Nordufer der Krossá. Im Erdgeschoss befinden sich ein großer Vorraum, zwei 🍳 Küchen mit Gaskochplatten, Töpfen und Geschirr, ein großer Essraum und zwei Schlafsäle. Weitere Schlafplätze gibt es im 1. Stock.

⛺ Zelten ist nur auf den ausgewiesenen Rasenflächen bei der Hütte gestattet. Verstöße werden streng geahndet. Ü ISK 2.000, 🚿 ☞ ⌂

 **Reykjavík Excursions: Reykjavík – Þórsmörk (Linie 9/9a)**

Juni bis 20. Sep 1-3 x tägl. Ab **Reykjavík**: Juli bis Aug tägl. 7:15, 11:30 und 14:30 (fährt nur bis Húsadalur), Juni und 1. bis 20. Sep tägl. 7:15; ab **Þórsmörk/Langidalur**: Juli bis Aug tägl. 8:10, 14:10 und 17:40, Juni und 1. bis 20. Sep tägl. 14:10. Abfahrt Reykjavík: BSÍ-Terminal (alle Busse) und City HI Hostel/Zeltplatz (nur 7:15). Fahrtdauer: 6-7 Std., Fahrpreis: Reykjavík – Þórsmörk: ISK 8.500

Reykjavík Excursions, ☏ 580 5400, main@re.is, www.re.is

♦ **Trex: Reykjavík – Þórsmörk**

14. Juni bis 8. Sep 2 x tägl. Ab **Reykjavík** (City Hall) 7:30 und 12:30; ab **Þórsmörk/Langidalur** 14:30 und 18:00. Fahrtdauer: 4 Std. 30 Min., Fahrpreis: Reykjavík – Þórsmörk: ISK 9.000

Trex, ☏ 587 6000, info@trex.is, trex.is

♦ **Thule Travel: Reykjavík – Þórsmörk**

Mitte Juni bis Mitte Sep 1 x tägl. Ab **Reykjavík** (Laugardalur Campsite) 7:00; ab **Þórsmörk/Langidalur** 17:00. Fahrtdauer: 4 Std. 30 Min., Fahrpreis Reykjavík – Þórsmörk: ab ISK 6.900

Thule Travel, ☏ 519 3399, thuletravel@thuletravel.is, www.thuletravel.is

♦ ☺ Langidalur ist auch mit den **Buspässen** von Reykjavík Excursions und Thule Travel erreichbar (☞ Reise-Infos von A bis Z, Transport, Busfahren)

Wer die Wanderung in **Húsadalur** (⇧ 200 m) beenden möchte, folgt von der **Weggabelung ❼** mit Hinweistafeln der nach Südwesten (geradeaus) weiterführenden Fahrspur, biegt aber nach 100 m links ab in den mit Pflöcken markierten Trampelpfad. Dieser führt zunächst leicht bergan zu einem Steinmann, der den höchsten Punkt markiert, führt dann wieder hinunter, passiert eine weitere Weggabelung mit Hinweisschildern (noch eine Möglichkeit, um nach Langidalur abzubiegen) und endet beim Tor, das Zugang zu **The Volcano Huts Þórsmörk** gibt.

Volcano Huts Þórsmörk, Þórsmörk (Húsadalur), 894 1506 (Saison), Hot Pot, Sauna, @, Preisbeispiele: DZ ISK 26.000, Campinghütte ab ISK 29.000, Glamping ISK 32.000, Ü im Schlafsaal ISK 8.400 pro Person, ganzjährig. Das vielseitige Übernachtungsangebot umfasst 14 DZ mit geteiltem Bad, 8 Campinghütten (4-5 Pers.) mit Kochnische, luxuriös ausgestattete Zelte (Glamping) und 2 große Hütten mit Schlafsälen, Kochnische, WC und .

Buchungen: Volcano Huts Þórsmörk, Smiðshöfði 21, 110 Reykjavík, ☏ 419 4000, volcanohuts@northerndestinations.is, www.volcanohuts.com

geräumiger Zeltplatz bei den Hütten, ISK 2.600 pro Person inkl. und Zugang zu Sauna und Hot Pot, Mai bis Okt

Zur Anlage gehört ein Hot Pot, gespeist von einer warmen Quelle.

LavaGrill Restaurant & Bar, 894 1506 (Saison). Preise: F ISK 2.300, Lunchpaket: ISK 2.500, Lunchbuffet: ISK 2.700, Abendbuffet: ISK 4.500

Volcano Huts Þórsmörk

Reykjavík Excursions: Reykjavík – Þórsmörk (Linie 9/9a)

Juni bis 20. Sep 1-3 x tägl. Ab **Reykjavík**: Juli bis Aug tägl. 7:15, 11:30 und 14:30, Juni und 1. bis 20. Sep tägl. 7:15; ab **Þórsmörk/Húsadalur** (Volcano Huts): Juli bis Aug tägl. 8:50, 14:50 und 18:20, Juni und 1. bis 20. Sep tägl. 14:50. Abfahrt Reykjavík: BSÍ-Terminal (alle Busse) und City HI Hostel/Zeltplatz (nur 7:15). Fahrtdauer: 4-5 Std., Fahrpreis: Reykjavík – Þórsmörk: ISK 8.500

Reykjavík Excursions, 580 5400, main@re.is, www.re.is

- **Sterna Travel: Reykjavík – Þórsmörk (Linie 14/14a)**

  Mitte Juni bis Mitte Sep 1 x tägl. Ab **Reykjavík** (Harpa) 7:00; ab **Þórsmörk/Húsadalur** (Volcano Huts) 18:00. Fahrtdauer: 4 Std. 30 Min., Fahrpreis Reykjavík – Þórsmörk ISK 8.100

  Sterna Travel, 551 1166, info@sternatravel.com, icelandbybus.is

- **Sterna Travel: Seljalandsfoss – Þórsmörk**

  Mitte Juni bis Mitte Sep 1 x tägl. Ab **Seljalandsfoss** (Parking) 14:30; ab **Þórsmörk/Húsadalur** (Volcano Huts) 13:00. Fahrtdauer: 1 Std. 30 Min., Fahrpreis Seljalandsfoss – Þórsmörk ISK 5.100

  Sterna Travel oben

- **Thule Travel: Reykjavík – Þórsmörk**

  Mitte Juni bis Mitte Sep 1 x tägl. Ab **Reykjavík** (Laugardalur Campsite) 7:00; ab **Þórsmörk/Húsadalur** (Volcano Huts) 17:30. Fahrtdauer: 4 Std., Fahrpreis Reykjavík – Þórsmörk: ab ISK 6.900

  Thule Travel, 519 3399, thuletravel@thuletravel.is, www.thuletravel.is

- ☺ Húsadalur ist mit den **Buspässen** von Reykjavík Excursions, Sterna Travel und Thule Travel erreichbar (Reise-Infos von A bis Z, Transport, Busfahren).

Þórsmörk

Im Vergleich zu Landmannalaugar ist **Þórsmörk** (= die Wälder von Thor) klimatisch begünstigt. Kalte Winde werden durch die umgebenden Plateaugletscher (Tindfjallajökull im Nordwesten, Mýrdalsjökull im Osten und Eyjafjallajökull im Süden) abgeschirmt, sodass im Tal ein relativ **mildes Mikroklima** herrscht.

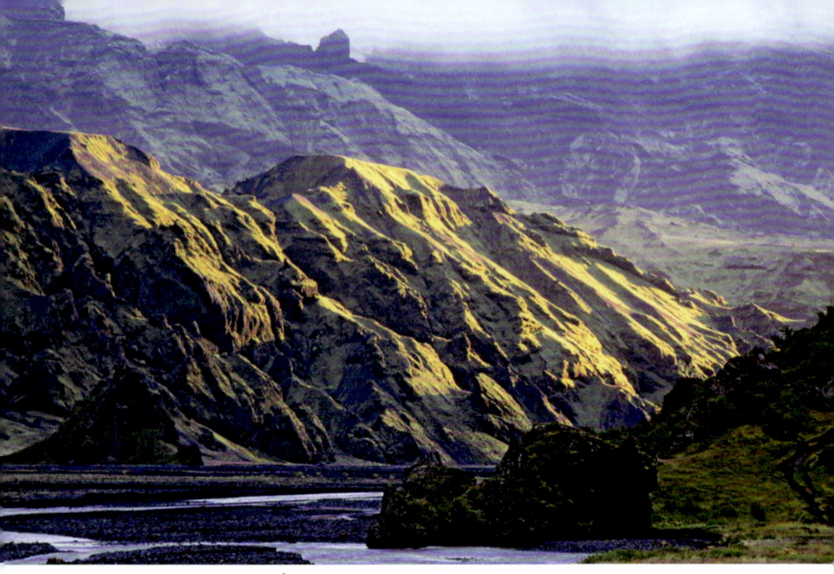

Abendstimmung in Þórsmörk

Dadurch konnte sogar ein recht üppiger Birkenwald entstehen (☞ Land und Leute, Flora).

Nach dem „Landnámabók“ ließ sich Ásbjörn Reyrketilsson als erster Siedler in Þórsmörk nieder und widmete das Land dem altnordischen Gott Þór. Bis 1802/03 war Húsadalur dauerhaft besiedelt.

Südlich von Þórsmörk schließt sich **Goðaland** (= Land der Götter) an, ein nicht weniger faszinierendes Gebiet, geprägt von tiefen Schluchten und blauen Eiszungen. Beide Gebiete sind aufgrund der einmaligen Landschaft seit 1924 als Naturschutzgebiet ausgewiesen.

Für Wanderer ist die Umgebung geradezu prädestiniert. Eine der populärsten Kurztouren wird hier kurz vorgestellt.

Valahnúkur und Húsadalur ⇔ 6 km, ⌛ ca. 2 Std., ↑ 330 m

Die Rundtour startet an der FÍ-Hütte Langidalur. Von dort führt ein Trampelpfad zum Aussichtsgipfel **Valahnúksból** (⇧ 465 m) hoch, wo eine Panoramatafel die Orientierung erleichtert. Dann geht es in westlicher Richtung nach **Húsadalur** hinunter. Oberhalb des dortigen Zeltplatzes führt ein Fußweg in eine enge

Schlucht, die in der Höhle **Sönghellir** (= Singhöhle) endet. Eine weitere Höhle, **Sóttarhellir** (= Seuchenhöhle), liegt westlich von Húsadalur auf der Landzunge Merkurrani. Der Legende nach erlagen dort Reisende einer Seuche. Von Húsadalur geht es durch das gleichnamige Tal gen Osten, wo Sie am Ende des Tals oben in der Felswand noch eine Höhle entdecken: **Snorraríki** (= Snorris Reich). Durch das Tal **Langidalur** geht es zurück zum Ausgangspunkt.

📖 **Þórsmörk & Goðaland Hiking map**, 1:25.000, ISK 1.000. Die von Ferðafélag Íslands und Útivist gemeinsam herausgegebene Wanderkarte enthält Anregungen für Wanderungen in Þórsmörk, Goðaland und zum Pass Fimmvörðuháls. Sprachen: Isländisch und Englisch. Die Karte ist auch in den Hütten in Þórsmörk erhältlich.

Fortsetzung über ☞ Fimmvörðuháls

Für Wanderer, die über den Pass Fimmvörðuháls nach Skógar an der Südküste weiterlaufen möchten, bietet sich auch eine Übernachtung im 3 km entfernten **Básar** (☞ Fimmörðuháls) an. Dazu muss der Gletscherfluss **Krossá** überquert werden.

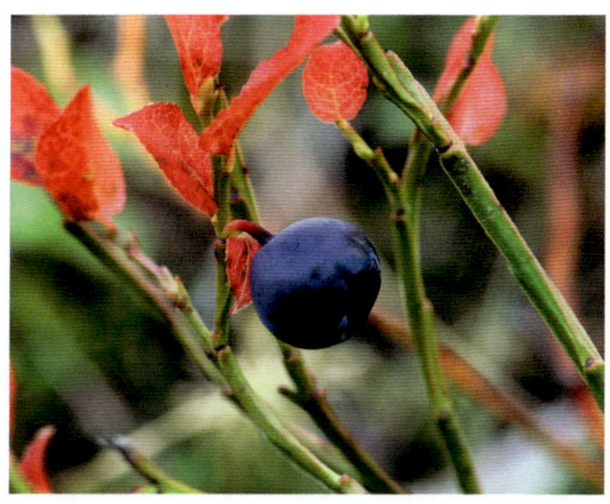

Heidelbeere

✋ Die auf vielen Wanderkarten noch eingezeichnete)(Brücke über die Krossá (500 m flussabwärts von Langidalur) ist leider nicht mehr nutzbar. Da die Krossá ihr Flussbett verlagert hat, fließt der Hauptfluss heute nicht mehr unter, sondern **vor** der Brücke ... Versuchen Sie auf keinen Fall, die Krossá zu durchwaten! Der trübe Gletscherfluss gilt als besonders tückisch. Immer wieder bleiben Geländewagen und sogar Busse in den grauen Fluten stecken oder werden sogar umgerissen (☞ 📷 Seite 52). Einen guten Eindruck der Zerstörungswut der Krossá geben die in der FÍ-Hütte „Skagfjörðsskáli" (Langidalur) ausgehängten Fotos.

Um von Langidalur nach Básar zu gelangen, wandern Sie von der FÍ-Hütte auf dem trockenen, mit Geröll und Vulkanasche bedeckten alten Flussbett der **Krossá** flussaufwärts. Nach 1 bis 2 km treffen Sie auf die beiden)(**mobilen Brücken**, mit deren Hilfe zwei Arme des reißenden Gletscherflusses überwunden werden. Die durch Mitglieder des Wandervereins Útivist aus Teilen eines ausgemusterten Kranauslegers und Lkw-Reifen gefertigten Brücken werden seit 2010 im Sommer über die Krossá ausgelegt. Sie werden Mitte Mai aufgebaut und Mitte September (je nach Wetterlage) wieder abmontiert. Durch ihre Bauweise kann rasch auf Änderungen des Flussbettes reagiert werden. Erscheint eines der Ufer nicht mehr stabil, werden die Brücken bei Bedarf (manchmal sogar täglich) vom Trecker zu einer geeigneteren Stelle geschleppt.

Mobile Brücke über die Krossá

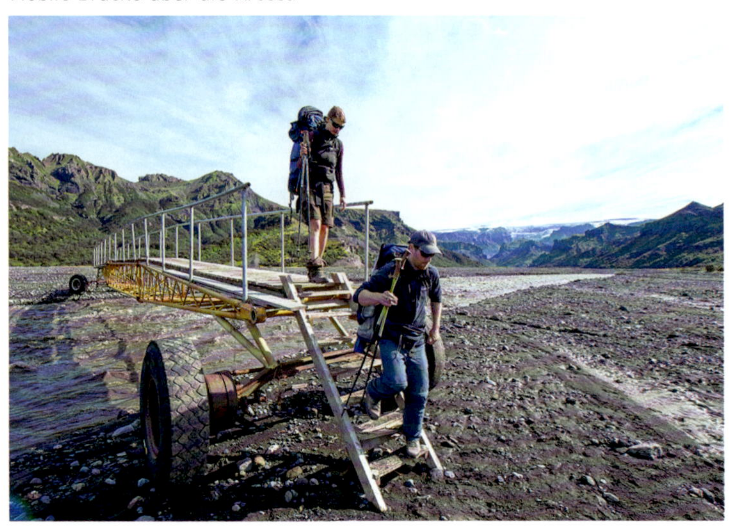

Erkundigen Sie sich bei den Hüttenwirten in Langidalur bzw. Básar nach der aktuellen Position der Brücken!

Auf der Südseite des Tals erreichen Sie bald die bereits vom gegenüberliegenden Ufer aus sichtbare ⌂ Hütte in Básar.

Fimmvörðuháls

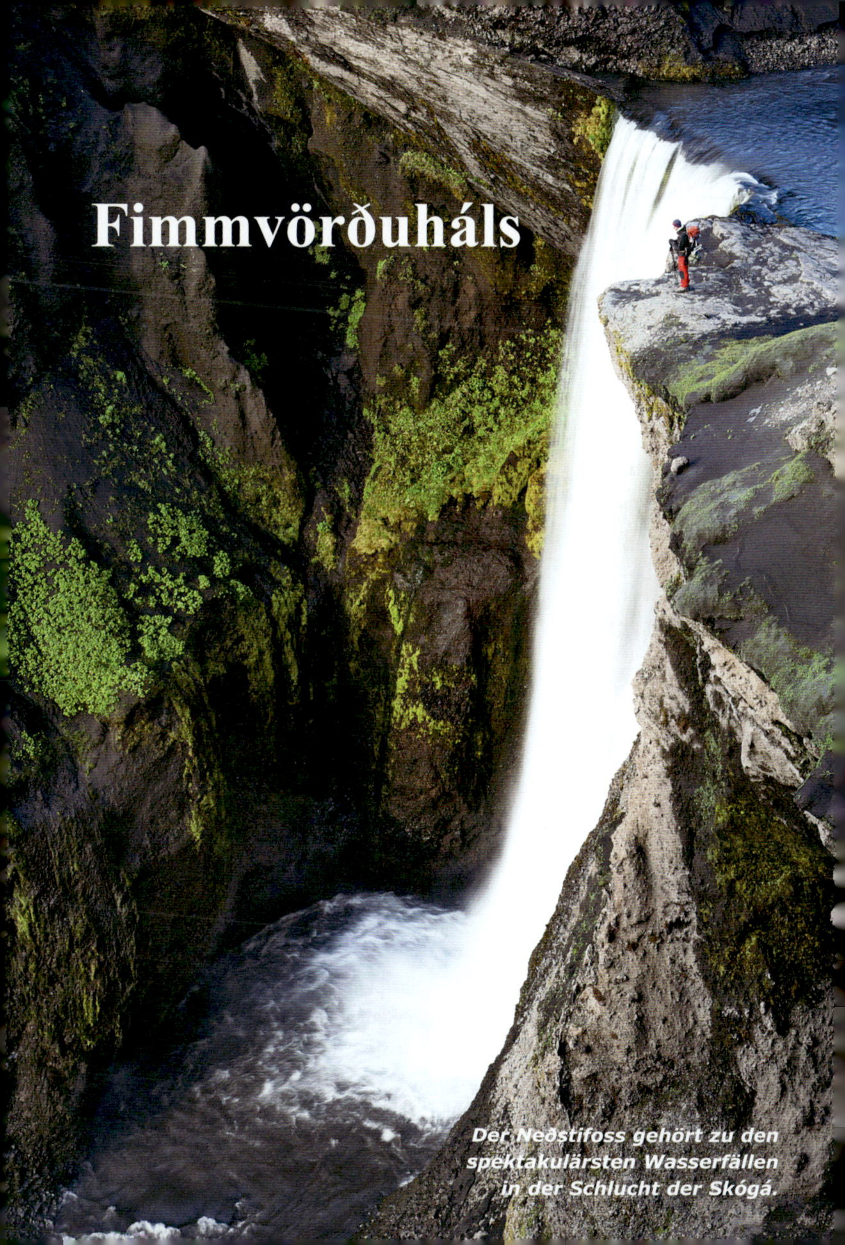

Der Neðstifoss gehört zu den spektakulärsten Wasserfällen in der Schlucht der Skógá.

Übersichtskarte: ☞ Seite 119

Die Route über den Pass **Fimmvörðuháls** (= Rücken der fünf Steinmänner) verbindet **Þórsmörk** mit **Skógar** an der Südküste. Die kurze, abwechslungsreiche Trekkingtour führt durch eine Urlandschaft mit tiefen Schluchten, rauschenden Wasserfällen und glitzernden Eiszungen. Doch die größte Attraktion ist das neue Lavafeld **Goðahraun** mit den beiden Kratern **Magni** und **Móði**, Ergebnis eines **Vulkanausbruchs** im Frühjahr 2010 (☞ Eyjafjallajökull erwacht).

Das auffälligste Ergebnis des Ausbruchs von 2010: der 82 m hohe Schlackenkegel Magni

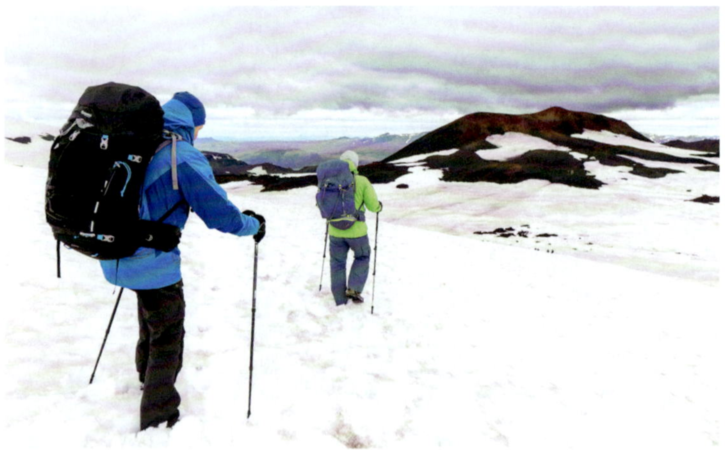

Die mit **Pflöcken** markierte Route beginnt in Básar, südlich der Krossá. Alternative Startpunkte sind Langidalur (FÍ-Hütte) und Húsadalur (☞ Laugavegur, Fortsetzung Fimmvörðuháls), nördlich der Krossá. Alle drei Orte sind im Sommer per Bus erreichbar.

Der Aufstieg von **Básar** (⇧ 245 m) nach **Fimmvörðuháls** (⇧ 1.040 m) ist streckenweise sehr steil. Der Abstieg nach **Skógar** (⇧ 30 m) ist länger, aber sehr gleichmäßig. Der Weg über den Pass musste nach dem Vulkanausbruch im Jahre 2010 zum Teil neu angelegt werden.

Auf dem Pass befinden sich zwei ⌂ **Wanderhütten**. Konditionsstarke Wanderer bewältigen die **25 km** lange Strecke auch oft an einem Tag. Juli und August sind die besten Monate, im Juni kann auf dem Pass noch viel Schnee liegen.

Berüchtigt sind die **Wetterstürze** auf Fimmvörðuháls. Temperaturen um den Gefrierpunkt und Schneefall sind auch im Hochsommer möglich. Bei schlechter Sicht besteht die Gefahr, sich auf die nahen, spaltenreichen Gletscher Mýrdalsjökull und Eyjafjallajökull zu verirren.

Unangenehm kann sich auch die auf dem Pass abgelagerte Vulkanasche bemerkbar machen. Bei starkem Nordwind drohen **Sandstürme**!

Eyjafjallajökull erwacht

Als der Gletschervulkan Eyjafjallajökull nach fast zwei Jahrhunderten aus seinem Dämmerschlaf aufwachte, herrschte zunächst Euphorie auf der Vulkaninsel. Denn der Spaltenausbruch auf Fimmvörðuháls war spektakulär, aber überschaubar und die Bilder glühender Lavafontänen lockten Heerscharen von Besuchern. Der Vulkantourismus brummte. Doch als der Feuerberg seine Tätigkeit unter die Eisdecke verlagerte, wendete sich das Blatt: Die Lavafontänen wichen massiven Ascheregen, die nicht nur die Siedlungen am Fuß des Vulkans trafen, sondern auch den Flugverkehr in weiten Teilen Nord- und Mitteleuropas zum Erliegen brachten. Plötzlich „hasste" die ganze Welt den südisländischen Vulkan mit dem unaussprechlichen Namen …

Was voraus ging

Vulkanausbrüche sind auf Island nichts Ungewöhnliches. Statistisch gesehen geht alle fünf Jahre ein Vulkan hoch. Seit der Besiedlung im 9. Jh. zählte die Insel über 200 Vulkanausbrüche. Meist ereignen sie sich in menschenleeren Gebieten, fernab der Zivilisation. Ganz anders beim Eyjafjallajökull, denn am Fuß des 1.651 m hohen Vulkans liegen fruchtbare Gebiete und viele Höfe. Doch die Menschen wähnten sich in Sicherheit. Argwöhnisch betrachteten sie schon eher den Nachbarvulkan Katla, 25 km weiter östlich. Der Eyjafjallajökull, der seit der Besiedlung erst dreimal (920, 1612 oder 1613 und 1821-23) aktiv war, galt als schlafender Riese.

Doch zuletzt wurde der Schlaf zunehmend unruhiger. Schon seit Mitte der 90er-Jahre deuteten Erdbebenschwärme (☞ Glossar) und Deformationen der Oberfläche des Vulkans auf Magmabewegungen unter dem Berg hin. Anfang Februar 2010 spitzte sich die Lage zu. **GPS-Messungen** registrierten eine schnell wachsende Verformung der Erdkruste um bis zu 15 cm, **Seismografen** zeichneten Tausende schwacher Erdbeben auf; für die Forscher ein Indiz, dass Magma auf dem Weg an die Erdoberfläche ist.

Harmlose Spalteneruption

Am 20. März riss kurz vor Mitternacht die Erde auf und es begann eine **Spalteneruption**. Die Ausbruchsstelle lag genau auf dem Pass **Fimmvörðuháls**, zwischen Mýrdalsjökull und Eyjafjallajökull. Der effusive Ausbruch verursachte kaum Schäden. Im Gegenteil: Die bis zu 150 m hohen Lavafontänen, die aus einem Dutzend Kratern entlang der 500 m langen Spalte emporschossen, zogen Tausende Neugierige an. Nicht nur Einheimische hofften auf eine lange andauernde „Touristen-Eruption" – so bezeichnet die lokale Tourismusbranche leicht ironisch einen Vulkanausbruch, der vor allem „Asche aufs Konto bringt".

Unter den Augen vieler Neugieriger schob sich der Blocklavastrom 2 km nach Nordosten, wo er sich bei Heljarkambur kaskadenartig in die 200 m tiefe Schlucht **Hrunagil** stürzte. Ein zweiter Lavafluss ergoss sich weiter westlich in die Schlucht **Hvannárgil**. Am 31. März riss vor den Augen verdutzter Schaulustiger plötzlich eine zweite, 300 m lange Spalte auf Fimmvörðuháls auf.

Die Lavamassen überflossen auch Teile der Wanderroute über Fimmvörðuháls. Die ergiebigsten Krater, **Magni** und **Móði**, überragten ihre Umgebung schließlich um 82 und 47 m. Insgesamt wurden beim Ausbruch auf Fimmvörðuháls

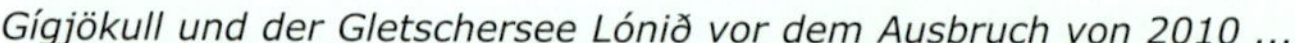

Gígjökull und der Gletschersee Lónið vor dem Ausbruch von 2010 ...

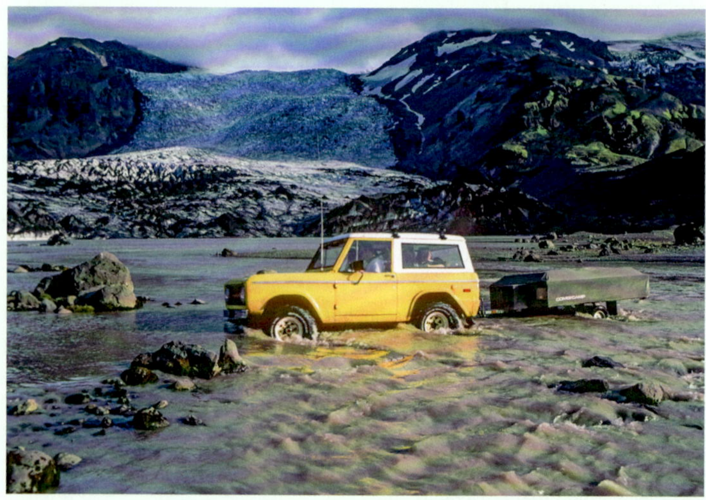

0,020 km^3 Alkaliolivinbasalte gefördert. Das Lavafeld Goðahraun bedeckt eine Fläche von 1,3 km^2. Am 12. April wurde der Ausbruch für beendet erklärt. War der Vulkan nach drei Wochen tatsächlich wieder eingeschlafen?

Aschewolken und Gletscherläufe

Mitnichten! Nur 24 Stunden später registrierten die Seismografen erneut eine erhöhte seismische Aktivität, diesmal unter der nahen Eiskappe **Eyjafjallajökull**. Wenige Stunden danach begann dort, im südlichen Teil der mit einer 170 bis 200 m dicken Eisschicht gefüllten Caldera, ein neuer, sehr viel stärkerer, vorwiegend **explosiver Ausbruch**. Am frühen Morgen des 14. Aprils riss in der Caldera eine 2 km lange Spalte auf. Aus fünf Kratern stiegen gewaltige Dampf- und Aschewolken auf. Der Kontakt des aufsteigenden Magmas mit Schmelzwasser führte zu heftigen Reaktionen, bei denen das Magma explosiv zerkleinert und als feine Asche in die Atmosphäre geschleudert wurde. Die Eruptionssäule erreichte bald eine Höhe von mehr als 9 km.

Die Schmelzwassermassen nährten auch mehrere kleinere **Gletscherläufe** (isl. *jökulhlaup* ☞ Glossar), die sich vorwiegend einen Weg nach Norden bahnten.

... und danach!

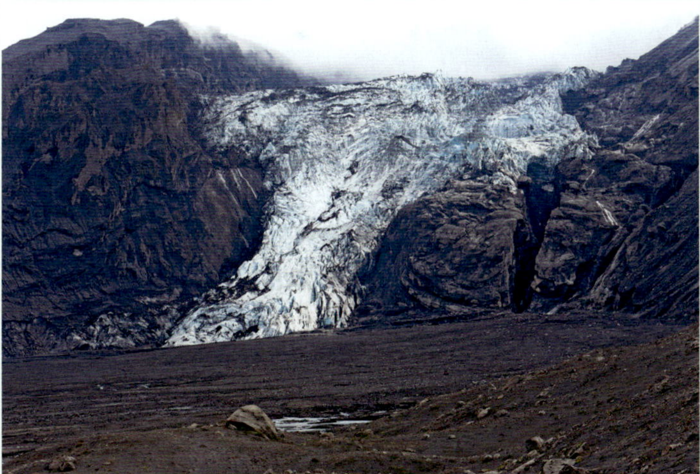

Weitere Schmelzwasserfluten brachen unter dem Talgletscher **Gígjökull** hervor, donnerten in den Gletschersee **Lónið** und von dort über die Krossá in den großen Gletscherfluss Markarfljót. Der Gletschersee ist heute verschwunden, aufgefüllt mit einer Dutzende Meter dicken Schicht aus Geröll und Asche. Ein weiterer Gletscherlauf ergoss sich südlich des Gletschers in der Nähe des Gehöfts Þorvaldseyri über die Küstenebene. In der Nähe des Flusses Markarfljót wurde ein Abschnitt der hier auf einem Damm verlaufenden Ringstraße eingerissen, um den Druck auf die nahe Brücke zu verringern.

Schwere **Ascheregen** gingen über die Siedlungen an der Südküste nieder. In der Nähe des Vulkans wurde der Tag zur Nacht. Stellenweise bedeckte die graue Asche Höfe und Wiesen mit einer Dicke bis zu 5 cm. Die Evakuierung der Siedlungen am Fuß des Vulkans verlief reibungslos. Dank eines automatischen Telefonalarms wurde die Bevölkerung – etwa 800 Menschen – gewarnt und innerhalb weniger Stunden in Sicherheit gebracht. Die Bauern fürchteten um das Vieh und das Weideland. Doch Ungemach drohte auch Millionen von Menschen an Tausende Kilometer entfernten Orten.

Blick auf den Hof Þorvaldseyri, heute und während der Eruption von 2010

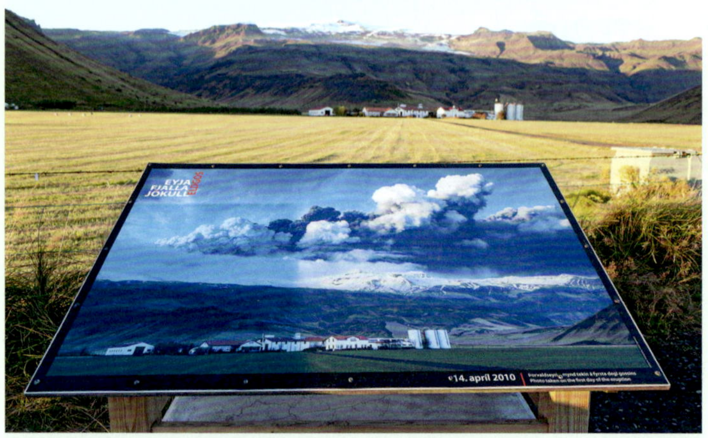

Flugverkehr kommt zum Erliegen

Aufgrund des kräftigen Westwindes verbreitete sich die Aschewolke rasch Richtung Europa. Erste Alarmsignale kamen aus dem hohen Norden. Bei einem Jagdflugzeug der finnischen Armee, das am Morgen des 15. Aprils zu einem Übungsflug gestartet war, wurden Korrosionsschäden an einem Triebwerk festgestellt, nachdem es durch die Aschewolke geflogen war. Aus Angst vor der Aschewolke wurde der Flugverkehr in großen Teilen Nord- und Mitteleuropas in den nächsten Tagen weitgehend eingestellt.

Neben der Erblindung der Cockpitscheiben wurden Schäden an Düsentriebwerken und weiteren Flugzeugteilen durch Aschepartikel befürchtet, die zum Absturz hätten führen können. In der nächsten Woche wurden 100.000 Flüge gestrichen, betroffen waren 10 Mio. Reisende. Erst ab dem 21. April kam es schrittweise zu einer Normalisierung des Flugverkehrs.

Als die Forscher den Ausbruch am 24. Mai für beendet erklärten, begann der Wiederaufbau. Der Abschnitt der Ringstraße, der den Fluten geopfert wurde, konnte rasch repariert werden. Mit der Planierraupe wurde die von den Gletscherläufen verwüstete Piste nach Þórsmörk wieder hergerichtet. Im Frühsommer wurde eine neue Wanderroute über Fimmvörðuháls abgesteckt. Und die Bauern stellten im Sommer fest, dass Gras und Bäume dank des natürlichen Düngemittels besser wuchsen als je zuvor.

Mit einer Gesamtsumme von € 2,5-3,7 Mio. hielten sich die Schäden für die isländische Wirtschaft im Rahmen. Weitaus größer waren die finanziellen Folgen für die betroffenen Luftfahrtunternehmen. Der Schaden für die Weltwirtschaft infolge der Flugsperren wurde auf € 4,1 Mrd. beziffert.

⌘ Näheres über den spektakulären Vulkanausbruch erfahren Sie im **Lava Centre**, dem hochmodernen Informationszentrum über den Vulkanismus und die Geologie Islands im nahen Hvolsvöllur. Neben Filmen und Fotografien gibt es vulkanisches Gestein zum Anfassen. Im angeschlossenen Kino läuft ein Film über den Ausbruch des Eyjafjallajökull und eine weitere Eruption im System der Bárðarbunga (2014).

♦ **Lava Centre**, Austurvegur 14, 860 Hvolsvöllur, ☏ 415 5200, 💻 lavacentre.is, 🚪 tägl. 9:00-19:00, Eintritt: Ausstellung + Film ISK 3.200, Film ISK 1.200, ✕

1. Etappe: Básar – Fimmvörðuskáli

10,2 km, N → S 5-6 Std., S → N 4 Std., ↑ 970 m, ↓ 175 m, ⇧ 245-1.073 m

0,0 km	⇧ 245 m	Básar
0,9 km	⇧ 268 m	Strákagil
1,0 km	⇧ 263 m	Infotafel zum Beginn des Aufstiegs
2,0 km	⇧ 411 m	Kattarhryggur
4,8 km	⇧ 769 m	Morinsheiði
5,3 km	⇧ 804 m	Abzweigung Útigönguhöfði
5,9 km	⇧ 812 m	Heljarkambur
6,9 km	⇧ 1.018 m	Gedenktafel zum Unfall 1970
7,5 km	⇧ 1.030 m	Móði (Krater)
7,8 km	⇧ 1.073 m	Magni (Krater)
9,6 km	⇧ 1.035 m	Wegweiser/Abzweigung Fimmvörðuskáli
10,2 km	⇧ 1.041 m	Fimmvörðuskáli

Der steile Aufstieg von Básar nach Fimmvörðuháls – fast 1.000 Höhenmeter! – erfordert Ausdauer, Schwindelfreiheit und Trittsicherheit. Von Básar geht es zunächst steil hinauf zum Kattarhryggur und von diesem messerscharfen Grat weiter hoch in der Flanke des Heiðarhorn. Nach einer Verschnaufpause auf dem aussichtsreichen Plateau Morinsheiði wartet noch die Steilstufe über Brattafönn. Zum Schluss wandern Sie über die junge Lava von 2010 und den Kratern Móði und Magni weiter zum Pass Fimmvörðuháls, wo oft bis tief in den Sommer hinein noch viel Schnee liegt. Trinkwasser sollte von Básar mitgenommen werden, unterwegs gibt es kaum Wasser.

Básar, Útivist, ☏ 562 1000 (Buchung), 893 2910 (Hütte/Saison), utivist@utivist.is, www.utivist.is, 83 Schlafplätze, Ü ISK 7.000, ISK 500, Ende Mai bis Mitte Okt. Die zwei Hütten von Básar (1981) liegen am Südufer der Krossá. Die große hat 60 Schlafplätze, die kleine 23. Beide verfügen über eine Ölheizung und eine d Küche mit Kochplatten, Geschirr und Töpfen.

Schöner Grasplatz bei den Hütten. ISK 1.500 pro Person + ISK 300 pro Zelt. ☞

Reykjavík Excursions: Reykjavík – Þórsmörk (Linie 9/9a)

Juni bis 20. Sep 1-3 x tägl. Ab **Reykjavík**: Juli bis Aug tägl. 7:15, 11:30 und 14:30

(fährt nur bis Húsadalur), Juni und 1. bis 20. Sep tägl. 7:15; ab **Þórsmörk/Básar**: Juli bis Aug tägl. 8:00, 14:00 und 17:30, Juni und 1. bis 20. Sep tägl. 14:00. Abfahrt Reykjavík: BSÍ-Terminal (alle Busse) und City HI Hostel/Zeltplatz (nur 7:15). Fahrtdauer: ca. 5 Std. 30 Min. ab BSÍ-Terminal bzw. 6 Std. 30 Min. ab City HI Hostel/Zeltplatz, Fahrpreis: Reykjavík – Þórsmörk: ISK 8.500

Reykjavík Excursions, ☏ 580 5400, main@re.is, www.re.is

- **Sterna Travel: Reykjavík – Þórsmörk (Linie 14/14a)**

  Mitte Juni bis Mitte Sep 1 x tägl. Ab **Reykjavík** (Harpa) 7:00; ab **Þórsmörk/Básar** 18:30. Fahrtdauer: 4 Std., Fahrpreis Reykjavík – Þórsmörk ISK 8.100

  Sterna Travel, ☏ 551 1166, info@sternatravel.com, icelandbybus.is

- **Trex: Reykjavík – Þórsmörk**

  14. Juni bis 8. Sep 2 x tägl. Ab **Reykjavík** (City Hall) 7:30 und 12:30; ab **Þórsmörk/Básar** 14:45 und 18:15. Fahrtdauer: 4 Std. 15 Min., Fahrpreis: Reykjavík – Þórsmörk: ISK 9.000

  Trex, ☏ 587 6000, info@trex.is, trex.is

- **Thule Travel: Reykjavík – Þórsmörk**

  Mitte Juni bis Mitte Sep 1 x tägl. Ab **Reykjavík** (Laugardalur Campsite) 7:00; ab **Þórsmörk/Básar** 16:45. Fahrtdauer: 4 Std. 45 Min., Fahrpreis Reykjavík – Þórsmörk: ab ISK 6.900

  Thule Travel, ☏ 519 3399, thuletravel@thuletravel.is, www.thuletravel.is

- ☺ Básar ist auch mit den **Buspässen** von Reykjavík Excursions, Sterna Travel und Thule Travel erreichbar (☞ Reise-Infos von A bis Z, Transport, Busfahren).

Von den Wanderhütten in **Básar** wandern Sie zunächst über eine Schotterebene (ehemaliges Flussbett der Krossá), die teilweise mit Birken und Büschen bewachsen ist, am Fuß der Berge nach Südosten. Den Wegverlauf kennzeichnen Pflöcke mit blauem Kopf.

Nach 0,9 km führt eine kleine **Brücke** über den Ausfluss der Schlucht Strákagil. Anschließend geht es nach links weiter.

Gut 100 m weiter weisen eine **Hinweistafel** („Katla – Mýrdalsjökull Eruption") und Wegweiser („Fimmvörðuháls/Skógar") auf den Beginn der Aufstiegsroute hin. Zum Auftakt geht es auf **Holztreppen** rechts zwischen den Zwergbirken hoch. Die Treppen weichen bald einem schmalen Pfad, der über die Birken hinaussteigt und später, z. T. mit Ketten gesichert, im steilen Südhang des **Fálkhöfuð** weiterleitet.

Vom Weg ergeben sich faszinierende Ausblicke, nach Süden auf den Eyjafjallajökull, nach Norden über die Flussschotterebene der Krossá und den markanten Kegel Rjúpnafell.

Wenn von links die Nebenschlucht Þvergil näher rückt, verengt sich der Kamm zu einem messerscharfen Grat (km 2) mit dem kuriosen Namen **Kattarhryggir** (= Katzenrücken) ❶. Auf den nächsten 300 m balanciert der Weg über den Grat, begrenzt von den tiefen Schluchten Þvergil (links) und Strákagil (rechts).

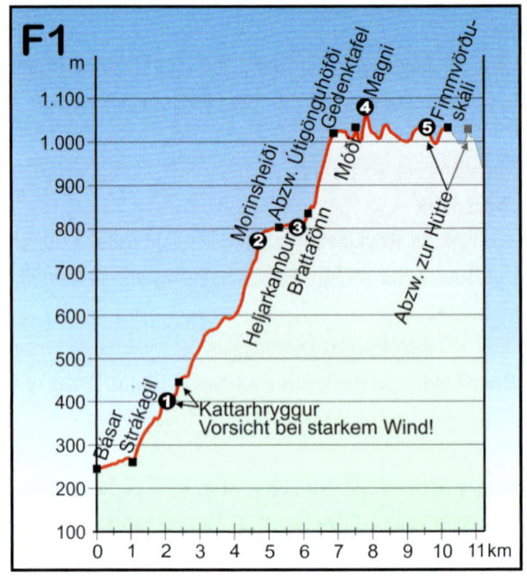

Obwohl er teilweise mit einem Kunststoffseil gesichert, ist dieser Abschnitt bei Nässe und Sturm (Absturzgefahr) nicht ganz ohne! Wanderern, die nicht schwindelfrei sind, kann die Begehung eine gewisse Überwindung abverlangen.

Anschließend weitet sich der Grat zu einem Kamm, auf dem es, nun mäßig ansteigend, zum grasbewachsenen Sattel **Foldir** weitergeht. Von dort halten Sie auf den massiven Felsen **Heiðarhorn** zu, in dessen Westhang sich der Pfad steil zum Plateau Morinsheiði hochzieht.

In schneereichen Jahren kann es auf diesem Abschnitt frühmorgens noch verharschte Schneefelder geben.

Ein großer **Steinmann** (km 4,8) markiert den Beginn der **Morinsheiði** ❷ (⇧ 769 m). Pflöcke zeigen den Weg über das ausgedehnte Plateau, das so flach ist, als wäre es mit einer Planierraupe geebnet worden.

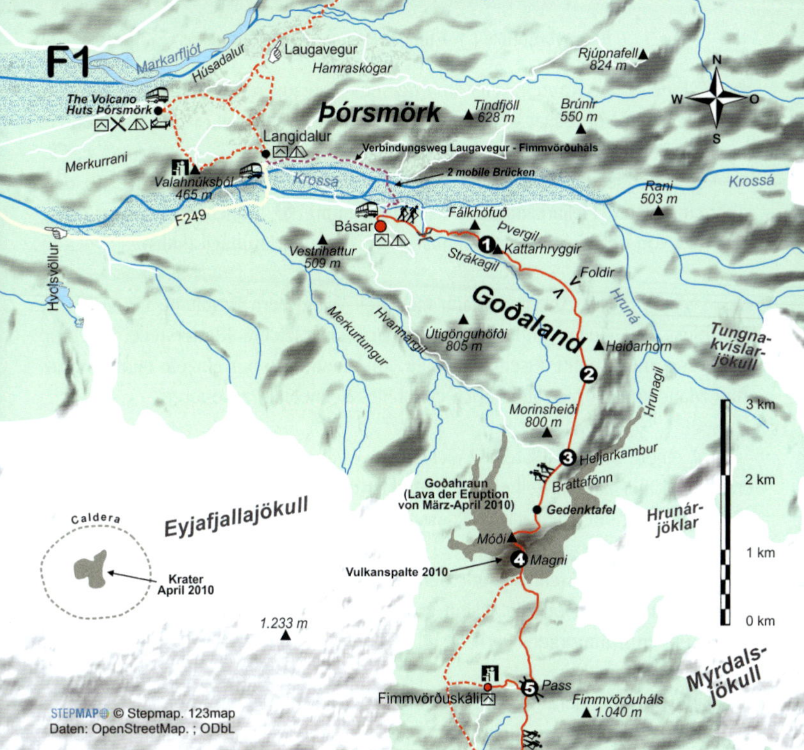

Bei guter Sicht lohnt es sich, nach Osten bis zur Abbruchkante zu gehen und an dieser entlangzuwandern! Von dort ergeben sich spannende Ausblicke auf eine Bilderbuchlandschaft mit tiefen Schluchten, schroffen Palagonitfelsen und schillernden Eiszungen. Ein Blickfang ist die Lavazunge **Goðahraun**, die sich wie eine riesige Schlange durch die Schlucht **Hrunagil** windet. Weiter nach Süden ist zu sehen, wo sich die Lava beim Ausbruch im Frühjahr 2010 bei **Heljarkambur** kaskadenartig in die 200 m tiefe Schlucht stürzte.

Schilder zeigen Wanderern, die von Norden kommen, zwei Alternativen für den Abstieg nach Básar.

Eine erste Route zweigt 500 m vor dem Ende des Plateaus nach Westen ab und führt über den Aussichtsgipfel **Útigönguhöfði** (⇧ 805 m) nach Básar.

↳ Eine zweite Route zweigt am Ende des Plateaus in die gleiche Richtung ab und leitet über **Votupallar** und durch die Schlucht **Hvannárgil** ins Tal hinunter.

Am Südende der Morinsheiði markiert ein großer **Steinmann** (km 5,9) den Übergang zum **Heljarkambur** (= Höllenkamm) ❸, einem schmalen Grat, begrenzt von den Schluchten Hvannárgil (rechts) und Hrunagil (links).

✋ Auch dieser Abschnitt kann manchen Wanderern Probleme bereiten. Im Anschluss des Heljarkambur wartet nämlich eine leichte Kletterstelle. Die zur Sicherung angebrachte Eisenkette sollte von Wanderern nur einzeln benutzt werden! Manchmal ist hier auch noch ein steiles Schneefeld zu queren.

Auf einem kleinen Plateau tauchen ein weiterer großer Steinmann und die erste von einer langen Reihe **gelber Markierungsstangen** auf, die den anspruchsvollen Aufstieg über den mit Vulkanasche übersäten Steilhang kennzeichnen.

✋ Auf diesem Steilhang mit dem passenden Namen **Brattafönn** (= steiles Schneefeld) tauchen oft die ersten großen Altschneeflächen auf. Vorsicht, denn diese können frühmorgens verharscht sein (Nordhang!).

Dank der Markierungsstangen ist dieser Abschnitt aber erheblich sicherer geworden. Für Wanderer, die früher von Süden kamen, war es bei schlechter Sicht oft schwierig, den Einstieg der Abstiegsroute nach Heljarkambur zu finden. Eine alternative Abstiegsmöglichkeit gibt es nicht, denn links und rechts warten senkrechte Felsklippen.

Am Ende des Aufstiegs erinnert eine **Gedenktafel** (km 6,9) an eine Tragödie: Am 16. Mai 1970 wurde eine elfköpfige Wandergruppe, die bei Sommerwetter von Skógar aufgebrochen war, bei der Überquerung des Fimmvörðuháls von einem Wettersturz überrascht. Drei Leute starben an Unterkühlung.

Wenig später taucht das junge Lavafeld Goðahraun (☞ Eyjafjallajökull erwacht) auf. Nach Süden erstreckt sich der Pass **Fimmvörðuháls** (⇧ 1.040 m), eine schroffe, mit Lava und Asche bedeckte Hochebene, begrenzt durch die Gletscher Eyjafjallajökull und Mýrdalsjökull.

Der folgende Abschnitt des Weges musste nach dem Vulkanausbruch von 2010 neu angelegt werden. Deutlich ist noch zu sehen, wo die alten Pfadspuren unter der Lava verschwinden. Der neue, mit Pflöcken markierte Weg folgt zunächst dem Rand des Blocklavafelds **Goðahraun** (= Lava der Götter) und führt dann an geeigneter Stelle auf die Lava. Sie wandern nun direkt auf die Hauptkrater der Vulkanspalte zu und überqueren nacheinander **Móði** (= der Zornige) und **Magni** (= der Starke) ❹. Benannt wurden die beiden rotbraunen Schlackenkegel nach den Söhnen des Donnergotts Thor und der Riesin Jamsaxa. Vom Gipfel des Magni, der seine Umgebung um 82 m überragt, ergibt sich eine schöne Aussicht über ein Solfatarenfeld, das das Abklingen der vulkanischen Aktivität illustriert.

Vom Magni geht es hinunter zu einer Infotafel über den Ausbruch von 2010. Sie verlassen das Lavafeld in südlicher Richtung und stoßen bald wieder auf den „alten" Weg.

Anschließend zieht sich der Weg links an der 1.098 m hohen Erhebung Miðsker vorbei. Im Südwesten ist nun schon die Wanderhütte Fimmvörðuskáli zu sehen. Das Etappenziel erscheint zum Greifen nahe, doch zunächst geht es nach Süden weiter über die Hochebene, die mit einer dicken Ascheschicht bedeckt ist.

Der nach der Eruption von 2010 streckenweise neu angelegte Weg führt nun über Magni, den Hauptkrater der Eruption.

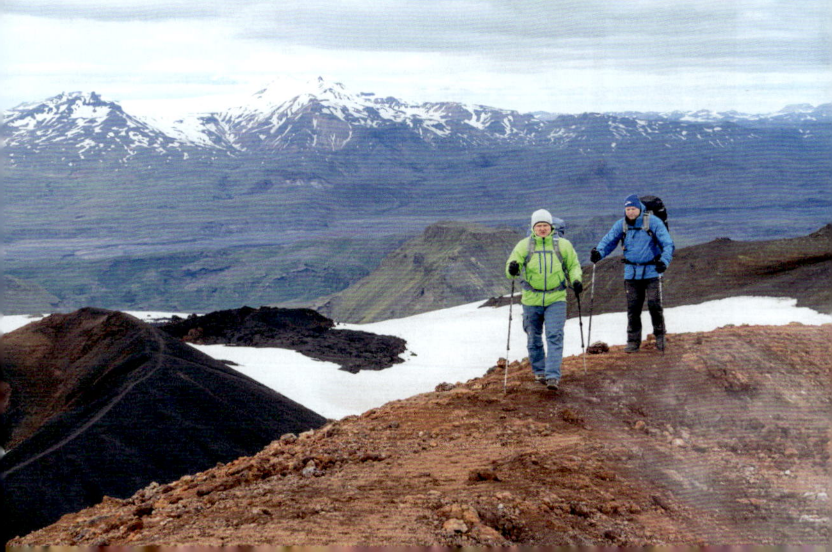

Auf einem lang gezogenen, in Ost-West-Richtung verlaufenden Felsrücken taucht schließlich ein **Wegweiser ❺** (km 9,6) auf, der die Abzweigung zur ⌂ **Fimmvörðuskáli** (⇧ 1.041 m) markiert. Die Hütte liegt 600 m weiter westlich auf dem Rücken.

⌂ **Fimmvörðuskáli**, Útivist, ☏ 562 1000 (Buchung), 📱 893 4910 (Hütte/Saison), ✉ utivist@utivist.is, 💻 www.utivist.is, 25 Schlafplätze, Ü ISK 7.000, Mitte Juni bis Aug. Die kleine, gemütliche Hütte auf dem Pass Fimmvörðuháls wurde 1991 in Betrieb genommen. Zur schlichten Ausstattung gehören ein Raum mit Stockbetten (18 Schlafplätze) und ein Matratzenlager (8 Schlafplätze). Hinzu kommen eine kleine Küche mit Kochplatten, Geschirr und Töpfen sowie ein Plumpsklo (im Haus). Wasser ist oft Mangelware: Ein Behälter enthält Niederschlagswasser vom Dach, oft muss Schnee geschmolzen werden.

Vom Zelten kann aufgrund von Untergrund (Vulkanasche, Schnee) und Lage (kein Windschutz!) nur abgeraten werden!

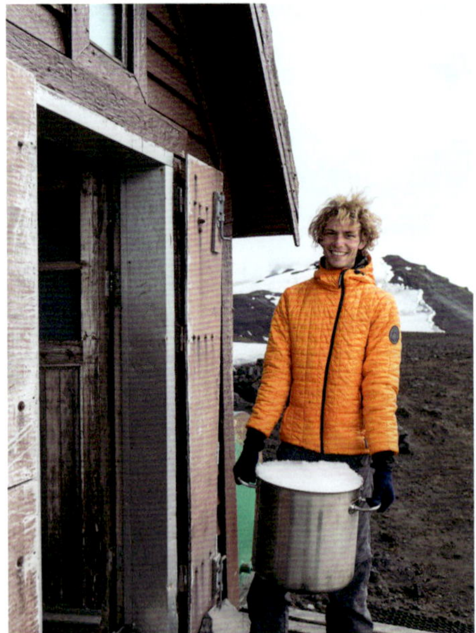

📱 Meist klappt es mit der Handyverbindung auf dem Pass bzw. bei der Hütte, aber nicht immer (wetterabhängig).

Von der Hütte ergibt sich eine faszinierende Aussicht: Die Gletscher des **Mýrdalsjökull** im Westen und **Eyjafjallajökull** im Osten flankieren die durch Lava und Asche stark veränderte Umgebung. Nach Süden schweift der Blick über sattgrüne Weiden und die schwarzen Sander des Küstenstreifens bis weit auf den Atlantik hinaus.

← *„Trinkwasserversorgung" der Fimmvörðuskáli*

Variante von der neuen Lava bis zur Skógá-Brücke

Eine Alternative zur „alten" Wanderroute, die östlich der Hütte Fimmvörðuskáli nach Süden führt, bietet eine neu angelegte Route, die westlich der Hütte passiert (☞ gestrichelte Linie auf der Karte, S. 171). Diese Variante ist mit **roten Pflöcken** markiert. Sie zweigt unmittelbar südlich der Krater **Magni** und **Móði** nach Westen ab und quert den Rücken, auf dem die Hütte Fimmvörðuskáli liegt, 600 m westlich der Hütte. Weiter südlich trifft der Weg auf den (namenlosen) Ablauf des Eyjafjallajökull und schlängelt sich, mit Blick auf viele Wasserfälle, am Fluss entlang gen Süden weiter, wo er bei der Brücke über die **Skógá** wieder auf die Hauptroute trifft.

Eine markierte Abzweigung verbindet die neue Route mit der Hütte Fimmvörðuskáli. Die Hütte Baldvinsskáli wird nicht passiert.

War Eyjafjallajökull erst der Anfang?

Während Eyjafjallajökull wieder eingenickt ist, beäugt die Nation mit gemischten Gefühlen den Nachbarvulkan **Katla** (= Kessel). Denn der Vulkanriese, der in den letzten 1.000 Jahren im Schnitt zweimal pro Jahrhundert explodierte, gilt als überfällig. Außerdem zeigt die Geschichte, dass der über 200.000 Jahre alte Zentralvulkan bei den letzten Ausbrüchen des **Eyjafjallajökull** jeweils kurze Zeit später ebenfalls explodiert ist. Könnte der Ausbruch von 2010 auch jetzt die Katla wachrütteln?

Zunächst beruhigen die Wissenschaftler – noch gibt es keine Anzeichen für einen bevorstehenden Ausbruch. Doch die Nervosität der Bevölkerung ist verständlich … Was die Katla so gefährlich macht, ist ihre Lage unter einer bis zu 700 m dicken Eisschicht. Bei einem Erwachen des Vulkans käme es zu gewaltigen **phreatomagmatischen Eruptionen** (☞ Glossar), massiven **Ascheniederschlägen** und verheerenden **Gletscherläufen** (☞ Glossar). Wie zuletzt vor fast einem Jahrhundert.

Der letzte Ausbruch

Der Ausbruch von **1918** kündigte sich mit einem starken Erdbeben an. Wenige Stunden später stieg eine 14 km hohe Eruptionssäule über dem Gletscher auf. Schwere Ascheregen zerstörten mehrere Höfe am Fuß des Vulkans, doch viel schlimmer waren die Gletscherläufe. Die Abflussrate dieser verheerenden Schmelzwasserfluten, die durch das Bett der Flüsse Múlakvísl und Kúðafljót rasten, erreichte Spitzenwerte von 300.000 m^3/s (zum Vergleich: Abflussvolumen an der Amazonasmündung 205.000 m^3/s). Als der Spuk vorüber war, war die vorgelagerte Küstenebene mit bis zu 200 m langen und 18 m hohen Eisblöcken übersät. Die Küstenlinie hatte sich schlagartig um einen halben Kilometer seewärts verschoben. Könnte sich dieses Horrorszenario schon bald wiederholen?

Im Falle eines Ausbruchs

Dr. Matthew J. Roberts, Geowissenschaftler des Isländischen Meteorologischen Instituts (*Veðurstofa Íslands*) beruhigt zunächst einmal, denn gerade solche großen Eruptionen kündigen sich oft lange im Voraus an (☞ Reise-Infos von A bis Z, Naturgefahren). Die genaue Ausbruchsstelle indes lässt sich oft nur kurz vorher feststellen. „Im Idealfall hätte man 5 bis 6 Stunden für Rettungs- und Evakuierungsmaßnahmen."

Neben schweren **Ascheregen** würden vor allem die **Gletscherläufe** der Katla eine Bedrohung darstellen. In der Vergangenheit brachen diese oft unter dem **Kötlujökull** (im Südosten), manchmal auch unter dem **Sólheimajökull** (im Südwesten) oder unter dem **Entujökull** (im Nordwesten, ☞ Laugavegur, 3. und 4. Etappe) hervor. Für die Menschen heißt es dann, unverzüglich in höheren Regionen Schutz zu suchen. In der Nähe des Vulkans droht auch **Blitzgefahr**. Mulden, Vertiefungen und tiefe Gruben sind unbedingt wegen der sich dort stauenden **Giftdämpfe**, wie CO_2 und H_2S, zu meiden.

Droht eine Eruption der Katla, wird im gesamten Gebiet eine Warnung verbreitet. Dazu werden z. B. von den Hüttenwirten nacheinander fünf mit einem lauten Knall explodierende **Signalraketen** und fünf **Leuchtgeschosse** abgefeuert. Nach 20 Minuten wird diese Prozedur wiederholt.

An den Wanderwegen in der Nähe des Vulkans (☞ Laugavegur, ☞ Fimmvörðuháls) aufgestellte **Hinweistafeln** informieren über die Gefahren der Katla. Richtlinien und eine Warnung vor den Gefahren von Gletscherläufen (mit Angabe der vermutlichen Hauptflutrichtungen und möglichen Fluchtrouten) enthält auch die in vielen Hotels und bei lokalen Fremdenverkehrsämtern erhältliche **Broschüre** „Bereitschaftsplan für Reisende".

i Öffentlicher Notruf des Roten Kreuzes bei einem Vulkanausbruch: ☏ 177
Unfälle und Hilfegesuche: ☏ 112
Zivilschutz der Landeshauptpolizei: ☏ 444 2500, 🖳 www.almannavarnir.is
Nächste Polizeistationen in Hvolsvöllur/Vík: ☏ 444 2010, 🖳 www.logreglan.is

2. Etappe: Fimmvörðuskáli – Skógar

14,9 km, N → S 4 Std. 30 Min., S → N 6 Std., ↑ 100 m, ↓ 1.100 m, ⇧ 30-1.041 m

0,0 km	⇧ 1.041 m	Fimmvörðuskáli
0,6 km	⇧ 1.035 m	Wegweiser/Abzweigung Fimmvörðuskáli
2,0 km	⇧ 920 m	FÍ-Hütte Baldvinsskáli
6,5 km	⇧ 606 m	Skógá-Fußgängerbrücke
6,9 km	⇧ 580 m	Neðstifoss
11,0 km	⇧ 321 m	Króksá
11,7 km	⇧ 277 m	Kæfufoss
11,9 km	⇧ 235 m	Skálabrekkufoss
13,9 km	⇧ 118 m	Hestavaðsfoss
14,1 km	⇧ 112 m	Aussichtsplattform Skógafoss
14,5 km	⇧ 30 m	Skógafoss
14,9 km	⇧ 30 m	Skógar ⌘

Nach 2 km bietet die FÍ-Hütte Baldvinsskáli eine weitere Übernachtungsmöglichkeit auf dem Pass. Der anschließende Abstieg zur Küstenebene ist lang und gleichmäßig. Von der Brücke über die Skógá wandern Sie direkt an der Schlucht der Skógá entlang, die mit einer ganzen Reihe faszinierender Wasserfälle Richtung Küste eilt. Die Krönung bildet der Skógafoss, wo sich die Skógá mit einem Sprung von 60 m in die Küstenebene verabschiedet. Trinkwasser gibt es auf dieser Etappe unterwegs ausreichend.

Wasserfall in der Schlucht der Skógá

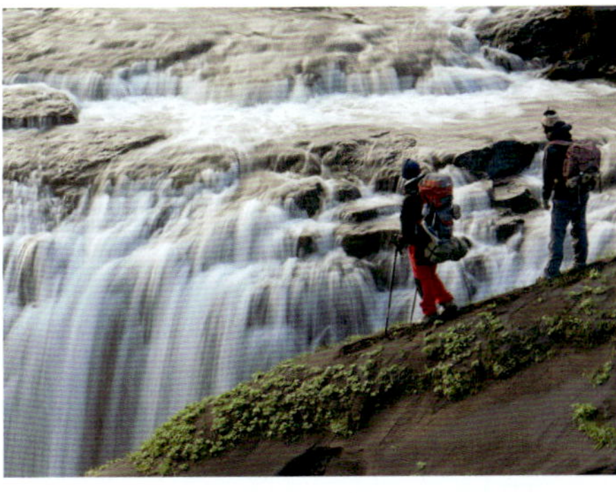

Von der Hütte kehren Sie zurück zur **Weggabelung mit dem Wegweiser ❶** (km 0,6). Hier biegen Sie nun rechts ab und folgen den Markierungen, die zunächst noch über Vulkanasche zur 2 km entfernten Wanderhütte **Baldvinsskáli** ❷ (⇧ 920 m) weiterführen.

Baldvinsskáli, Ferðafélag Íslands, ☏ 568 2533 (Buchung), 823 3399 (Hütte/Saison), fi@fi.is, www.fi.is, 20 Schlafplätze, WC, Ü ISK 7.000, ganzjährig, Hüttenwirt Juni bis Aug/Anfang Sep. Die dreieckige Hütte wurde 2012 als Ersatz für die heruntergekommene alte Notschutzhütte errichtet. Zur Ausstattung gehören ein Ofen und eine Kochnische mit Kochplatten und Geschirr. Etwas unterhalb der Hütte befindet sich ein Plumpsklo. Es wird um sparsamen Umgang mit dem **Trinkwasser** gebeten, da es in der Saison per Jeep vom Skógá-Fluss hochgefahren werden muss. Außerhalb der Saison müssen Wanderer selbst für Trinkwasser sorgen bzw. Schnee schmelzen. Übernachtung nur mit Reservierung!

Die Aussicht zur Küste hin ist faszinierend: Im Südosten erkennen Sie sogar das Kap Dyrhólaey, im Südwesten die Westmännerinseln.

Von der Hütte geht es nur noch abwärts, wahlweise auf der Jeeppiste, die von hier zunächst nach links führt und sich dann gemächlich die sanft geschwungenen Hänge der **Skógaheiði** (= Waldheide) hinunterwindet, oder auf dem mit blauen

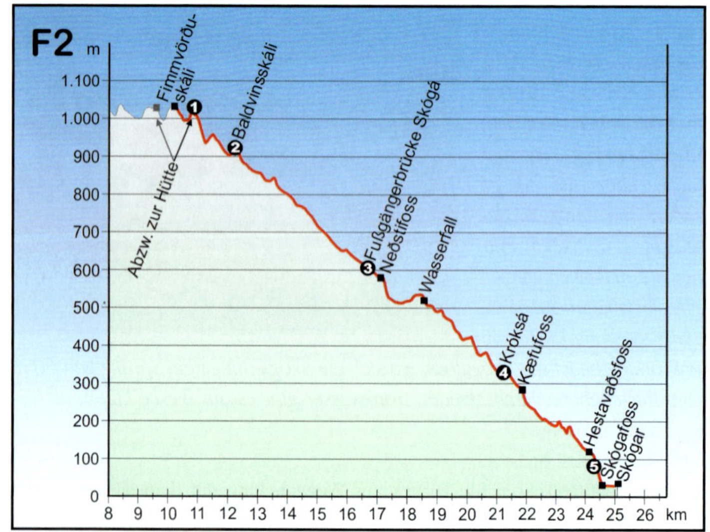

Pflöcken abgesteckten Wanderweg. Dieser schneidet die erste große Schleife der Piste ab, mit der er sich nach 1 km wieder vereint.

Nach weiteren 2 km nähert sich die Piste der **Skógá** (= Waldfluss), die von Nordosten kommt, und es lohnt sich, hier schon einen Blick in die Schlucht der Skógá zu werfen, die nach 6,5 km überquert wird. Geländewagen müssen den Fluss durchfahren. Wanderer überqueren die Skógá auf der **Fußgängerbrücke ❸**, die sich flussabwärts befindet. Vor der Brücke steht eine 🛈 Infotafel mit einer Übersichtskarte der Wege über Fimmvörðuháls. Hier vereint sich auch der blau markierte Weg mit der rot markierten Variante über Fimmvörðuháls (☞ Variante von der neuen Lava bis zur Skógá-Brücke).

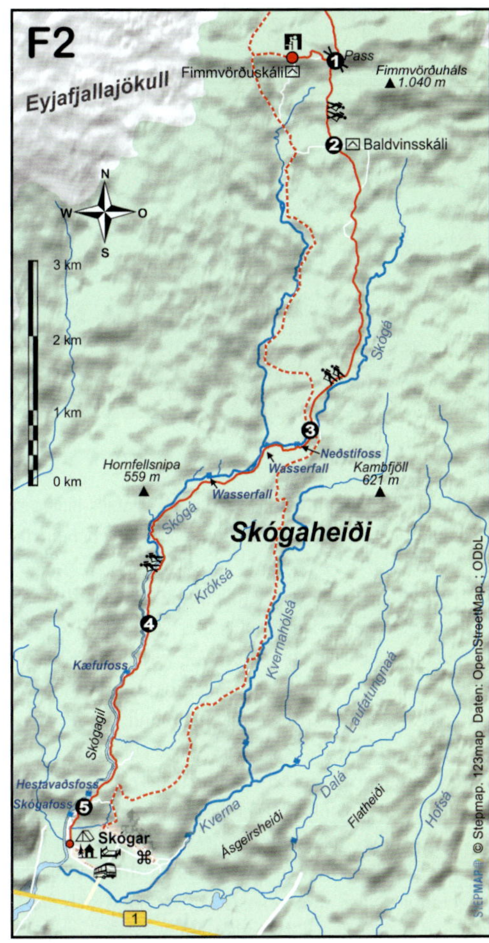

Auch für den weiteren Abstieg nach Skógar gibt es zwei Möglichkeiten: Am bequemsten ist es, weiter der Piste zu folgen. Diese entfernt sich bald von der Skógá und folgt dann weitgehend dem

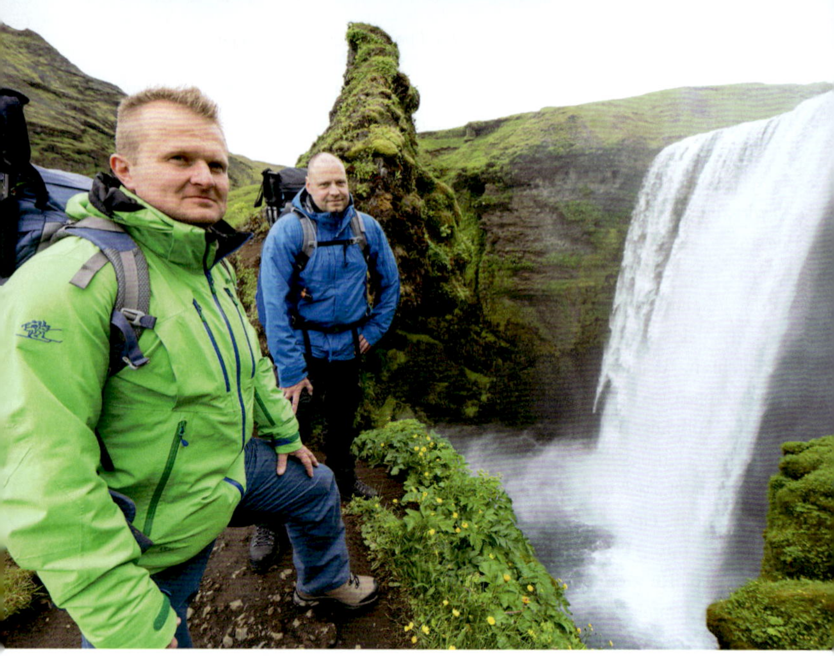

Skógafoss

Verlauf des Flusses **Kvernahólsá**, der ebenfalls einige sehenswerte Wasserfälle bildet. Die Piste endet nach weiteren 90 Min. bei einem Hof am Rand von **Skógar**.

Etwas länger, aber wesentlich reizvoller ist der mit blauen Pflöcken markierte Trampelpfad, der sich am Ostufer der **Skógá** entlangschlängelt, die eine tiefe Schlucht ausgehobelt hat. Der Weg verläuft meist in unmittelbarer Nähe des Flusses, der sich mal ruhig, mal wild aufbrausend einen Weg sucht und sich geschickt um freigelegte Vulkanschlotfüllungen und riesige, aus der Wand herausgebrochene Felsen schlängelt. Besonders spektakulär sind die vielen Wasserfälle. Allein auf der 8 km langen Strecke von der Brücke bis Skógar sind es 22, von denen hier aus Platzmangel nur die wichtigsten erwähnt werden.

Den Anfang macht der ■ **Neðstifoss** (km 6,9), der sich 500 m flussabwärts der Brücke in eine tiefe Schlucht stürzt. Auffällig ist auch die Rückkehr der Vegetation. Nach weiteren 500 m vereinigt sich die Skógá mit dem namenlosen Abfluss des Eyjafjallajökull, der von Norden kommt.

An der **Króksá** ❹ (km 11), einem kleinen Nebenbach der Skógá, bietet sich noch einmal die Gelegenheit zum Trinkwasserfassen. Wenig später zieht der **Kæfufoss** (km 11,7) die Blicke auf sich, der mit zwei um 45 Grad versetzten Fallstufen an den berühmten Gullfoss erinnert. Im Anschluss balanciert der Weg, nun zum schmalen Steig geschrumpft, im Steilhang hoch über der Skógá.

Dieser spektakuläre Abschnitt setzt Trittsicherheit und Schwindelfreiheit voraus. Bei Nässe (Absturzgefahr!) ist der Weg mit größter Vorsicht zu begehen! Er lässt sich aber über eine Alternativstrecke umgehen, die weiter links durch ebenes Gelände verläuft.

Unterhalb dieses „Nadelöhrs" stürzt sich der hohe **Skálabrekkufoss** (km 11,9) in die Tiefe. Die Schlucht weitet sich nun zu einem grünen Tal, in dem der breite **Hestavaðsfoss** (km 13,9 km) durch seine Ästhetik begeistert.

Nach 200 m geht es mithilfe einer Stufenleiter über einen Weidenzaun. Ein Rauschen kündigt schon einen weiteren Wasserfall an: Von einer **Aussichtsplattform** ❺ (km 14,1) schauen Sie von oben auf den **Skógafoss**, der sich mit einer Fallhöhe von 60 m spektakulär in die Küstenebene stürzt.

Von der Plattform geht es über eine lange Stahltreppe bequem den Steilhang neben dem Wasserfall hinunter. Die Wanderung endet am Fuß des Skógafoss am **Zeltplatz** in **Skógar** (⇧ 30 m).

Skógar

Hotel Skógar, 861 Skógar, ☎ 487 4880, skogar@southdoor.is, www.hotelskogar.is, 12 Zi, ✕ ○, ÜF DZ ab ISK 30.875 im Sommer (Juni bis Aug) bzw. ab ISK 15.300 in den übrigen Monaten, ganzjährig

♦ **Skógar Guesthouse**, 861 Skógar, 894 5464, info@skogarguesthouse.is, www.skogarguesthouse.is, 8 Zi, ○, ÜF DZ ISK 17.000. Schmuckes B&B im ehemaligen Haus des Schulleiters. Reichhaltiges Frühstück mit selbst gebackenem Brot

♦ **Hótel Edda Skógar**, 861 Skógar, ☎ 444 4830 (Hotel) und ☎ 444 4000 (Buchungen), edda@hoteledda.is, www.hoteledda.is, 37 Zi mit Waschbecken, ✕ mit Buffet, DZ ab ISK 13.500, F ISK 2.450, Juni bis Ende Aug. Sommerhotel im Internat

HI Hostel Skógar, 861 Skógar, ☎ 487 8780, 650 5955, skogar@hostel.is, www.hostel.is, 35 Betten, Ü ab ISK 6.000 im Schlafsaal, DZ ab ISK 15.000, ganzjährig. Jugendherberge in der ehemaligen Grundschule

Skógar Camping Ground, ☏ 487 8892, 863 8064, dalur@emax.is, WC, fließendes Wasser und Dusche, Preis auf Anfrage, Juni bis Mitte Sep. Einfacher Zeltplatz am Fuß des Skógafoss

⌘ **Skógar Museum** ☞ Infokasten „Skógar Museum"

Fossbúð, ☏ 487 8843, Mai bis Sep tägl. 11:00-20:00, Okt bis April tägl. 11:00-15:00. Die Cafeteria im Gemeindezentrum ist dem Hotel Skógar angegliedert. Karte mit einfachen Gerichten (Suppen, Salate, Hamburger, Kuchen usw.)

Skógakaffi im ☞ Skógar Museum, ☏ 487 8845, Juni bis Aug tägl. 9:00-18:00, Sep bis Mai tägl. 10:00-17:00. Isländische Spezialitäten, Suppen, Kuchen

kleines Lebensmittelgeschäft im Gemeindezentrum Fossbúð

Reykjavík Excursions: Reykjavík – Skógar (Linie 21/21a)

Juli bis Aug 2 x tägl. Ab **Reykjavík** 7:15 (City HI Hostel/Zeltplatz) und 14:30 (BSÍ-Terminal); ab **Skógar** (Zeltplatz) 13:30 und 18:30. Fahrtdauer: 3 Std. 30 Min. ab BSÍ-Terminal bzw. 4 Std. 15 Min. ab City HI Hostel, Fahrpreis Reykjavík – Skógar: ISK 7.500

Reykjavík Excursions, ☏ 580 5400, main@re.is, www.re.is

♦ **Sterna Travel: Reykjavík – Skógar (Linie 12/12a)**

Mitte Juni bis Mitte Sep 1-2 x tägl. Ab **Reykjavík** (Harpa) Juli bis Aug tägl. 7:00 und 7:45, 15. bis 30. Juni und 1. bis 15. Sep tägl. 7:00; ab **Skógar** (Zeltplatz) Juli bis Aug tägl. 14:00 und 21:00, 15. bis 30. Juni und 1. bis 15. Sep tägl. 14:00.
Fahrtdauer: 4 Std., Fahrpreis Reykjavík – Skógar: ISK 5.300

Sterna Travel, ☏ 551 1166, info@sternatravel.is, icelandbybus.is

♦ **Strætó: Reykjavík – Skógar – Höfn (Linie 51)**

Ganzjährig 1 x tägl. Ab **Reykjavík** (Mjódd): Mo-Fr 13:00, Sa/So 11:30; ab **Skógar**: Mo-Fr 16:25, Sa/So 15:07. Fahrtdauer: 2 Std. 12 Min., Fahrpreis: ISK 5.640

Strætó, ☏ 540 2700, straeto@straeto.is, www.straeto.is

♦ ☺ Skógar ist auch mit den **Buspässen** von Reykjavík Excursions, Sterna Travel und Thule Travel erreichbar (☞ Reise-Infos von A bis Z, Transport, Busfahren).

⌘ Skógar Museum

Das Skógar Museum, eine Mischung aus Freilicht-, Volks- und Technikmuseum, ist das Lebenswerk von Þórður Tómasson (geb. 1921), der als Kurator das Museum leitete, bis er sich 2013 im Alter von 92 (!) in den Ruhestand verabschiedete. Das Museum besteht aus zwei Teilen.

Das erstklassige **Heimatmuseum** illustriert Wohnverhältnisse und Alltag der Bewohner Südislands durch die Jahrhunderte. Ausgestellt sind Werkzeuge,

Arbeitsgeräte, Wollkleidung und Handschriften. Unter den Exponaten finden sich Schuhe aus Fischhaut, Werkzeuge aus Walknochen, mit Tran getränkte Seekleidung aus Schafsleder und das historische Fischerboot „Pétursey" (1855).

Hinzu kommt ein halbes Dutzend **historische Gebäude**, darunter ein Torfgehöft (19. Jh.) und eine Kirche, errichtet mit Teilen ehemaliger Kirchen. Ein Blickfang ist das Haus Holt (1878) aus Síða, das komplett aus Treibholz errichtet wurde. Die Wände auf der Westseite der Wohnstube stammen z. B. vom französischen Hospitalschiff „St. Paul", das 1899 an der Küste vor Meðalland auf Grund lief. In der einstigen Grundschule von Litli-Hvammur (1901) ist ein Klassenzimmer aus der Zeit um 1900 eingerichtet.

Skógasafn: Gebrauchsgegenstände aus Walknochen

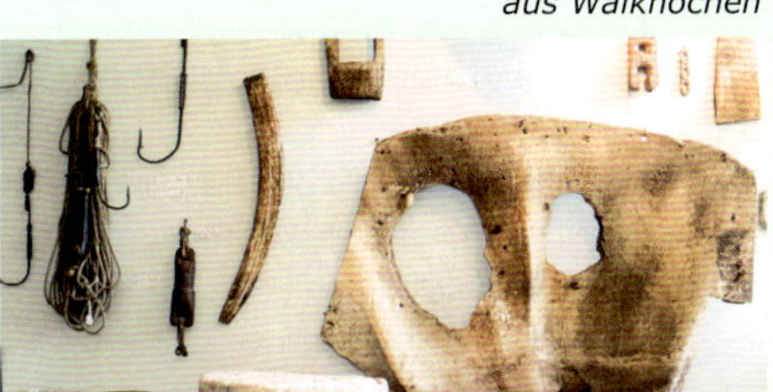

Das **Verkehrs- und Technikmuseum**, untergebracht im neuen Museumsflügel, illustriert die Entwicklung von Verkehr und Technik auf Island im 19. und 20. Jh. Zu den Sammlungen gehören altes Sattel- und Zaumzeug, Auto- und Bootsmotoren, Straßenbaugeräte und Autos. Hier erfahren Sie auch, was für eine Herausforderung die Durchquerung des Hochlandes mit Fahrzeugen einst war. Auch die Seenot- und Landrettung wird thematisiert.

♦ **Skógar Museum**, 861 Skógar, ☏ 487 8845, 🖳 www.skogasafn.is, Juni bis Aug tägl. 9:00-18:00, Sep bis Mai tägl. 10:00-17:00, Eintritt ISK 2.000, Führungen auf Englisch und Deutsch, ☕

In der Umgebung von Skógar

🛏 **Hótel Anna***** (15 km westl.), Moldnúpur, 861 Hvolsvöllur, ☏ 487 8950, hotelanna@hotelanna.is, 🖳 www.hotelanna.is, 7 DZ, ✕ 🍷 O und Sauna, ÜF DZ im Sommer (Juni bis Mitte Sep) ab € 266, ganzjährig. Das „kleinste Dreisternehotel Islands", benannt nach der Autorin Sigríður Anna Jónsdottir (1901-79), die ihre Kindheit in Moldnúpur verbrachte, besticht mit romantischen Zimmern, eingerichtet mit Antikmöbeln.

Sólheimahjáleiga Guesthouse (10 km östl.), 871 Vík, ☎ 487 1305, booking@solheimahjaleiga.is, www.solheimahjaleiga.is, 19 Zi, ✕ (auf Bestellung) @, ÜF DZ mit Waschbecken ab € 175, ÜF DZ mit Bad ab € 205, ganzjährig. Zimmer mit/ohne Bad auf einem Bauernhof mit Schafen und Pferden. Auch Übernachtung im Schlafsack möglich

✕ **Gamla Fjósið** (10 km), Hvassafell, 861 Hvolsvöllur, ☎ 487 7788, gamlafjosid@gamlafjosid.is, www.gamlafjosid.is, tägl. 11:00-21:00. Der „Alte Kuhstall" setzt auf klassische isländische Gerichte mit lokalen Zutaten. ☺ Mein Tipp: die „Vulkansuppe", eine herzhafte Fleischsuppe, serviert mit hausgemachtem Brot

Seljavallalaug, beim Gehöft Seljavellir, Eintritt gratis, tägl. Das 30-34° C warme Freibad (1923) liegt versteckt in einer Schlucht. Zugang: Weg 242 und dann vom P noch 20 Min. zu Fuß

Krónan Vík (36 km), Austurvegur 20, 870 Vík, ☎ 585 7000, im Sommer tägl. 9:00-21:00; sonst tägl. 9:00-19:00

♦ **Krónan Hvolsvöllur** (42 km), Austurvegur 4, 860 Hvolsvöllur, ☎ 585 7000, im Sommer tägl. 9:00-20:00; sonst Mo-Fr 9:00-18:30, Sa 9:00-18:00, So 9:00-16:00

BANK **Arion Banki**, Ránarbraut 1, 870 Vík, ☎ 444 7000, Juni bis Aug Mo-Fr 10:30-16:00, Sep bis Mai Mo-Fr 12:30-16:00

♦ **Landsbankinn**, Austurvegur 6, 860 Hvolsvöllur, ☎ 410 4182, Mo-Fr 9:00-16:00. Geldautomat beim Service Center Hlíðarendi in Hvolsvöllur

Health Center & Pharmacy Vík í Mýrdal, Hátún 2, 870 Vík, ☎ 432 2800, Mo-Fr 9:00-13:00. Medizinischer Notdienst: ☎ 544 4113

♦ **Health Center Rangárþingi**, Öldubakki 4, 860 Hvolsvöllur, ☎ 432 2700, Mo-Fr 8:00-16:00. Medizinischer Notdienst: ☎ 544 4113

Apótekarinn Hvolsvelli, Austurvegur 15, 860 Hvolsvöllur, ☎ 487 8630, Mo-Fr 10:00-17:00

Íslandspóstur, Austurvegur 4a, 860 Hvolsvöllur, ☎ 580 1000, Mo-Fr 11:00-15:00

Lögreglan Hvolsvöllur, Hlíðarvegur 16, 860 Hvolsvöllur, ☎ 444 2010, ☎ Notfälle 112, sudurland@logreglan.is, Mo-Do 9:00-15:00, Fr 9:00-13:00

♦ **Lögreglan Vík**, Ránarbraut 1, 870 Vík, ☎ 444 2010, ☎ Notfälle 112

Hvolsvöllur Information Center, Saga Centre, Hlíðarvegur 14, 860 Hvolsvöllur, ☎ 487 8043, tourinfo@hvolsvollur.is, Mitte Mai bis Mitte Sep tägl. 9:00-18:00, Mitte Sep bis Mitte Mai Sa/So 11:00-17:00

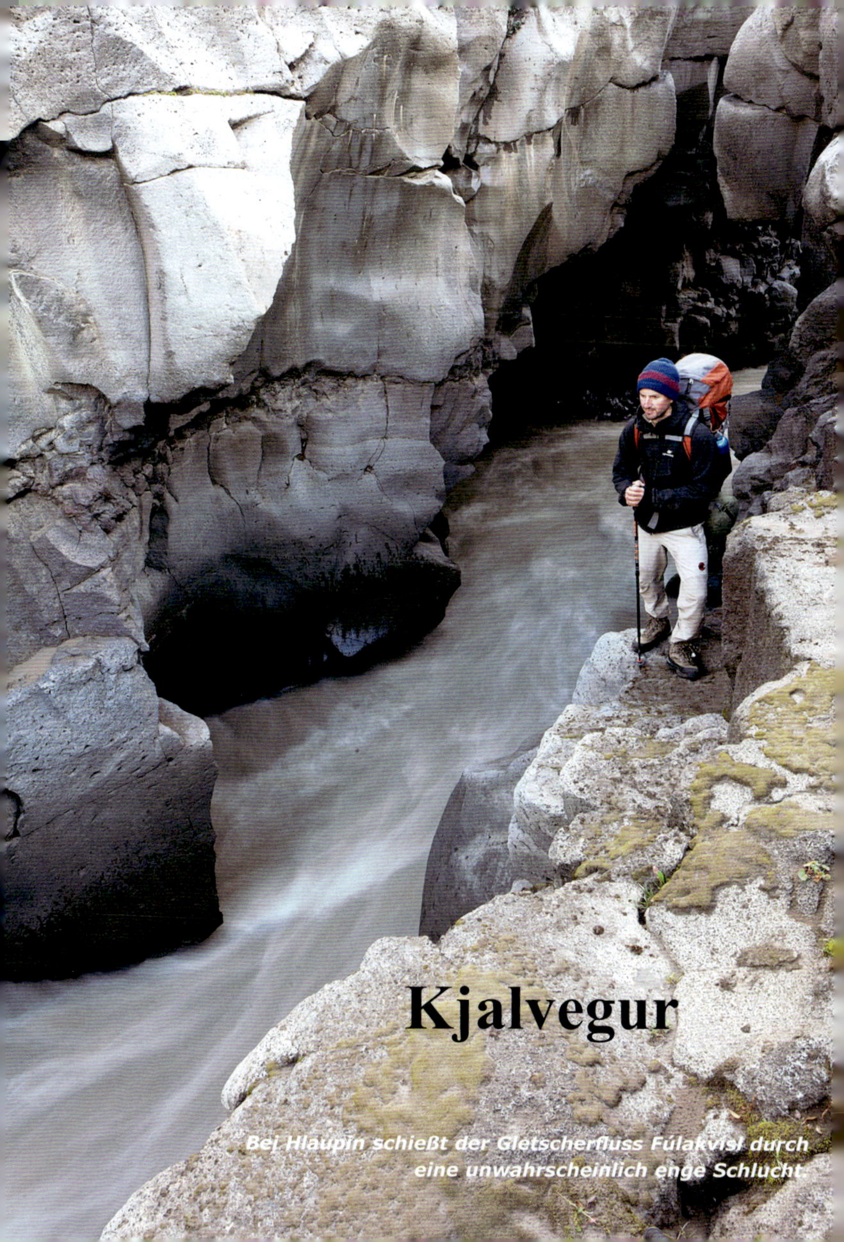

Kjalvegur

Bei Hlaupin schießt der Gletscherfluss Fúlakvísl durch eine unwahrscheinlich enge Schlucht.

Als **Kjölur** (= Kiel) wird traditionell die 600 bis 700 m hohe Geröll- und Lavawüste bezeichnet, die sich zwischen den Eiskappen Langjökull und Hofsjökull erstreckt. Von Süden her betrachtet, erinnert das enorme Lavafeld Kjalhraun tatsächlich an ein Schiff, das Kiel oben auf dem Meer treibt.

Deutlich spiegelt das Gebiet den Einfluss der Eiszeiten wider, als das isländische Hochland nahezu komplett von einem dicken Eisschild bedeckt war. Nach dem Rückzug der Gletscher kamen spitze Palagonitkegel und kantige Tafelberge wie **Bláfell**, **Hrútfell** und **Kjalfell** zum Vorschein, stumme Zeugen von Vulkanausbrüchen, die sich einst unter dem Eis ereigneten. Nach der Eiszeit kehrte aber keine Ruhe ein. Im Gegenteil, als sich das von der Auflast einer mächtigen Eisschicht befreite Land, auf der Suche nach einem neuen isostatischen Gleichgewicht (☞ Glossar), zu heben begann, kam es zu starken Bodenbewegungen. Dabei riss die Erde vor allem in den ersten Jahrtausenden nach der Eiszeit immer wieder auf und es ergossen sich gewaltige Lavaströme über das Land. Es war die Geburtsstunde großer Schildvulkane wie der **Strýtur**, der vor 7.800 Jahren große Teile der Moränenlandschaft der Kjölur-Region unter dünnflüssiger Lava begrub. Das Ergebnis ist das Lavafeld **Kjalhraun**, das eine Fläche von 180 km² bedeckt.

Wer die Kjölur-Hochebene auf der Hochlandstraße **35** durchquert, findet dort eine karge Wüstenlandschaft vor. Bedeutend grüner gestaltet sich die Umgebung der „alten", bereits im 10. Jh. erwähnten Route über die Kjölur. Diese verlief weiter westlich, im Schatten des Langjökull, wo es in regelmäßigen Abständen genug Gras gab, um die Pferde zu versorgen. Das war ein großer Vorteil des **Kjalvegur**, der sich in den ersten Jahrhunderten nach der Besiedlung rasch zur bedeutendsten Verbindungsroute zwischen Nord- und Südisland entwickelte.

Nach dem tragischen Tod der ☞ **Brüder von Reynistaður** 1780 wurde angenommen, dass ein Fluch auf der Route lastete. Gerüchte, Geächtete würden dort Hochlandreisenden auflauern und nach dem Leben trachten, nährten diese Annahme (☞ Infokasten „Islands berühmtester Outlaw"). Nur noch wenige Reisende wagten sich an eine Kjölur-Überquerung und die Route geriet in Vergessenheit. Das änderte sich erst ein Jahrhundert später durch die Arbeit des dänischen Landvermessers **Daniel Bruun** (1856-1931), der die Strecke 1897/98 mit stattlichen Steinmännern markierte, die dem Wanderer bis heute den Weg zeigen.

Heute wird der **48 km** lange Kjalvegur, der weitgehend dem Verlauf des alten Reitweges folgt, zu den schönsten Wanderwegen Islands gezählt. Obwohl

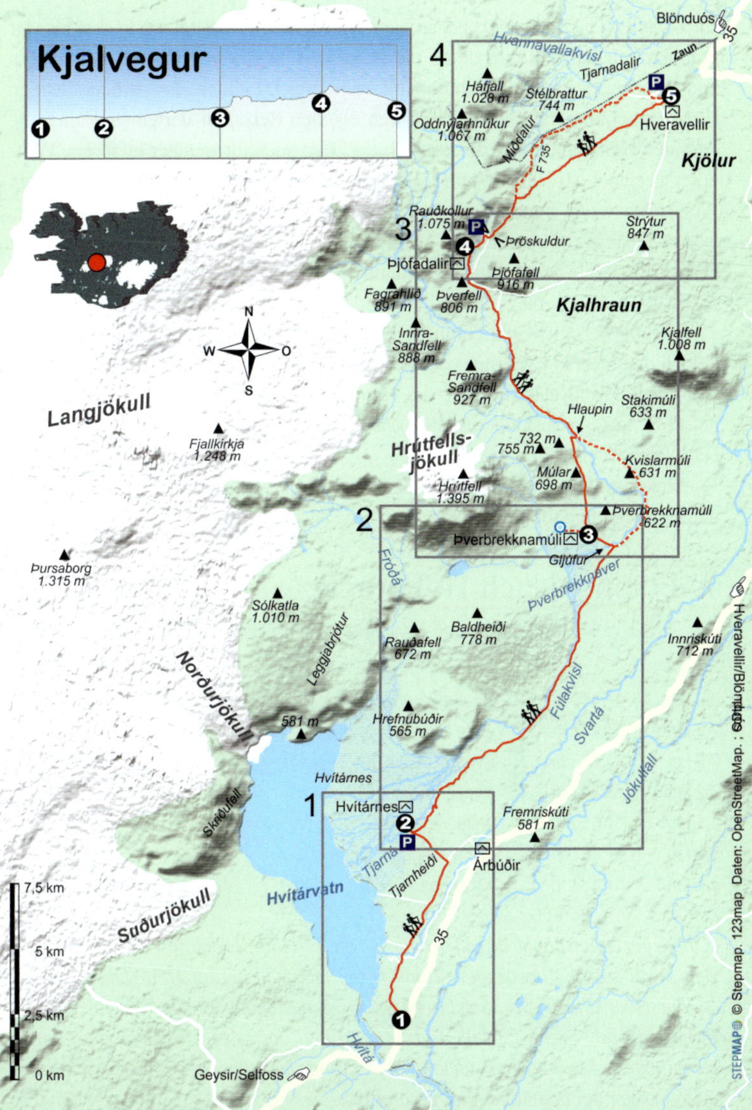

Kjalvegur
1
2
3
4
5
Blönduós
35
Hvannavallakvísl
Zaun
Tjarnadalir
Háfjall
1.028 m
Stélbrattur
744 m
Oddnýjarhnúkur
1.067 m
Miðdalur
F 735
Hveravellir
Kjölur
Rauðkollur
1.075 m
Þröskuldur
Strýtur
847 m
Þjófadalir
Þjófafell
916 m
Fagrahlíð
891 m
Þverfell
806 m
Kjalhraun
N
W
O
S
Innra-
Sandfell
888 m
Kjalfell
1.008 m
Fremra-
Sandfell
927 m
Langjökull
Hlaupin
Stakimúli
633 m
Fjallkirkja
1.248 m
Hrútfells-
jökull
732 m
755 m
Kvíslarmúli
631 m
Múlar
698 m
Hrútfell
1.395 m
Þverbrekknamúli
622 m
Þverbrekknamúli
Gljúfur
Fróðá
Þverbrekknaver
Þursaborg
1.315 m
Sólkatla
1.010 m
Baldheiði
778 m
Rauðafell
672 m
Innriskúti
712 m
Leggjabrjótur
Norðurjökull
Hrefnubúðir
565 m
Fúlakvísl
Svartá
581 m
Hvítárnes
Skriðufell
Hvítárnes
Fremriskúti
581 m
Jökulfall
Tjarna
Tjarnheiði
Árbúðir
7,5 km
Hvítárvatn
Suðurjökull
5 km
35
2,5 km
0 km
Hvítá
Geysir/Selfoss
Hveravellir/Blönduós
© Stepmap. 123map Daten: OpenStreetMap
STEPMAP

landschaftlich nicht so spektakulär wie der Laugavegur, besitzt die in **drei bis vier Etappen** aufgeteilte Route durch die Nähe zu Gletschern, düsteren Lavafeldern und geheimnisvollen Schluchten und nicht zuletzt durch das farbenprächtige Hochtemperaturgebiet Hveravellir ihren eigenen Reiz. Ein Vorteil sind auch die **geringen Höhenunterschiede**, weshalb der Weg auch für weniger erfahrene Wanderer geeignet ist. Hinzu kommt, dass der vor allem mit **Steinmännern** markierte Weg relativ wenig frequentiert wird.

Die **beste Wanderzeit** ist von Mitte Juni bis Anfang September. Danach drohen erste Wintereinbrüche. Anfang September wird auch der Busverkehr über Kjölur eingestellt.

Eine bevorzugte **Gehrichtung** gibt es nicht. Die meisten Wanderer ziehen jedoch den Start in **Hvítárnes** vor und genießen das erholsame Bad im natürlichen Hot Pot in **Hveravellir** am Ende der Tour. Diese Gehrichtung wird auch hier beibehalten. In Tagesabständen stehen **Wanderhütten** des isländischen Touring Clubs Ferðafélag Íslands (FÍ) bereit.

Trinkwasser gibt es unterwegs kaum und sollte deshalb für jede Etappe von den Hütten mitgenommen werden.

1. Etappe: Nach Hvítárnes

➲ 8,8 km, ⌛ S → N 2 Std. 30 Min., N → S 2 Std. 30 Min.,
🡅 30 m, 🡇 35 m, ⇧ 433-467 m

0,0 km	⇧ 440 m	Straße 35, Wegweiser 🚌
2,5 km	⇧ 437 m	erste Weggabelung
2,8 km	⇧ 435 m	Svartá-Brücke)(
3,2 km	⇧ 442 m	zweite Weggabelung
5,1 km	⇧ 455 m	dritte Weggabelung
6,9 km	⇧ 467 m	vierte Weggabelung
8,8 km	⇧ 433 m	Hvítárnes ⌂ ⛺

*„Offizieller" Startpunkt des Kjalvegur ist die FÍ-Hütte Hvítárnes. Da der Bus, für viele Wanderer das bevorzugte Transportmittel, nicht bis zur Hütte fährt, sondern an der Hochlandstraße **35** hält, bietet es sich an, die Strecke bis zur Hütte – 8,8 km Piste! – zum Einlaufen zu nutzen und am ersten (oder letzten) Tag in Hvítárnes zu übernachten. Viele geübte Wanderer laufen aber gleich weiter und übernachten am ersten Tag in Þverbrekknamúli.*

SBA-Norðurleið: Reykjavík – Kjölur – Akureyri (Linie 610/610a)

18. Juni bis 6. Sep 4 x wöchentlich. Ab **Reykjavík** (BSÍ-Terminal) am So, Mo, Mi und Fr 8:00; ab **Akureyri** (Oddeyrarbót 2) am So, Di, Do und Sa 8:00. Rückfahrt von **Hvítárnes** (Straße 35) nach Reykjavík am So, Di, Do und Sa 14:35; nach Akureyri am So, Mo, Mi und Fr 11:50. Fahrtdauer ab Reykjavík: 3 Std. 50 Min., ab Akureyri: 6 Std. 35 Min., Fahrpreis Reykjavík – Hvítárnes: ISK 5.900, Akureyri – Hvítárnes: ISK 11.900

SBA-Norðurleið, 550 0700, sba@sba.is, www.sba.is

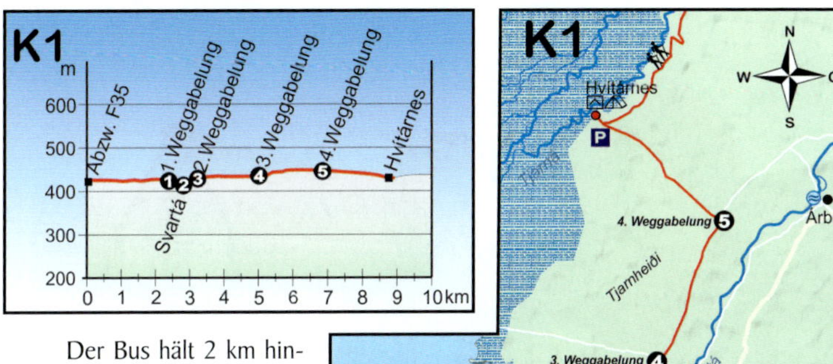

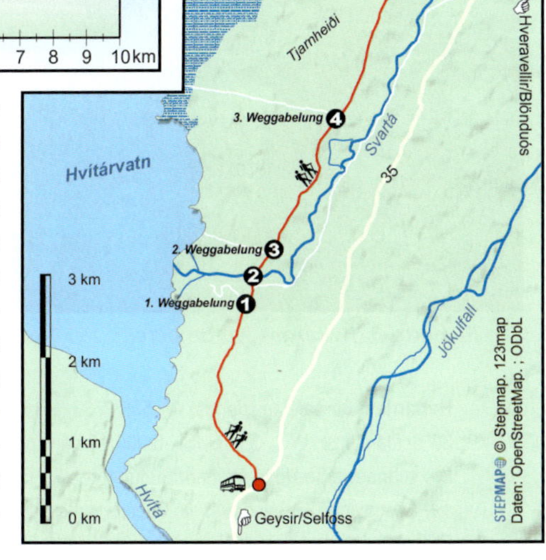

Der Bus hält 2 km hinter der Brücke über den Gletscherfluss Hvítá, an der Abzweigung der Piste nach Hvítárnes. Die Abzweigung markiert ein gelber Wegweiser („Hvítárnes 8"). (Wanderer, die die Tour hier beenden, sollten rechtzeitig an der Gabelung warten und dem Busfahrer durch Handzeichen mitteilen, dass sie mitfahren möchten.)

Auf der nach Nordwesten führenden Piste erreichen Sie nach 2,5 km eine **erste Weggabelung ❶**, ignorieren hier aber die (gesperrte) Abzweigung zu einer privaten Hüttenansammlung am Hvítárvatn. 400 m weiter wird der kristallklare Fluss **Svartá** auf einer **Brücke ❷** überquert.

An der **zweiten Weggabelung ❸** (km 3,2) lassen Sie eine weitere (mit einem verrosteten Tor gesperrte) Stichstraße zum See links liegen. Auch an der **dritten Weggabelung ❹** (km 5,1) ignorieren Sie die nach links abzweigende Piste, die zu weiteren Hütten am Gletschersee hinunterführt.

Erst an der **vierten Weggabelung ❺** (km 6,9) biegen Sie links ab und wandern direkt auf die **FÍ-Hütte Hvítárnes** (⇧ 433 m) zu, deren rotes Dach schon von Weitem in der grünen Heidelandschaft sichtbar ist.

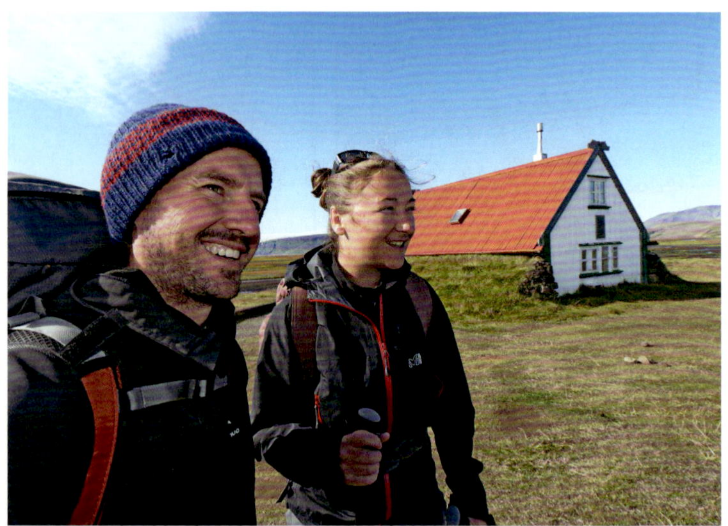

Die FÍ-Hütte in Hvítárnes wurde bereits 1930 errichtet.

⌂ **Hvítárnes**, Ferðafélag Íslands, ☎ 568 2533 (Buchung), ✉ fi@fi.is, 💻 www.fi.is, 30 Schlafplätze, WC, 🍳, Ü ISK 6.000, 🚪 ganzjährig, Hüttenwirt Juli bis Mitte Aug. Die schneeweiße Hütte liegt am Südufer des Flusses Tjarná. Das 1930 erbaute und 1977 renovierte Gebäude ist die älteste Hütte des isländischen Touring Clubs. Das Erdgeschoss des zweistöckigen Hauses besteht aus einem Vorraum, einer kleinen 🍳 Küche mit Wasser, Gasherd und Gasofen sowie zwei kleinen Schlafräumen. Im ersten Stock gibt es einen weiteren kleinen Schlafraum und ein Matratzenlager. Die Toiletten sind in einem separaten Häuschen (ggf. Taschenlampe mitnehmen!).

⛺ Rasenfläche bei der Hütte, die aber wenig Windschutz bietet. Ü ISK 2.000

Die mit geschnitzten Firstbalken und einem Grasdach versehene Holzhütte besticht durch ihre Lage, mit Blick auf den Gletschersee **Hvítárvatn** (= See des weißen Flusses) und mehrere Gletscher der Eiskappe Langjökull. Während der **Suðurjökull** im Westen das milchig grüne Gewässer heute nicht mehr erreicht, entlässt der benachbarte Gletscher **Norðurjökull** noch immer kleine Eisberge in den See. Aus dem 30 km^2 großen und bis zu 84 m tiefen Gewässer, dem sechstgrößten See Islands, entspringt der Gletscherfluss Hvítá, der gut 35 km flussabwärts den berühmten Wasserfall Gullfoss bildet. Im nahen Sumpfgebiet Hvítárnes nisten etliche Vogelarten, darunter die Kurzschnabelgans, der Singschwan und mehrere Entenarten.

Der Geist von Hvítárnes

Beim Blick auf die Hütte von Hvítárnes entdecken Sie dahinter die Überreste eines alten Bauernhofes, der 1104 durch Ascheregen des Vulkans **Hekla** zerstört wurde. Die Wanderhütte von Hvítárnes wurde 1930 gebaut. Doch bei der Ortswahl bewiesen die Bauherren kein glückliches Händchen.

Denn laut Überlieferung steht die Hütte mitten auf dem Weg, der einst vom Gehöft zum nahen Hvítárvatn führte. Dumm nur, dass der Geist der damaligen Hofbewohnerin angeblich noch immer in der Gegend umherstreift. Immer wenn die Bäuerin sich mit ihren beiden Eimern zum Wasserholen auf den Weg zum See macht, führt ihr Weg zwangsläufig durch die Hütte, genauer gesagt durch ein bestimmtes Bett der Hütte. So mancher Gast, der dem Geist im Traum begegnet ist, kann davon erzählen. Doch damit nicht genug …

Trifft die Bäuerin in diesem Bett eine männliche Person an, wird sie so richtig sauer. Manch einer soll im Schlaf aus dem Bett geworfen, ein anderer fast erwürgt worden sein. Einen der ersten Hüttenwirte brachte der Geist fast um den Verstand. Er weigerte sich schließlich, auch nur noch eine einzige Nacht allein in Hvítárnes zu verbringen, bis schließlich eine separate Hütte für die Hüttenwirte gebaut wurde.

In den 90er-Jahren brachen schließlich drei Männer, darunter der Vorsitzende des Wandervereins und ein pensionierter Pfarrer, nach Hvítárnes auf, um die Hütte mit einem Ritual vom Geist zu befreien. Doch der Versuch scheiterte und der Geist ist weiterhin aktiv. Immer noch berichten Reisende von seltsamen Geräuschen und merkwürdigen Träumen.

Neugierig geworden? Dann versuchen Sie doch einmal das Bett an der Wand zur Küche …

2. Etappe: Hvítárnes – Þverbrekknamúli

15,8 km, S → N 5 Std., N → S 5 Std., ↑ 130 m, ↓ 10 m, ⇧ 433-555 m

0,0 km	⇧ 433 m	Hvítárnes
0,1 km	⇧ 435 m	Parkplatz Hvítárnes P
4,0 km	⇧ 442 m	Tjarná
6,6 km	⇧ 485 m	Ufer Fúlakvísl
12,0 km	⇧ 522 m	Þverbrekknaver
14,7 km	⇧ 552 m	Steinmann/Wegweiser: Abzweigung Variante „alter Reitweg“
14,9 km	⇧ 550 m	Fúlakvísl-Brücke
15,8 km	⇧ 540 m	Þverbrekknamúli

Diese Etappe führt von Hvítárnes zunächst durch sumpfige Wiesen, später durch eine zunehmend wüstenähnliche Landschaft auf die Fúlakvísl zu. Anschließend folgen Sie dem Ufer dieses Gletscherflusses und passieren Þverbrekknaver, eine idyllische Teichlandschaft mit zahlreichen Wasservögeln. Zum Schluss geht es über das ausgedehnte Lavafeld Kjalhraun weiter, das aus leicht begehbarer

Uralte Steinwarten zeigen den Verlauf des Kjalvegur.

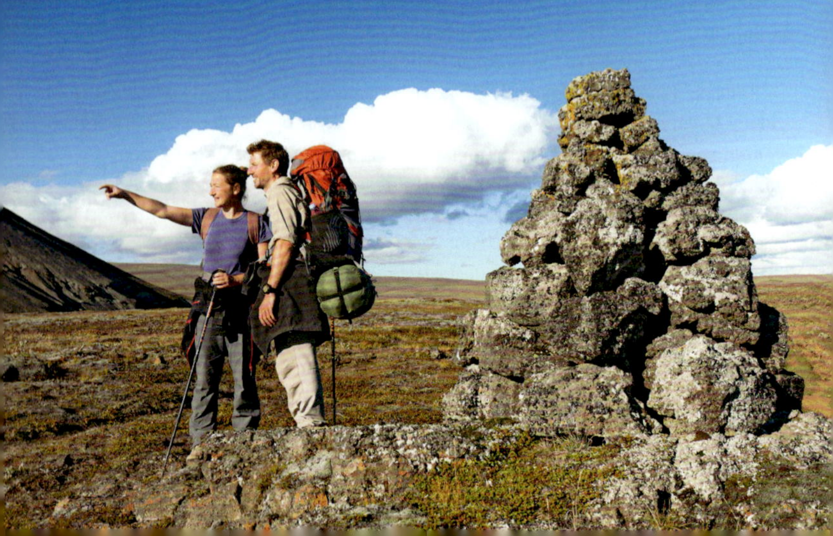

Fladenlava besteht. Das Etappenziel, Þverbrekknamúli, liegt westlich der Fúlakvísl, am Fuß des gleichnamigen Palagonitberges. Abgesehen von den ersten Kilometern gibt es unterwegs meist kein Trinkwasser.

Die Brücke über die Fúlakvísl hat eine bewegte Geschichte.

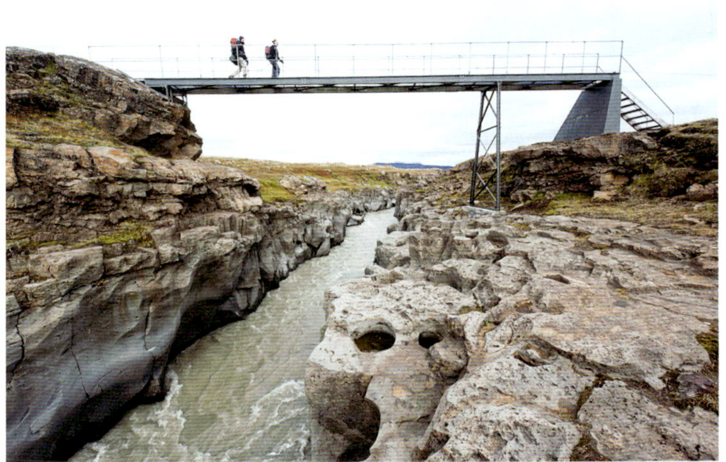

Von der Hütte wandern Sie zunächst auf der Piste 100 m zurück zum **Parkplatz ❶**. Dort deuten gelbe Pflöcke auf den Beginn der nach links abzweigenden Wanderroute hin, die zunächst die **Tjarnheiði** überquert. Schon nach wenigen Metern gibt es keine Pflöcke mehr, dafür Spuren eines alten Reitweges, die sich ab und zu in den sumpfigen Wiesen auflösen. Da auch die im weiteren Verlauf der Route üblichen Steinmänner weitgehend fehlen – im Sumpfland fehlte den Erbauern wohl der nötige Rohstoff – halten Sie sich im Zweifelsfall einfach links (Westen), da die Route auf den ersten Kilometern immer in der Nähe des verzweigten Gletscherflusses **Fúlakvísl** (= Stinkfluss) verläuft, der zur Linken Richtung Hvítárvatn fließt.

Bald tauchen die Spuren des Reitweges in einen Moorbach ein. Pferde queren ihn an der breitesten Stelle, für Wanderer empfiehlt sich, etwas nach rechts (Osten) auszuweichen, wo das Gewässer rasch zu einem schmalen Rinnsal schrumpft. Um wieder auf den Reitweg zu finden, halten Sie anschließend wieder

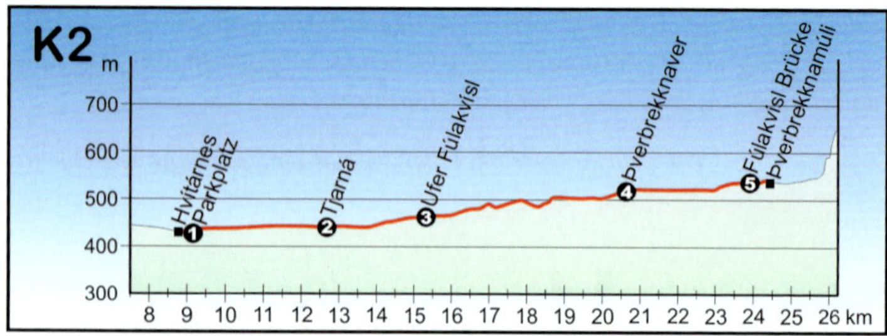

auf den Fluss zu. Hinter einem Steinmann gabelt sich der Reitweg. An dieser Stelle ignorieren Sie den rechten Ast, der zur Reiterhütte **Árbúðir** führt.

Während die Sumpfwiesen allmählich einer trockenen Heidelandschaft weichen, führen zwei stattliche Steinmänner zum Bacheinschnitt der **Tjarná** ❷, die sich problemlos auf einigen Steinen überqueren lässt. Hier können letztmals die Wasservorräte ergänzt werden. Bis Þverbrekknamúli gibt es meist kein Trinkwasser mehr! Auf der gegenüberliegenden Seite des Flussdeltas erhebt sich **Hrefnubúðir**. Der Legende nach ist der Berg die Heimat der Riesin Hrefna (ihr Lebensgefährte Bergþór lebt im Bláfell, südlich von Hvítárnes).

Der alte Reitweg ist nun nicht mehr zu verfehlen. Durch die Hufe unzähliger Pferde entstanden im Laufe der Jahrhunderte sechs bis zehn parallel verlaufende Spuren. Steinmänner erleichtern die Orientierung zusätzlich. Der Weg entfernt sich zwischenzeitlich vom Fluss und zieht sich durch eine von der Erosion stark in Mitleidenschaft gezogene Heidelandschaft. Immer wieder stoßen Sie auf Areale, wo die fruchtbare Bodenschicht durch Wind und Regen abgetragen wurde. Hauptursache ist wohl Überweidung (Tritt- und Verbissschäden) durch Schafe.

Während bald der Südrand des riesigen Lavafeldes **Kjalhraun** erreicht ist, verrät rasch anschwellendes Getöse, dass Sie sich wieder der **Fúlakvísl** ❸ (km 6,6) nähern, die sich tief in die Landschaft eingeschnitten hat. Im Verlauf der nächsten 5 km verläuft der Kjalvegur am Ufer des Gletscherflusses. Dieser zwängt sich in einem Bogen zwischen der Lava und der Ostflanke des alten Schildvulkans **Baldheiði** (⇧ 771 m) hindurch. Dieser Vulkan war im letzten Interglazial (vor 110.000 bis 130.000 Jahren) aktiv.

Im Osten zeichnen sich die bunten Rhyolithzacken der 15 bis 20 km entfernten **Kerlingarfjöll** ab. Nördlich davon schillert die Eiskappe Hofsjökull. In Geh-

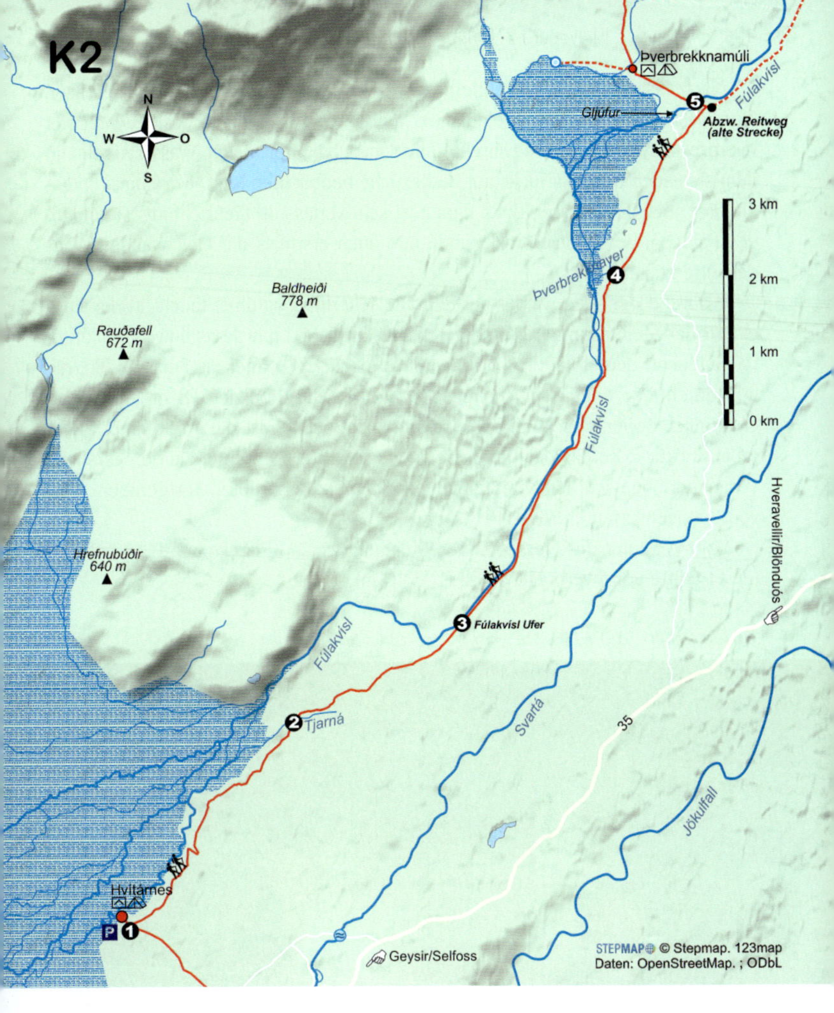

richtung erhebt sich die Silhouette des Tafelberges **Kjalfell**, während sich im Nordwesten ein weiterer Tafelberg, der mit Gletschern geschmückte **Hrútfell**, in Szene setzt. Die unendliche Weite dieser Urlandschaft beeindruckt genauso, wie die tiefe, nur sporadisch von Schafsgeblöke oder vom kläglichen Ruf des Goldregenpfeifers unterbrochene Stille.

Nach insgesamt 12 km entfernt sich der Weg erneut vom Fluss, der nach Nordwesten abknickt. Die Steinmänner führen jetzt quer durch das Feuchtgebiet **Þverbrekknaver ❹**, eine idyllische Teichlandschaft mit vielen Wasservögeln, in dem sich auch der Polarfuchs auf Beutesuche beobachten lässt. Manchmal finden Sie hier noch Trinkwasser, doch darauf ist kein Verlass. In Gehrichtung ist am Fuß des Palagonitberges Þverbrekknamúli nun auch erstmals die gleichnamige Wanderhütte zu sehen.

Während der Weg wieder auf den Gletscherfluss zuführt, taucht in der Lava ein großer **Steinmann mit Warndreieck** auf. Ein Schild mit dem Hinweis „Gljúfur" (= Schlucht) deutet auf die 100 m entfernte **Brücke ❺** über die Fúlakvísl hin, die nun durch eine enge Schlucht rauscht. Die Konstruktion der 18 m langen und erstaunlich hohen Brücke mag verwundern. Tatsächlich ist die im Sommer 2005 erbaute Brücke bereits die fünfte, die an gleicher Stelle errichtet wurde. Sämtliche Vorgängerinnen wurden von reißenden Schmelzwasserfluten fortgerissen oder von Schneemassen erdrückt.

Vom Westufer des Flusses führen Steinmänner und Pflöcke zur 1 km entfernten **FÍ-Hütte** von **Þverbrekknamúli** (⇧ 540 m).

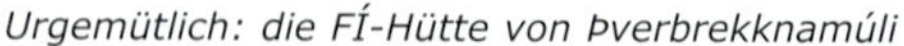

Urgemütlich: die FÍ-Hütte von Þverbrekknamúli

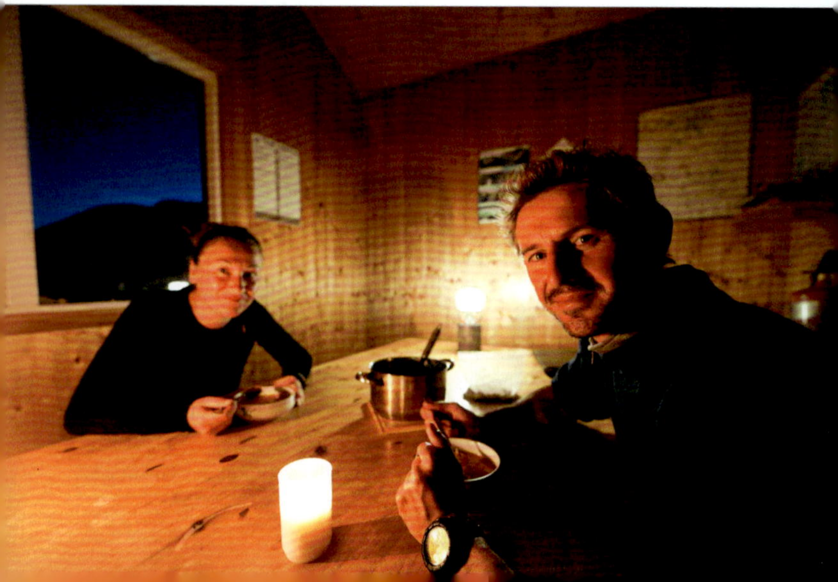

Þverbrekknamúli, Ferðafélag Íslands, ☏ 568 2533 (Buchung), fi@fi.is, www.fi.is, 20 Schlafplätze, Ü ISK 6.000, ganzjährig, Hüttenwirt im Sommer. Die kleine Hütte (1980) gefällt durch ihre Lage am Fuß des vergletscherten Tafelvulkans Hrútfell. Schlichte Ausstattung mit Stockbetten, Holztischen und -bänken, Petroleumofen und Öllampen, Notrufsender und Kochnische mit Kochgeschirr und Spülbecken. Fotos an der Wand dokumentieren die bewegte Geschichte der Brücke über die Fúlakvísl. Wassertank mit Trinkwasser außerhalb der Hütte. Separates Gebäude mit Wassertoiletten (in der Saison) und Plumpsklo in 30 m Entfernung. Abfälle müssen mitgenommen werden, vor Ort ist keine Entsorgung möglich.

Gute Zeltmöglichkeiten auf einer schönen Rasenfläche bei der Hütte. Ü ISK 2.000

Falls bei der Hütte kein **Trinkwasser** vorhanden ist, muss dieses aus der 1 km westlich (Richtung Hrútfellsjökull) gelegenen **Quelle** (GPS N 64°43.155' W 19°38.081') entnommen werden. Der Weg ist mit Pflöcken abgesteckt, der erste Pflock steht direkt vor der Tür der Hütte. Die am Rand der Lava entspringende artesische Quelle wird von Engelwurzstauden gesäumt.

3. Etappe: Þverbrekknamúli – Þjófadalir

13,6 km, S → N 5 Std. 30 Min., N → S 5 Std., ↑ 300 m, ↓ 150 m, ⇧ 540-690 m

0,0 km	⇧ 540 m	Þverbrekknamúli
2,6 km	⇧ 651 m	Múlar: 1. Anhöhe
3,7 km	⇧ 667 m	Múlar: 2. Anhöhe
3,9 km	⇧ 659 m	Beginn steiler Abstieg
4,2 km	⇧ 593 m	Hlaupin: Fúlakvísl-Brücke
4,3 km	⇧ 595 m	Abzweigung Variante „alter Reitweg“
10,7 km	⇧ 658 m	Pferch/Wegweiser
12,5 km	⇧ 656 m	Weggabelung
13,6 km	⇧ 690 m	Þjófadalir

Zum Auftakt dieser Etappe mit ausgeprägtem Wüstencharakter gibt es zwei Varianten, die bei Hlaupin zusammentreffen. Die gebirgigere, landschaftlich reizvollere „Normalroute“ führt westlich um den Berg Þverbrekknamúli herum und dann weiter über die Anhöhen der Múlar. Die 3 km längere, einfachere Variante auf dem „alten Reitweg“ zieht sich im Bogen durch die Lava östlich daran vorbei. Anschließend wandern Sie zunächst parallel zum Gletscherfluss Fúlakvísl durch das Lavafeld Kjalhraun und schließlich durch ein grünes Tal weiter zur Hütte im Þjófadalir. Trinkwasser sollte von Þverbrekknamúli mitgenommen werden! Unterwegs gibt es nichts!

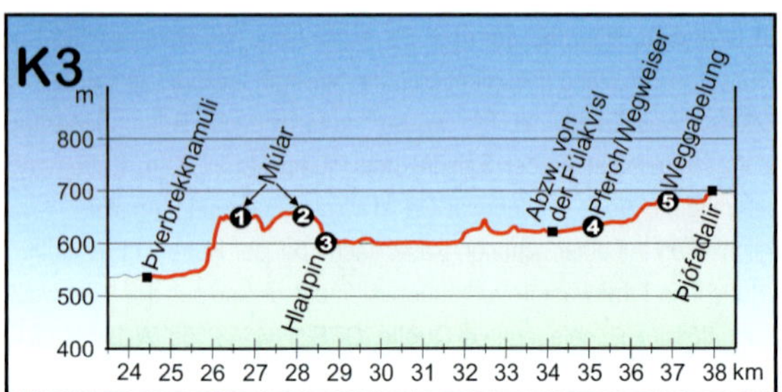

Wer sich für die „Normalroute" entscheidet, folgt den gelben Pflöcken, die von der Hütte nach Norden führen. Nach einem kurzen, steilen Anstieg geht es im leichten Auf und Ab über das Palagonitmassiv der **Múlar** und passieren dabei eine erste ❶ und eine zweite Anhöhe ❷.

Von oben schweift der Blick über das ausgedehnte Lavafeld **Kjalhraun**. Vor etwa 7.800 Jahren floss die dünnflüssige Lava aus dem Schildvulkan **Strýtur**, breitete sich 20 km nach Süden und 6 km nach Norden aus, umfloss den Tafelberg Kjalfell und bedeckte schließlich ein Areal von 180 km².

Ein großer Steinmann mit Markierungsstange kennzeichnet den Beginn des steilen Abstiegs zur Fúlakvísl. Vorsicht, denn auf dem mit Kies bedeckten harten Untergrund besteht Rutschgefahr!

Mithilfe einer kleinen **Brücke** überwinden Sie die Fúlakvísl, die durch eine unwahrscheinlich schmale Schlucht rauscht, die zutreffend als **Hlaupin** (= Sprung) bezeichnet wird (☞ Seite 183). Tatsächlich galt der Sprung über die enge Klamm, die stellenweise nur 1 m breit ist, einst als Mutprobe.

Zur Nachahmung nicht gedacht, ein Fehlsprung hätte immer fatale Folgen!

100 m hinter der Brücke vereint sich der Weg mit der ☞ **Variante auf dem „alten Reitweg"** ❸, die von Þverbrekknamúli östlich der Fúlakvísl nach Norden

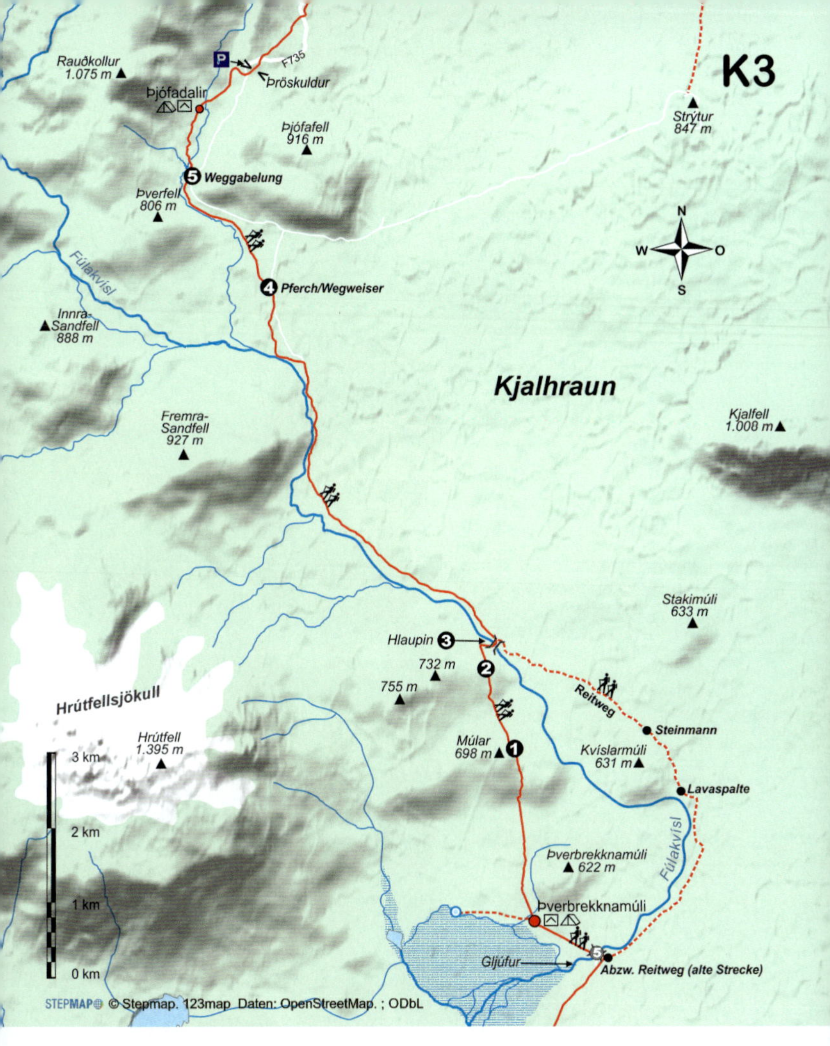

führt. Wander- und Reitweg sind auf den nächsten 6,5 km wieder identisch und schlängeln sich über das Lavafeld Kjalhraun weiter. Unterwegs wechseln Fladen- oder Stricklaven mit sandigen Passagen. Achten Sie auf die oft überraschend schönen Stricklavamuster!

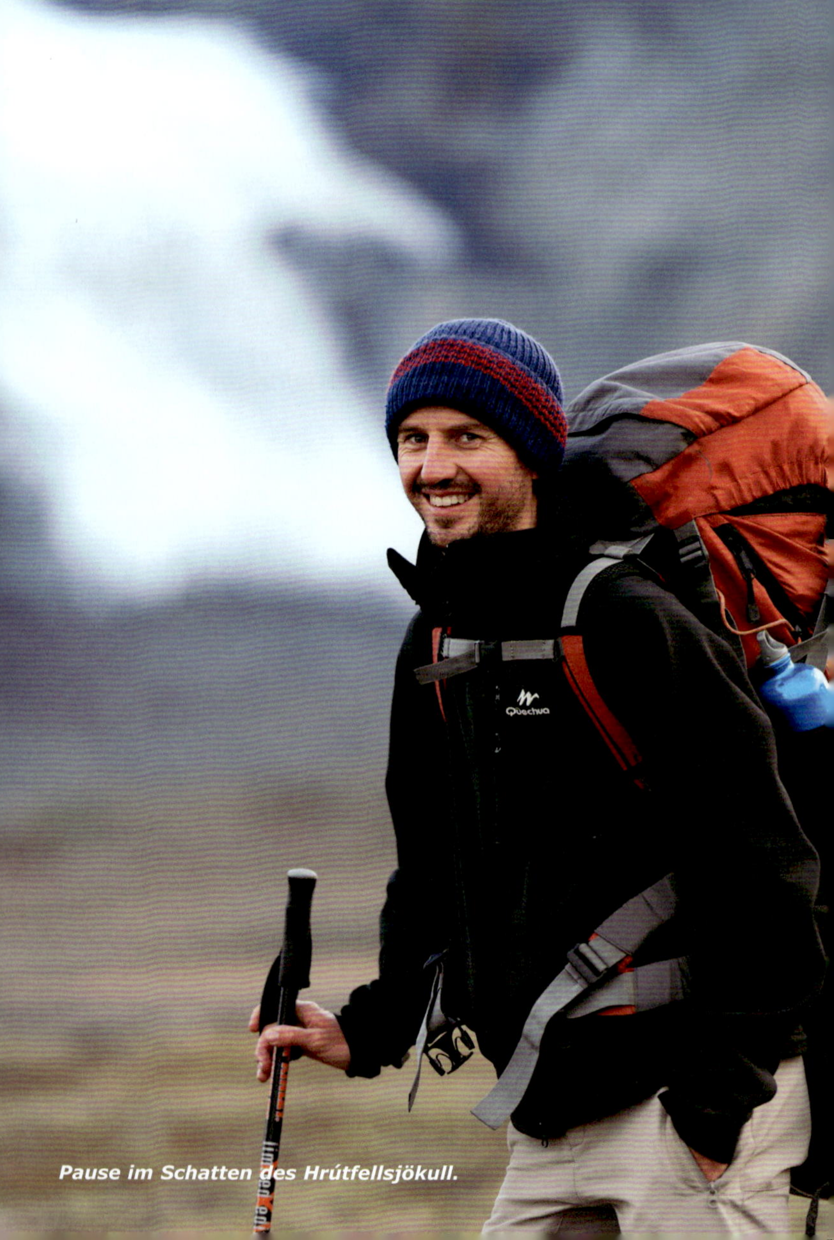

Pause im Schatten des Hrútfellsjökull.

Der Weg verläuft nun parallel am Fluss nach Nordwesten und gewährt immer wieder neue Ausblicke auf drei mächtige Eiszungen, die vom Nordhang des **Hrútfell** (⇧ 1.396 m) hinunterkriechen. Der Tafelvulkan entstand in der letzten Eiszeit durch einen subglazialen Vulkanausbruch (☞ Land und Leute, Geologie).

Nächstes Zwischenziel ist **Fremra-Sandfell**, ein ockerfarbiger Palagonitberg, der östlich umgangen wird. Danach verabschiedet sich der Weg definitiv vom Gletscherfluss, der im Nordwesten aus dem Langjökull entspringt. Die Steinmänner führen nun nach Norden auf **Þjófafell** zu, einem markanten Palagonitgipfel, der den Eingang der Þjófadalir überwacht.

Ein verblichener Wegweiser bei einem **Pferch** ❹ markiert eine weitere Weggabelung. Der Reitweg führt östlich um Þjófafell herum, der Wanderweg westlich. Beide Wege vereinen sich wieder nördlich des Berges.

Der Wanderweg führt nach links weiter und steuert direkt auf die **Þjófadalir** (= Täler der Diebe) zu. Im Tal hielten sich der Legende nach einst Diebe versteckt. Steinmänner gibt es auf diesem Abschnitt kaum noch. Wegweisend ist dafür ein Bach, der aus dem Tal strömt. An einer bald erreichten Weggabelung ❺ halten Sie sich rechts und folgen dem Trampelpfad zur gelben **FÍ-Hütte** von **Þjófadalir** (⇧ 690 m), die sich im oberen Teil des überraschend grünen Tals bereits erkennen lässt.

Þjófadalir, Ferðafélag Íslands, ☏ 568 2533 (Buchung), fi@fi.is, www.fi.is, 11 Schlafplätze, Ü ISK 5.500, ganzjährig. Die urige Hütte liegt am Fuß des pyramidenförmigen Berges Rauðkollur. Sie wurde 1939 errichtet und ist seitdem kaum verändert. In Anbetracht der Größe ist es kaum zu glauben, dass dort 11 Leute einen Schlafplatz finden – eine geschickte Raumaufteilung macht es möglich. Unten gibt es einen kleinen Aufenthaltsraum, flankiert von Stockbetten (8 Schlafplätze), auf dem Dachboden ein Mini-Matratzenlager (3 Schlafplätze). Im Eingangsbereich befinden sich eine winzige Kochnische mit Töpfen und ein Gasofen. Plumpsklo in einem separaten Häuschen (Taschenlampe mitnehmen!). Trinkwasser liefert der Bach östlich der Hütte. Abfälle bitte mitnehmen, vor Ort ist keine Entsorgung möglich!

Gute Zeltmöglichkeiten auf dem Rasen bei der Hütte. Ü ISK 2.000

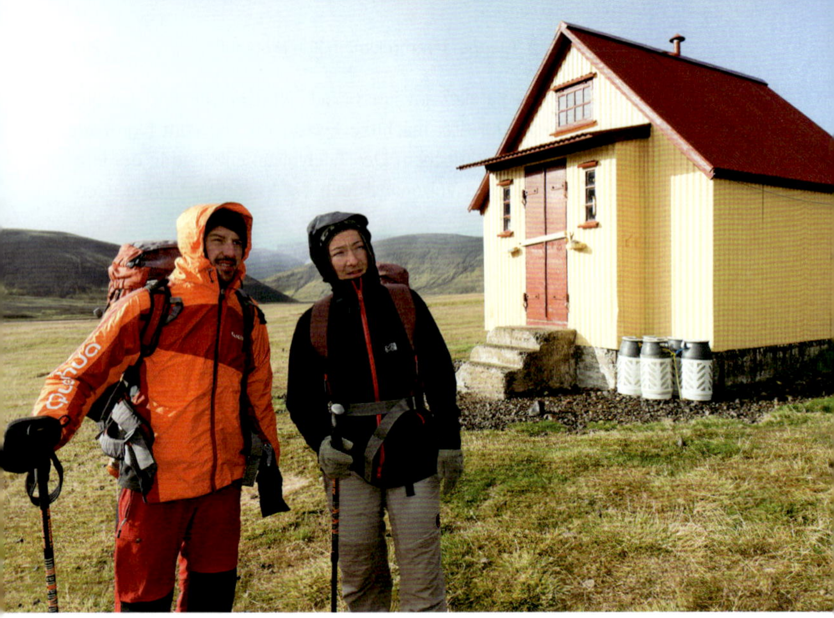

Die FÍ-Hütte in Þjófadalir

⇘ Variante auf dem „alten Reitweg"

➲ 16,8 km, ⌛ S → N 5 Std., N → S 4 Std. 30 Min., ↑ 180 m, ↓ 30 m, ⇧ 540-690 m

Wer die Variante auf dem „alten Kjalvegur" wählt, überquert zunächst wieder die **)(Fúlakvísl-Brücke** ❺ und biegt nun bei dem großen **Steinmann mit Warndreieck** auf der Ostseite des Flusses nach links ab. Steinmänner markieren den weiteren Weg, der zunächst parallel zum Gletscherfluss nach Nordosten führt. Der Fluss windet sich nach 1,5 km westlich um den Palagonitberg **Kvíslarmúli** (⇧ 631 m), während der Reitweg östlich daran vorbeiführt.

Eine mit Basaltblöcken versperrte Spalte in einer Lavascholle (km 4) auf der Südostseite des Berges Kvíslarmúli bietet einen windgeschützten Rastplatz und eignet sich z. B. für eine Picknickpause. Danach führen die Steinmänner zur Fúlakvísl zurück und treffen nach insgesamt 7,5 km wieder auf die Abzweigung der ☞ **„Normalroute"** ❸.

4. Etappe: Þjófadalir – Hveravellir

10,1 km, S → N 3 Std., N → S 3 Std. 30 Min., ↑ 80 m, ↓ 145 m, ⇧ 625-756 m

0,0 km	⇧ 690 m	Þjófadalir
1,0 km	⇧ 756 m	Þröskuldur
2,3 km	⇧ 702 m	Abzweigung „alter Reitweg“
2,8 km	⇧ 705 m	Abzweigung Variante auf der Piste F735
3,8 km	⇧ 700 m	Beginn Lavafeld Kjalhraun
8,3 km	⇧ 667 m	großer Steinmann
10,1 km	⇧ 625 m	Hveravellir

Von der FÍ-Hütte Þjófadalir erreichen Sie nach einem kurzen Anstieg den kleinen Pass Þröskuldur und steigen anschließend in das Tal Sóleyjardalur ab. Für den weiteren Wegverlauf gibt es zwei Möglichkeiten: Der mit Pflöcken markierte Wanderweg bringt Sie über das Lavafeld Kjalhraun auf direktem Wege nach Hveravellir, die etwas längere Strecke auf der Piste F735 empfiehlt sich bei schlechter Sicht. Trinkwasser ist auch hier Mangelware und sollte von der Hütte mitgenommen werden.

Zu Beginn steigen Sie nach Nordosten weiter in das Tal hoch und überwinden bei **Þröskuldur** ❶ den kleinen Höhenzug, der das Tal abschließt.

Von dem kleinen Sattel zwischen Þjófafell und Þjófadalafjöll schweift der Blick über das weite Lavafeld Kjalhraun, das sich nach Nordosten bis zum Hochtemperaturgebiet Hveravellir ausdehnt. Bei guter Sicht erblicken Sie im Nordwesten den Gipfel des **Oddnýjarhnúkur** (⇧ 1.067 m). Benannt wurde der Berg nach Oddný, einer Frau, die sich in der Gegend verirrt hatte. Ein Suchtrupp wurde losgeschickt, ohne große Hoffnung, sie wohlbehalten wiederzufinden. Als die Dame schließlich wiederauftauchte, war sie in erstaunlich guter Verfassung, dank einer Islandmoos-Diät.

Auf dem Pass gehen Sie geradeaus weiter und ignorieren den Trampelpfad zum nahen P Parkplatz, der das Ende der Piste **F735** markiert. Der Pfad verliert allmählich an Höhe und kreuzt zwei Mal die Piste, die in einer weit geschwungenen Kurve ebenfalls in das Tal **Sóleyjardalur** hinunterführt. 200 m nach der

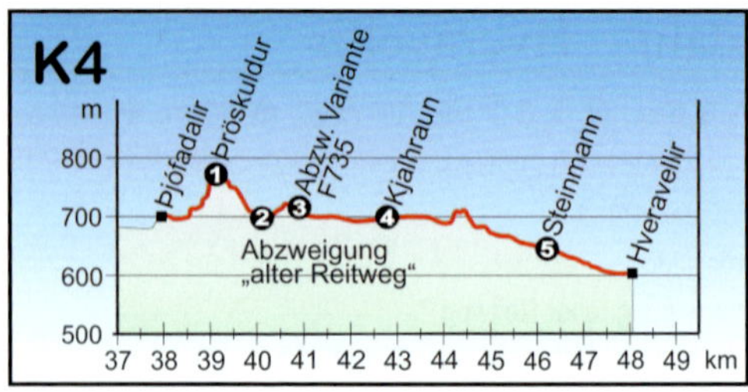

zweiten Kreuzung mit der Piste erreichen Sie die Abzweigung des alten Reitweges ❷ (km 2,3), der östlich um Þjófafell führt (☞ 3. Etappe).

Pfad und Piste führen nun parallel durch das Sóleyjardalur, das so gar nicht wie ein Tal wirkt, da es nur im Westen von einer Gebirgskette (Þjófadalafjöll) begrenzt wird, während es im Osten an das Lavafeld Kjalhraun anschließt. Für den weiteren Wegverlauf gibt es zwei Möglichkeiten: Bei schlechter Sicht empfiehlt sich die ☞ **Variante über die F735**, sonst ist die mit Pflöcken abgesteckte Route über das Lavafeld zu empfehlen.

Achten Sie darauf, die Abzweigung nicht zu verpassen! Halten Sie Ausschau nach einem grünweißen Schild („Hveravellir"), das links vom Pfad aufgestellt wurde. Die eigentliche Abzweigung des Wanderweges ❸ kommt aber erst 100 m weiter: Ein unscheinbares grünes Schildchen mit weißem Pfeil deutet auf den nach rechts in die Lava abzweigenden Weg hin. Der Wanderweg ist mit kurzen, weit auseinander stehenden Pflöcken markiert und führt zunächst über Gras und Buckelwiesen. Nach einem weiteren Kilometer haben Sie den Rand des Lavafeldes **Kjalhraun** ❹ erreicht und wandern abwechselnd über Fladenlava und Geröll weiter. Sie passieren einen großen **Steinmann** ❺ und entdecken nun auch in der Ferne bereits die Dampffahnen des **Geothermalgebiets Hveravellir** (⇧ 625 m), das sich am Nordrand der Lava erstreckt.

⌂ **Hveravellir**, ☏ 452 4200 (Buchung), 📱 894 1293 (Saison), ✉ info@hveravellir.is, 💻 hveravellir.is, 50 Schlafplätze, WC, 🚿 🍳 ♨, ÜF (neue Hütte) ISK 28.800 pro Zimmer, Ü (alte Hütte) ISK 7.500 pro Person, Bettwäsche ISK 2.000, F ISK 1.800, 🚪 ca. Juni (abhängig von der Schneeschmelze) bis Sep. Die Hütten von Hveravellir liegen im Geothermalgebiet, am Nordrand des Lavafeldes Kjalhraun. Die **neue Hütte** (1980) verfügt über Zimmer für 1-3 Pers. (20 Betten), 🚿 ♨, Bettwäsche und Frühstück sind im Übernachtungspreis inbegriffen, keine Kochmöglichkeit. In der **alten Hütte** (1937) gibt es drei Schlafsäle (30 Betten) und eine 🍳 Küche mit Gaskochplatten; 🚿 ♨ sind im Übernachtungspreis inbegriffen, Bettwäsche und/oder Frühstück gegen Aufpreis erhältlich. Beide Hütten werden mit Erdwärme beheizt. Wassertoiletten und 🚿 befinden sich in einem separaten Sanitärgebäude.

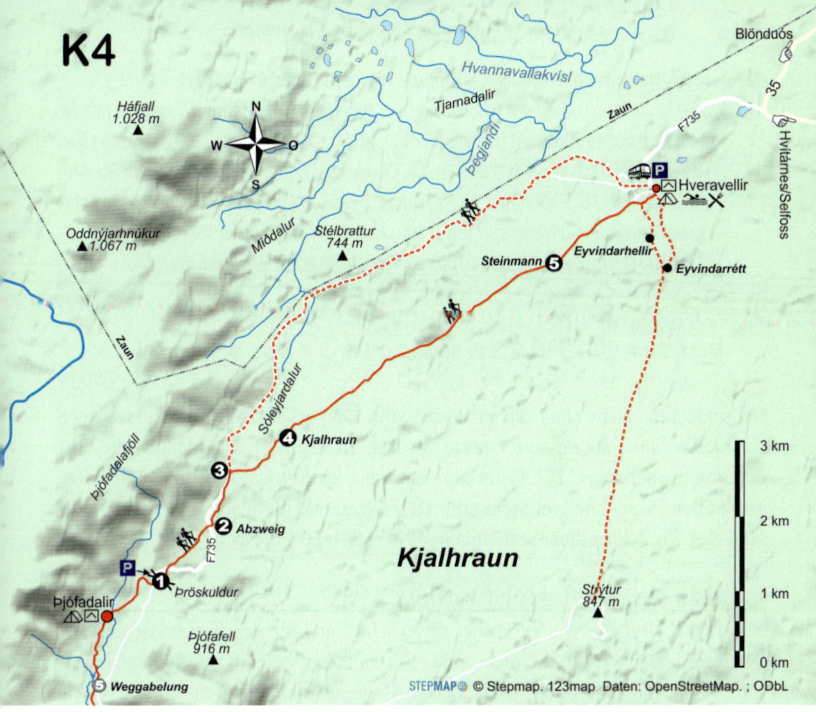

- Rasenfläche mit guten Zeltmöglichkeiten bei der Hütte, ISK 1.900, WC,
- Kleines, uriges Sommerrestaurant in der neuen Hütte. Frühstück, leichte Mahlzeiten und Abendessen, ca. Mitte Juni bis Sep tägl. 7:00-22:00
- eingeschränktes Angebot: vor allem Süßigkeiten, Bier und Erfrischungsgetränke
- Service Center in der neuen Hütte. Hier erhalten Sie Auskünfte zu Wandermöglichkeiten, Transport usw. @
- Der **Hot Pot** von Hveravellir ist für viele der schönste im ganzen Land! Der Pool, in dem bis zu 20 Personen Platz finden, liegt neben der alten Hütte. Einfache Temperaturregelung: Zum Aufheizen wird ein Schlauch mit siedendem Wasser – – in den Pool geleitet, während auf der gegenüberliegenden Seite kühles Wasser einströmt. Sobald die erwünschte Temperatur erreicht ist, wird der Heißwasserschlauch aus dem Pool entfernt. Ein toller Ort zum Verweilen, vor allem im Spätsommer, wenn manchmal nachts schon die ersten Nordlichter am Himmel flimmern … Für Nicht-Übernachtungsgäste wird für die Nutzung von und WC eine Servicegebühr von ISK 500 berechnet.

 **SBA-Norðurleið: Reykjavík – Kjölur – Akureyri (Linie 610/610a)**

18. Juni bis 6. Sep 4 x wöchentlich. Ab **Reykjavík** (BSÍ-Terminal) am So, Mo, Mi und Fr 8:00; ab **Akureyri** (Oddeyrarbót 2) am So, Di, Do und Sa 8:00. Rückfahrt von **Hveravellir** nach Reykjavík am So, Di, Do und Sa 12:00; nach Akureyri am So, Mo, Mi und Fr 15:15. Fahrtdauer ab Reykjavík: 7 Std. 15 Min., ab Akureyri: 4 Std., Fahrpreis Reykjavík – Hveravellir: ISK 9.900, Akureyri – Hveravellir: ISK 8.200

SBA-Norðurleið, ☏ 550 0700, sba@sba.is, www.sba.is

Variante über die F735

11,3 km, S → N 3 Std. 30 Min., N → S 4 Std., ↑ 180 m, ↓ 240 m, ⇧ 625-755 m

Bei schlechter Sicht stellt die Piste, die vom P Parkplatz bei **Þröskuldur** nach Hveravellir führt, die bessere Option dar. Die Strecke ist 1,2 km länger, die Orientierung problemlos. Die Piste führt zunächst ins Sóleyjardalur hinunter, überwindet den Palagonithügel **Stélbrattur** (⇧ 732 m) und kurvt schließlich am Nordrand des Lavafeldes **Kjalhraun** entlang weiter nach Hveravellir.

Islands berühmtester Outlaw

Isländische Straftäter wurden früher oft geächtet und für vogelfrei erklärt. Da sie sich ihres Lebens nirgendwo mehr sicher waren, flohen viele ins unbewohnte Hochland, wo sie ein entbehrungsreiches Dasein fristeten und von Fisch- und Vogelfang und gelegentlichem Schafdiebstahl lebten. Bis heute erinnern viele Ortsnamen an den legendären Geächteten **Fjalla-Eyvindur** (= Berg-Eyvindur), der sich von 1760 bis 1780 zusammen mit seiner Frau Halla im Hochland versteckt hielt.

Nachdem sie, des wiederholten Diebstahls bezichtigt, aus den Westfjorden fliehen mussten, verschlug es die beiden zunächst nach **Hveravellir**. Dort lebten sie von Überfällen auf Reisende und stahlen frei laufende Schafe. Als ihr Versteck aufzufliegen drohte, zogen sie in die Gegend südöstlich des Hofsjökull. Dort verbrachten sie fünf weitere Jahre in **Eyvindarver**, bevor sie aufgrund eines Zufalls verhaftet und nach Reykjahlíð (Mývatn) gebracht wurden. Doch Eyvindur konnte entkommen, er floh in die Lavawildnis **Ódáðahraun** (= Missetäterlava) und fand einen Unterschlupf in **Herðubreiðarlindir** (☞ Öskjuvegur). Dort überlebte er einen bitterkalten Winter, indem er sich von rohem Pferdefleisch und Engelwurz ernährte und Wasser trank, das aus einer kleinen Quelle in seiner Felshöhle sprudelte, in der er sich nur kauernd aufhalten konnte. In **Hvannalindir**, auf der anderen Seite des Flusses Jökulsá á Fjöllum, fand er ein weiteres Versteck.

Einige Jahre später gelang es Eyvindur, seine Frau Halla zu befreien. Nach zwanzig Jahren wurden beide schließlich begnadigt. Erst dann konnten sie in die Westfjorde zurückkehren, wo sie bis zu ihrem Tode am Ufer des Hrafnfjörður lebten. Ihre Grabstätte markiert heute ein schlichtes Holzkreuz.

Hveravellir

Mit seinen vielen Solfataren, heißen Quellen und bunten Sinterablagerungen gehört Hveravellir (= Ebene der heißen Quellen) zu den außergewöhnlichsten Hochtemperaturgebieten Islands. Seit 1970 steht das 170 ha große Areal, das vermutlich schon mehr als 6.600 Jahre existiert, unter Naturschutz. Aus Sicherheitsgründen und zum Schutz der heißen Quellen werden Wanderer ausdrücklich gebeten, nicht die markierten Wege und Plattformen zu verlassen. Als Rastplatz war die Hochlandoase übrigens bereits im 9. Jh. unter dem Namen *Reykjavellir* (= Rauchebene) bekannt. Die heißen Quellen wurden damals zum Kochen genutzt, das umgebende Grasland bot Nahrung für die Pferde.

Die größte Attraktion ist zweifellos **Öskurhóll** (= Donnerkegel), ein formschöner Sinterkegel, aus dem unter lautem Getöse ständig kochend heißes Wasser

Öskurhóll und Bláhver an einem kalten Oktoberabend.

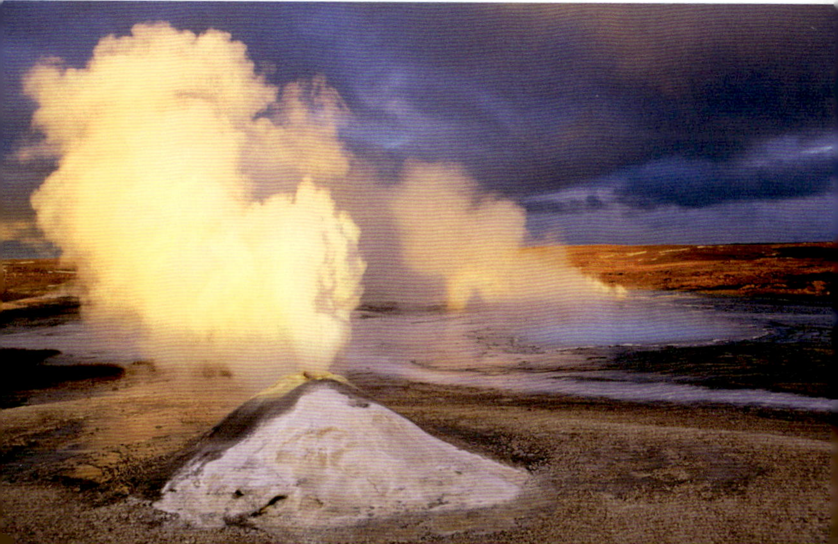

und Dampf entweichen (☞ 📷 Cover und S. 207). Auch das Forscherduo Eggert Ólafsson und Bjarni Pálsson, das 1752 die erste wissenschaftliche Beschreibung der Quellen verfasste, zeigte sich vom Lärm des 1 m hohen „Donnerkegels" schwer beeindruckt. Ihren Aufzeichnungen ist zu entnehmen, dass der ohrenbetäubende Lärm sie gar an Löwengebrüll erinnerte.

Reizvoll ist auch die türkis- bis aquamarinblaue, von schönen Sinterterrassen eingerahmte **Bláhver** (= blaue Quelle), mit einem Durchmesser von 5 m die größte heiße Quelle des Hochtemperaturgebietes. Mit einer Temperatur von „nur" 88° C ist sie aber deutlich „kühler" als die umgebenden Quellen. Ihre blaue Farbe verdankt sie den Ausfällungen des im Wasser gelösten Siliziums.

Weitere famose Quellen sind die brodelnden **Bræðrahverir** (= Quellen der Brüder), die große, schlammhaltige **Rauðihver** (= rote Quelle), **Dúandi** (= Zitterquelle), **Fagrihver** (= die Schöne) mit türkisfarbigem Wasser und **Grænihver** (= grüne Quelle). **Eyvindarhver** (= Eyvindurs Quelle) wurde nach dem Geächteten ☞ **Fjalla-Eyvindur** benannt. Von ihm stammen vermutlich auch die Steine um die 20 bis 40 cm hoch spritzende Quelle, die er zu Kochzwecken nutzte.

Hveravellir ist auch ein guter Ausgangspunkt für Streifzüge in die Umgebung:

- ▷ **Quellen-Rundgang**: Der mit Holzstegen und -plattformen angelegte Rundweg beginnt an der Hütte beim Hot Pot. ⌛ 15-30 Min.
- ▷ **Eyvindarhellir** und **Eyvindarrétt** lassen sich auf einem mit Holzpflöcken markierten Rundweg erkunden, der hinter den heißen Quellen beginnt. Sie passieren zunächst eine alte Schutzhütte (⩚) und gelangen nach 500 m zur Lavahöhle **Eyvindarhellir**, wo der Geächtete seine Vorräte aufbewahrt haben soll. Hier bitte rechts halten. In einer Kraterwand, die nach weiteren 500 m passiert wird, stoßen Sie auf **Eyvindarrétt**, den Pferch, in dem Fjalla-Eyvindur Schafe gehalten haben soll. ⌛ 30-45 Min.
- ▷ **Strýtur**: Dieser mit Steinmännchen markierte Wanderweg, der an den vorherigen anschließt, führt zum Krater des Schildvulkans Strýtur (⇧ 847 m), Urheber des gewaltigen Lavafeldes Kjalhraun. ➲ 12 km, ⌛ 3-4 Std.
- ▷ **Beinahóll**: Der Hügel im Lavafeld Kjalhraun erinnert an das grausame Schicksal der ☞ Brüder von Reynistaður. Der Wanderweg ist mit Steinmännchen markiert. ⌛ 4-5 Std.
- ▷ **Dúfunefsfell**: Der 727 m hohe Panoramagipfel liegt nordöstlich von Hveravellir und bietet eine hervorragende Aussicht. ⌛ 3-4 Std.

Die Brüder von Reynistaður

Der Name **Beinahóll** (= Knochenhügel) bleibt wohl für immer mit einem tragischen Schicksal verbunden. Nachdem im Sommer 1780 ein Großteil der Schafe in Skagafjörður einer Seuche zum Opfer gefallen war, machten sich zwei Brüder vom Hof **Reynistaður** auf den Weg nach Süden, um neue Schafe zu kaufen. Doch das Vorhaben zog sich hin. Erst am 28. Oktober traten die beiden mit einer Herde von 180 Schafen, in Begleitung von drei Knechten und 16 Pferden, die Heimreise an. Als sie im Lavafeld **Kjalhraun** von einem Schneesturm überrascht wurden, versuchten die Schäfer vergeblich, Schutz zu finden.

Vier Männer erfroren im Zelt, das im nächsten Frühjahr entdeckt wurde. Vom fünften Mann, der versucht hatte, sich nach Norden durchzuschlagen, wurde lediglich eine Hand mit einem Handschuh in der Schlucht des Gletscherflusses Blanda gefunden. Als man später wieder ins Hochland aufbrach, um die sterblichen Überreste zu bergen, waren die Leichname der Brüder verschwunden. Da ein Verbrechen vermutet wurde, kam es zur Gerichtsverhandlung. Wo war schließlich der von den Brüdern beim Schafskauf nicht verwendete Restbetrag des Geldes verblieben? Das Geld tauchte nicht wieder auf. Nur eine Handvoll Schafe und ein Pferd schafften es bis zum Frühjahr aus eigener Kraft nach Nordisland.

Zweimal erschien einer der Brüder seiner Schwester nachts im Traum und versuchte vergeblich, ihr den Fundort seines Leichnams zu zeigen. Erst 66 Jahre später wurden die Knochen der Brüder zufällig wiederentdeckt. Das **Denkmal** auf dem damals mit Knochen übersäten Hügel im Kjalhraun wurde 1971 von Verwandten der Brüder errichtet.

Öskurhóll, der „Donnerkegel", lässt Dampf ab.

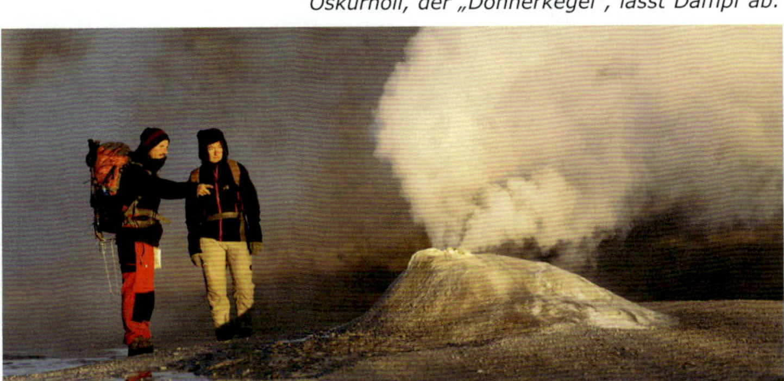

Jökulsárgljúfur

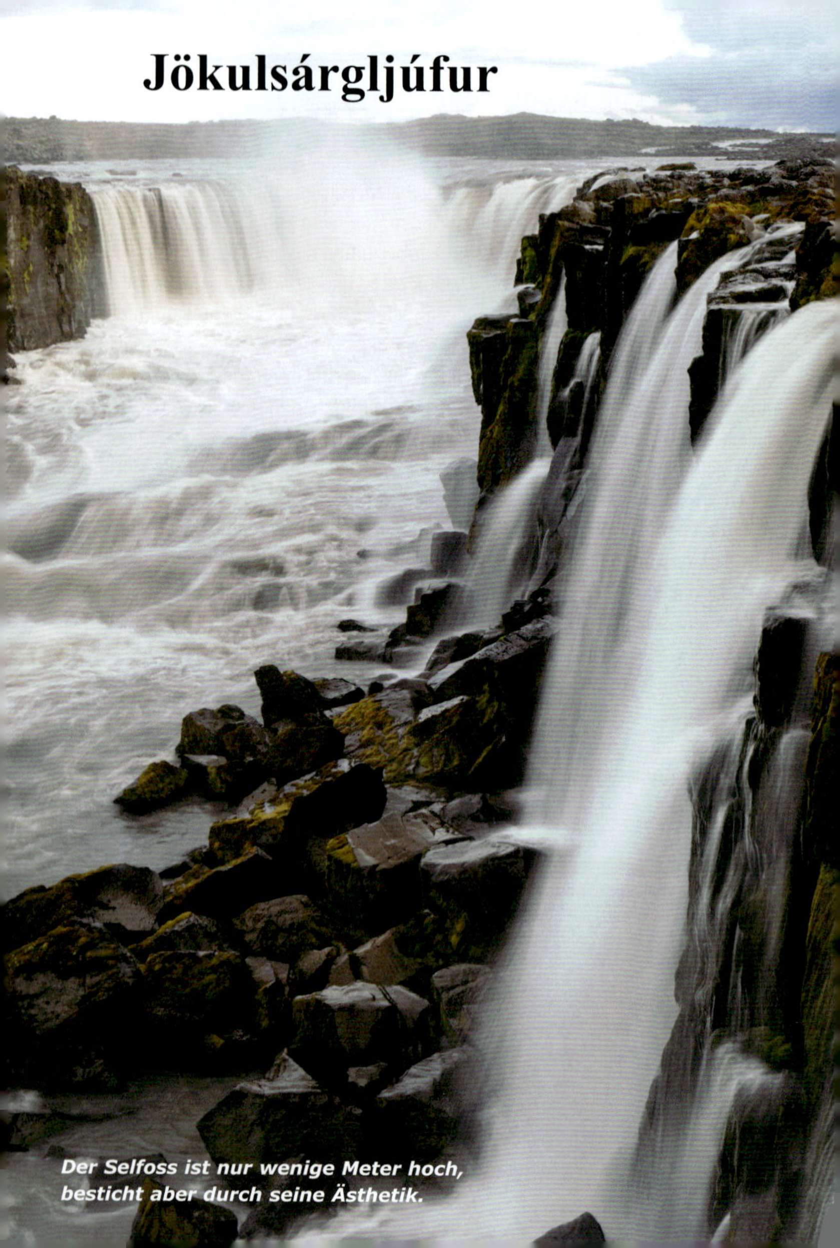

Der Selfoss ist nur wenige Meter hoch, besticht aber durch seine Ästhetik.

Die Schlucht **Jökulsárgljúfur** (= Schlucht des Gletscherflusses) liegt im Nordosten Islands und gehört zur aktiven Vulkanzone. Sie bildet das Rückgrat des 120 km² großen **Jökulsárgljúfur-Nationalparks**, der 1973 eingerichtet und 2008 in den neu konzipierten **Vatnajökull-Nationalpark** (☞ Reise-Infos von A bis Z, Nationalparks) aufgenommen wurde.

„Urheber" der imposanten Schlucht ist der Gletscherfluss Jökulsá á Fjöllum (= Gletscherfluss aus den Bergen), der aus dem Vatnajökull entspringt und am Ende seiner 206 km langen Reise auf dramatische Weise seine ganze Erosionskraft entfaltet hat. Das Ergebnis ist eine 28 km lange, 500 m breite und bis zu 120 m tiefe Schlucht, die zu den größten Naturspektakeln Islands gehört. In der Schlucht bildet die Jökulsá vier spektakuläre Wasserfälle: Selfoss, Dettifoss, Hafragilsfoss und Réttarfoss. Der 44 m hohe Dettifoss gilt als der mächtigste Wasserfall Europas und wird sogar oft als „Niagara Europas" bezeichnet.

Die Hauptschlucht, diverse Nebenschluchten (u. a. Vesturdalur und Hafragil) und die „Hufeisenschlucht" **Ásbyrgi** entstanden nach der letzten Eiszeit durch eine Reihe gewaltiger **Gletscherläufe** (isl. *jökulhlaup*). Bei jedem dieser katastrophalen Schmelzwasserfluten, die sich vor 9.000, 5.000 und 2.000 Jahren ereigneten, soll sich der Canyon innerhalb kürzester Zeit um mehrere Kilometer erweitert haben (☞ Infokasten „Die Kraft des Wassers"). Ihren Ursprung fanden diese Gletscherläufe vermutlich in Vulkanausbrüchen (Kverkfjöll, Grímsvötn, Bárðarbunga) unter der Eiskappe Vatnajökull, möglicherweise auch im plötzlichen Entleeren einer gewaltigen Gletscherlagune. Die maximale Abflussrate des größten dieser postglazialen Gletscherläufe wird auf 900.000 m³/s geschätzt. Dabei wurde ein Areal von 1.400 km² überschwemmt.

Kurz nach dem Ende der letzten Eiszeit drückte der Vulkanismus der Umgebung seinen Stempel auf. Im Bereich der heutigen Schlucht rissen gleich zwei **Vulkanspalten** auf.

Eine erste Spalte war vor 11.000 Jahren nördlich des Wasserfalls Dettifoss aktiv. Die Schlucht der Jökulsá durschneidet hier die Kraterreihe ☞ **Randarhólar** und zeigt sogar einen perfekten Querschnitt durch einen Vulkanschlot.

Eine zweite, 6 km lange Spalte öffnete sich vor 9.000 Jahren bei Vesturdalur parallel zum Fluss. An dieses Ereignis erinnern die Kraterreihe ☞ **Rauðhólar** und die ☞ **Hljóðaklettar**, eine Reihe vom Fluss freigelegter Vulkanschlote. Beide Vulkanspalten produzierten enorme Lavaströme, die später durch Gletscherläufe stark erodiert wurden. Zurück blieben mancherorts verloren wirkende, von senkrechten Wänden begrenzte Formationen, wie Eyjan in Ásbyrgi, Eyjan in Vesturdalur und Vígabjarg in Forvöð.

Die Kraft des Wassers

Jeder kennt das Sprichwort „Steter Tropfen höhlt den Stein". Für die Entstehung des Jökulsárgljúfur gilt das jedoch eher weniger. Geologischen Untersuchungen zufolge entstand die Schlucht vielmehr in einigen kurzen Episoden im Zusammenhang mit gewaltigen Gletscherläufen. Dabei verschoben sich die großen Wasserfälle in der Schlucht, Dettifoss und Hafragilsfoss, durch rückschreitende Erosion unwahrscheinlich schnell – Hunderte von Metern pro Tag!

Entscheidend dabei sind die Art des Gesteins – Säulenbasalt – und die Höhe der Wassersäule. So fanden die Forscher heraus, dass Basaltsäulen an einem Wasserfall ab einer Wassertiefe von 8 m durch die Kraft des Wassers regelrecht aus der Wand gerissen werden. Bei einer Strömungsgeschwindigkeit von 15.000 m^3/s entstehen in den herunterstürzenden Wassermassen außerdem große Luftkammern. Kollabieren diese, bilden sich starke Druckwellen, die das umgebende Gestein regelrecht wegsprengen. Die Gesteinsfragmente werden vom Fluss fortgetragen und der Prozess wiederholt sich.

Die in Nord-Süd-Richtung verlaufende Wanderung entlang der Schlucht ist eine leichte **Zweitagestour**. Die **35 km** lange Route ist durchgehend mit Pflöcken markiert und beschildert. Im Nationalpark gibt die farbliche Kennzeichnung Aufschluss über den Schwierigkeitsgrad einzelner Wege. **Grün** markierte Strecken sind für Behinderte zugänglich, **blaue** weisen keine Schwierigkeiten auf und sind ideal für Ungeübte. Rote Wege erfordern bereits mehr Kondition und warten mit kleineren Schwierigkeiten (unüberbrückte Bäche, steilere Hänge usw.) auf. **Schwarz** gekennzeichnete Routen sind nur für Geübte geeignet, schließen oft ausgeprägte Steilhänge und Geröllfelder ein und setzen Schwindelfreiheit und Trittsicherheit voraus. Schwarz markiert ist z. B. eine Variante via Hafragilsfoss.

Es gibt keine bevorzugte **Gehrichtung**. Für den Start im Norden (Ásbyrgi) spricht jedoch, dass Sie die ganze Zeit auf die spektakulären Wasserfälle in der Schlucht zulaufen. Diese Gehrichtung wird auch in der nachfolgenden Beschreibung beibehalten.

Übernachtet wird im **Zelt** auf ausgewiesenen Flächen. Wildes Zelten ist im Nationalpark strikt verboten.

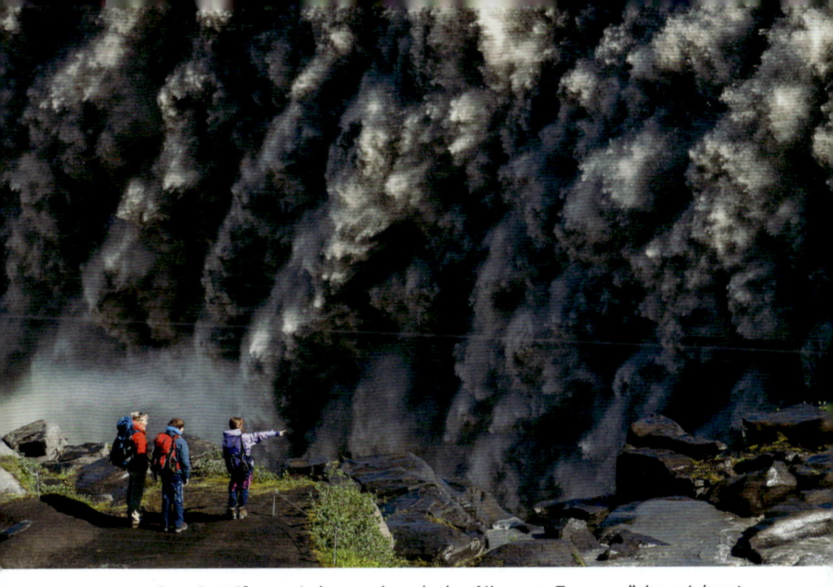

Der Dettifoss wird manchmal als „Niagara Europas" bezeichnet.

Nachdem SBA-Norðurleið, Sterna Travel und Strætó ihre Busverbindungen zum/im Jökulsárgljúfur-Nationalpark 2018 eingestellt hatten, drohte dem Wanderer in Sachen **Transport** zunächst Ungemach. Die Lücke wird jedoch ab Sommer 2019 von einem lokalen Unternehmen geschlossen, das nun Shuttledienste zu fairen Preisen zwischen Húsavík und Ásbyrgi (Kleinbus) sowie zwischen Ásbyrgi und Dettifoss (Superjeep) anbietet.

Das **Handynetz** in der Region wurde in den letzten Jahren deutlich verbessert. In Ásbyrgi, Vesturdalur, Dettifoss und an weiteren Orten entlang des Wanderweges müsste der Empfang, abgesehen von engen Tälern, Schluchten und Senken, weitgehend funktionieren.

Die **beste Zeit** für eine Erkundung der Schlucht ist von Mitte Juni bis August. Anfang Juni kann im südlichen, höheren Teil der Route noch reichlich Schnee liegen. Im September ist schon mit Wintereinbrüchen zu rechnen.

Reiches Vogelleben

Nicht nur 230 Arten von höheren Pflanzen, sondern auch viele Vogelarten finden im Nationalpark Jökulsárgljúfur ein Refugium. Im Birkenwald von Ásbyrgi werden Sie oft **Rotdrossel** (*Turdus iliacus*), **Birkenzeisig** (*Carduelis flammea*) und

Zaunkönig (*Troglodytes troglodytes*) begegnen. In Moor- und Heidegebieten sind **Alpenschneehuhn** (*Lagopus mutus*), **Goldregenpfeifer** (*Pluvialis apricaria*), **Bekassine** (*Gallinago gallinago*) und **Wiesenpieper** (*Anthus pratensis*) zu Hause. **Rotschenkel** (*Tringa totanus*), **Odinshühnchen** (*Phalarobus lobatus*) und einige Entenarten brüten an Tümpeln und Seen. Im Spätsommer lassen sich **Graugänse** (*Anser anser*) im Vorbeiflug beobachten.

In den Kliffs der Schluchten ziehen seltene Greifvögel wie **Gerfalke** (*Falco rusticolus*) und **Merlin** (*Falco columbarius*) ihre Brut auf; seit 1970 nistet in den Felswänden von Ásbyrgi auch der **Eissturmvogel** (*Fulmarus glacialis*). **Steinschmätzer** (*Oenanthe oenanthe*) und **Schneeammer** (*Plectrophenax nivalis*) bevorzugen ebenfalls felsiges Gelände, wo sie ihre Nester in Felsspalten oder zwischen Steinen verbergen.

Ásbyrgi

Ausgangspunkt der Wanderung ist die hufeisenförmige Schlucht Ásbyrgi (= Burg der Asen). Diese 3,5 km lange, gut 1 km breite und bis zu 100 m tiefe Schlucht erstreckt sich unmittelbar südlich der Straße Nr. **85**, am Nordrand des Nationalparks. Über ihre Entstehung kursieren verschiedene Theorien.

Nach der nordischen Mythologie entstand die Schlucht, als Odins achtbeiniges Pferd Sleipnir der Erde zu nahe kam und einen gigantischen Hufabdruck zurückließ. Geologen halten die „Hufeisenschlucht" für eine ehemalige Fallstufe der Jökulsá á Fjöllum. Sie entstand durch einen katastrophalen Gletscherlauf, der sich vor 9.000 Jahren, im Zusammenhang mit einem Vulkanausbruch unter der Eiskappe Vatnajökull, ereignete. Danach wurde Ásbyrgi von der Wasserzufuhr abgeschnitten und die Entwässerung der Jökulsá á Fjöllum erfolgt seitdem nur noch durch den heutigen Canyon, der sich 2 km weiter östlich befindet. In der „Hufeisenschlucht" plätschert allenfalls bei schweren Regenfällen noch ein kleines Rinnsal die ca. 100 m hohe Steilkante hinunter.

⌘ Wissenswertes über die Schluchten Jökulsárgljúfur und Ásbyrgi vermittelt das Nationalparkzentrum **Gljúfrastofa**.

ℹ **Gljúfrastofa Visitor Centre**, Ásbyrgi, 671 Kópasker, ☏ 470 7100, ✉ asbyrgi@vjp.is, 💻 www.vatnajokulsthjodgardur.is, @, 🚪 21. Mai bis Aug tägl. 9:00-18:00; 16. April bis 20. Mai und Sep bis Okt tägl. 10:00-16:00; 7. Jan bis 15. April und Nov bis 20. Dez Mo-Fr 11:00-15:00. Das Nationalparkzentrum für den nördlichen

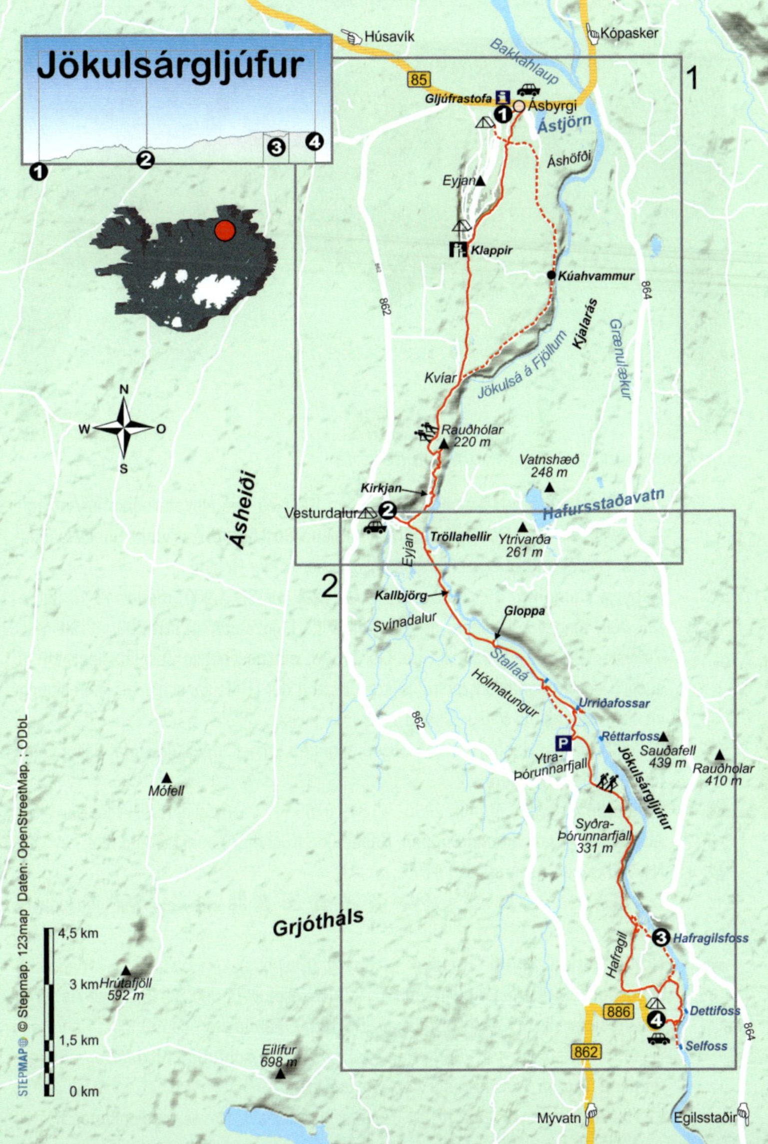

Jökulsárgljúfur
1
2
3
4
Húsavík
Kópasker
85
Gljúfrastofa
Ásbyrgi
Ástjörn
Bakkahlaup
Áshöfði
Eyjan
Klappir
Kúahvammur
Kjalarás
862
864
Grænulækur
Jökulsá á Fjöllum
Kvíar
Rauðhólar
220 m
Vatnshæð
248 m
Kirkjan
Vesturdalur
Hafursstaðavatn
Tröllahellir
Ytrivarða
261 m
Eyjan
Ásheiði
Kallbjörg
Gloppa
Svínadalur
Stallaá
Hólmatungur
Urriðafossar
Réttarfoss
Sauðafell
439 m
Rauðholar
410 m
Ytra-
Þórunnarfjall
Jökulsárgljúfur
Syðra-
Þórunnarfjall
331 m
Mófell
Grjótháls
Hafragil
Hafragilsfoss
Hrútafjöll
592 m
886
Dettifoss
862
Selfoss
Eilífur
698 m
4,5 km
3 km
1,5 km
0 km
Mývatn
Egilsstaðir
N
W
O
S
STEPMAP © Stepmap. 123map Daten: OpenStreetMap. : ODbL

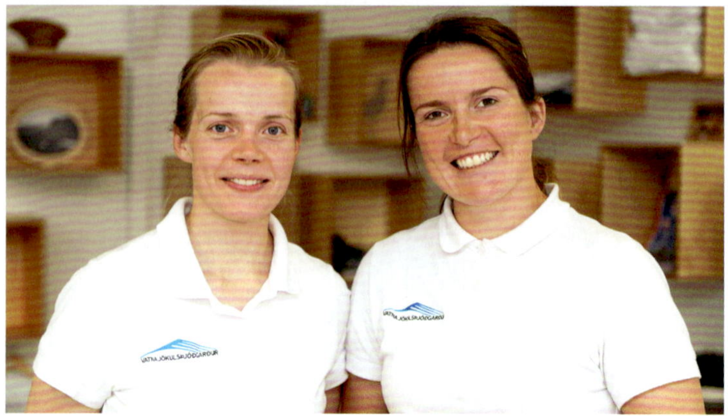

Im Nationalpark-Infozentrum Gljúfrastofa

Teil des Vatnajökull-Nationalparks liegt am Eingang des Nationalparks in Ásbyrgi. Ausstellungen über Geologie, Fauna, Flora und Geschichte, Auskünfte über Wanderwege, Wetter und Übernachtungsmöglichkeiten in der Region

Ásbyrgi Camping, 350 Plätze, Ü ISK 1.900, Kinder 13-16 Jahre ISK 800, Kinder < 12 Jahre gratis, (4 Min., Münzautomat) ISK 500, ISK 500, Trockner ISK 500, Mai bis Sep. Der große, windgeschützte Zeltplatz liegt 500 m südlich des Nationalparkzentrums am Eingang der „Hufeisenschlucht". Anmeldung im Gljúfrastofa Visitor Centre

Akkus (Kamera, Handy) können gegen geringes Entgelt im Gljúfrastofa Visitor Centre aufgeladen werden.

Verslunin Ásbyrgi, 465 2260, 849 0753, asbyrgi@n1.is, tägl.

Auswahl an Fastfood und Suppen, Kaffee und Kuchen, Juni bis Aug tägl.

N1-Tankstelle Ásbyrgi

BANK in Húsavík (64 km)

Nordic Natura: Shuttle Húsavík – Ásbyrgi (Kleinbus)

10. Juni bis 20. Aug. Ab **Húsavík** (N1-Tankstelle) Di-Fr und So 16:30; ab **Ásbyrgi** (Gljúfrastofa Visitor Centre) Di-Fr und So 15:00. Fahrtdauer: ca. 50 Min., Fahrpreis Húsavík – Ásbyrgi: ISK 7.500/Pers. (ab 2 Pers.). **Achtung: Sitzplätze müssen immer 1 Tag im Voraus reserviert werden!**

Nordic Natura, 862 7708, info@nordicnatura.is, nordicnatura.is

♦ **Nordic Natura: Shuttle Ásbyrgi – Vesturdalur bzw. Dettifoss (Superjeep)**
ca. Juni bis Sep. Ab **Ásbyrgi** (Gljúfrastofa Visitor Centre) tägl. 8:30 sowie nachmittags auf Anfrage; ab **Vesturdalur** bzw. **Dettifoss** auf Anfrage. Fahrtdauer: Ásbyrgi – Vesturdalur ca. 15 Min., Ásbyrgi – Dettifoss ca. 35 Min., Fahrpreis Ásbyrgi – Vesturdalur: ISK 3.500/Pers., Ásbyrgi – Dettifoss: ISK 7.500/Pers. (ab 2 Pers.). **Achtung: Sitzplätze müssen immer 1 Tag im Voraus reserviert werden!**
Nordic Natura, 862 7708, info@nordicnatura.is, nordicnatura.is

In der Umgebung von Ásbyrgi

Nordic Natura (3 km westl.), Ásbyrgi, 671 Kópasker, 862 7708, info@nordicnatura.is, nordicnatura.is, Ü ISK 23.920, ganzjährig. 3 moderne, gut ausgestattete Studios. Buchung im Sommer für mind. 2 Nächte

♦ **Hótel Skúlagarður** (12 km westl.), Kelduhverfi, 671 Kópasker, 465 2280, info@skulagardur.com, www.skulagardur.com, ÜF DZ ISK 23.000, ganzjährig. Das moderne Hotel im ehemaligen Internat bietet 17 DZ mit eigenem Bad. Hotelrestaurant mit lokalen Gerichten wie Lamm und geräucherter Forelle

♦ **HI Hostel Kópasker** (33 km nordöstl.), Akurgerði 7, 671 Kópasker, 465 2314, 861 2314, kopasker@hostel.is, www.hostel.is, Ü ab € 33 für HI-Mitglieder bzw. € 37 für Nichtmitglieder, Mai bis Mitte Okt. Im gemütlichen Hostel mit 2- und 4-Bett-Zimmern werden Sie von Benni herzlich empfangen und schlafen ein mit dem Rauschen der Brandung in den Ohren.

Lundur (7 km östl.), 465 2248, www.facebook.com/sundlauginilundi, Juni bis Sep Mo-Fr 16:00-21:00, Sa/So 11:00-18:00

Kópasker Health Clinic, Akurgerði 13, 670 Kópasker, 464 0640, Di 9:00-12:00, 13:00-16:00, Fr 9:00-12:00, 13:00-15:00, Notruf: 112

Lyfja, Akurgerði 13, 670 Kópasker, 464 0646, Di und Fr 10:00-12:00, 13:00-16:00, Mo 13:00-15:00, Mi 12:00-14:00

Ásbyrgi ist durch ein Netz markierter Wanderwege gut erschlossen. Lohnenswerte Ziele sind z. B.:

Áshöfðahringur

9 km, 2 Std. 30 Min., 100 m

Der „Áshöfði-Rundweg" startet am Nationalparkzentrum Gljúfrastofa. Von dort wandern Sie zunächst in der „Hufeisenschlucht" nach Süden. Nach 1 km erreichen Sie Tófugjá, wo Sie mit Hilfe einer Stahltreppe und eines kurzen Fixseils aus der Schlucht heraussteigen. Der Pfad führt nun nach Osten auf den Canyon der

Jökulsá zu und dann um die bewaldete Anhöhe Áshöfði (Aussichtspunkt!) herum. Über den kleinen See Ástjörn geht es zurück zum Ausgangspunkt. Schwierigkeitsgrad: rot und schwarz (Tófugjá).

Eyjan

⇔ 5 km, ⧗ 1 Std. 30 Min., ↑ 85 m

Ziel dieser Kurzwanderung, die am Zeltplatz im Norden der Schlucht beginnt, ist der markante Felsklotz Eyjan (= Insel), der in der Mitte der „Hufeisenschlucht" aufragt. Herrliche Ausblicke über die gesamte Hufeisenschlucht und die Sander, die sich nach Norden bis zum Meer erstrecken. Schwierigkeitsgrad: rot.

Anregungen für Wanderungen bietet die im Nationalparkzentrum erhältliche Broschüre „Jökulsárgljúfur". Das englischsprachige Faltblatt enthält nützliche Hintergrundinformationen und eine mit Höhenlinien versehene Kartenskizze, in der sämtliche, nach Schwierigkeitsgrad farblich gekennzeichnete Wanderwege eingezeichnet sind. Preis: ISK 500. Die Broschüre kann auch kostenlos von der Homepage des Nationalparks heruntergeladen werden: www.vatnajokulsthjodgardur.is.

Der 25 m hohe Basaltklotz Eyjan bildet das Herz der Hufeisenschlucht.

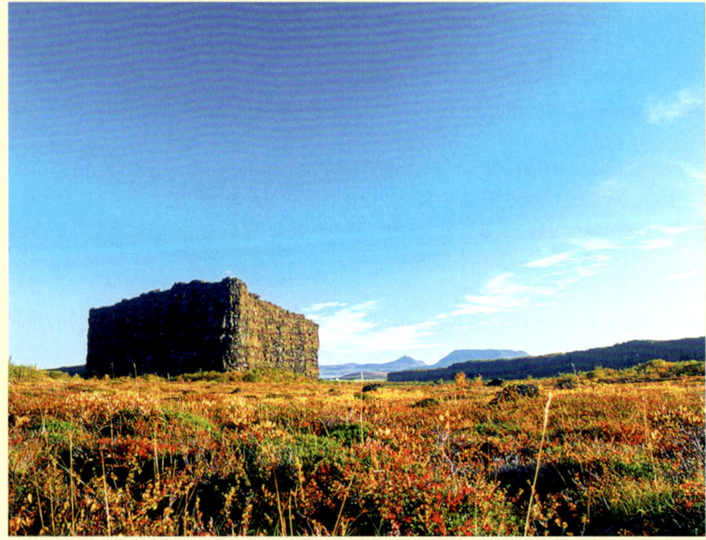

1. Etappe: Ásbyrgi – Vesturdalur

14,5 km, N → S 4-5 Std., S → N 4-5 Std., ↑ 285 m, ↓ 175 m, ⇧ 34-208 m

0,0 km	⇧ 35 m	Ásbyrgi: Gljúfrastofa Visitor Centre @
1,5 km	⇧ 60 m	Abzweigung Variante Tófugjá
4,6 km	⇧ 130 m	Klappir
8,4 km	⇧ 163 m	Kvíar
10,6 km	⇧ 181 m	Abzweigung Rauðhólar
10,9 km	⇧ 208 m	Rauðhólar
12,5 km	⇧ 103 m	Kirkjan
13,9 km	⇧ 135 m	Parkplatz Hljóðaklettar WC
14,5 km	⇧ 142 m	Vesturdalur WC

Vom Nationalparkzentrum Gljúfrastofa in Ásbyrgi wandern Sie zunächst sanft ansteigend an der „Hufeisenschlucht" entlang bis Klappir, wo sich ein herrliches Panorama über die gesamte Schlucht auftut. Danach geht es durch die Heide weiter zu der tiefen Schlucht der Jökulsá á Fjöllum. Nächstes Ziel ist die Kraterreihe Rauðhólar, die eine spektakuläre Aussicht auf die Basalttürme der Hljóðaklettar bietet, die anschließend durchwandert werden. Die Etappe endet im Vesturdalur, einem idyllischen Tal mit Birkenwäldchen. Nehmen Sie bitte genügend Trinkwasser von Ásbyrgi mit, unterwegs gibt es weder Quellen noch Bäche.

Der Weg durch Jökulsárgljúfur ist auch für Familien geeignet.

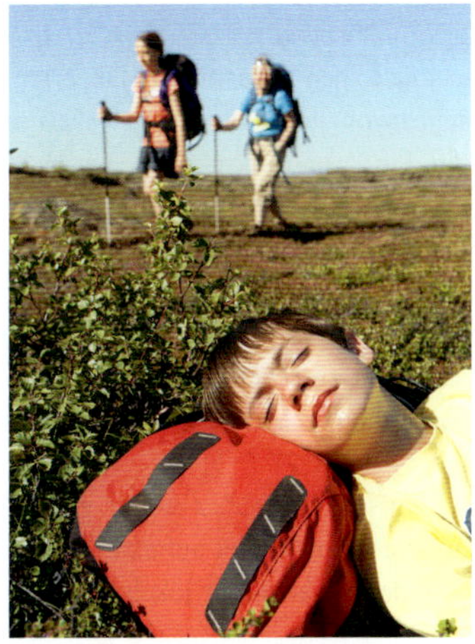

Ausgangspunkt der Wanderung ist das Nationalparkzentrum **Gljúfrastofa**. Der Weg führt zunächst links vom Golfplatz nach Nordosten. Nach 400 m passieren Sie ein Gatter und biegen gleich danach rechts ab Richtung Vesturdalur (Pfeil).

Sie wandern nun, zunächst mit Blick auf den Golfplatz, an der Kante der „Hufeisenschlucht" entlang und gewinnen allmählich an Höhe. Bei einer Weggabelung mit Schildern ❶ (km 1,5) stoßen Sie auf die schwarze ☞ **Variante via Tófugjá**, die von rechts kommt.

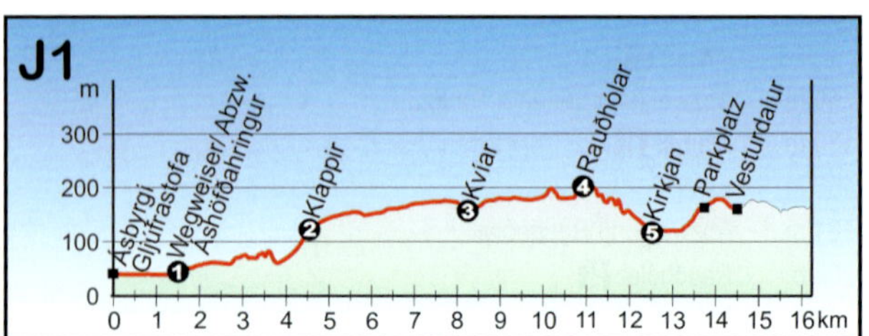

Variante via Tófugjá

➲ *13,7 km,* ⌛ *N → S 4-5 Std., S → N 4-5 Std.,* ↑ *285 m,* ↓ *175 m,* ⇧ *34-208 m*

Diese **schwarze Variante** ist vor allem interessant für Wanderer, die vom ⛺ Zeltplatz in Ásbyrgi starten.

Sie folgen zunächst der geteerten Straße **861**, die nach Süden in den „Hufeisencanyon" hineinführt. Nach 300 m weist ein Schild auf den Beginn des Trails hin. Ein Zaun wird mithilfe einer Holztreppe überwunden. Anschließend führt ein Hackschnitzelpfad über eine Buckelwiese (isl. *þúfur*) zur Ostwand der Schlucht, die hier „nur" 25 m hoch ist.

Durch die kleine Nebenschlucht **Tófugjá** geht es über zwei Stahltreppen hinauf. Für Nervenkitzel sorgt ein 5 m hoher, mit einem dicken Tau gesicherter Abschnitt zwischen den beiden Treppen. Oben halten Sie sich rechts und treffen nach wenigen Metern auf die „Normalroute" (bei deren km 1,5).

Nur wenige Meter weiter gabelt sich der Weg erneut. Ein Pfeil („Áshöfðahringur") deutet hier auf eine weitere, nach links abzweigende ☞ **Variante entlang der Schlucht der Jökulsá** hin.

Variante entlang der Schlucht der Jökulsá

➲ *16 km,* ⌛ *N → S 5 Std., S → N 5 Std.,* ↑ *295 m,* ↓ *190 m,* ⇧ *34-208 m*

Wer sich für diese Variante entscheidet, biegt an der Gabelung gleich hinter der Abzweigung nach Tófugjá links ab.

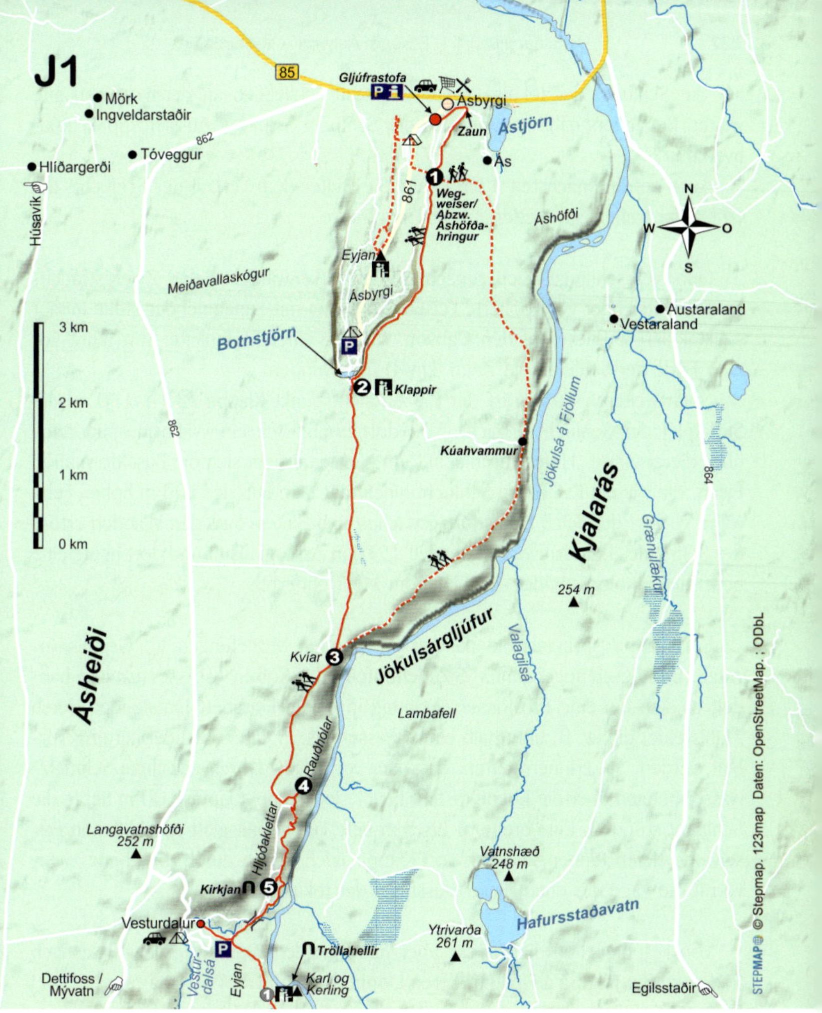

Der Weg führt durch Birkenwäldchen und erreicht nach 1 km eine weitere Weggabelung im kleinen Tal **Ásgil**. Hier lassen Sie den Pfad, der nach Norden zum Nationalparkzentrum Gljúfrastofa zurückführt, links liegen und biegen nach Süden ab. An sämtlichen Kreuzungen orientieren Sie sich an den Hinweisschildern „Vesturdalur". Der Weg folgt streckenweise einem Reitweg, führt allmählich auf die Schlucht der Jökulsá zu und verläuft schließlich an der Schluchtkante weiter. Besonders nahe kommen Sie der Schlucht beim Aussichtspunkt **Kúahvammur**.

Auch auf den nächsten 3 km folgen Sie weiter dem Verlauf der Schlucht. Bei ☞ **Kvíar** treffen Sie wieder auf die Hauptroute.

Der Weg schlängelt sich zunächst durch Birkenwäldchen und Zwergstrauchheide, später über glatt polierte Felsen und bietet mit zunehmender Höhe immer spektakulärere Blicke auf den Canyon. Mithilfe einer Stufenleiter wird kurz vor dem Ende der Schlucht ein Zaun (km 4) überwunden.

Nach weiteren 600 m ist der Aussichtspunkt **Klappir** ❷ (⇧ 130 m) am Südzipfel der Schlucht erreicht. Von dort ergibt sich ein Wahnsinnspanorama über die gesamte „Hufeisenschlucht". Im Norden erhebt sich die Basaltformation **Eyjan**, die wie ein Keil in die Schlucht hineinragt. Am Fuß der 100 m hohen Felswand glitzert der Teich **Botnstjörn** zwischen den Birken. Aus den Wänden ertönt der Schrei des Eissturmvogels, der seit 1970 in Ásbyrgi nistet und dort heute eine beachtliche Kolonie bildet – 20 km vom Meer entfernt!

Bei Klappir springen die nahezu kreisrunden Vertiefungen im Gestein ins Auge. Bei diesen sogenannten **Strudeltöpfen** oder Kolken (isl. *skessukatlar*) handelt es sich um eine Erosionserscheinung in einem Flussbett, entstanden durch Mahlsteine, die, z. B. unterhalb eines Wasserfalls, in einem Strudel herumgewirbelt werden. Sie erinnern daran, dass hier vor 9.000 Jahren gewaltige Schmelzwassermengen über die Ebene rasten, bevor sie sich bei Klappir 100 m tief in die Schlucht stürzten. Eine breite, 5 bis 8 m tiefe Furche mit glatt geschliffenen Felsen und tiefen Rinnen, die sich von Klappir nach Süden durch die Ebene zieht, verrät die Lage des ehemaligen Flussbetts der Jökulsá.

Von Klappir leiten die Pflöcke über *þúfur*-Heiden (Buckelwiesen) direkt nach Süden zu der **Jökulsá á Fjöllum**, deren Donnern schon von Weitem hörbar ist. Bei **Kvíar** ❸ (km 8,4) erreichen Sie die Kante der Schlucht **Jökulsárgljúfur**.

In Gehrichtung zeichnet sich in der Ferne nun auch schon ein roter Schlackenkegel der Kraterreihe **Rauðhólar** (= rote Krater) ab. An einer Weggabelung (km 10,6) am Fuß des Kegels gibt es zwei Möglichkeiten: Auf dem breiten Hauptweg (Pfeil „Parkplatz"), der rechts an den ☞ Hljóðaklettar vorbeiführt, gelangen Sie am schnellsten zum (2 km entfernten) P Parkplatz Hljóðaklettar. 1,3 km länger, aber viel spannender ist der linke Weg, der sich zwischen der Jökulsá und den Hljóðaklettar hindurchschlängelt. Dieser wird hier auch beschrieben.

An besagter Weggabelung halten Sie sich links und erreichen nach 150 m eine weitere Weggabelung. Von dort können Sie der Aussicht wegen noch ein kleines Stück Richtung **Rauðhólar** ❹ (km 10,9, Pfeil) weiter steigen. Die letzten Meter zum 220 m hohen Hauptgipfel sind aber aus Landschaftsschutzgründen für Wanderer gesperrt.

Wieder an der letzten Weggabelung angekommen halten Sie sich nun links. Ein etwa 20 m langer Abschnitt über einen schmalen Grat könnte Wanderer, die nicht schwindelfrei sind, etwas Überwindung kosten. Wenig später wartet ein Vorgipfel (⇧ 180 m) der Rauðhólar mit einer weiteren spektakulären Aussicht: Nach Norden schweift der Blick über die stark erodierten Flanken der Rauðhólar, nach Süden über die Jökulsá á Fjöllum und das unglaubliche Chaos skurriler Felstürme der **Hljóðaklettar** (= Echofelsen).

Hljóðaklettar und Rauðhólar

Sowohl die Basalttürme der Hljóðaklettar als auch die schwarzroten Schlackenkegel der Rauðhólar gehören zu einer 6 km langen Kraterreihe, die vor 9.000 Jahren parallel zum Gletscherfluss Jökulsá á Fjöllum aktiv war.

Hljóðaklettar: erodierte Vulkanschlote

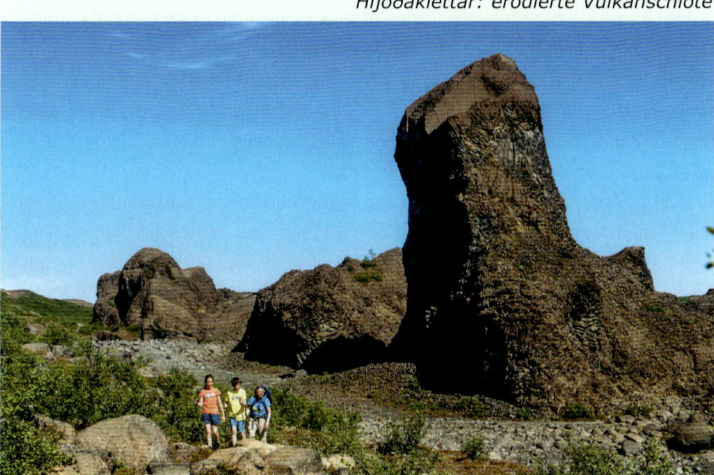

Die **Hljóðaklettar** bilden den südlichen Teil der Kraterreihe. Hier sind das bei der Eruption abgelagerte Lockermaterial und ein Großteil der Lava von einem oder mehreren Gletscherläufen der Jökulsá abgetragen worden. Zurück blieben nur die harten, vom Fluss freigelegten Schlotfüllungen der Vulkanspalte, bizarre Basalttürme, deren Aussehen an versteinerte Trolle erinnert. Viele Schlote weisen eine schöne, rosettenförmige Säulenbildung auf.

Im nördlichen Teil der Kraterreihe sind die Krater mitsamt der abgelagerten Tephra (vulkanisches Lockergestein) teilweise erhalten geblieben. Dieser Abschnitt wird als **Rauðhólar** bezeichnet.

Nun geht es relativ steil bergab, teils über Schotter, teils mithilfe von Stufen. Der Weg führt rechts an einer imposanten Basaltmauer vorbei und windet sich anschließend durch ein Birkenwäldchen weiter.

Sie ignorieren einen rechts abzweigenden Weg (km 12,3). An der nächsten Gabelung, 100 m weiter, halten Sie sich rechts (Pfeil „Kirkjan") und stehen nach weiteren 150 m unvermittelt vor dem Eingang der ∩ Lavahöhle **Kirkjan** ❺ (km 12,5).

∩ Kirkjan

Die „Kirche" gehört zu den größten Attraktionen der Hljóðaklettar. Statt gotischer Gewölbe gibt es hier aber einen einzigen eleganten Bogen, der den Eingang zur Lavahöhle markiert, statt Deckenmalereien perfekt symmetrische Basaltrosetten, die von der Decke herunterhängen. Was die Höhle noch mit einem klassischen Gotteshaus gemeinsam hat, ist ihre bemerkenswerte Akustik. Nicht zuletzt deshalb wurde hier schon so manche Trauung vollzogen.

Gehen Sie anschließend zurück zur letzten Gabelung und wandern Sie nun nach Süden weiter. Der schmale, ab und zu etwas beschwerliche Pfad schlängelt sich im leichten Auf und Ab zwischen den bizarren Basaltformationen hindurch. Eines der auffälligsten Exemplare taucht nach weiteren 600 m rechts vom Weg auf: **Tröllið** (= der Troll). Achten Sie bei diesem Basaltturm insbesondere auf die ausgeprägten **Rosetten** (Basaltlava mit radial angeordneten Säulen). Eindrucksvoll ist auch der Blick auf die Jökulsá, die sich hier zwischen Basalttürmen hindurchzwängt.

An der Weggabelung bei Tröllið halten Sie sich links und erreichen nach 200 m wieder den breiten Hauptweg. Hier wandern Sie nun nach links weiter

(Pfeil „Parkplatz"), überqueren auf einer Brücke den Bach **Vesturdalsá** (als Trinkwasser aufgrund der vielen Besucher nicht mehr geeignet!) und erreichen wenig später den Parkplatz Hljóðaklettar (km 13,9) am Eingang des Vesturdalur. Dort gibt es ein Plumpsklo, Picknicktische und eine Informationstafel.

Vom Parkplatz gelangen Sie auf der Schotterstraße zum 500 m entfernten Zeltplatz im **Vesturdalur**.

Vesturdalur Camping, Ü ISK 1.900 pro Person, 7. Juni bis 15. Sep. Der einfache, naturbelassene Zeltplatz liegt windgeschützt zwischen kleinen Birkenwäldchen. Wassertoiletten und fließendes Wasser. Anmeldung und Bezahlung beim Ranger im 400 m entfernten Infozentrum.

Infozentrum in einer Holzhütte am westlichen Ende des Zeltplatzes.
7. Juni bis 15. Sep tägl. ca. 9:00-19:00

Nordic Natura: Shuttle Ásbyrgi – Vesturdalur
ca. Juni bis Sep. Ab **Ásbyrgi** (Gljúfrastofa Visitor Centre) tägl. 8:30 und nachmittags auf Anfrage; ab **Vesturdalur** auf Anfrage. Fahrtdauer: Ásbyrgi – Vesturdalur ca. 15 Min., Fahrpreis Ásbyrgi – Vesturdalur: ISK 3.500/Pers. (ab 2 Pers.). **Achtung: Sitzplätze müssen immer 1 Tag im Voraus reserviert werden!**
Nordic Natura, 862 7708, info@nordicnatura.is, nordicnatura.is

2. Etappe: Vesturdalur – Dettifoss

20,6 km, N → S 7 Std., S → N 6-7 Std., ↑ 360 m, ↓ 160 m, ⇧ 130-360 m

0,0 km	⇧ 142 m	Vesturdalur WC
0,5 km	⇧ 135 m	Parkplatz Hljóðaklettar WC
1,5 km	⇧ 144 m	Abstecher Karl og Kerling
2,8 km	⇧ 170 m	Kallbjörg
5,0 km	⇧ 168 m	Gloppa
5,5 km	⇧ 180 m	Stallaá Furt ≈
6,9 km	⇧ 232 m	Hólmarfossar
8,2 km	⇧ 250 m	Abstecher Urriðafossar
8,9 km	⇧ 291 m	Parkplatz Hólmatungur WC
15,0 km	⇧ 331 m	Abzweigung schwarze Variante
17,1 km	⇧ 336 m	Hafragil
17,5 km	⇧ 347 m	Piste
18,5 km	⇧ 309 m	Kletterstelle

18,6 km	⇧ 298 m	Einmündung schwarze Variante
19,8 km	⇧ 327 m	Dettifoss ▬
20,0 km	⇧ 326 m	Abstecher Selfoss
20,5 km	⇧ 339 m	Parkplatz Dettifoss P ⛺ (150 m) ⛩ WC 💧 🚌

Diese abwechslungsreiche Etappe, die nahezu durchgehend an der Schluchtkante entlang verläuft, gewährt herrliche Ausblicke auf die Schlucht und spektakuläre Wasserfälle wie den berühmten Dettifoss. Unterwegs muss ein kleiner Fluss durchwatet werden. In Hólmatungur, einer idyllischen Landschaft mit üppiger Vegetation, können die Trinkwasservorräte ergänzt werden. Die „Normalroute" führt schließlich über die Nebenschlucht Hafragil zum Dettifoss, eine anspruchsvolle Variante geht am Wasserfall Hafragilsfoss vorbei. Vom Dettifoss lockt ein Abstecher zum Selfoss, einem weiteren sehenswerten Wasserfall.

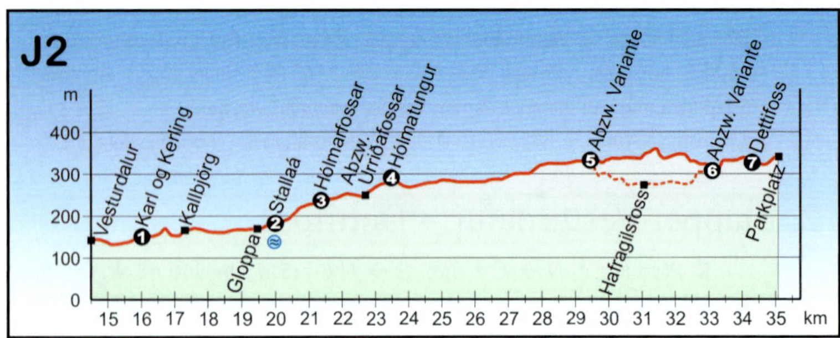

Vom ⛺ Zeltplatz kehren Sie zunächst zum P Parkplatz Hljóðaklettar zurück. Dort wählen Sie den breiten Trampelpfad, der durch Birkengehölz nach Südosten wieder auf die Schlucht der Jökulsá zuführt (Schild „Dettifoss/Hólmatungur/Karl og Kerling"). Nach 500 m gabelt sich der Weg. Sie können beiden Wegen folgen (beide sind gelb markiert), der Aussicht wegen empfiehlt sich der linke Weg, der direkt an der Schlucht entlangführt. Rückblickend ergibt sich hier eine schöne Aussicht auf die rote Kraterreihe Rauðhólar und die Basalttürme der Hljóðaklettar im Norden (☞ 1. Etappe).

Wenig später (km 1,3) eröffnet sich eine Aussicht auf **Karl og Kerling** (= Mann und Frau). Wer die beiden formschönen Basalttürme aus der Nähe betrachten möchte, wählt 200 m weiter (Pfeil „Karl og Kerling") den nach links abzweigenden Pfad ❶ (☞ **Abstecher nach Karl og Kerling**).

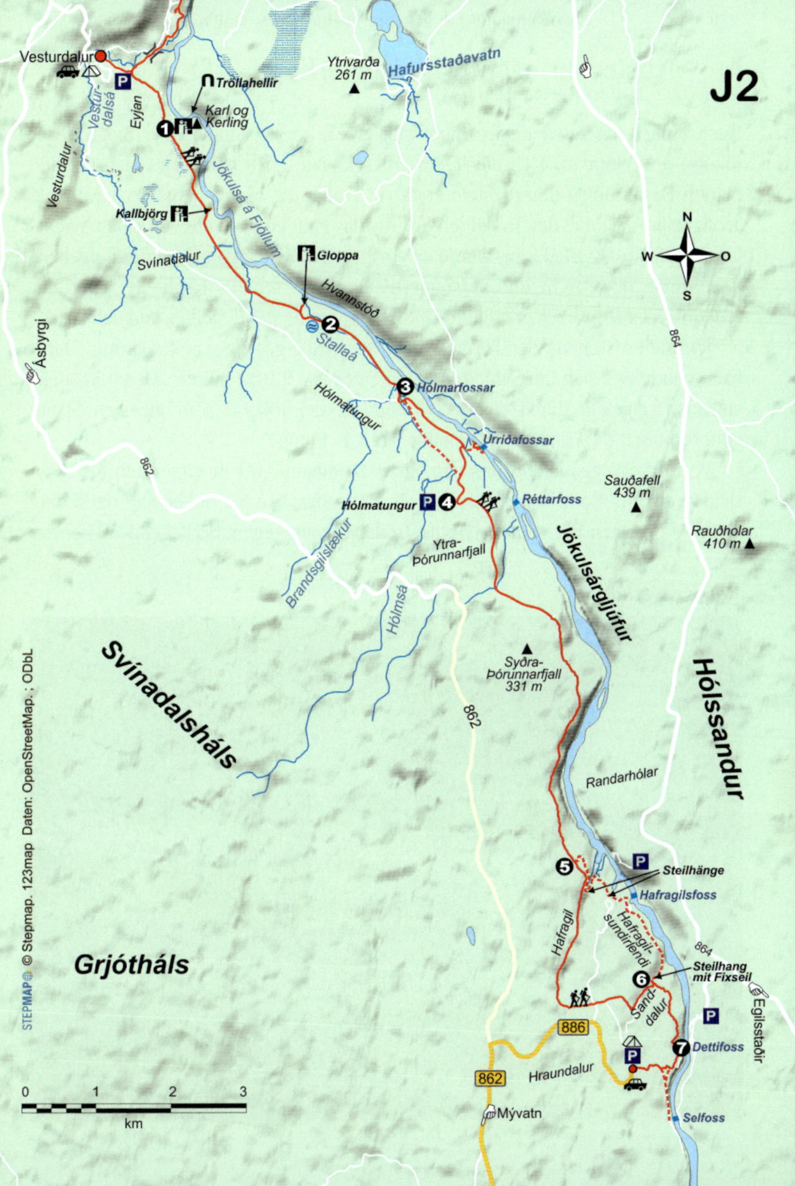

J2
Vesturdalur
Vestur-dalsá
Eyjan
Tröllahellir
Karl og Kerling
Ytrivarða 261 m
Hafursstaðavatn
Vesturdalur
Kallbjörg
Jökulsá á Fjöllum
Svínadalur
Gloppa
Hvannstóð
Stallaá
Ásbyrgi
Hólmarfossar
Hólmatungur
Urriðafossar
862
Hólmatungur
Réttarfoss
Sauðafell 439 m
Rauðhólar 410 m
Ytra-Þórunnarfjall
Brandsgilslækur
Hólmsá
Jökulsárgljúfur
Syðra-Þórunnarfjall 331 m
Svínadalsháls
Hólssandur
864
Randarhólar
Steilhänge
Hafragilsfoss
Hafragil
Hafragil-sundirlendi
Steilhang mit Fixseil
Sand-dalur
Egilsstaðir
Grjótháls
886
Dettifoss
862
Hraundalur
Mývatn
Selfoss
0 1 2 3
km
N W O S
STEPMAP © Stepmap. 123map Daten: OpenStreetMap ; ODbL

Abstecher nach Karl og Kerling

⇔ 1 km, ⌛ 20 Min., ↑ 45 m

Buchstäblich mit versteinerter Miene starren Karl og Kerling in einer Biegung der Jökulsá á Fjöllum vor sich hin. Dem Volksglauben nach handelt es sich bei den beiden Basaltsäulen um zu Stein erstarrte Trolle, die in der nahen ∩ Lavahöhle **Tröllahellir** (=Höhle der Trolle) lebten. Als das Paar eines Tages von einem nächtlichen Streifzug zurückkam, wurde es vor dem Höhleneingang von der aufgehenden Sonne überrascht und versteinerte. Und da steht es bis heute: Karl, der „Mann", ist 60 m hoch, Kerling, seine „Frau", bedeutend kleiner und schlanker.

Für die Entstehung der Türme gibt es auch eine geologische Erklärung. Demnach handelt es sich um Schlotfüllungen eines vor 9.000 Jahren aktiven Spaltenvulkans, freigelegt durch einen Gletscherlauf der Jökulsá. Zur gleichen Spalte gehören auch die nahen **Hljóðaklettar** (☞ 1. Etappe).

Von der Weggabelung führt ein Pfad zu einem 200 m entfernten Aussichtspunkt am Rand der Schlucht. Von dort erhaschen Sie hinter Karl og Kerling auch schon einen Blick auf die Höhle **Tröllahellir** am gegenüberliegenden Ufer der

Karl og Kerling

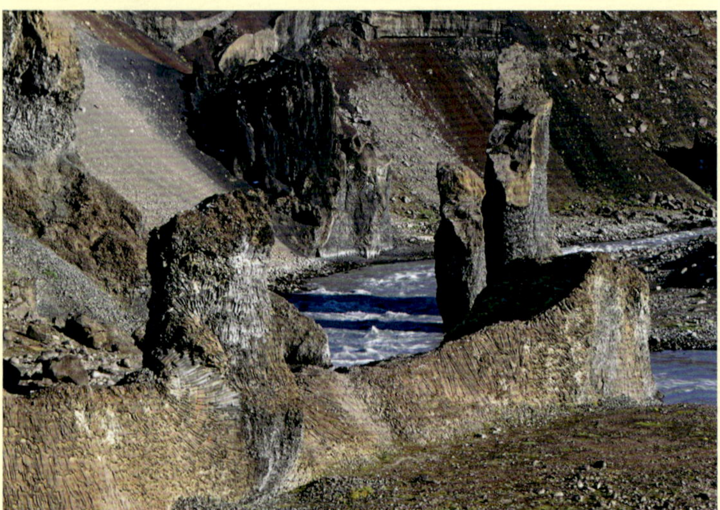

Jökulsá. Vom Aussichtspunkt führt ein markierter Pfad zum Fluss hinunter. Nach weiteren 300 m über Geröll und Sand endet der Weg am Fuß der Basalttürme. Von dort ist auch die Höhle gut zu sehen.

Im weiteren Verlauf entfernt sich der Weg zunächst etwas von der Schlucht, die einen Schlenker nach Osten macht.

Achten Sie beim Durchwandern der Zwergstrauchheide auch auf die „kleinen“ Highlights am Wegesrand: Neben Westlicher Kuckucksblume (*Platanthera hyperborea*) und Weißzüngel (*Pseudorchis albida*), zwei Orchideenarten mit hellgrünen Blüten, gedeiht hier auch das Gemeine Fettkraut (*Pinguicula vulgaris*), eine kleine fleischfressende Pflanze mit rosavioletten Blüten.

Nach 600 m nähern Sie sich erneut der Schlucht. Der Weg verläuft hier über den feuchten Untergrund streckenweise auf Holzbohlen und erreicht nach weiteren 300 m eine Kreuzung mit Wegweisern (km 2,8). Rechts geht es zu den Ruinen des Hofs **Svínadalur**, der 1946 aufgegeben wurde. Links gelangen Sie auf einem kurzen Abstecher zum Aussichtspunkt **Kallbjörg** (= Ruffelsen), einer 100 m hohen Felsklippe, die eine spektakuläre Aussicht auf die Schlucht gewährt. Zu Beginn des 20. Jh. existierte hier eine Seilbahn, mit der Güter zwischen Kallbjörg und dem Ostufer der Schlucht transportiert wurden. Da die Schlucht relativ schmal ist, konnten die Bewohner auf beiden Seiten sich durch Rufe verständigen – daher der Name.

Halten Sie einen gebührenden Abstand zur Kante. Ein Fehltritt wäre fatal!

Zwei schäumende Bäche werden auf einer Brücke überquert, bevor sich nach insgesamt 5 km ein Abstecher nach **Gloppa** anbietet, wo sich durch ein natürliches „Fenster“ in den Basaltfelsen ein interessanter Blick auf die Jökulsá á Fjöllum ergibt.

Gleich danach weisen die Pflöcke unvermittelt nach links über die Steilkante hinunter und steuern auf die ≈ Furt der **Stallaá** ❷ (km 5,5) zu. Aufgrund des sandigen Bodens lässt sich der etwa 6 m breite, flache Quellfluss auch barfuß durchwaten. Anschließend folgen Sie dem (in Fließrichtung gesehen) rechten Ufer der Stallaá. Diese fließt am Fuß eines Basaltkliffs mit imposanten Säulen zwischen hohen Engelwurzstauden auf einer alten Flussterrasse der Jökulsá.

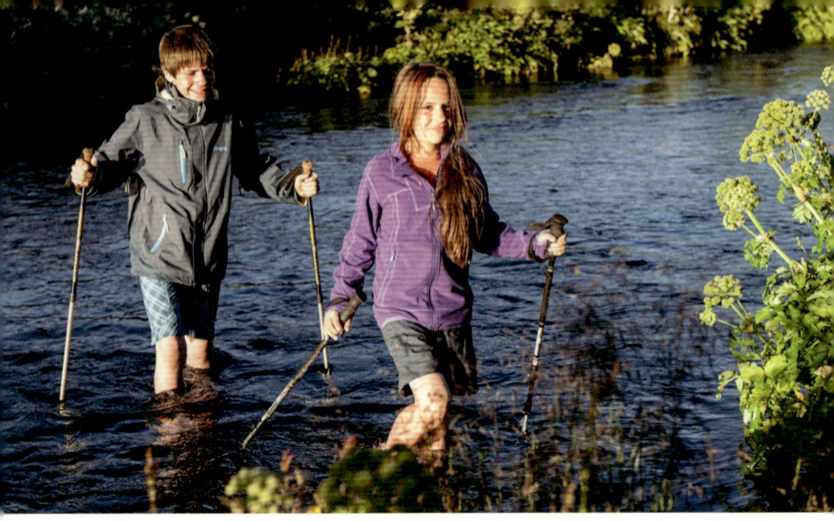

In Hólmatungur bietet die Furt durch die Stallaá ein eiskaltes Vergnügen.

Der Canyon der Jökulsá weitet sich nun zu einem breiten Tal mit terrassenförmigen Hängen und der Weg durchquert die Oase **Hólmatungur**, eine idyllische Landschaft mit kristallklaren Quellflüssen und üppiger Vegetation. Einige schäumende Bäche bilden die sehenswerten ■ Wasserfälle **Hólmarfossar** ❸ (km 6,9). Entlang des Wasserfalls führt eine Treppe hoch.

)(Holzbrücken führen über zwei Arme des Flüsschens **Hólmsá**, bevor sich der Weg gabelt. Beide Wege sind mit grüngelben Pflöcken markiert: Der rechte (obere) Weg folgt dem Lauf der von Engelwurzstauden gesäumten Hólmsá. Der linke (untere) Weg verläuft in Sichtweite der Jökulsá á Fjöllum und bietet nach 1,1 km (Wegweiser) die Möglichkeit zu einem ☞ **Abstecher zu den Urriðafossar**.

↳ Abstecher zu den Urriðafossar

⇔ 0,9 km, ⌛ 20 Min., ↑ 55 m

Über eine Reihe von Stufen steigen Sie zum Aussichtspunkt **Katlar** ab, wo sich der Gletscherfluss spektakulär durch eine Engstelle zwängt. Mehrere kleine Bäche stürzen sich hier über die steilen, bunten Wände in die Jökulsá und der kleine Fluss Melbugsá bildet die **Urriðafossar** (= Forellenwasserfälle), bevor er sich ebenfalls in die brodelnden Fluten verabschiedet. Ein kurzer Rundweg gewährt schöne Ausblicke.

 Achtung! Am oberen Ende hat der Fluss die Felsen teilweise unterspült!

Nach 1,5 km vereinen sich beide Wege wieder und danach leiten die Pflöcke zum P Parkplatz „Hólmatungur" ❹ (km 8,9) hoch. Am Parkplatz finden Sie eine Infotafel und ein Plumpsklo.

Vom Parkplatz steigt der Weg weiter an zum Ytra-Þórunnarfjall, der eine herrliche Aussicht auf den 7 m hohen **Réttarfoss** bietet. Oberhalb dieses breiten Wasserfalls meldet sich die Schlucht der Jökulsá eindrucksvoll zurück und das üppige Grün weicht der kargen Sand- und Steinwüste des Hochlands. Schon von Weitem sehen (und hören) Sie den **Hafragilsfoss**, einen weiteren imposanten Wasserfall der Jökulsá.

Kurz vor dem Wasserfall deutet ein Schild („Hafragilsundirlendi") auf den Abzweig der anspruchsvollen ☞ **Variante über Hafragilsfoss** ❺ (km 15) hin, die nach links hinunter führt.

Variante über Hafragilsfoss

20 km, N → S 8-9 Std., S → N 7-8 Std., ↑ 380 m, ↓ 180 m, ⇧ 130-340 m

Die schwarze Variante erfordert **Schwindelfreiheit** und **Trittsicherheit**! Von der **Weggabelung** ❺ vor der Hafragil-Schlucht geht es zunächst durchs Gebüsch hinunter. Der Weg schrumpft aber schon bald zu einem schmalen Steig, der etwas abenteuerlich oberhalb einer hohen Klippe zum Grund der Hafragil-Schlucht hinunterführt.

Dieser Steig hat es bereits in sich, denn er ist streckenweise ziemlich ausgesetzt. Vorsicht bei Nässe!

Auf dem Grund der Schlucht überqueren Sie den Bach (km 15,7), der hier aus der Lava entspringt. Eine gute Gelegenheit, die Trinkflasche aufzufüllen.

Die Schlucht Jökulsárgljúfur

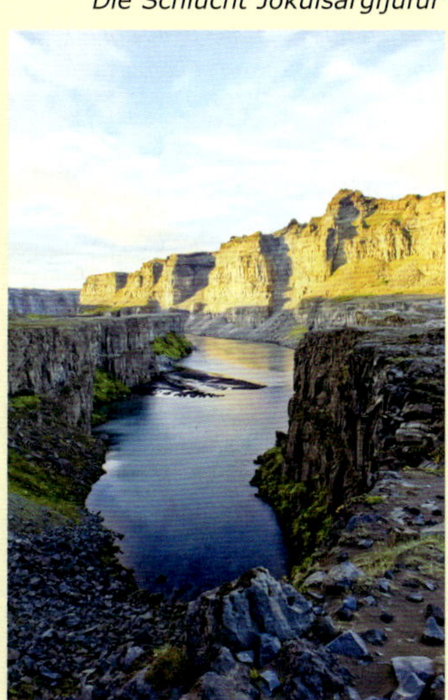

Anschließend wandern Sie flussabwärts am Bach entlang, der sich zwischen mächtigen Basaltsäulen und Engelwurz-Stauden hindurchschlängelt.

200 m weiter mündet die Hafragil in die Hauptschlucht und die Pflöcke führen oberhalb der Jökulsá auf einer alten Flussterrasse weiter. Eine Dampfwolke verrät die Lage des nahen Hafragilsfoss. Doch auf dem Weg zum Wasserfall warten noch zwei tückische Passagen.

Zunächst (km 16,1) kommt ein steiler Einschnitt des Gletscherflusses, der bis direkt an die Wände der Hauptschlucht reicht und auf einem schmalen, etwas rutschigen Sims überwunden wird. Wer hier weiche Knie bekommt, sollte lieber umkehren.

150 m weiter erfordert die Querung einer Geröllhalde mit groben, scharfkantigen Basaltblöcken Trittsicherheit und Konzentration. In diesem Bereich herrscht außerdem Steinschlaggefahr!

Achten Sie auf das schöne Farbenspiel in der Schlucht, wo kristallklares Wasser scharf mit dem Wasser des Gletscherflusses kontrastiert, das durch die hohe Sedimentfracht milchig grau und trüb ist. Anschließend geht es auf der Flussterrasse zügig weiter zum **Hafragilsfoss** (km 16,5), der sich tosend 27 m in die Tiefe stürzt.

Die Schlüsselstelle der schwarzen Variante ist mit einem Fixseil gesichert.

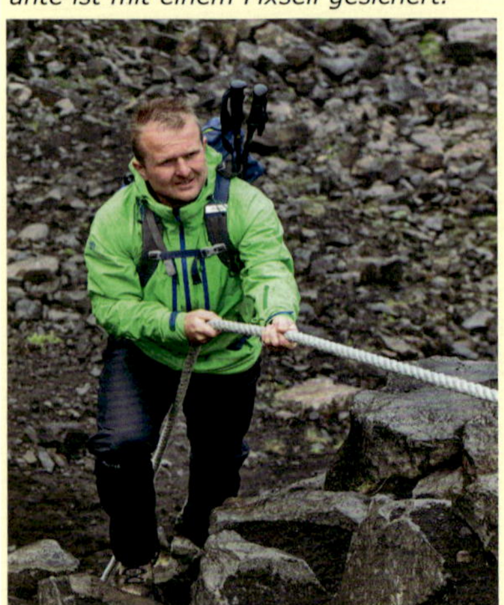

Vor einigen Jahren wurde hier im Rahmen einer Wirtschaftlichkeitsstudie die Möglichkeit untersucht, ein Wasserkraftwerk zu bauen. Die Pläne wurden aber bald ad acta gelegt, nicht aus Naturschutzgründen, sondern weil der poröse Untergrund für die Anlage eines Stausees nicht geeignet war.

Der Weg verläuft nun auf dem Boden der Schlucht neben der Jökulsá weiter. Nachdem eine weitere Geröllhalde (km 17,5) mit der nötigen Kraxelei überwunden worden ist, leiten die Pflöcke nach rechts in eine Nebenschlucht, deren Ausfluss mit einem beherzten Sprung überwunden wird. Vom Bach erkennen Sie zwischen senkrechten Klippen sofort den einzig möglichen Ausweg aus der Schlucht. Der steile Aufstieg über Geröll und Basaltfelsen erfordert etwas leichte Kletterei. Die Schlüsselstelle ist mit einem Fixseil gesichert.

Von der oberen Schluchtkante (km 17,9) ist es nur noch ein Katzensprung bis zur Einmündung in die „Normalroute" ❻ (km 18).

Die „Normalroute" führt von der Gabelung zunächst an der Kante der Jökulsá-Schlucht weiter.

Achten Sie bei diesem Abschnitt auf die roten Schlackenkegel am gegenüberliegenden Ufer. Die Jökulsá á Fjöllum hat hier die Kraterreihe **Randarhólar** durchschnitten, die vor 11.000 Jahren aktiv war. In der 100 m hohen Schluchtwand erkennen Sie deutlich den senkrecht verlaufenden Förderkanal des Vulkans **Sjónnípa**, dem ein kleiner, rötlicher Schlackenkegel aufsitzt. Bemerkenswert sind auch die vielen kleinen Bäche, die aus den senkrechten Felswänden entspringen und sich direkt in die grauen Fluten der Jökulsá stürzen.

300 m nach der Abzweigung der schwarzen Variante knicken die Pflöcke nach rechts ab und folgen im Verlauf der nächsten 1,7 km der oberen Kante der tief eingeschnittenen Nebenschlucht **Hafragil** (= Ziegenbockschlucht). Am oberen Ende (wo sie sich einzuschneiden beginnt) lässt sich die Hafragil (km 17,1) problemlos durchqueren. Auf der Ostseite werden nacheinander ein Fladenlavafeld und eine Piste (km 17,5) gequert.

Über zwei kleine Steilstufen (die zweite erfordert etwas Kraxelei) geht es hinunter in die Schlucht des **Sanddalur**. 100 m nach der letzten Steilstufe (km 18,6) vereint sich der Weg mit der schwarzen ☞ **Variante über Hafragilsfoss** ❻.

Nach der Durchquerung dieser etwa 40 m tiefen Nebenschlucht, eines weiteren ehemaligen Flussbetts der Jökulsá, führen die Pflöcke etwas mühsam über Sand und Lava aus dem Sanddalur heraus. Anschließend wandern Sie über leicht begehbare Fladenlava allmählich wieder auf die Kante der Hauptschlucht zu und erreichen bald den **Dettifoss** ❼ (km 19,8). Je nach Windrichtung werden Sie, bereits lange bevor Sie ihn erreichen, von einem feinen Sprühregen des Wasserfalls berieselt.

Eine lange Metalltreppe führt zum Wasserfall hinunter, der sich tosend in die Tiefe stürzt.

Halten Sie sich unbedingt an die markierten (und eingezäunten) Wege. Aus den (unterhöhlten) Kanten brechen regelmäßig Stücke ab. Es besteht Absturzgefahr!

Dettifoss

Von den Wasserfällen in der Schlucht der Jökulsá á Fjöllum ist Dettifoss mit Abstand der bekannteste – und der beeindruckendste. Der Gletscherfluss stürzt sich hier 44 m tief in den von Basaltsäulen eingerahmten Canyon. Im Sommer transportiert die Jökulsá täglich bis zu 23.000 t Sediment. Ihre mittlere Abflussrate beträgt 183 m^3/s, im Sommer 500 m^3/s. Bei sehr großen Gletscherläufen ist die Wasserführung mit einem Faktor 100 bis 1.000 zu multiplizieren! Zum Vergleich: Die durchschnittliche Abflussrate der Niagarafälle beträgt 5.750 m^3/s.

Weltbekannt wurde Dettifoss durch den Hollywoodstreifen „Prometheus – Dunkle Zeichen“ (2012) von Ridley Scott. In der spektakulären Auftaktszene des Science-Fiction-Films steht der Wasserfall für eine Landschaft aus der Frühzeit der Erde.

In den 70er-Jahren gab es Pläne für den Bau eines Wasserkraftwerks am Dettifoss. Diese wurden zum Glück verworfen. Der Wasserfall und die Schlucht stehen heute unter Naturschutz.

Nach weiteren 200 m gabelt sich der Weg. Hier lockt noch ein ☞ **Abstecher zum Selfoss**, einem weiteren sehenswerten Wasserfall.

Abstecher zum Selfoss ⇔ 1,5 km, ⌛ 30 Min.

Oberhalb des Dettifoss verläuft die Jökulsá in einer breiten, noch nicht sehr tiefen Schlucht. Sie bildet dort den schönen, nur 12 m hohen Selfoss, der schräg zur Flussrichtung über eine mehrere Hundert Meter lange Basaltkante hinabstürzt.

Der Weg zum Wasserfall und zurück zum ☞ Parkplatz Dettifoss ist hervorragend markiert und beschildert.

Nach rechts geht es auf einem breiten Trampelpfad durch Sand und Lava zum 0,5 km entfernten P Parkplatz Dettifoss, dem Endpunkt der Wanderung.

⛺ **Camping Dettifoss**, kostenlos. Der spartanische Zeltplatz liegt etwa 150 m nördlich vom Parkplatz und ist ausschließlich Wanderern vorbehalten. Der Boden ist sandig. Einziger Luxus ist ein Trinkwasserbehälter, der im Sommer von Mitarbeitern des Nationalparks regelmäßig aufgefüllt wird. Ein Metallbehälter enthält ein Gästebuch, in dem sich jeder vor Antritt bzw. nach Abschluss der Tour sicherheitshalber eintragen sollte. Plumpsklo auf dem benachbarten Parkplatz. Wildes Zelten ist in der Nähe des Dettifoss strikt verboten!

Dettifoss

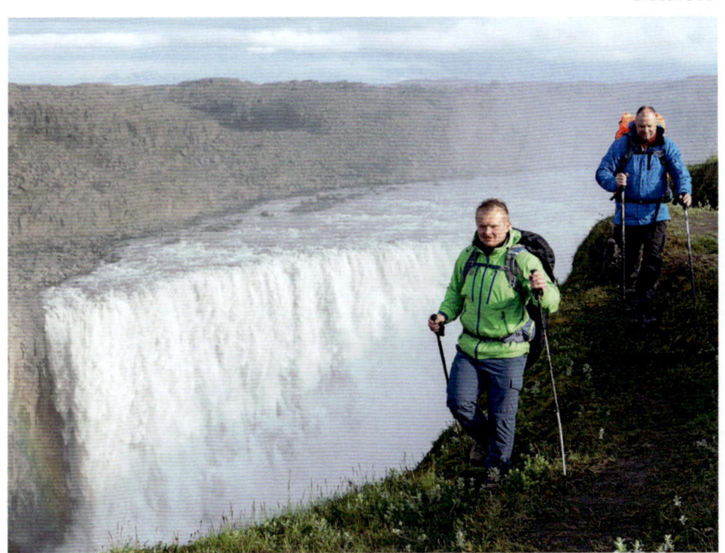

🚗 **Nordic Natura: Shuttle Ásbyrgi – Dettifoss**
ca. Juni bis Sep. Ab **Ásbyrgi** (Gljúfrastofa Visitor Centre) tägl. 8:30 sowie nachmittags auf Anfrage; ab **Dettifoss** auf Anfrage. Fahrtdauer: Ásbyrgi – Dettifoss ca. 35 Min., Fahrpreis Ásbyrgi – Dettifoss: ISK 7.500/Pers. (ab 2 Pers.). **Achtung: Sitzplätze müssen immer 1 Tag im Voraus reserviert werden!**
i Nordic Natura, 862 7708, info@nordicnatura.is, nordicnatura.is

🚗 **Fjallasýn**, ☎ 464 3940 + 464 3941, info@fjallasyn.is, fjallasyn.is. Richtpreise Taxifahrt Dettifoss – Ásbyrgi: ISK 33.000 für 1-2 Pers., ISK 43.000 für 3-4 Pers.

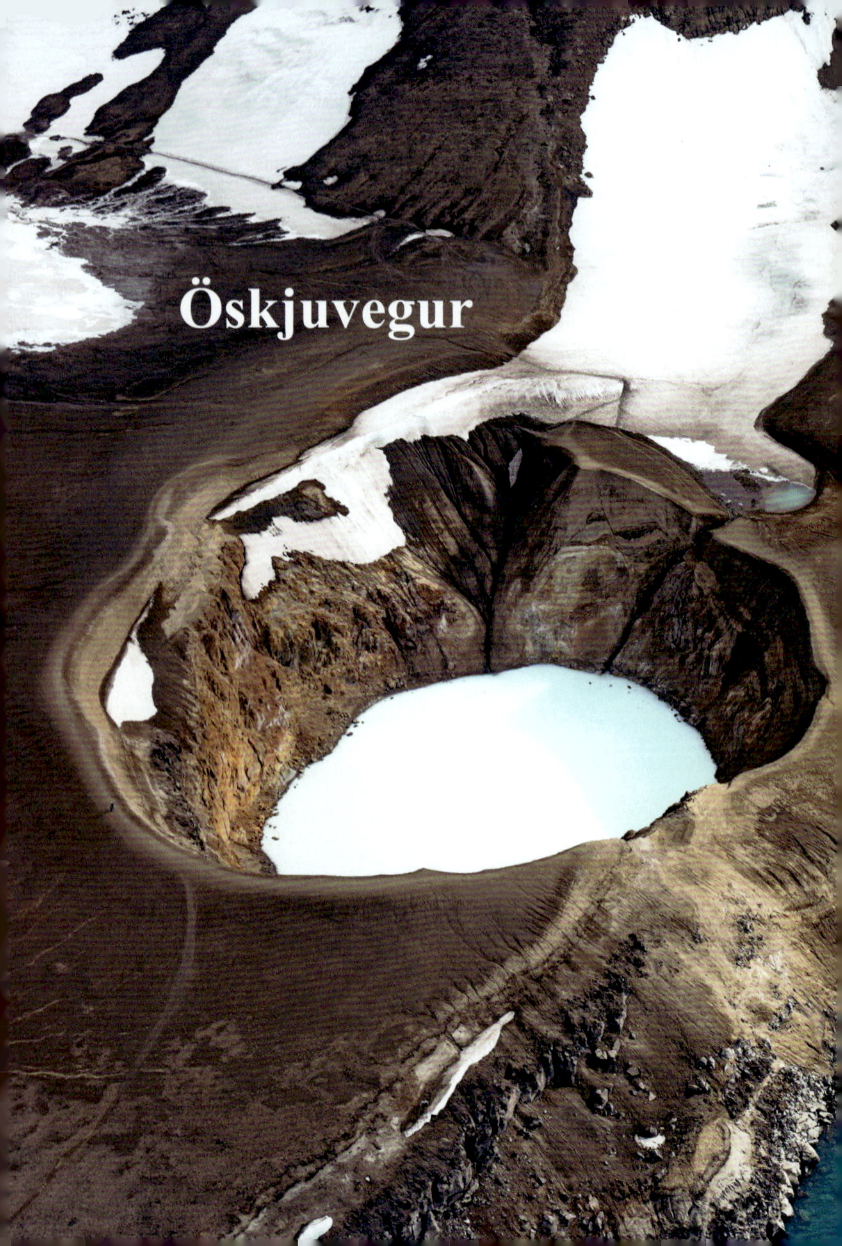
Öskjuvegur

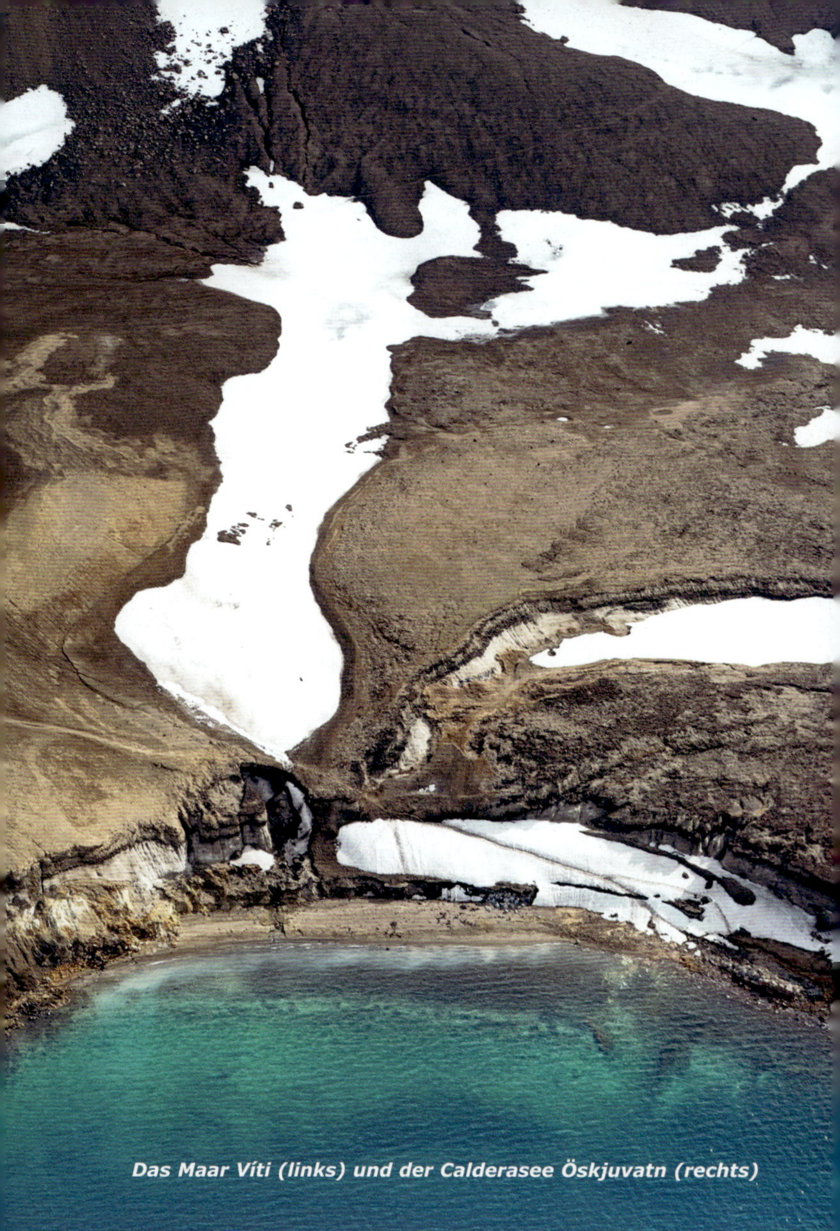

Das Maar Víti (links) und der Calderasee Öskjuvatn (rechts)

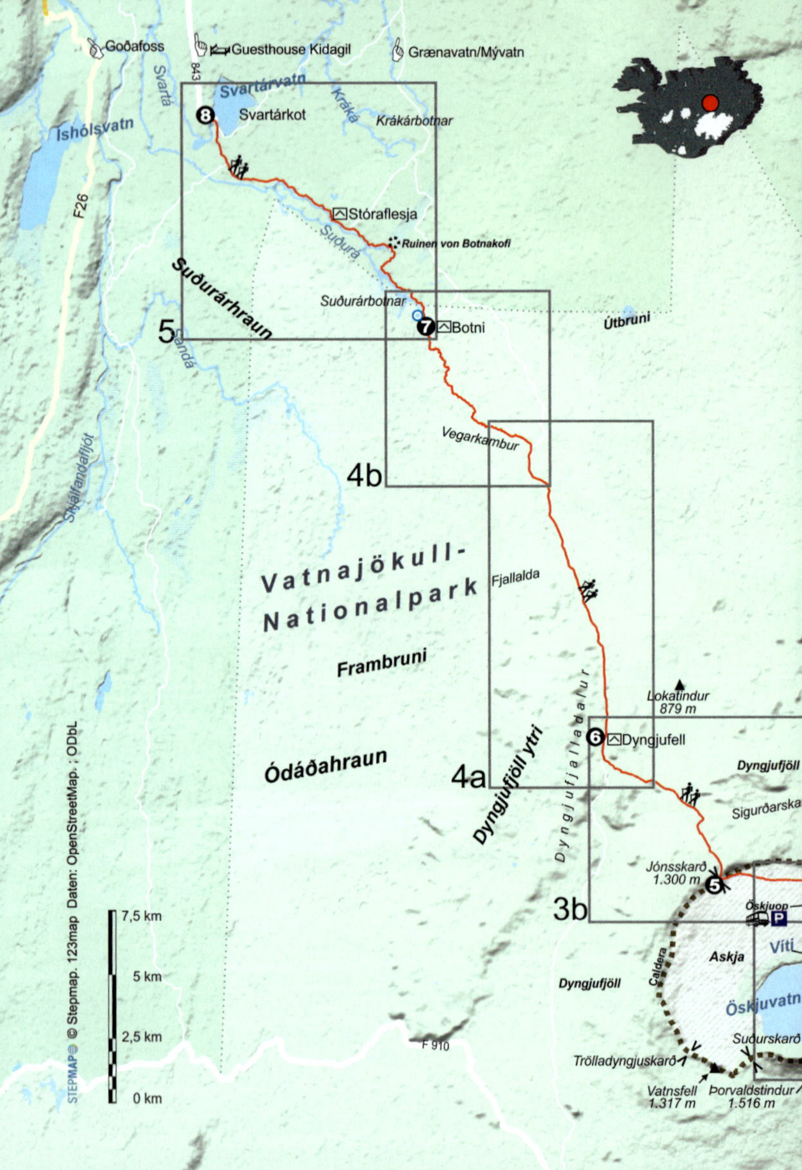

Goðafoss
Guesthouse Kidagil
Grænavatn/Mývatn
843
Svartá
Svartárvatn
Svartárkot
Kráká
Krákárbotnar
Ishólsvatn
F26
Stóraflesja
Suðurá
Ruinen von Botnakofi
Suðurárhraun
Suðurárbotnar
Botni
Útbruni
5
Sandá
Vegarkambur
4b
Skjálfandafljót
Vatnajökull-Nationalpark
Fjallalda
Frambruni
Lokatindur
879 m
Dyngjufell
Dyngjufjalladalur
Ódáðahraun
Dyngjufjöll ytri
4a
Dyngjufjöll
Sigurðarskarð
Jónsskarð
1.300 m
3b
Öskjuop
P
Víti
Askja
Caldera
Dyngjufjöll
Öskjuvatn
F 910
Suðurskarð
Trölladyngjuskarð
Vatnsfell
1.317 m
Þorvaldstindur
1.516 m
7,5 km
5 km
2,5 km
0 km
STEPMAP © Stepmap. 123map Daten: OpenStreetMap. : ODbL

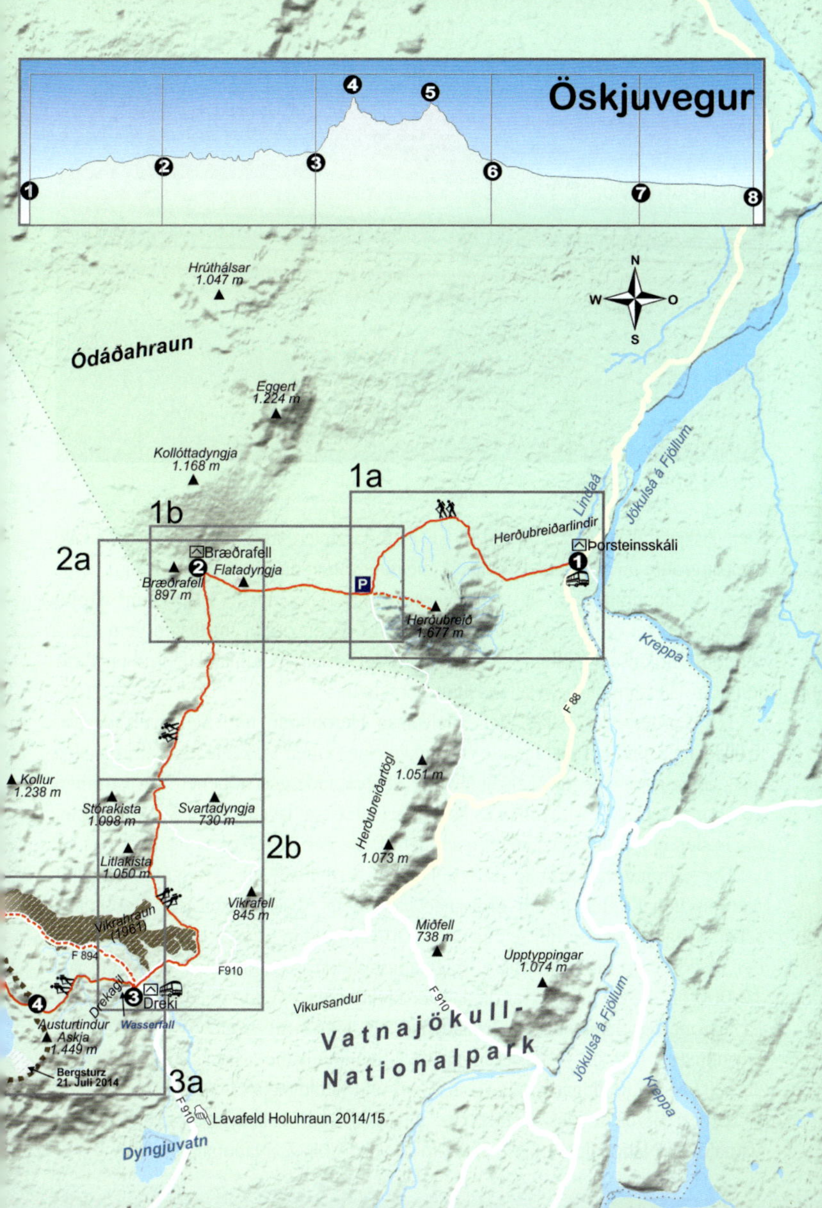

Öskjuvegur
Hrúthálsar
1.047 m
Ódáðahraun
Eggert
1.224 m
Kollóttadyngja
1.168 m
1a
1b
2a
Bræðrafell
Bræðrafell
897 m
Flatadyngja
Herðubreiðarlindir
Þorsteinsskáli
Lindaá
Jökulsá á Fjöllum
Herðubreið
1.677 m
Krepa
F 88
Herðubreiðartögl
1.051 m
1.073 m
Kollur
1.238 m
Stórakista
1.098 m
Svartadyngja
730 m
2b
Litlakista
1.050 m
Vikrafell
845 m
Vikrahraun
(1961)
F 894
F910
Miðfell
738 m
Upptyppingar
1.074 m
Drekagil
Dreki
Wasserfall
Austurtindur
Askja
1.449 m
Bergsturz
21. Juli 2014
Vikursandur
F 910
Vatnajökull-
Nationalpark
Jökulsá á Fjöllum
Kreppa
3a
F 910
Lavafeld Holuhraun 2014/15
Dyngjuvatn

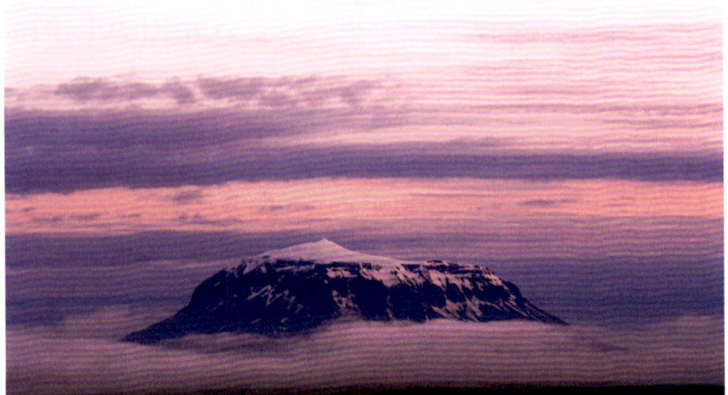

Herðubreið

Der **Askja-Trail** (isl. *Öskjuvegur*) ist eine faszinierende, aber **anspruchsvolle Trekkingroute** im östlichen Hochland, die quer durch die enorme Sand- und Lavawüste **Ódáðahraun** (= Missetäterwüste) führt. Dieses ca. 4.000 km² große Gebiet wird im Norden vom Wüstenstreifen Mývatnsöræfi, im Osten vom Gletscherfluss Jökulsá á Fjöllum, im Süden von der Eiskappe Vatnajökull und im Westen vom Gletscherfluss Skjálfandafljót begrenzt.

Die Caldera der **Askja**, der Tafelvulkan **Herðubreið** und Schildvulkane wie **Trölladyngja** sind herausragende Merkmale einer rauen Vulkanlandschaft, die sich aus zahlreichen nacheiszeitlichen, wild übereinandergeschobenen Lavaströmen zusammensetzt. Meist handelt es sich dabei um Basaltlaven großer **Schildvulkane**, die in den ersten Jahrtausenden nach dem Ende der Eiszeit aktiv waren.

Die erhöhte vulkanische Tätigkeit stand vermutlich im Zusammenhang mit tektonischen Kräften in der Erdkruste nach dem Abschmelzen der Eiszeitgletscher. Möglicherweise führte auch eine Druckentlastung durch das Abschmelzen der Eisdecke zu einer erhöhten Magmaproduktion im Erdmantel. Vor allem vor 10.000 bis 4.500 Jahren war die Lavaproduktion enorm. Ein über 100 km langer Lavastrom des Schildvulkans **Trölladyngja** (⇧ 1.468 m) erreichte sogar fast die Nordküste Islands. Weitere große Schildvulkane sind **Kollóttadyngja** (⇧ 1.168 m), **Kerlingardyngja** (⇧ 880 m) und **Ketildyngja** (⇧ 834 m).

Große Bereiche des Gebiets (u. a. Askja und Trölladyngja) gehören zum **Vatnajökull-Nationalpark** (☞ Reise-Infos von A bis Z, Nationalparks).

Ódáðahraun ist eine ausgesprochen karge und trockene Gegend. Das liegt aber nicht am Niederschlagsmangel, sondern vielmehr daran, dass Regen- und Schmelzwasser im lockeren Sand und in der zerklüfteten Lava sofort versickern. Es handelt sich also um eine sogenannte edaphische Wüste – eine durch die Bodenbeschaffenheit entstandene Wüste.

Wo das versickerte Wasser, oft nach vielen Jahrzehnten, als Quellwasser austritt, entstanden **Oasen**, wie Herðubreiðarlindir am Ostrand und Suðurárbotnar im Nordwesten.

Der Name Ódáðahraun bedeutet übrigens **Missetäterwüste**, ein Verweis auf die vielen Geächteten, die in früheren Jahrhunderten in dieser unwirtlichen Umgebung zu überleben versuchten, nachdem sie wegen (vermeintlicher) Verbrechen für vogelfrei erklärt worden waren (☞ Kjalvegur, Islands berühmtester Outlaw). Auch heute bleibt die Durchquerung des Ódáðahraun eine Herausforderung.

Da ist zunächst die große **Abgeschiedenheit** der Wüste. Auch im Hochsommer werden Sie, außer in Herðubreiðarlindir und Dreki, oft niemanden treffen. Die enorme Weite und die tiefe Stille empfindet manch einer als erholsam, manch anderer als erdrückend. Wenn kein Lüftchen weht, dann hören Sie in der Wüste auch tatsächlich – nichts. Weite Abschnitte der Route sind mit **Pflöcken** markiert. Anderswo erleichtern **Steinmännchen** die Orientierung, die aber in der Askja-Caldera bei Nebel nicht immer ganz unproblematisch ist.

Hinzu kommt der **Wassermangel**. Trinkwasser muss immer in ausreichender Menge von den Hütten mitgenommen werden, unterwegs gibt es in der Regel keinen Tropfen! Steht bei den Hütten (Bræðrafell, Dyngjufell) kein Trinkwasser zur Verfügung, muss Schnee geschmolzen werden.

Bei ungünstigen Windverhältnissen (Südwestwind) drohen ☞ **Sandstürme**! Plötzliche **Wintereinbrüche** – Schneestürme! – sind in der Askja-Caldera auch im Hochsommer nicht ungewöhnlich.

Die **99 km** lange Wanderroute ist in **fünf Etappen** unterteilt. Der höchste Punkt, Drekafjöll (⇧ 1.350 m), wird in der Askja-Caldera erreicht. Da die meisten Wanderer die Route in Ost-West-Richtung unternehmen, wird diese Richtung auch hier beibehalten.

Entlang der Route hat der Wanderverein Ferðafélag Akureyrar (FFA), Partner von Ferðafélag Íslands, **Wanderhütten** errichtet. Da diese an manchen Tagen von Gruppen komplett belegt sind, ist eine rechtzeitige Reservierung per E-Mail empfehlenswert. Schlafplatzreservierungen in Herðubreiðarlindir und Dreki für die

Hauptsaison (10. Juli bis 15. August) sollten spätestens im Januar oder Februar erfolgen. Bewirtschaftet sind nur die Hütten von Herðubreiðarlindir und Dreki (⌛ ca. 15. Juni bis 10. September). Nur in Herðubreiðarlindir und Dreki sind Duschen und Wassertoiletten vorhanden. Übernachtungsgebühren können entweder beim Wanderverein, online oder bar beim Hüttenwirt in Herðubreiðarlindir entrichtet werden.

Das **Handynetz** wurde in der Region in den letzten Jahren deutlich verbessert. Zwischen Herðubreiðarlindir und Dreki funktioniert das Handy heute fast durchgehend. In der Caldera der Askja gibt es keinen Empfang. Im Dyngjufjalladalur ist die Verbindung (abgesehen von höher gelegenen Bereichen) ebenfalls schlecht, während der Empfang in der Nähe der Hütte in Botni wieder deutlich besser wird.

Sandstürme

Beim Thema Sandsturm schweifen die Gedanken spontan zu exotischen Regionen, wie die Sahara, doch auch in den Wüsten Islands toben hin und wieder Sandstürme. Die Furcht vor diesem Naturphänomen geht auch aus dem Bericht einer geologischen Expedition aus dem 19. Jh. hervor: „*... Bei Sandsturm im Hochland empfiehlt sich das Hinlegen von Reitern und Pferden auf den Boden. Die Gefahr des Erstickens ist nicht unbeträchtlich. Feuchte Tücher sind vor Mund und Nase zu pressen. Peinlich ist darauf zu achten, dass Menschen und Pferde nicht unter dem Sand begraben werden ...*"

Auch heute ist mit Sandstürmen nicht zu spaßen, vor allem in der mit Bimsstein überdeckten Region der Askja, wo scharfkantige Bimssteinbrocken bei sehr starkem Wind wie Geschosse durch die Luft fliegen. Vor einigen Jahren zerfetzte in Dreki ein Bimssteinsturm eines Nachts das komplette Zeltlager einer britischen Reisegruppe.

Herðubreiðarlindir

Der Askja-Trail beginnt in der Oase **Herðubreiðarlindir** (= Quellen der Herðubreið), am Ostrand des Lavafeldes Ódáðahraun. Diverse aus der Lava entspringende Quellen vereinen sich hier zum Fluss **Lindaá**. Die Wasserläufe werden von Weidenbüschen und Staudenfluren der **Echten Engelwurz** gesäumt.

Auch das Vogelleben ist vielseitig: Zu den Brutgästen zählen **Schneeammer** (*Plectrophenax nivalis*), **Meerstrandläufer** (*Calidris maritima*) und **Alpen-**

strandläufer (*Calidris alpina*), **Eisente** (*Clangula hyemalis*) und **Kragenente** (*Histrionicus histrionicus*), **Odinshühnchen** (*Phalaropus lobatus*) und **Kurzschnabelgans** (*Anser brachyrhynchus*).

Seit 1974 gehört die Hochlandoase zusammen mit den Uferbereichen des nahen Flüsschens **Grafarlandaá** und dem Tafelvulkan **Herðubreið** zum Herðubreið-Naturschutzgebiet. Der Wanderverein Ferðafélag Akureyrar (FFA) betreibt in Herðubreiðarlindir (⇧ 480 m) die **Wanderhütte „Þorsteinsskáli"**.

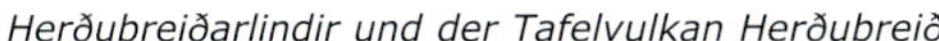
Herðubreiðarlindir und der Tafelvulkan Herðubreið

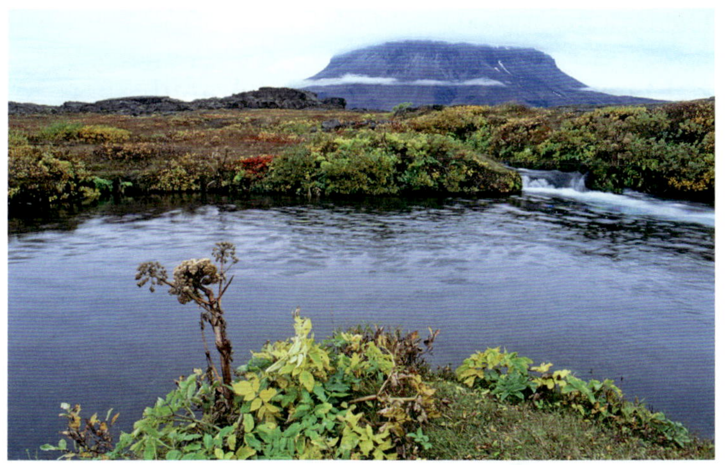

⌂ **Þorsteinsskáli**, Ferðafélag Akureyrar (FFA), ☎ 462 2720 (Buchung), 📱 822 5191 (Hütte/Juni bis Sep), ✉ ffa@ffa.is, 💻 www.ffa.is, 30 Schlafplätze, WC, 🚿 🍳 **P**, Ü ISK 8.000, 🚿 ISK 500, 🚪 Mitte/Ende Juni bis Mitte Sep. Die 1958-60 errichtete Hütte liegt 4 km östlich des Tafelvulkans Herðubreið. Zur Ausstattung gehören eine 🍳 Kochecke mit Gasherd und ein Kerosinofen. Separates Sanitärgebäude mit 🚿 und Wassertoiletten (nur in der Saison). Im September ist die Hütte z. T. nicht mehr bewirtschaftet, dann ist der Wirt von ☞ Dreki auch für Herðubreiðarlindir zuständig.

⛺ Schöne Rasenfläche bei der Hütte. Ü ISK 2.000, 🚿 ☞ ⌂

🚌 **Mývatn Tours: Mývatn – Herðubreiðarlindir – Askja**

🚪 Mitte Juni bis Mitte Sep 1 x tägl. Ab **Reykjahlíð** (Supermarkt Kjörbúðin beim Information Center) 8:00; ab **Herðubreiðarlindir** ca. 10:00 nach Dreki bzw. ca. 17:00

nach Mývatn. Mývatn Tours bietet im Sommer geführte Bustouren zur Askja. Es können aber auch Teilstrecken gebucht werden, z. B. von Reykjahlíð nach Herðubreiðarlindir. Fahrtdauer Reykjahlíð – Herðubreiðarlindir: ca. 2 Std., Fahrpreis Reykjahlíð – Herðubreiðarlindir: ISK 12.000

Mývatn Tours, ☏ 464 1920, myvatntours@gmail.com,
www.myvatntours.is

In einer Lavahöhle, 100 m nordwestlich der Hütte, soll der Geächtete **Fjalla-Eyvindur** (☞ Kjalvegur, Infokasten „Islands berühmtester Outlaw") den Winter 1774/75 zugebracht haben.

1. Etappe: Þorsteinsskáli – Bræðrafell

18,4 km, O → W 6 Std., W → O 6 Std., ↑ 285 m, ↓ 25 m, ⇧ 480-745 m

0,0 km	⇧ 480 m	Þorsteinsskáli
3,0 km	⇧ 519 m	Nordwestknick
6,4 km	⇧ 583 m	Südwestknick
11,5 km	⇧ 699 m	Parkplatz Herðubreið P
16,9 km	⇧ 745 m	Flatadyngja
18,4 km	⇧ 740 m	Bræðrafell

Die Etappe von Herðubreiðarlindir nach Bræðrafell ist mit gelben Pflöcken markiert. Diese ziehen sich zunächst im weiten Bogen durch leicht begehbare Fladenlava nördlich um den Tafelvulkan Herðubreið. Vom Wanderparkplatz auf der Westseite des Berges geht es über Lava und Sand nach Westen weiter zur Bræðrafell-Hütte. Trinkwasser sollte von Herðubreiðarlindir mitgenommen werden. Im Frühsommer führen kleine Schmelzwasserbäche am Herðubreið noch Wasser, im Verlauf des Sommers versiegen diese jedoch schnell.

Von der Hütte **Þorsteinsskáli** führen die Pflöcke zunächst leicht ansteigend über Pahoehoe-Lava nach Westen auf den Tafelvulkan ☞ **Herðubreið** (⇧ 1.677 m) zu. Stellenweise weist die Lava, auf der Sie dank der ebenen Oberfläche gut vorankommen, schöne Stricklavamuster auf. Anschließend ziehen sich die Markierungen nördlich um die Herðubreið herum: Nach 3 km macht die Route zunächst einen Knick nach Nordwesten ❶, nach weiteren 3,4 km einen

Knick nach Südwesten ❷. Zahlreiche große Felsblöcke säumen den Weg – dabei handelt es sich um Schutt, der sich aus den Steilhängen der Herðubreið gelöst hat. Das entfernte Poltern herunterfallender Felsen ist bei der Umrundung der Herðubreið ein ständiger Wegbegleiter.

Ein kleiner, mit Geländewagen erreichbarer P **Parkplatz** ❸ (km 11,5) auf der Westseite der Herðubreið markiert den Beginn der einzigen Aufstiegsroute zum Gipfel des Berges (☞ Die Königin der Berge).

Vom Parkplatz wandern Sie nun, mit Blick auf den großen Schildvulkan **Kollóttadyngja** (⇧ 1.168 m), direkt nach Westen auf die 7 km entfernte Hütte am

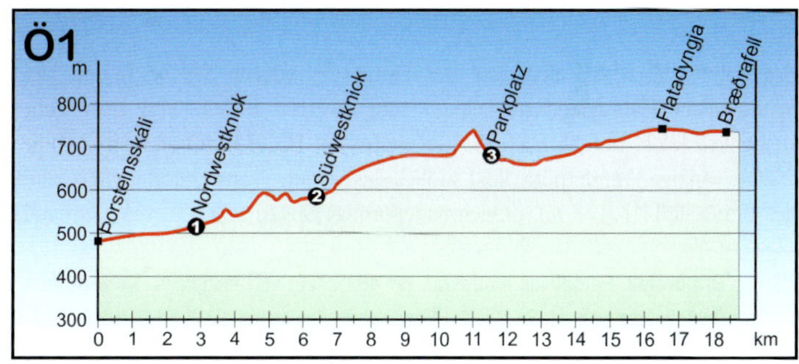

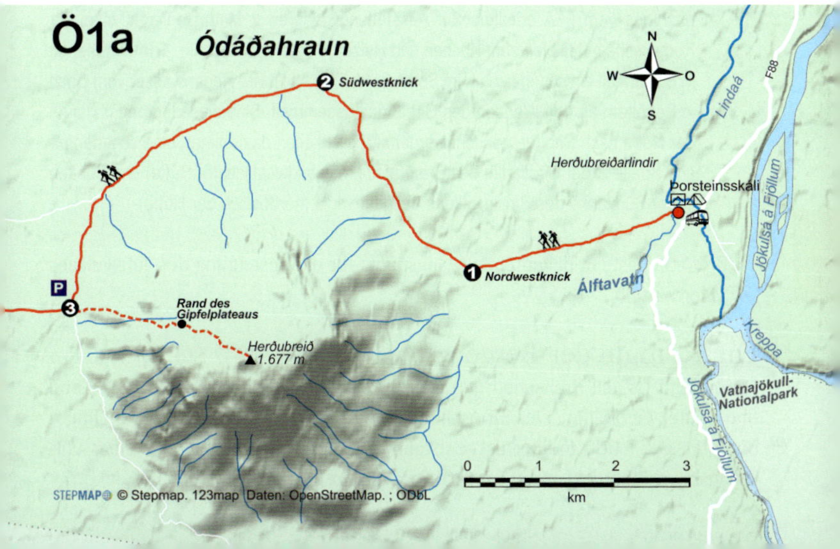

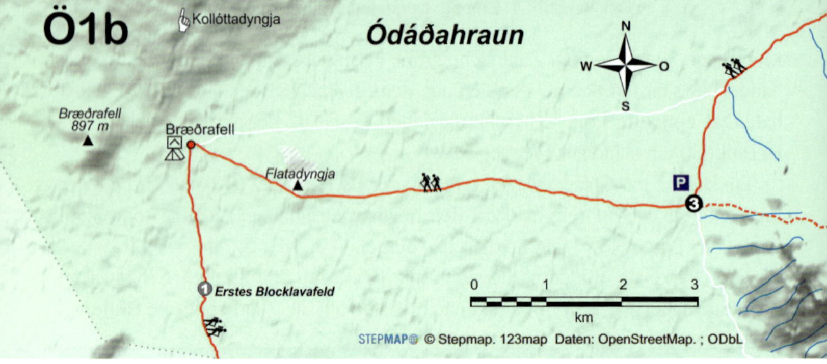

Bræðrafell zu. Unmittelbar vor der Hütte überqueren Sie noch den kleinen Schildvulkan **Flatadyngja** mit einem sehenswerten Krater. Von dort geht es schließlich leicht bergab nach Westen weiter zur **Hütte Bræðrafell** (⇧ 740 m).

Die winzige Wanderhütte liegt südlich des Schildvulkans Kollóttadyngja, am Fuß des Bræðrafell (⇧ 897 m), dessen nadelförmige Spitze schon von Weitem auffällt.

Bræðrafell, Ferðafélag Akureyrar, ☏ 462 2720, ffa@ffa.is, www.ffa.is, 16 Schlafplätze, Ü ISK 5.500, ganzjährig. Die kleine, 2016 erbaute Hütte ist nicht bewirtschaftet. Zugang nur mit Türcode, den Sie nach Zahlungseingang der Übernachtung vom FFA erhalten. Zur Ausstattung gehören 2 Matratzenlager, eine Kochnische mit Ölofen zum Kochen und Heizen, Töpfe und Geschirr. **Trinkwasser** ist in Bræðrafell ein seltenes Gut. Im Sommer (Juli bis Aug) wird Regenwasser vom Dach in Behältern an den Wänden des Gebäudes gesammelt. Sind diese leer muss ggf. in der Nähe nach Schnee gesucht werden. Möglichkeiten dazu bieten eine schattenreiche Spalte in der Südflanke des Bræðrafell (1 km südwestlich der Hütte) und Senken in der Südflanke des Schildvulkans Kollóttadyngja (nordöstlich der Hütte).

Bræðrafell ist ein beliebter Ausgangspunkt für die Besteigung des Tafelvulkans ☞ **Herðubreið**.

Die Königin der Berge ⇔ 5,8 km, ⧗ 5-7 Std., ↑ 1.000 m

Herðubreið (= die Breitschultrige) gilt als Prototyp eines **Tafelvulkans** (☞ Land und Leute, Geologie). Der formschöne, 1.677 m hohe Berg, der seine Umgebung um gut 1.000 m überragt, entstand in der letzten Eiszeit infolge eines Vulkanausbruchs unter dem bis zu 1.000 m dicken Inlandeis. Als der Vulkankörper schließlich die Eisdecke durchbrach, baute austretende Lava auf dem Gipfel einen kleinen Schildvulkan auf. Im Frühsommer erinnert die „Königin der Berge" an eine riesige Torte mit Sahnehaube. Möglicherweise inspirierte der kantige Berg auch die Verfasser der Edda bei der Beschreibung der Götterburg **Asgard**.

Die Erstbesteigung gelang 1908 dem deutschen Geologen Hans Reck und seinem isländischen Begleiter Sigurður Sumarliðason. Heute ist der Berg ein beliebtes Wanderziel.

☝ Der Aufstieg sollte nur von erfahrenen Bergwanderern und ausschließlich bei guten Sichtverhältnissen in Erwägung gezogen werden! Trittsicherheit und Schwindelfreiheit sind Voraussetzung! Die Aufstiegsroute ist über weite Strecken extrem **steinschlaggefährdet**, vor allem, wenn mehrere Wanderer (Gruppen) am Berg unterwegs sind. Stellenweise besteht Absturzgefahr! Nehmen Sie sicherheitshalber Wanderstöcke, einen Helm (gegen Steinschlag) und eventuell auch Steigeisen und Eispickel (falls das steile Schneefeld im oberen Bereich der Aufstiegsroute noch existiert) mit. Erkundigen Sie sich vorher nach dem Wetter und den aktuellen Bedingungen am Berg bei den Hüttenwirten in Herðubreiðarlindir oder Dreki, wo auch Aufstieg und Rückkehr angemeldet werden sollten.

Die einzige mögliche Aufstiegsroute beginnt am **Parkplatz ❸** auf der Westseite des Berges. Von dort zeigen Steinmännchen den Weg über einen Schutthang

Blick in den Krater der Herðubreið

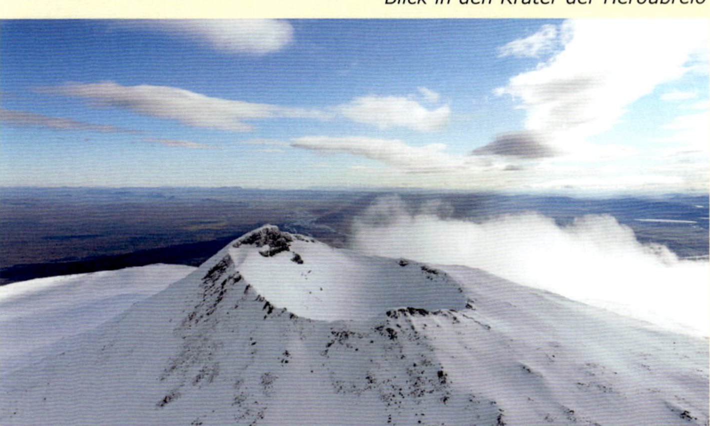

hinauf. Anschließend geht es über ein steiles (!), von Geröllpassagen unterbrochenes Schneefeld weiter zum Gipfelplateau; das Schneefeld ist mit etwas Glück im Spätsommer verschwunden, erfordert sonst ggf. Steigeisen. Vom Plateaurand wandern Sie über Schnee und/oder Geröll (Steinmännchen in größeren Abständen) zunächst moderat steigend, zum Schluss etwas steiler Richtung Ostsüdost zum großen Steinmann auf dem Gipfel hoch.

Vom Gipfel schauen Sie in den manchmal noch mit Schnee und Eis, manchmal mit türkisfarbigem Wasser gefüllten **Kratersee** und überblicken die gesamte Lavawüste Ódáðahraun.

Für den Rückweg muss unbedingt die gleiche Route gewählt werden (am besten den mit einem GPS-Gerät aufgezeichneten Track der Aufstiegsroute verwenden)! Auf den Beginn der Abstiegsroute deuten ein verblasster roter Pfeil und ein kleiner **Steinmann** am Rand des Gipfelplateaus hin. Vor allem bei plötzlich aufkommendem Nebel, ist es von essentieller Bedeutung, über die GPS-Koordinaten dieses Steinmannes zu verfügen, da es keine andere Abstiegsmöglichkeit gibt. Es besteht Absturzgefahr!

2. Etappe: Bræðrafell – Dreki

21,1 km, N → S 7-8 Std., S → N 7-8 Std., ↑ 240 m, ↓ 195 m, ⇧ 675-795 m

0,0 km	⇧ 740 m	Bræðrafell
2,0 km	⇧ 715 m	erstes Blocklavafeld
3,7 km	⇧ 740 m	kleiner Höhenzug
4,8 km	⇧ 689 m	zweites Blocklavafeld
8,6 km	⇧ 690 m	Einmündung alte Piste
10,8 km	⇧ 683 m	Abzweigung alte Piste
16,9 km	⇧ 732 m	Vikrahraun
18,8 km	⇧ 748 m	Einmündung F910
21,1 km	⇧ 785 m	Dreki

Auch die zweite Etappe ist mit gelben Pflöcken markiert und führt meist über leicht begehbare Fladenlava. Das Lavafeld erinnert an ein versteinertes Meer mit Wellenbergen und -tälern, wobei die allgegenwärtige Herðubreið als Landmarke

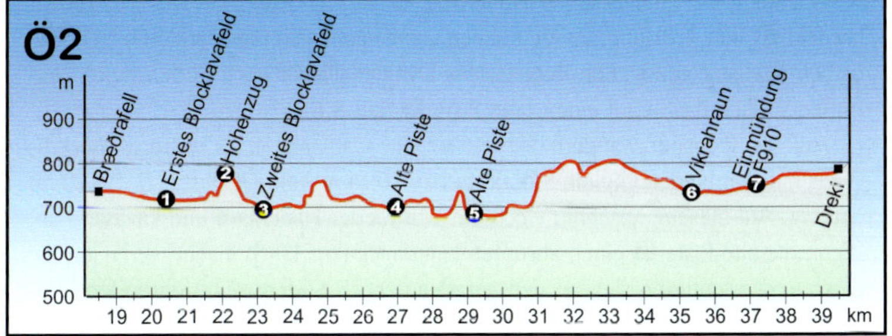

fungiert. Je mehr Sie sich der Askja nähern, desto heller wird die Umgebung, die hier von einer mächtigen Bimssteinschicht der Eruption von 1875 bedeckt ist. Nach 17 km zieht sich der Weg um das Lavafeld Vikrahraun, Ergebnis des jüngsten Ausbruchs der Askja (1961). Die letzten 2 km bis zur Dreki-Hütte werden auf der Piste F910 zurückgelegt.

Von der Bræðrafell-Hütte führen die Markierungen in südlicher Richtung. Auf der Fladenlava und im Sand kommen Sie zunächst gut voran. Wesentlich anstrengender und zeitraubend ist die darauf folgende Querung eines **Blocklavafeldes ❶** (km 2) mit wild aufgetürmter Lava.

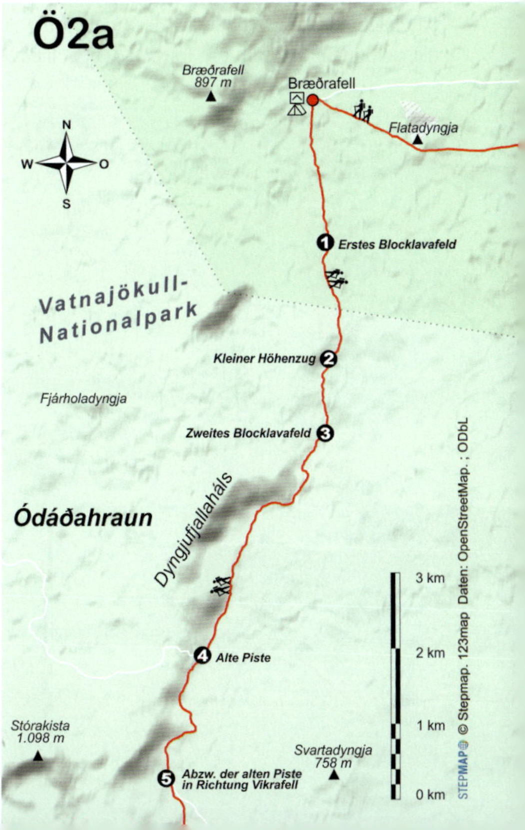

Ö2a
Bræðrafell 897 m
Bræðrafell
Flatadyngja
N
W
O
S
Erstes Blocklavafeld
Vatnajökull-Nationalpark
Kleiner Höhenzug
Fjárholadyngja
Zweites Blocklavafeld
Ódáðahraun
Dyngjufjallaháls
Alte Piste
Stórakista 1.098 m
Svartadyngja 758 m
Abzw. der alten Piste in Richtung Vikrafell
3 km
2 km
1 km
0 km
STEPMAP © Stepmap. 123map Daten: OpenStreetMap.; ODbL

Nachdem Sie einen kleinen Höhenzug ❷ (km 3,7) und ein weiteres **Blocklavafeld** ❸ (km 4,8) überwunden haben, schlängeln sich die Markierungspflöcke östlich des lang gezogenen Bergrückens **Dyngjufjallaháls** nach Süden weiter und treffen südlich davon auf eine uralte Piste ❹ (km 8,6).

Auf der Jeepspur wandern Sie nun an der Ostflanke eines weiteren Bergrückens mit den beiden Gipfeln **Stórakista** (⇧ 1.098 m) und **Litlakista** (⇧ 1.050 m) entlang. Auf diesem Abschnitt wechseln sich wieder Fladenlava und Lavasand ab. Wenn die alte Piste ❺ einen abrupten Linksknick (km 10,8) macht, verlassen Sie diese und orientieren sich an den geradeaus nach Süden weiterführenden Pflöcken.

Südlich von Litlakista gestaltet sich das Vorwärtskommen wieder schwieriger, da einige alte Lavaströme aus der Caldera der Askja überquert werden müssen, die sich durch **Öskjuop** (= Tor der Askja) einen Weg nach Osten gebahnt haben.

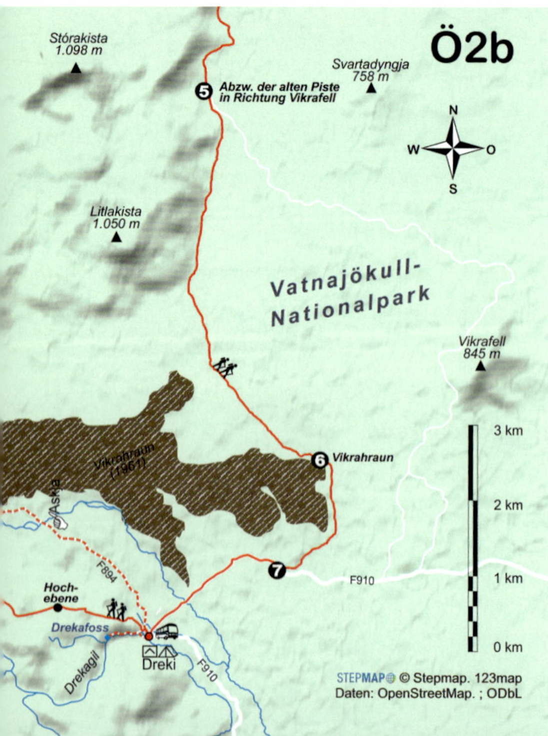

Während der Weg nun nach Südosten weiterführt, fällt auf, wie die Umgebung, bisher vor allem von dunklen Farbtönen geprägt, allmählich heller wirkt. Dafür verantwortlich ist eine zunehmend mächtigere Bimssteinschicht, die sich wie eine Decke über die dunklen Laven gelegt hat. Das scharfkantige, helle Gestein, das unter den Schuhen knackt und knirscht, wurde 1875 bei einem äußerst explosiven Ausbruch der Askja ausgeworfen.

Zum Schluss steuern die Markierungen direkt auf den rot-schwarzen Lavastrom **Vikrahraun** ❻

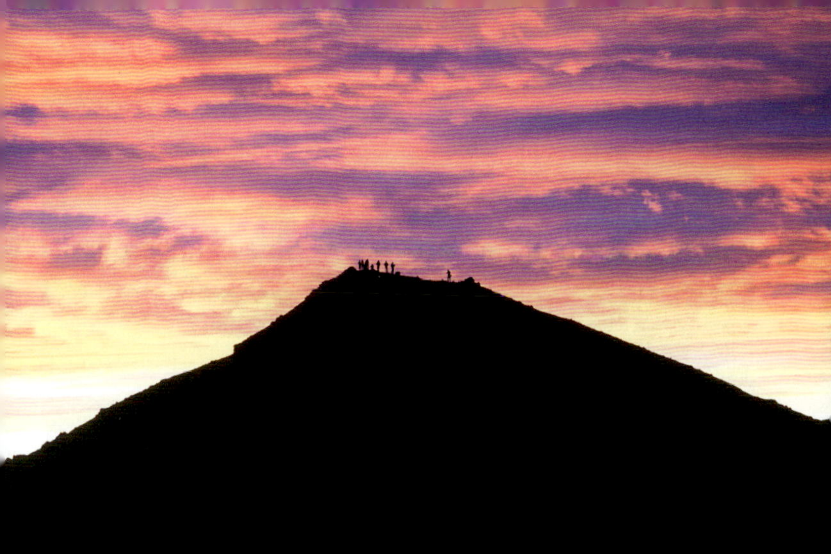

Schlackenkegel bei Dreki

(1961) zu, führen im Bogen links um die Lava herum und münden südlich davon in die Piste **F910** ❼. Auf der Piste werden die letzten 2 km zur **Hütte** in **Dreki** (⇧ 785 m) zurückgelegt.

☝ Versuchen Sie bitte nicht, über das Lavafeld Vikrahraun „abzukürzen", denn dieses besteht aus scharfkantiger Brocken- oder Aa-Lava, die nicht überquert werden kann!

⌂ **Dreki**, Ferðafélag Akureyrar (FFA), ☎ 462 2720 (Buchung), 📱 822 5190 (Hütte/Juni bis Sep), ✉ ffa@ffa.is, 💻 www.ffa.is, 55 Schlafplätze, P, Kochnische, Dusche, i, Ü ISK 9.000, Dusche ISK 500, 🚪 Mitte/Ende Juni bis Mitte Sep (abhängig von den Straßenverhältnissen). Die beiden Hütten liegen am Eingang der Schlucht Drekagil, am Ostrand des Massivs Dyngjufjöll. Die „alte Hütte" (1968), die nach einem Brand renoviert wurde, bietet 15 Schlafplätze. Die „neue Hütte" (2005) hat 40 Schlafplätze. Beide Häuser verfügen über Ölöfen und eine Kochnische mit Gaskochplatten, Töpfen und Geschirr. Modernes Sanitärgebäude mit Wassertoiletten und Dusche (nur im Sommer geöffnet!)

⛺ Zeltplatz mit sandigem Boden, Ü ISK 2.000 pro Person, Dusche. Anmeldung ☞ ⌂

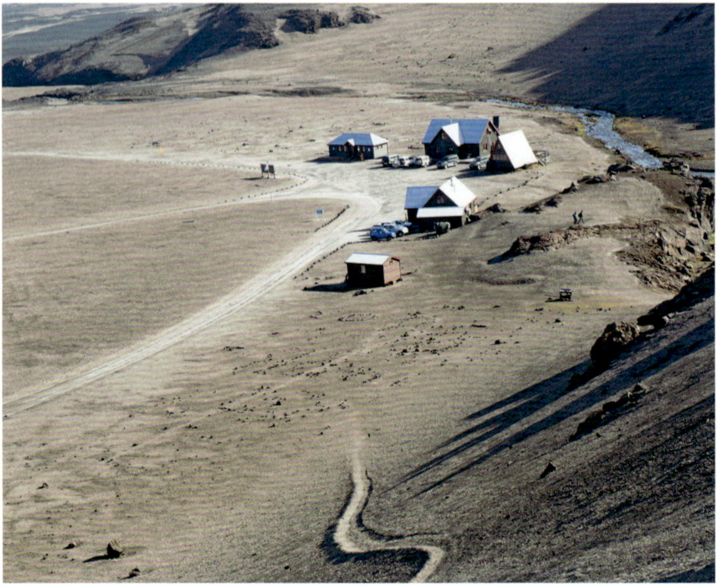

Die FFA-Hütte in Dreki

Mývatn Tours: Mývatn – Herðubreiðarlindir – Askja

Mitte Juni bis Mitte Sep 1 x tägl. Ab **Reykjahlíð** (Supermarkt Kjörbúðin beim Information Center) 8:00; ab **Herðubreiðarlindir** ca. 10:00; Rückfahrt ab **Dreki** ca. 15:00. Mývatn Tours bietet im Sommer geführte Bustouren zur Askja. Es können aber auch Teilstrecken gebucht werden, z. B. von Reykjahlíð nach Dreki. Fahrtdauer Reykjahlíð – Dreki: ca. 4 Std., Fahrpreis Reykjahlíð – Dreki: ISK 14.000

Mývatn Tours, 464 1920, myvatntours@gmail.com, www.myvatntours.is

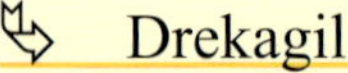

Drekagil ⇔ 1,2 km, 1 Std., ↑ 80 m

Von der Hütte lohnt sich ein Abstecher in die nahe Schlucht **Drekagil** (= Drachenschlucht). Auf beiden Seiten der in die Felsen des Dyngjufjöll-Massivs ausgewaschenen Schlucht gibt es bizarr geformte Felsformationen, von denen einige an Drachen erinnern – daher der Name. Der Wanderweg endet beim Wasserfall Drekafoss.

3. Etappe: Dreki – Dyngjufell

24,2 km, O → W 10-11 Std., W → O 11-12 Std., ↑ 800 m, ↓ 900 m, ⇧ 685-1.350 m

0,0 km	⇧ 785 m	Dreki
5,1 km	⇧ 1.350 m	Drekafjöll
6,6 km	⇧ 1.190 m	Solfatarenfeld
7,5 km	⇧ 1.130 m	Bátshraun
8,2 km	⇧ 1.112 m	Víti
10,6 km	⇧ 1.062 m	Parkplatz Öskjuop P WC
15,9 km	⇧ 1.300 m	Jónsskarð
17,8 km	⇧ 1.180 m	Beginn steiler Abstieg
23,3 km	⇧ 700 m	Einmündung Piste
24,2 km	⇧ 685 m	Dyngjufell

Auf der „Königsetappe" von Dreki nach Dyngjufell zeigt sich die Askja-Caldera in ihrer ganzen herben Vielfalt. Für den ersten Abschnitt bis Öskjuop gibt es zwei Möglichkeiten: Bei guten Sichtverhältnissen lohnt sich die kräftezehrende „Panoramaroute" über den Calderarand, bei Nebel oder starkem Wind erhält die kürzere, einfache ☞ Variante über die Piste F894 den Vorzug. Für die anspruchsvolle Überquerung des Jónsskarð-Passes (1.300 m) gibt es indes keine Alternative. Aufgrund der Höhe sind Wintereinbrüche auf dieser Etappe auch im Hochsommer jederzeit möglich. Unterwegs gibt es kein Trinkwasser. Ein Highlight ist für manche das Bad im Krater Víti.

Rätselhafte Caldera

Die **Askja** (= Schachtel) gehört zum Vulkanmassiv **Dyngjufjöll** (⇧ 1.516 m) und gilt als Musterbeispiel einer **Caldera**. Genau genommen zählt der seit mehreren hunderttausend Jahren aktive Zentralvulkan drei Calderen, die ineinander verschachtelt sind. Die

Der Calderasee Öskjuvatn

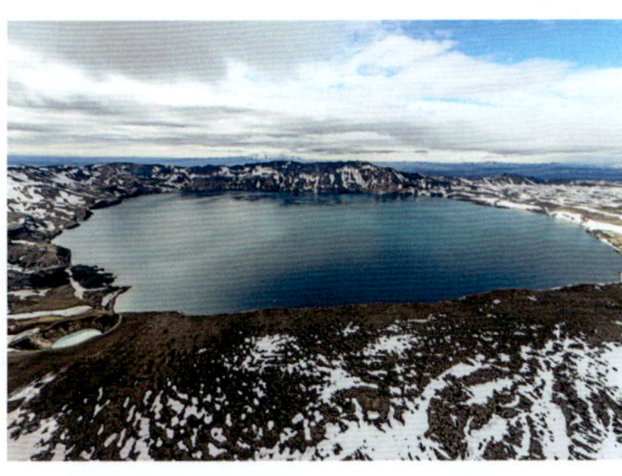

von 200 bis 400 m hohen Felswänden eingerahmte Askja ist mit einem Durchmesser von 8 km und einer Fläche von 50 km^2 die größte.

Einsturzkessel dieser Art entstehen durch explosive Eruptionen oder durch den Einsturz der Decke einer oberflächennahen Magmakammer eines Zentralvulkans, die sich bei der Eruption entleert hat und unter der Last des Vulkankörpers nachgibt. Letzteres geschah beim Ausbruch der Askja 1875.

Am Abend des 28. März 1875 stiegen riesige schwarze Aschewolken über dem Vulkan auf. Am nächsten Tag begann die Hauptphase des Ausbruchs. Bei der **plinianischen Eruption** (☞ Glossar) wurden mehr als 2 km^3 **Bimsstein** (☞ Glossar) ausgeworfen, der große Teile Nord- und Ostislands bedeckte und nach zwei Tagen, aufgrund des Westwindes, Stockholm erreichte. In Island wurde ein Areal von 10.000 km^2 von der Vulkanasche bedeckt. Die Folgen waren Hungersnöte und Verarmung. Ganze Landstriche wurden entvölkert und es setzte eine beispiellose Auswanderungswelle ein.

Durch das Einbrechen der sich entleerenden Magmakammer bildete sich im Südosten der Caldera eine neue Caldera, die sich später mit Grundwasser füllte und nach 35 Jahren ihre heutige Größe erreichte. Das Ergebnis ist der 11 km^2 große Calderasee **Öskjuvatn**, mit 220 m auch der tiefste See Islands.

Auch der wassergefüllte Krater **Víti** (= Hölle) ist ein Relikt der Eruption. Lange wurde das Maar sogar als das Eruptionszentrum betrachtet. Neuere Untersuchungen ergaben jedoch, dass die eigentlichen Ausbruchskrater im See Öskjuvatn verborgen liegen.

Der See birgt auch ein trauriges Geheimnis: Am 10. Juli 1907 verschwanden dort unter mysteriösen Umständen zwei deutsche Forscher. Der Geologe **Walther von Knebel** und der Maler **Max Rudloff** waren, allen Warnungen zum Trotz, mit einem einfachen Boot aus Segeltuch zu einer Erkundungsfahrt auf dem See aufgebrochen. Als sie nicht zurückkehrten, machte der Student Hans Spethmann, der nicht mitgefahren war, sich auf die Suche. Doch alles, was er fand, waren ein paar Wrackteile. Auch zwei von von Knebels Verlobten **Ina von Grumbkow** veranlasste Suchexpeditionen konnten den Hergang des Unglücks nicht klären. Es folgten wilde Spekulationen. Waren die beiden dem unberechenbaren See zum Opfer gefallen und ertrunken? Oder lag ihrem rätselhaften Verschwinden gar ein Verbrechen zugrunde? Zu Ehren der Verunglückten wird der Öskjuvatn auch als „Knebelsee" und der Víti als „Rudloffkrater" bezeichnet. An die beiden erinnert ein von Ina von Grumbkow in der Nähe des Víti errichteter Steinhügel.

📖 **Ísafold – Reisebilder aus Island** von Ina von Grumbkow, Verlag LiteraturWissenschaft.de, 2006, € 14,80

↳ Variante über die Piste F894

➲ 21,3 km, ⌛ O → W 9-10 Std., W → O 10-11 Std., ↑ 515 m, ↓ 615 m, ⇧ 685-1.350 m

Diese einfache Variante auf der Piste **F894** genießt bei tief hängender Bewölkung und/oder starkem Wind den Vorzug. Die 8 km lange Strecke verläuft zunächst über Bimssteinfelder, später windet sich die Piste über den rotbraunen Lavastrom **Vikrahraun** zum **P Parkplatz Öskjuop ❹**.

Die Piste wird oft als „Astronautenstraße" bezeichnet. Tatsächlich absolvierten in dieser Gegend die Astronauten der NASA in den 60er-Jahren, als Teil der Vorbereitung auf die erste erfolgreiche Mondlandung, ein intensives geologisches Feldtraining (☞ Infokasten „Neil Armstrong was here").

Der Lavastrom **Vikrahraun**, den Sie schon am Vortag streiften, besteht teils aus scharfkantiger Brockenlava, teils aus Stricklava. Er ist das Ergebnis der jüngsten Eruption im Gebiet der Askja und entstammt der 0,6 km langen Kraterreihe **Vikraborgir** (in der Nähe des Parkplatzes). Diese ist Teil einer Vulkanspalte, die von Oktober bis November 1961 sechs Wochen lang aktiv war. Der 9,5 km lange Lavastrom besteht aus Tholeitbasalt und bedeckt eine Fläche von 11 km².

☺ Auch wenn Sie sich für diese Variante entschieden haben, sollten Sie auf jeden Fall den Rucksack beim Parkplatz Öskjuop ❹ abstellen und einen Abstecher zum 2 km entfernten Explosionskrater **Víti ❸** machen (☞ Infokasten „Baden in der Hölle").

Zum Auftakt der dritten Etappe folgen Sie zunächst der **F894** Richtung Öskjuop. Unmittelbar nördlich der Schlucht **Drekagil** verlassen Sie die Piste: Ein grünes Holzschild mit gelbem Pfeil bezeichnet den Beginn eines mit **gelben Pflöcken** markierten Trampelpfads, der im Bimssteinhang steil hochführt.

Beginn der 3. Etappe in Dreki

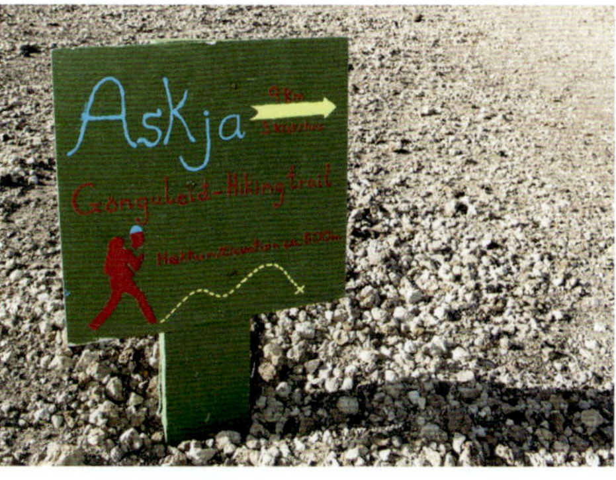

Rückblickend ergibt sich bald eine schöne Aussicht auf Dreki und die endlose, vom Tafelvulkan **Herðubreið** dominierte Lavawüste Ódáðahraun. Eindrucksvoll auch der Blick auf den dunklen Lavastrom **Vikrahraun** (1961), über dessen raue Oberfläche sich die F894 windet.

Anschließend schlängeln sich die Pflöcke über eine oft windgepeitschte **Hochebene**, wo bis tief in den Sommer hinein (Nordseite!) große Altschneefelder überdauern können. Sie durchwandern eine geradezu surreal anmutende Landschaft, geprägt von tiefen Tälern und bizarren Felsformationen. Zeit zum Verschnaufen bleibt kaum, denn bald geht es wieder steil bergauf und Sie erreichen schließlich beim Überqueren der **Drekafjöll** ❶ (⇧ 1.350 m) den höchsten Punkt des gesamten Wanderweges (km 5,1).

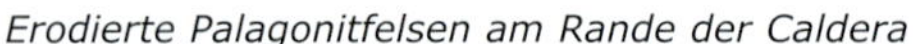

Erodierte Palagonitfelsen am Rande der Caldera

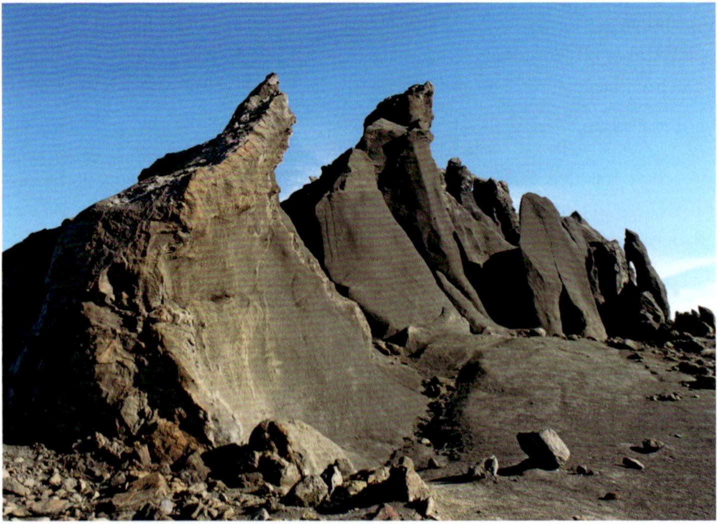

Wenige Schritte weiter schweift der Blick vom Westrand der Drekafjöll über die komplette Caldera der Askja mit dem Kratersee **Öskjuvatn**, eingerahmt von senkrechten Felswänden. Achten Sie auch auf die zu skurrilen Formen erodierten Palagonitfelsen.

Der Trampelpfad fällt in einer lang gezogenen Kehre steil ab zum See. Während des Abstiegs eröffnet sich eine immer bessere Aussicht auf die Südostseite des Öskjuvatn, wo im Sommer 2014 ein massiver Bergrutsch stattfand (☞ Infokasten „Bergsturz am Öskjuvatn").

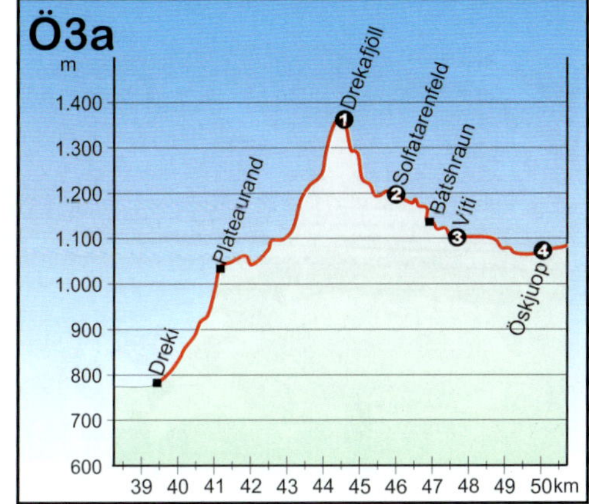

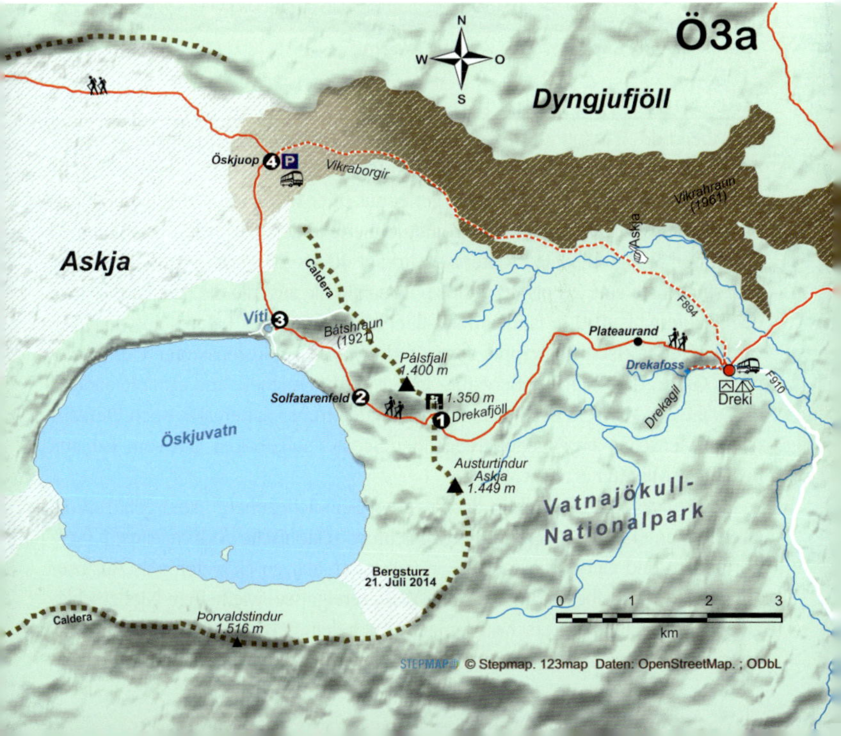

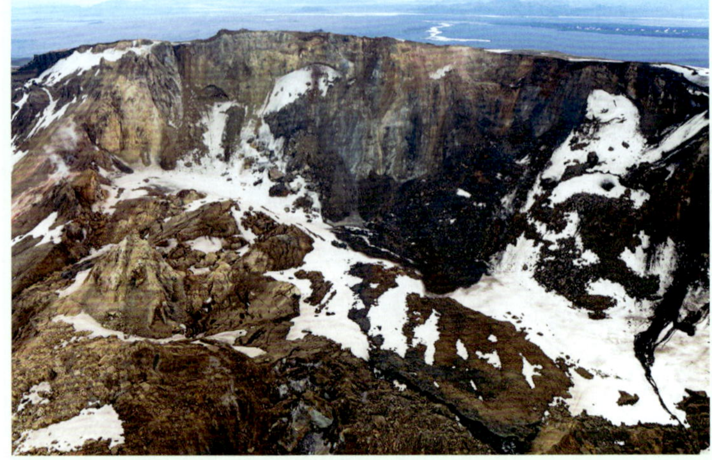

Bergsturz im Südosten der Askja-Caldera

Bergsturz am Öskjuvatn

Am Abend des 21. Juli 2014 kam es in der Caldera der Askja zu einem der größten Erdrutsche seit der Besiedlung Islands. Beim Bergsturz, der sich gegen 23:24 im Südosten der Caldera ereignete, geriet auf einer Breite von 800 m ein gewaltiger Gesteinsverband in Bewegung und donnerte in den Öskjuvatn. Das Volumen des in den See gerutschten Materials wird auf 30 bis 50 Mio. m³ geschätzt. Der Bergsturz löste eine 20 bis 30 m hohe Tsunamiwelle aus, die die flachen Bereiche des Seeufers bis 400 m landeinwärts überschwemmte. Ein Teil des aus dem See verdrängten Wassers schwappte sogar in den nahen Explosionskrater Víti. Es war pures Glück, dass sich der Bergsturz in der Nacht ereignete und sich niemand in der Nähe des Wassers befand. Ein paar Stunden früher hätten sich noch Dutzende von Menschen am gegenüberliegenden Seeufer aufgehalten, das vom Tsunami in 1 bis 2 Minuten erreicht wurde.

Bergstürze ereignen sich in der Regel an Schwächezonen. Dazu gehören die Grenzen unterschiedlicher Gesteinsschichten, tektonische Störungslinien (Verwerfungen) und Geothermalgebiete in vulkanisch aktiven Gebieten. Als Auslöser fungieren z. B. Erdbeben und extreme Wetterereignisse, wie heftige Niederschläge oder große Temperaturschwankungen. Auch dem Bergsturz in der Askja waren ungewöhnlich nasses Wetter und eine starke Schneeschmelze vorangegangen.

Die Pflöcke führen nun etwa 100 m über dem See weiter und passieren bald ein ausgedehntes **Solfatarenfeld** ❷ (km 6,6). Danach geht es wieder abwärts, wobei sich in Gehrichtung am Nordufer des Öskjuvatn schon der Explosionskrater Víti abzeichnet. Rechts taucht oberhalb des Weges eine kurze, von roten Schlacken gesäumte Vulkanspalte auf, aus der sich im März 1921 der Lavastrom **Bátshraun** ergoss. Der kurze Strom Aa-Lava, der weiter unten in den See eintaucht, wird an seiner engsten Stelle überquert, bevor der Weg über rutschiges Lockergestein steil abfällt und bald darauf den **Víti** ❸ (km 8,2) erreicht (☞ Infokasten „Baden in der Hölle").

Ein breiter Trampelpfad verbindet den Víti mit dem 2,4 km entfernten **P** **Parkplatz Öskjuop** ❹. Dort befinden sich ein Plumpsklo und eine Infotafel über das Naturschutzgebiet Askja.

Mývatn Tours: Mývatn – Herðubreiðarlindir – Askja

Mitte Juni bis Mitte Sep 1 x tägl. Ab **Reykjahlíð** (Supermarkt Kjörbúðin beim Information Center) 8:00; ab **Dreki** ca. 12:00; Rückfahrt vom **Parkplatz Öskjuop** ca. 15:00. Mývatn Tours bietet im Sommer geführte Bustouren zur Askja. Es können aber auch Teilstrecken gebucht werden, z. B. von Reykjahlíð bis zum Parkplatz Öskjuop. Am Parkplatz hält der Bus ca. 2 Std. 30 Min. Fahrpreis Reykjahlíð – Öskjuop: ISK 14.000

i **Mývatn Tours**, ☏ 464 1920, ✉ myvatntours@gmail.com,
www.myvatntours.is

Baden in der „Hölle"

Der **Explosionskrater Víti** mit einem Durchmesser von 100 m gehört zu den ausgefallensten Badeorten Islands. Die Temperatur des von heißen Quellen gespeisten **Maars** beträgt **25 bis 28° C**, je nachdem wie viel Schmelzwasser hineinfließt. Ein Bad im milchig grünen Gewässer ist daher auch erstaunlich beliebt – trotz des penetranten Schwefelgestanks.

Der Víti ist vom Parkplatz Öskjuop am Ende der **F894** erreichbar über einen mit gelben Stangen markierten Trampelpfad. ⌛ ⇔ 1 Std.

Vom Kraterrand führt ein schmaler Trampelpfad hinunter zum See. Ein Pfeil markiert den Beginn der steilen Abstiegsroute.

✋ Der Abstieg ist nicht ganz ohne und nur bei trockenem Wetter zu empfehlen!

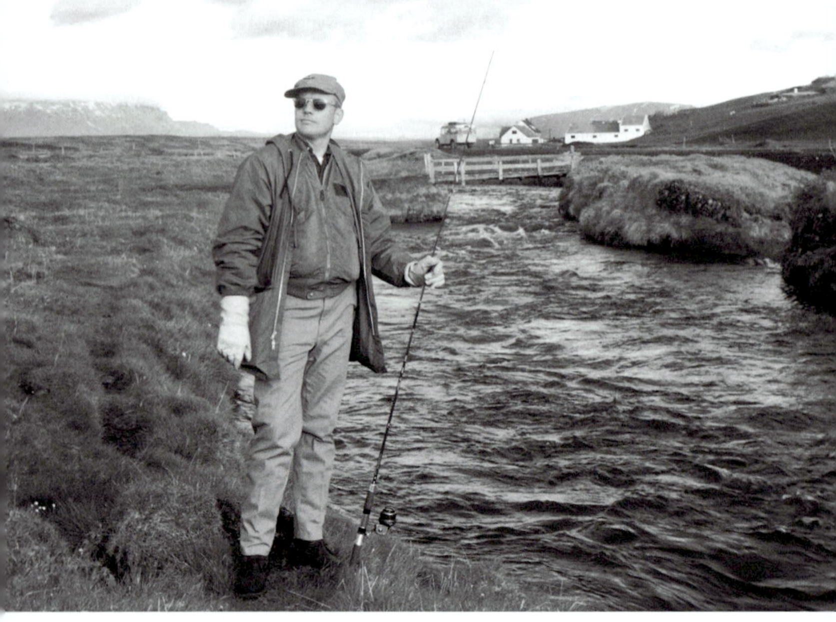

Zu den Apollo-Astronauten, die 1967 nach Island kamen, gehörte auch Neil Armstrong (hier beim Angeln an der Laxá/Mývatn).

Neil Armstrong was here

„Ein kleiner Schritt für den Menschen, aber ein großer Sprung für die Menschheit." Mit diesen Worten betrat Neil Armstrong den Mond – als erster Mensch überhaupt. Der Mondlandung ging ein jahrelanges Training voraus, das die Raumfahrer an viele Orte führte. Die weltweite Suche nach einem mondähnlichen Trainingsgelände brachte die NASA schließlich auch nach Island, genauer gesagt in die Askja-Region. Das Studium der von Raumsonden gelieferten Aufnahmen der Mondoberfläche zeigte eine raue Kraterlandschaft, die vermutlich aus Basalt besteht. Und davon gibt es in der Umgebung der Askja reichlich. Ein Feldtraining in dieser entlegenen Region im isländischen Hochland sollte den Weltraumfahrern, ausgebildeten Kampfpiloten, die daran gewöhnt waren, in den Himmel zu blicken, beibringen, auch auf den Boden vor sich zu schauen. Denn den NASA-Forschern ging es auch darum, Herkunft und Beschaffenheit der Mondoberfläche zu erforschen. Zweimal schickte die NASA dazu ihre Apollo-Astronauten nach Island.

Die ersten zehn landeten im Juli 1965, eine weitere, 22-köpfige Gruppe kam im Sommer 1967. Prominentester Teilnehmer der zweiten Gruppe war Neil Armstrong, der spätere Kommandant der Apollo-11-Mission, der am 21. Juli 1969 die erste Mondlandung vollbringen würde. Von 12 Astronauten, die im Laufe der Jahre den Mond betreten sollten, absolvierten neun vorher ein geologisches Feldtraining in der Askja-Region. Unter Anleitung der renommierten isländischen Vulkanologen Dr. Sigurður Þórarinsson und Dr. Guðmundur E. Sigvaldason untersuchten die Männer durch Gletscherflüsse abgelagerte Schuttmassen und erforschten frische Lavaströme. Beim „Mondspiel" mussten die Astronauten innerhalb eines festgelegten Gebietes und Zeitraums möglichst viele verschiedene Steine sammeln und deren geologische Zusammensetzung deuten.

Eine Ausstellung im **Exploration Museum** in der nordisländischen Hafenstadt Húsavík dokumentiert das NASA-Feldtraining in Island.

⌘ **The Exploration Museum**, Héðinsbraut 3, 640 Húsavík, ☏ 848 7600, www.explorationmuseum.com, Mai bis Sep Mo-Fr 11:00-16:00, Eintritt frei

Ein **Wegweiser** („Dyngjufell 14 km") zeigt nach Norden, wo der „Weg" in das Lavafeld **Vikrahraun** verschwindet.

Bei der Durchquerung des jüngsten Lavastroms der Askja-Caldera ist größte Vorsicht geboten. Die Route führt zunächst über große, zerbrochene, aber halbwegs stabile Schollen aus Pahoehoe-Lava, später über scharfkantige, wild aufgetürmte und oft wackelige **Brockenlava**. Dieser Abschnitt ist nicht markiert! Es ist deshalb ratsam, die Strecke über die schwer zugängliche Lava zu reduzieren und direkt nach Nordwesten (ca. 1 km) auf den unteren Rand der Caldera zuzulaufen.

Dort steht auf einer Anhöhe oberhalb der Lava ein weiterer **Wegweiser** (km 11,7) aus silberfarbigem Metall. Sie steigen nun am besten einige Meter über das Lavafeld hinaus und folgen dem unteren Rand der Caldera gen Westen. Der Weg führt weitgehend über Sand und Altschnee, teilweise über Brockenlava und balanciert zwischen dem Lavafeld und der Steilwand der Caldera.

Nachdem Sie vom Parkplatz gut 4 km zurückgelegt haben, entdecken Sie in der Wand der Caldera eine Bresche. Ein dritter **Wegweiser** (km 15,5) markiert den Beginn der mit Pflöcken markierten Aufstiegsroute zum **Jónsskarð ❺** (⇧ 1.300 m, km 15,9). Der sehr steile Anstieg führt abwechselnd über Sand, Geröll, Lava und Altschneefelder. Auf dem Pass liegt immer reichlich Schnee.

Durch den Pass pfeift der **Wind** oft mit ungeahnter Kraft. Wintereinbrüche und **Schneestürme** sind zu jeder Jahreszeit möglich!

Bei guter Sicht bietet das Jónsskarð ein herrliches Panorama. Im Süden überblicken Sie die komplette Caldera der Askja, dahinter zeichnen sich der Gletschervulkan Kverkfjöll und die Eiskappe Vatnajökull ab. Nach Norden schweift der Blick über die Lavafelder des Ódáðahraun bis hin zu den Tafelvulkanen Sellandafjall und Bláfjall.

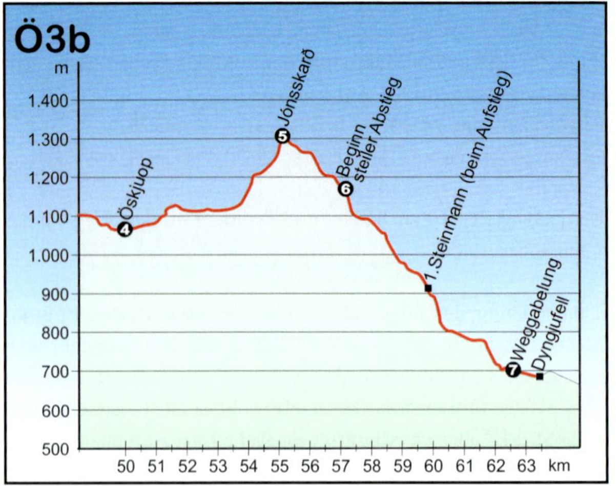

Ab dem Jónsskarð liefern Schmelzwasserbäche wieder Trinkwasser. Auf der Nordseite des Passes führt der nun durchgehend mit gelben Pflöcken markierte Weg hinunter in das Tal **Dyngjufjalladalur**. Der Abstieg ist zunächst mäßig steil, 2 km hinter der Passhöhe ❻ (km 17,8) taucht die erste einer Reihe von Steilstufen auf. Später gibt es auch Steinmänner, den ersten in etwa 925 m Höhe.

Unten mündet der Weg in eine **Piste** ❼ (km 23,3) ein. Hier zeigt ein Wegweiser („Dreki 20 km/Dyngjufell 1 km“) Wanderern, die in die entgegengesetzte Richtung laufen, den Beginn der Aufstiegsroute zum Jónsskarð. Den letzten Kilometer bis zur **Hütte Dyngjufell** (⇧ 685 m) legen Sie auf der Piste zurück.

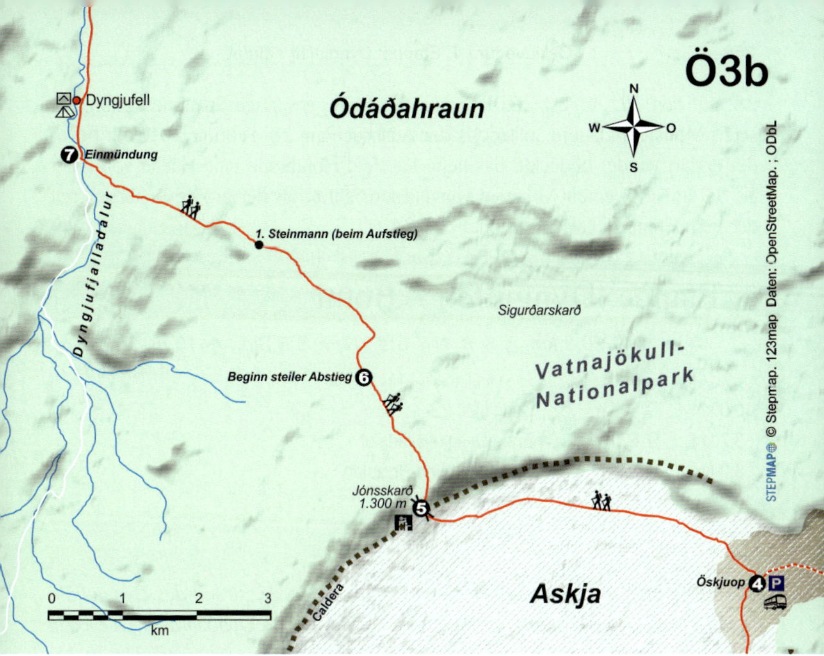

Dyngjufell, Ferðafélag Akureyrar (FFA), ☎ 462 2720, ffa@ffa.is, www.ffa.is, 16 Schlafplätze, WC, Ü ISK 5.500, ganzjährig. Die 1993 erbaute Hütte liegt im Dyngjufjalladalur, am Nordwestrand der Dyngjufjöll. Zur Ausstattung gehören eine Kochnische mit Gaskocher und ein Ölofen. Trinkwasser wird aus dem nach Norden fließenden Bach bei der Hütte entnommen. Bei niedrigen Temperaturen (keine Schmelzwasserbildung) muss eventuell Schnee geschmolzen werden.

Ein schlafender Riese erwacht

Der letzte Ausbruch der Askja ereignete sich 1961. Ein halbes Jahrhundert später kam es, nur 20 km südlicher, zu einem weiteren, wesentlich größeren Ausbruch. Urheber war diesmal nicht die Askja, sondern ein benachbarter Vulkan, der weitgehend unter dem Eis des Vatnajökull verborgen liegt.

Seit Mitte August 2014 hielten massive Schwarmbeben im Vulkansystem der **Bárðarbunga** die Wissenschaftler in Atem. Zwei Wochen später riss die Erde auf, jedoch nicht, wie zunächst befürchtet, unter dem Gletscher, sondern weiter nördlich, zwischen der Askja und der Gletscherzunge Dyngjujökull. In der Nacht vom

28. auf den 29. August 2014 begann dort eine gewaltige Spalteneruption, die sechs Monate andauern sollte. Als der Ausbruch am 28. Februar 2015 für beendet erklärt wurde, bedeckte das neue Lavafeld **Holuhraun** eine Fläche von mehr als 85 km². Mit einem Volumen von 1,4 km³ gilt er als der größte Ausbruch seit der verheerenden Laki-Eruption 1783/84.

4. Etappe: Dyngjufell – Botni

➲ 20,3 km, ⌛ S → N 7 Std., N → S 8 Std., ↑ 10 m, ↓ 235 m, ⇧ 452-685 m

0,0 km	⇧ 685 m	Dyngjufell ⌂
3,7 km	⇧ 620 m	Ende Dyngjufjalladalur
8,0 km	⇧ 520 m	Steinmann und Holzstab
12,7 km	⇧ 505 m	Pistengabelung
20,3 km	⇧ 452 m	Botni ⌂

Die vierte Etappe führt auf einer rauen Piste vom Nordwestrand des Dyngjufjöll-Massivs nach Nordwesten zum Westrand der Lavawüste Ódáðahraun. Der leicht bergab führende Weg ist lang, die Leere der Wüste überwältigend. Unterwegs gibt es kein Trinkwasser!

Von der Dyngjufell-Hütte folgen Sie der in weiten Abständen mit Holzpflöcken abgesteckten Piste. Diese schlängelt sich zunächst im **Dyngjufjalladalur** (☞ Infokasten „Grimmige Riesen") zwischen haushohen Palagonitblöcken, die aus den Steilwänden herausgebrochen sind, hindurch.

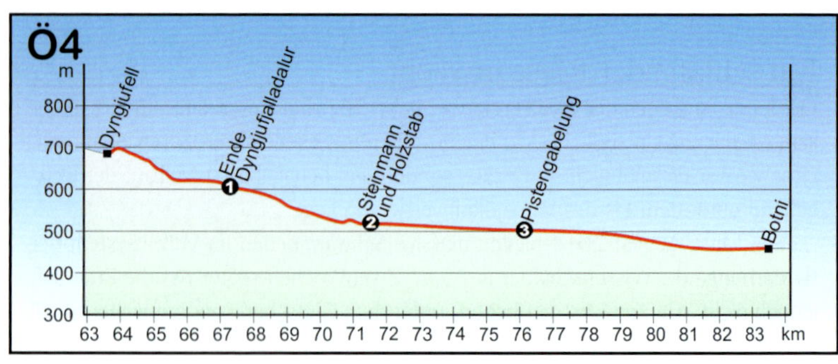

Grimmige Riesen

Das **Dyngjufjalladalur** gehört zu den geheimnisvollsten Tälern Islands. Beim Anblick der wild zerklüfteten Felswände des Tals am Westrand des Dyngjufjöll-Massivs legte sogar manch ernsthafter Wissenschaftler vor einem Jahrhundert jegliche Zurückhaltung ab. So schrieb der Kölner **Heinrich Erkes** 1909 in seinem erdgeschichtlichen Forschungsbericht „Aus dem unbewohnten Innern Islands": *„Eigenartige Lichter gießt der Tag über das Gewirr aufragender Klippen. Wie grimmige Riesen …, wie graue Göttergestalten der nordischen Vorwelt reckten sie dräuend die Gesteinsmassen; sie schienen sich zu verändern, zu bewegen, als ob sie mit wuchtigen Fäusten Streithämmer und Schilde erhöben; und dann standen sie wieder starr und leblos, wenn der Blick sie traf."*

Allmählich weitet sich das Tal und der an der Hütte vorbeifließende Bach versickert weiter westlich in der Lava. Hinter den letzten

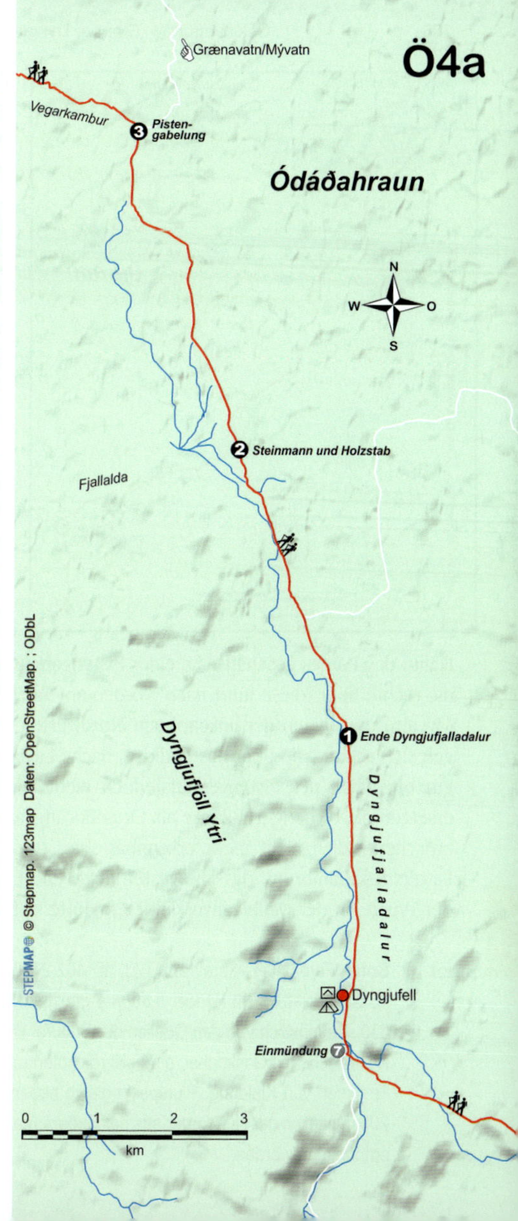

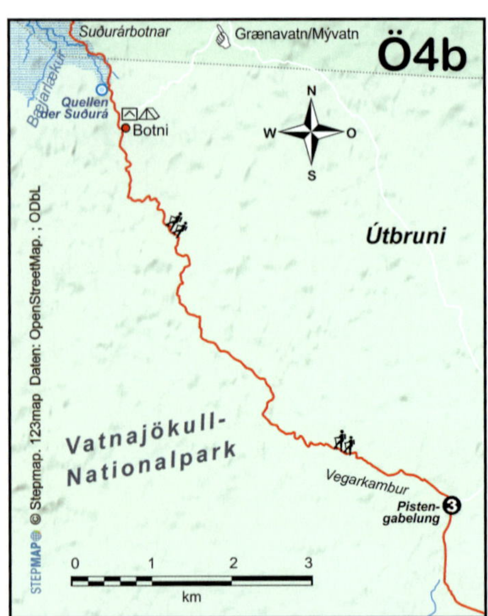

Ausläufern der Bergkette Dyngjufjöll ytri ❶ taucht die Piste in eine trostlos schwarze Wüste ein. Bald zeichnen sich im Westen die Konturen des Brockenlavafeldes **Frambruni** ab, das im weiteren Verlauf des Tages eine wichtige Landmarke bleiben wird. Der gewaltige Lavastrom floss vor 8.000 Jahren aus dem Schildvulkan **Trölladyngja**, Teile des Lavastroms bahnten sich durch das Tal des Gletscherflusses Skjálfandafljót über eine Distanz von 105 km einen Weg nach Norden.

Bei einem Steinmann mit Holzstab ❷ (km 8) ist fast die Hälfte des Weges geschafft. An einer **Pistengabelung** ❸ (km 12,7) ignorieren Sie die rechte Spur (diese führt nach Norden am Tafelvulkan Sellandafjall vorbei zum Mývatn) und folgen der linken, nach Nordwesten führenden Piste. Diese schlängelt sich schon bald über das endlose, flache Lavafeld **Útbruni**. Die Fladenlava ist gut begehbar, der Pistenverlauf jedoch nicht immer eindeutig. Steinmännchen ersetzen die bisherigen Pflöcke als Orientierungshilfe. Sollte der Verlauf der Piste zwischenzeitlich nicht mehr erkennbar sein, orientieren Sie sich am Rand des Lavafeldes Frambruni, das im Westen liegt. Die Etappe endet am Nordwestrand der Wüste an der wellblechverkleideten **Hütte** in **Botni** (⇧ 452 m).

⌂ **Botni**, Ferðafélag Akureyrar (FFA), ☏ 462 2720, ✉ ffa@ffa.is, 💻 www.ffa.is, 16 Schlafplätze, ⌂, Ü ISK 5.500, ▯ ganzjährig. Die Wanderhütte (1996) liegt ca. 650 m südöstlich von den Quellen der Suðurá. Die urige Hütte verfügt über eine ⌂ Kochnische mit Gaskocher, einen Kerosinofen und einen großzügigen Vorraum zum Trocknen von Kleidung. Plumpsklo gleich nebenan. Trinkwasser kann aus Quellen 200 m südlich der Hütte oder aus der Suðurá (ca. 600 m in nordwestlicher Richtung) entnommen werden.

5. Etappe: Botni – Svartárkot

14,9 km, ⌛ S → N 5 Std., N → S 5 Std., ↑ 5 m, ↓ 70 m, ⇧ 397-452 m

0,0 km	⇧ 452 m	Botni
0,6 km	⇧ 448 m	Suðurá
4,7 km	⇧ 437 m	Ruine Botnakofi
6,7 km	⇧ 436 m	Abzweigung Piste nach Mývatn
7,5 km	⇧ 435 m	Stóraflesja
12,5 km	⇧ 415 m	Piste verlässt Suðurá
14,9 km	⇧ 397 m	Svartárkot

Auf der flachen Schlussetappe weicht die Wüste allmählich einer üppigen Vegetation. Aufgrund der Nähe zur Suðurá gibt es reichlich Trinkwasser.

Bei der Hütte ignorieren Sie die nach Nordosten abzweigende Fahrspur (zum Mývatn) und folgen der Piste, die zunächst weiter über die Lava nach Nordwesten

Der Tafelvulkan Sellandafjall

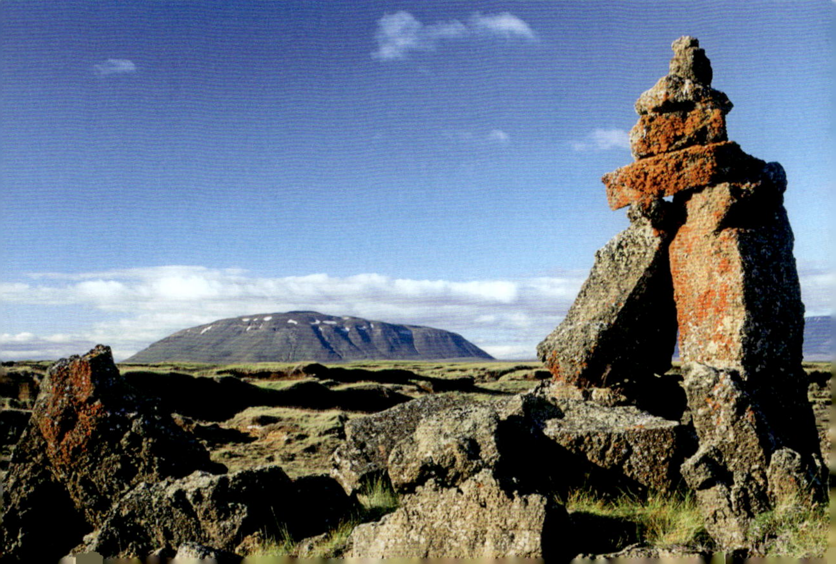

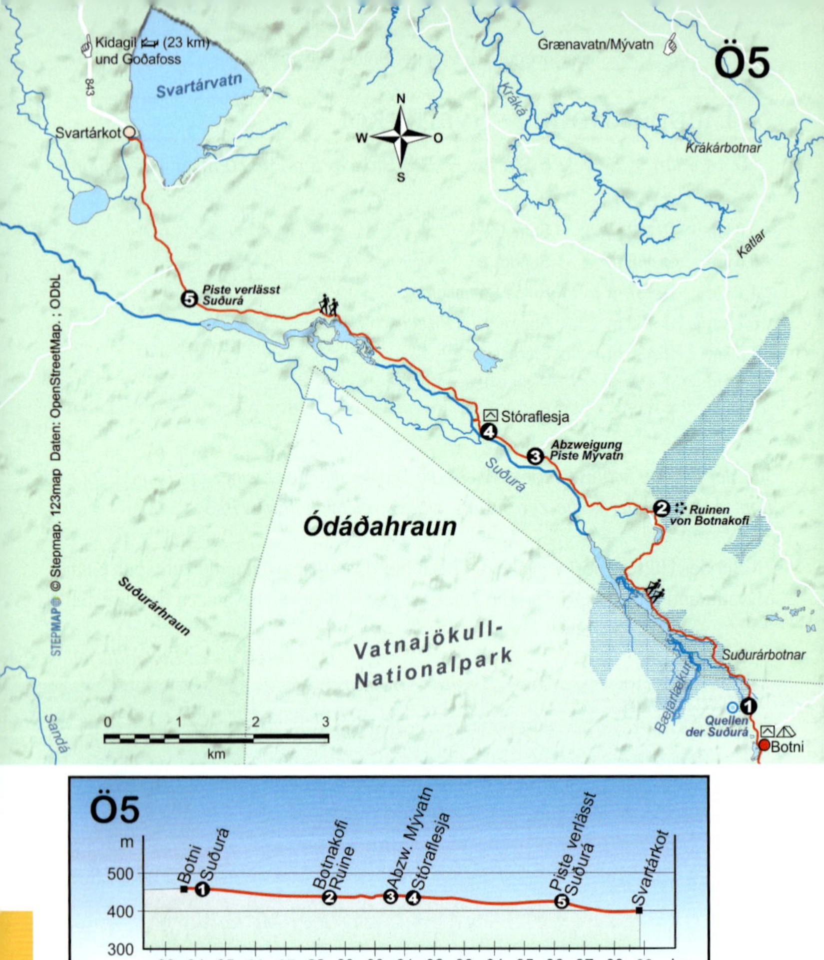

führt. Nach 600 m treffen Sie auch auf die ersten 💧 **Quellen** der **Suðurá** ❶. Kristallklares Wasser quillt, teilweise artesisch, aus der Lava hervor. Kurios ist die Herkunft des Wassers. Wissenschaftlichen Untersuchungen (Isotopenstudien) zufolge handelt es sich um Regen- oder Schmelzwasser, das in der Nähe der Dyngjufjöll oder des Vatnajökull versickert ist und heute, nach 60 bis 100 Jahren, an der Nordseite des Ódáðahraun wieder zutage tritt.

Nach Tagen in der kargen Wüstenumgebung wirkt die Oase **Suðurárbotnar** mit ihrer üppig sprießenden Vegetation geradezu paradiesisch. Erstmals ertönt wieder der klägliche Ruf des Goldregenpfeifers. Und bald gibt es auch die ersten Schafe …

Sie folgen nun dem Lauf der Suðurá, die, gespeist von weiteren Quellen, rasch zu einem imposanten Fluss anschwillt. Die Piste verlässt kurz den Fluss, quert erneut ein Stück Lava und passiert die Ruinen der Schäferhütte **Botnakofi** ❷ (km 4,7). An der 2 km weiter auftauchenden Pistengabelung ❸ ignorieren Sie die nach rechts abzweigende Spur (auch diese führt Richtung Mývatn) und wandern weiter an der Suðurá entlang. Bald erreichen Sie die **Schäferhütten** in **Stóraflesja** ❹, in denen übernachtet werden kann.

Stóraflesja, 9 Schlafplätze, Plumpsklo, Trinkwasser aus dem Fluss, ganzjährig, kostenlos. Zwei sehr einfache Schäferhütten am Ufer der Suðurá

gute Zeltmöglichkeiten auf dem Grasland bei den Hütten

Nach weiteren 5 km verlässt die z. T. tief ausgefahrene Piste den Fluss ❺ (km 12,5), macht einen scharfen Knick nach Norden und führt nun direkt auf den See **Svartárvatn** zu.

Der See hat ein reiches Vogelleben. **Eistaucher**, **Kurzschnabelgans**, **Spatelente** und **Odinshühnchen** sind häufige, **Singschwan** und **Kragenente** sporadische Gäste. In Ufernähe nisten auch **Küstenseeschwalben**.

Von einem grasbewachsenen Hügel entdecken Sie bald das weiße Gemäuer des Einödhofes **Svartárkot** (⇧ 397 m). Bei diesem einsamen Vorposten der Zivilisation im Bárðardalur endet der Askja-Trail.

Kiðagil (23 km von Svartárkot), Guðrún Tryggvadóttir, Bárðardalur, ☏ 464 3290, 895 4742, gudrunhlini@gmail.com, www.kidagil.is, 5 DZ mit Bad, 12 Zi für 1-4 Pers. mit geteiltem Bad, Schlafsackunterkunft, DZ mit Frühstück ab ISK 17.000.

Kiðagil ☞ oben. Fahrt von Svartárkot nach Kiðagil ISK 10.000, zum Goðafoss ISK 20.000, zum Mývatn ISK 30.000

♦ **Garðar Jónsson**, Stóruvellir (Bárðardalur), ☏ 464 3292, 893 4950, storuvellir@simnet.is. Preisbeispiel: Svartárkot – Goðafoss: ISK 25.000 für 1-2 Pers.

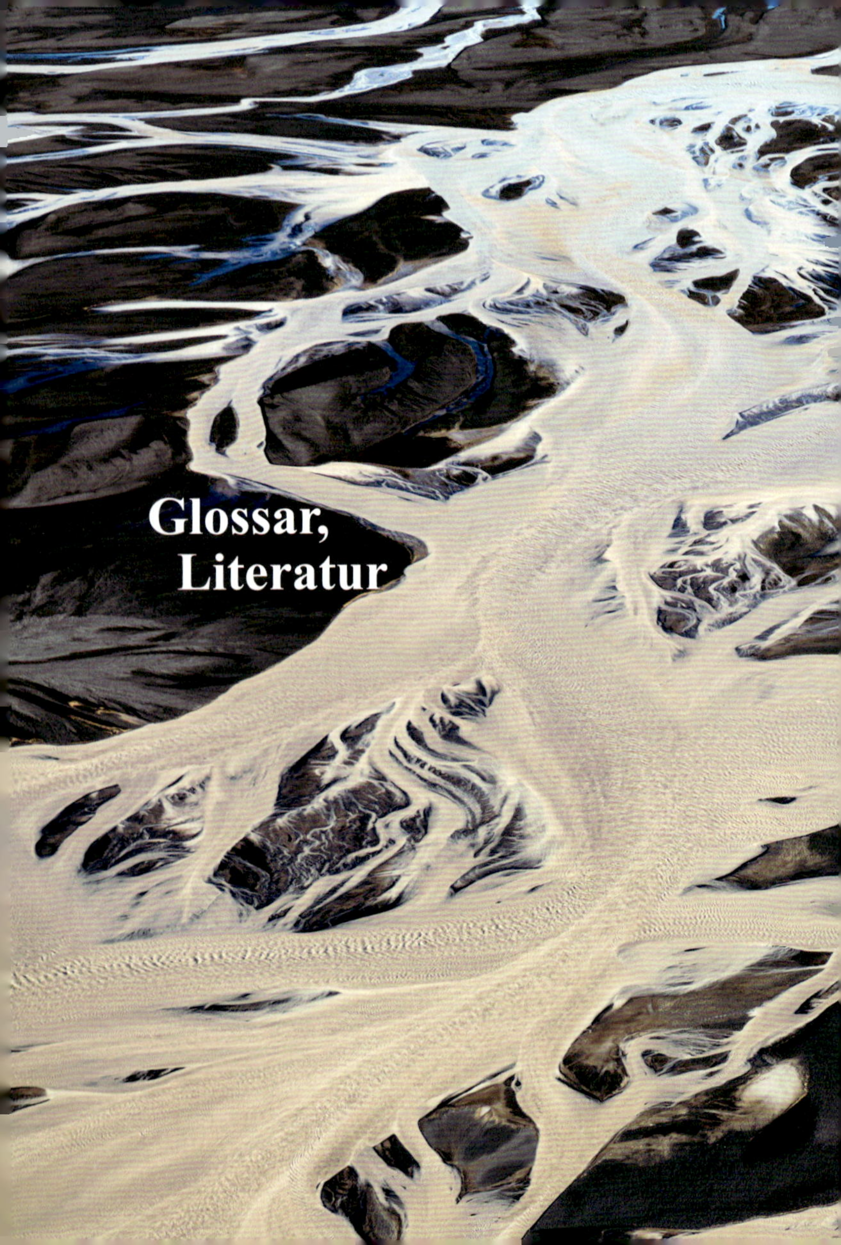
Glossar,
Literatur

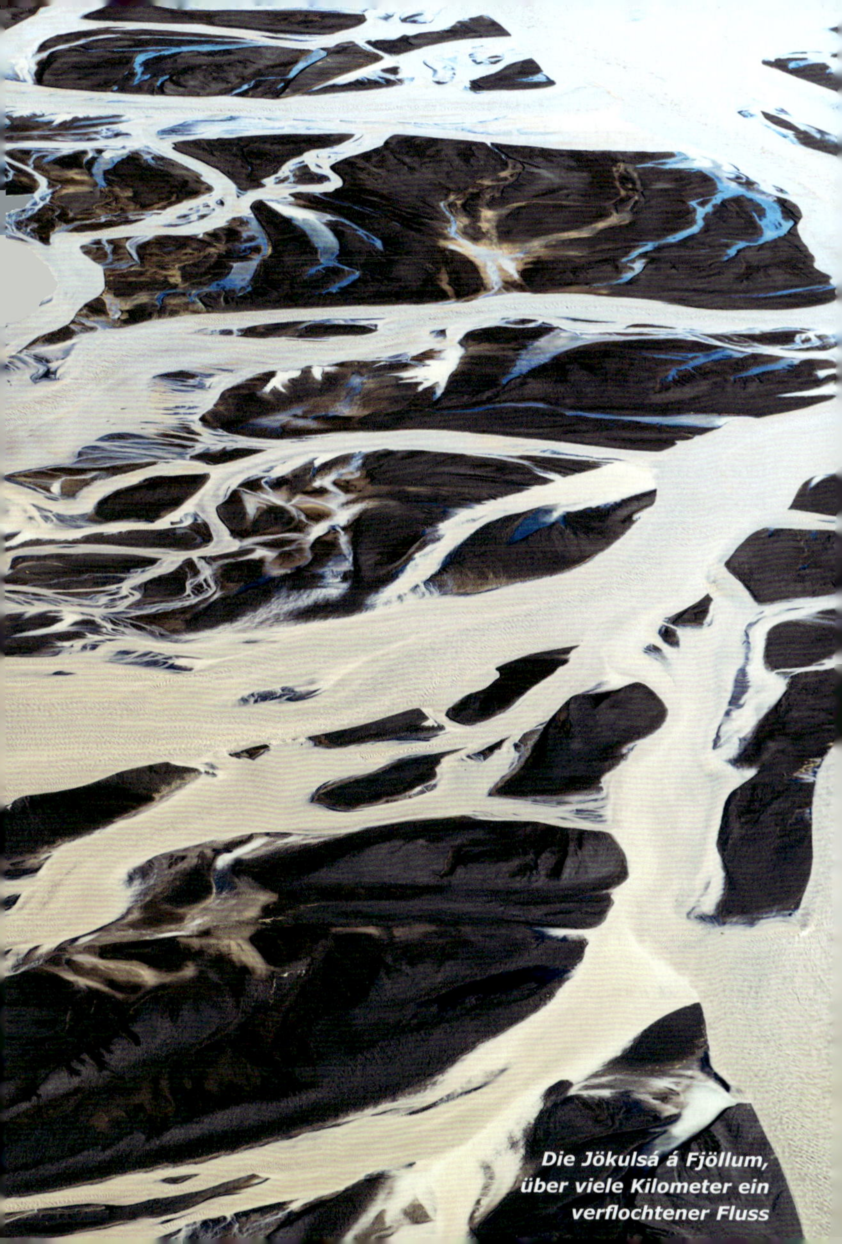

Die Jökulsá á Fjöllum,
über viele Kilometer ein
verflochtener Fluss

Glossar geologischer und geografischer Begriffe

Aa-Lava (hawaiianisch): Synonym für ☞ Brockenlava.

Aktive Vulkanzone: Durch Island verlaufender Bereich des ☞ Mittelatlantischen Rückens, in dem durch tektonische Vorgänge ☞ Dehnungsspalten entstehen und Vulkanausbrüche stattfinden.

Asche: Staubartiges bis feinkörniges vulkanisches Auswurfprodukt aus zerfetztem Magma und/oder zerriebenem Gestein (☞ Explosiver Vulkanismus).

Basalt: Dunkles, basisches vulkanisches Gestein (auf Island am häufigsten verbreitet).

Bimsstein: ☞ Land und Leute, Geologie, Die Bausteine: Lava und Tephra.

Blocklava: ☞ Land und Leute, Geologie, Die Bausteine: Lava und Tephra.

Brockenlava: ☞ Land und Leute, Geologie, Die Bausteine: Lava und Tephra.

Caldera: ☞ Land und Leute, Geologie, Vielfältige Vulkanlandschaft.

Canyon (span. *cañon* = Röhre): Lange, tief eingeschnittene und steilwandige Schlucht in einer Plateaulandschaft.

Dehnungsmesser: Instrument, das Längenveränderungen (z. B. Setzungen und Hebungen) aufzeichnet. Synonym: Extensiometer.

Dehnungsspalte: Spalte, die durch Dehnung der Erdkruste in der ☞ Spreizungszone entsteht.

Effusiver Vulkanismus: (lat. *effundo*, ergießen): Ruhiger Ausfluss von Lava.

Eiszeit: Abschnitt der Erdgeschichte, in dem die Eiskappen und Gletscher aufgrund einer Klimaverschlechterung dramatisch vorrücken.

Endmoräne (franz. *moraine*, Geröll): Gesteinsschutt unterschiedlicher Größe, der vom Gletscher transportiert und vor der Stirn zu einem bogenförmigen Wall aufgetürmt wird.

Epizentrum: (griech. *epíkentros*, über dem Mittelpunkt): Punkt an der Erdoberfläche, der direkt über einem Erdbebenherd liegt.

Erdbebenschwarm: Synonym für ☞ Schwarmbeben.

Erdkruste: Äußere Erdschale. Zusammen mit dem obersten, festen Teil der nächsten Schale – das ist der ☞ Erdmantel – bildet sie die starre ☞ Lithosphäre. Unter den Ozeanen beträgt die Dicke der Erdkruste 5 bis 10 km, unter den Kontinenten 30 bis 70 km.

Erdmantel: Zwischen ☞ Erdkruste (max. 70 km Tiefe) und Kern (2.900 km Tiefe) gelegene, teilweise feste und teilweise plastische Erdschale.

Eruption (lat. *erumpo*, hervorbrechen): Vulkanausbruch.

Explosiver Vulkanismus: Vulkanische Tätigkeit, bei der Magma nicht ausfließt, sondern explosionsartig ausgeworfen wird.

Fladenlava: ☞ Land und Leute, Geologie, Die Bausteine: Lava und Tephra.

Fumarole: (lat. *fumus*, Dampf): Über 100° C heiße, vulkanische Gas- und Dampfquelle.

Geothermal: (griech. *gé*, Erde; *thermós*, warm): Die Erdwärme betreffend.

Geothermalgebiet: ☞ Land und Leute, Geologie, Erdwärme.

Geysir (isl. *geysa*, wild strömen): Heiße Springquelle, die periodisch Dampf und kochendes Wasser ausstößt.

Glazial (lat. *glacies*, Eis): Die ☞ Eiszeiten betreffend.

Gletscherlauf: Katastrophenartige Schmelzwasserflut, die durch vulkanische Aktivität unter dem Eis oder durch Entleerung eines Gletscherstausees hervorgerufen wird (isl. *jökulhlaup*).

Gletschertor: Höhlenartiges Eisgewölbe am vorderen Ende des Gletschers, aus dem Schmelzwassermassen austreten.

Glutwolke: ☞ Land und Leute, Geologie, Die Bausteine: Lava und Tephra.

Graben: Ein gegenüber seiner Umgebung an mehr oder weniger parallel verlaufenden ☞ Verwerfungen eingesunkenes Gebiet (z. B. Oberrheingraben).

Holozän (griech. *hólos*, ganz; *kainós*, neu): Jüngster Abschnitt der Erdgeschichte, der mit dem Ende der letzten Eiszeit (vor 10.000 Jahren) begann.

Hotspot (engl.): Im ☞ Erdmantel über hunderte von Millionen von Jahren mehr oder weniger fest verwurzelte Magmaquelle.

Hyaloklastit: (griech. *hyalos*, Glas; *klasis*, brechen): Vulkanisches glashaltiges Gestein, das entsteht, wenn Magma in Wasser oder unterhalb einer Eisdecke austritt. Dabei wird es blitzschnell abgekühlt und zerbrochen. Die Fragmente werden als Hyaloklastit bezeichnet.

Isostatisches Gleichgewicht (griech. *ísos*, gleich und *stásis*, Stand): Geologischer Gleichgewichtszustand zwischen den Massen der ☞ Erdkruste und dem darunter befindlichen ☞ Erdmantel.

Kissenlava (Synonym: Pillowlava): Runde kissenähnliche Lava, die u. a. bei Vulkanausbrüchen unter hohem Wasserdruck (dabei bleiben die Gase im Magma eingeschlossen) entsteht. Kissenlava kann ferner entstehen, wenn bereits entgastes Magma in Wasser einfließt.

Konvektionsströme: Konzentrische Bewegung von heißem Gesteinsmaterial im Erdmantel, die durch Unterschiede in Temperatur und Dichte angetrieben wird.

Kraterreihe: ☞ Land und Leute, Geologie, Vielfältige Vulkanlandschaft.

Lahar (javan.): Bei Vulkanausbrüchen entstehender Schlamm- oder Schuttstrom.

Lava: An die Erdoberfläche gefördertes ☞ Magma.

Lavadom: Dieser Vulkantyp entsteht bei der Eruption von Lava mit einem hohen Siliciumdioxidanteil, die aufgrund ihres sehr zähflüssigen Charakters über dem Zufuhrschlot steckenbleibt und einen pfropfenförmigen Lavadom bildet. Synonym: Staukuppe.

Liparit (isl.) ☞ Rhyolith.

Lithosphäre (griech. *líthos*, Stein; *sphaíra*, Kugel): ☞ Erdkruste und fester oberster ☞ Erdmantel. Die Lithosphäre besteht aus verschiedenen größeren und kleineren Platten, die auf dem plastisch-flüssigen Material des oberen Erdmantels treiben.

Maar: Rundlicher, meist von einem niedrigen Wall vulkanischer Auswurfprodukte (☞ Asche, ☞ Schlacke) umgebener Vulkankrater, der durch ☞ explosiven Vulkanismus entstanden ist. Oft ist der Krater mit Wasser gefüllt.

Magma (griech. *mágma*, geknetete Masse): Gashaltige silikatische Gesteinsschmelze im Erdinnern.

Magmakammer: Unterirdisches Magmareservoir, aus dem ein Vulkan gespeist wird.

Magnitude: Maß für die Stärke von Erdbeben. Die gebräuchlichste Magnitudenskala ist die Richterskala

Mittelatlantischer Rücken: Langgezogene, untermeerische Gebirgskette, die den Atlantik der Länge nach zweiteilt und die die Nahtstelle für das Auseinanderdriften Nord- und Südamerikas auf der einen sowie Europa und Afrika auf der anderen Seite bildet.

Neigungsmesser: Instrument, mit dessen Hilfe sich die Deformation eines Vulkankörpers durch eindringendes Magma feststellen lässt. Im Wesentlichen besteht das Gerät aus zwei Flüssigkeitsbehältern (Quecksilber), die durch eine Röhre verbunden sind. Ein Anschwellen des Bodens verändert den Pegel in den Behältern, weil die Flüssigkeit vom oberen in den unteren abfließt. Synonym: Klinometer.

Obsidian (isl. *hrafntinna*): Vulkanisches Glas, das durch schnelle Abkühlung eines Magmas ☞ rhyolithischer Zusammensetzung entsteht.

Pahoehoe-Lava (hawaiianisch): Synonym für ☞ Fladenlava

Palagonitkegel ☞ Land und Leute, Geologie, Vielfältige Vulkanlandschaft.

Phreatomagmatische Explosion (griech. *phréar*, Brunnen und *mágma*, geknetete Masse): vulkanische Explosion, die aus dem direkten Kontakt von heißer Gesteinsschmelze (☞ Magma) mit externem Wasser (z. B. Grundwasser oder Schmelzwasser eines Gletschers) resultiert.

Plattentektonik: Durch ☞ Konvektionsströme im Erdmantel angetriebene relative Bewegung der ☞ Lithosphärenplatten.

Pleistozän (griech. *pleístos*, meist; *kainós*, neu): Abschnitt der Erdgeschichte, der auf Island vor 3,1 Mio. Jahren begann und mit dem Ende der letzten ☞ Eiszeit vor 10.000 Jahren zu Ende ging. Synonym: Eiszeitalter.

Plinianische Eruption (benannt nach Plinius d. Jüngeren, der 79 n. Chr. den Ausbruch des Vulkans Vesuv erlebte und detailliert beschrieb): äußerst explosiver Vulkanausbruch, bei dem Unmengen von Gas und Asche bis in die Stratosphäre geschleudert werden, anschließend bildet sich eine schirmartige Eruptionswolke.

Postglazial (lat. *post*, danach; *glacies*, Eis): Nacheiszeitlich (☞ Holozän).

Pseudokrater ☞ Land und Leute, Geologie, Infokasten „Falsche Vulkane".

Pyroklastischer Strom (griech. *pyr*, Feuer und *klásis*, zerbrechen): Dispersion von Vulkanasche und Gas, die sich sehr schnell hangabwärts bewegt und durch explosive Vulkanausbrüche ausgelöst wird. Beispiel: Mount St. Helens (1980).

Rhyolith (griech. *rhéo*, fließen; *líthos*, Stein): Helles, saures vulkanisches Gestein. Durch Zersetzung entstehen oft bunte Farbmuster. Synonym: Liparit.

Riftzone (engl. *rift*, Riss oder Spalte): Zone, die durch aktive Krustenspreizung gekennzeichnet ist (☞ Aktive Vulkanzone, ☞ Spreizungszone).

Sander (isl. *sandur*, Sand): Vor der ☞ Endmoräne eines Gletschers durch Schmelzwasser abgelagerte Sand- und Schotterfläche.

Schildvulkan: ☞ Land und Leute, Geologie, Vielfältige Vulkanlandschaft.

Schlacke: Explosiv ausgeworfene Lavafetzen (☞ Explosiver Vulkanismus).

Schlackenkegel: ☞ Land und Leute, Geologie, Vielfältige Vulkanlandschaft.

Schlammtopf: Kochender Schlammpfuhl, der durch Vermischung von austretendem Dampf mit Grundwasser entsteht.

Schwarmbeben: Erdbebenserie, bei der in einer bestimmten Region der Erdkruste zahllose Erdbeben innerhalb eines begrenzten Zeitraums auftreten. Die Beben haben meist eine ähnliche ☞ Magnitude und ihre Häufung kann stark variieren – von mehreren Tagen bis zu einem Jahr. Synonym: Erdbebenschwarm.

Schweißschlacke: ☞ Land und Leute, Geologie, Die Bausteine: Lava und Tephra.

Seismometer (griech. *seismós*, Erschütterung): Gerät, das durch Erdbeben verursachte Erschütterungen aufzeichnet.

Solfatare (ital. n. d. Solfatara/Phlegräische Felder bei Neapel): Stark schwefelhaltige, heiße Dampfquelle mit Temperaturen zwischen 100 und 200° C.

Spaltenvulkan: Vulkantyp, bei dem Magma aus langen, aufgerissenen Spalten ☞ effusiv (Lava) oder ☞ explosiv (Schlacken) austritt. Dabei entsteht in der Regel eine ☞ Kraterreihe.

Spreizungszone: Nahtstelle, an der sich die ozeanischen Platten der ☞ Lithosphäre auseinander bewegen und durch Anschweißen von Magma neue ozeanische Kruste entsteht.

Stratovulkan: ☞ Land und Leute, Geologie, Vielfältige Vulkanlandschaft.

subglazial (lat. *sub*, unter; *glacies*, Eis): Unter dem Eis.

submarin (lat. *sub*, unter; *marinus*, Meer): Unter Meerwasser.

Tafelberg: ☞ Land und Leute, Geologie, Vielfältige Vulkanlandschaft.

Tephra: ☞ Land und Leute, Geologie, Die Bausteine: Lava und Tephra.

Tertiär: Abschnitt der Erdgeschichte, der von ca. 65 Mio. bis ca. 2 Mio. Jahre vor unserer Zeit dauerte.

Tremor (lat. *tremere*, Zittern): Von aufsteigendem Magma hervorgerufene Erdbeben mit geringer ☞ Magnitude.

Trogtal: Durch Eiszeitgletscher ausgeschliffenes U-förmiges Tal. Fjorde sind vom Meer überschwemmte Trogtäler.

Tuff: Nachträglich verfestigtes, von einem Vulkan ausgeworfenes Lockermaterial.

Verwerfung: Störungslinie infolge der relativen Bewegung eines Gesteinspakets entlang einer mehr oder weniger geneigten Fläche.

Zentralvulkan: Vulkantyp mit zentraler Eruptionsstelle.

Zwischeneiszeit: Wärmerer (eisfreier) Zeitabschnitt zwischen zwei ☞ Eiszeiten. Synonym: Interglazial.

þúfur (isl. *þúfa*, Grashöcker): Durch Frost aufgewölbte Grasbuckel.

Glossar isländischer geomorphologischer Begriffe

Viele der im Buch vorkommenden isländischen Eigennamen enthalten Begriffe, die Rückschlüsse auf bestimmte geografische Besonderheiten zulassen. Die wichtigsten sind nachfolgend aufgelistet. Bei den Substantiven sind jeweils Singular und Plural (in Klammern) aufgeführt, das Geschlecht der Wörter ist mit den Buchstaben *f, m, n (feminin, maskulin, neutrum – weiblich, männlich, sächlich)* abgekürzt. Die alphabetische Reihenfolge entspricht der im isländischen üblichen.

alda *f* (öldur)	(wörtlich: Welle), flacher Buckel
askja *f*	Caldera
austur *n*	Osten, östlich
á *f* (ár)	Fluss
ás *m* (ásar)	längliche, schmale Erhebung
bak	hinter
bakki *m* (bakkar)	Flussufer; Uferbank
berg *n* (berg)	Gestein, Fels
bjarg *n* (björg)	Klippe, Steilküste
borg *f* (borgir)	felsige Erhebung; Stadt
botn *m* (botnar)	Boden, Grund
ból *n* (ból)	Gehöft
brekka *f* (brekkur)	Hang, Berghang
brennisteinn *m*	Schwefel
brú *f* (brýr)	Brücke
bær *m* (bæir)	Gehöft, Bauernhof; Stadt
dalur *m* (dalir)	Tal
dyngja *f* (dyngjur)	Schildvulkan
eldur *m* (eldar)	(wörtlich: Feuer), Ausbruch, Eruption
ey *f* (eyjar)	Insel
eyri *f* (eyrar)	Sandbank, flaches oft steiniges Flussufer
eystri	östlicher, weiter östlich
fell *n* (fell)	kleiner einzelner Berg
fjall *n* (fjöll)	Berg
fjörður *m* (firðir)	Fjord
fljót *n* (fljót)	großer Fluss, Strom
flói *m* (flóar)	Golf; Sumpfgebiet
foss *m* (fossar)	Wasserfall
friðland *n* (friðlönd)	Naturschutzgebiet
fönn *f* (fannir)	Schnee, Schneewehe
gil *n* (gil)	Schlucht, Klamm
gígur *m* (gígar oder gígir)	Krater
gjá *f* (gjár)	Spalte, Kluft
gljúfur *n* (gljúfur)	Schlucht, Canyon
(g)núpur *m* ((g)núpar)	steiler vorspringender Gipfel
hamar *m* (hamrar)	Bergwand, steiler Felsen

háls *m* (hálsar)	Höhenzug
heiði *f* (heiðar)	Heide, Hochebene
hellir *m* (hellar)	Höhle
hérað *n* (héruð)	Bezirk, Gegend
hlíð *f* (hlíðar)	Berghang, Abhang
hnaus *m* (hnausar)	Schotter- oder Felskuppe
hnúkur, hnjúkur *m* (hn(j)úkar)	Berggipfel
holt *n* (holt)	runder (steiniger) Hügel
horn *n* (horn)	Ecke, Horn
hóll *m* (hólar)	Hügel
hólmi, hólmur *m* (hólmar)	Holm, kleine Insel
hrafntinna *f*	(wörtlich: Rabenstein), Obsidian
hraun *n* (hraun)	Lava, Lavastrom, Lavafeld
hreppur *m* (hreppar)	Gemeinde
hryggur *m* (hryggir)	Bergrücken
hver *m* (hverir)	heiße Quelle
hvoll *m* (hvolar)	Hügel
hæð *f* (hæðir)	Anhöhe, Hügel
höfði *m* (höfðar)	Kap, Vorsprung, Landspitze
höfn *f* (hafnir)	Hafen
ís *m*	Eis
jökulsá *f* (jökulsár)	Gletscherfluss
jökull *m* (jöklar)	Gletscher
kambur *m* (kambar)	Gebirgskamm
kirkja *f* (kirkjur)	Kirche
klaustur *n* (klaustur)	Kloster
klettur *m* (klettar)	Felsen, Klippe
klif *n* (klif)	Kliff, Steilküste
krókur *m* (krókar)	Ecke
kvísl *f* (kvíslar)	Fluss, Flussarm
land *n* (lönd)	Land
laug *f* (laugar)	warme Quelle; Bad
leið *f* (leiðir)	Route
lind *f* (lindir)	Quelle
litli-, (litlu-)	Klein-
lón *n* (lón)	Lagune, Haff

lækur *m* (lækir)	Bach
múli *m* (múlar)	vorspringender Berg
mýri *f* (mýrar)	Moor, Sumpf
mörk *f* (merkur)	Wald
nes *n* (nes)	Halbinsel, Landspitze
norður *n*	Norden
nyrðri	nördlicher, weiter nördlich
ófæra *f*	unpassierbares Hindernis (Kliff, Morast, usw.)
ós *m* (ósar)	Flussmündung
pollur *m* (pollar)	Teich, Tümpel
reykur *m* (reykir)	Rauch, Dampf
sandur *m* (sandar)	Sand, Sandwüste, Sander
sel *n* (sel)	Sennhütte
skarð *n* (skörð)	Pass, Einschnitt
skáli *m* (skálar)	Schutzhütte
sker *n* (sker)	Schäre
skógur *m* (skógar)	Wald
slétta *f* (sléttur)	Ebene
staður *m* (staðir)	Platz, Ort, Stätte
stapi *m* (stapar)	Tafelberg; steiler einzelner Felsen
stóri-	Groß-
strönd *f* (strandir)	Strand, Küste
suður *n*	Süden
súla *f* (súlur)	Säule
syðri	südlicher, weiter südlich
sýsla *f* (sýslur)	Kreis, Verwaltungsbezirk
tindur *m* (tindar)	Bergspitze, Gipfel
tjörn *f* (tjarnir)	Teich, kleiner See
tunga *f* (tungur)	Landzunge
vað *n* (vöð)	Furt
varða *f* (vörður)	Steinmann
vatn *n* (vötn)	Wasser; See
vegur *m* (vegir)	Weg, Straße
vestri	westlicher, weiter westlich
vestur *n*	Westen, westlich
viti *m* (vitar)	Leuchtturm

vík *f* (víkur)	Bucht
völlur *m* (vellir)	Feld; Grasland
þverá *f* (þverár)	Nebenfluss
öræfi *n*	Wüste, Einöde

Literatur

Hintergrund

- **Outdoor Regional – Island** von Erik Van de Perre, Conrad Stein Verlag, 2017, 160 Seiten, ISBN 978-3-86686-498-6, € 12,90. Auswahl der schönsten Tagestouren auf Island
- **Rund um Island auf der Ringstraße** von Erik Van de Perre, Conrad Stein Verlag, OutdoorHandbuch Band 192, 2019, 352 Seiten, ISBN 978-3-86686-549-5, € 19,90
- **Zeit für das Beste – Island** von Erik Van de Perre, Bruckmann Verlag, 2017, 288 Seiten, ISBN 978-3-7343-2399-7, € 16
- **Ísafold: Reisebilder aus Island** von Ina von Grumbkow, Verlag Literatur-Wissenschaft.de, 2006, 208 Seiten, ISBN 978-3-936134-15-5, € 14,80. Kultbuch über die Suchexpedition nach dem deutschen Forscher Walther von Knebel, der in der Askja-Region verschwand
- **Islands Naturwunder: Portrait einer außergewöhnlichen Vulkaninsel** von Christof Hug-Fleck, C!H!F Verlag, 2010, 124 Seiten, ISBN 978-3-00-030427-9, € 17,95
- **Karte · Kompass · GPS**, OutdoorHandbuch Band 4 von Reinhard Kummer, Conrad Stein Verlag, 2019, 96 Seiten, ISBN 978-3-86686-619-5, € 8,90
- **Bulli-Abenteuer Island** von Peter Gebhard, Frederking & Thaler Verlag, 2018, 192 Seiten, ISBN 978-3-95416-268-0, € 39,99. Der Bildband dokumentiert eine sechsmonatige Reise mit dem Bulli zwischen Gletschern und Geysiren, Wüsten und Vulkanen
- **Merian Island.** Jahreszeiten Verlag, 2017, 140 Seiten, ISBN 978-3-8342-2490-3, € 8,95. Spannende Reportagen über die Vulkaninsel

Zur Einstimmung

- **Am Gletscher** von Halldór Laxness, Steidl Verlag, 2012, 187 Seiten, ISBN 978-3-86930-406-9, € 9,90. Ein Pfarrhaus in nordischer Gletschereinsamkeit ist der Schauplatz dieses ironisch-weisen Romans des isländischen Nobelpreisträgers.

▷ **Das Rätsel von Flatey** von Viktor Arnar Ingólfsson, Bastei Lübbe, 2005, 352 Seiten, ISBN 978-3-404-92186-7, € 8,99. Island-Krimi, in dem man vieles über das Inselleben auf Flatey in den 1960-er Jahren erfährt

▷ **Gletschergrab** von Arnalður Indriðason, Bastei Lübbe, 2018, 366 Seiten, ISBN 978-3-404-17874-2, € 11. Thriller. Im Gletschereis des Vatnajökull schlummert ein brisantes Geheimnis aus dem Zweiten Weltkrieg.

▷ **Kältezone** von Arnalður Indriðason, Bastei Lübbe, 2007, 413 Seiten, ISBN 978-3-404-15728-0, € 10,90. Krimi. Nachdem ein Erdbeben den Wasserspiegel eines Sees südlich von Reykjavík drastisch gesenkt hat, taucht am Strand ein Skelett auf …

▷ **Wo Elfen noch helfen: Warum man Island einfach lieben muss** von Andrea Walter, Diederichs Verlag, 2011, 208 Seiten,
ISBN 978-3-424-35065-4, € 16. Eine Hymne an die Vulkaninsel und ihre liebenswerten Menschen. Faszinierend und kurzweilig!

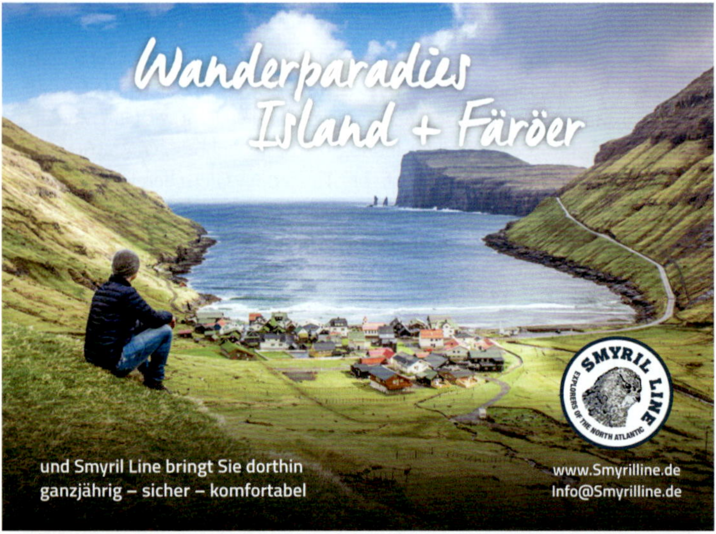

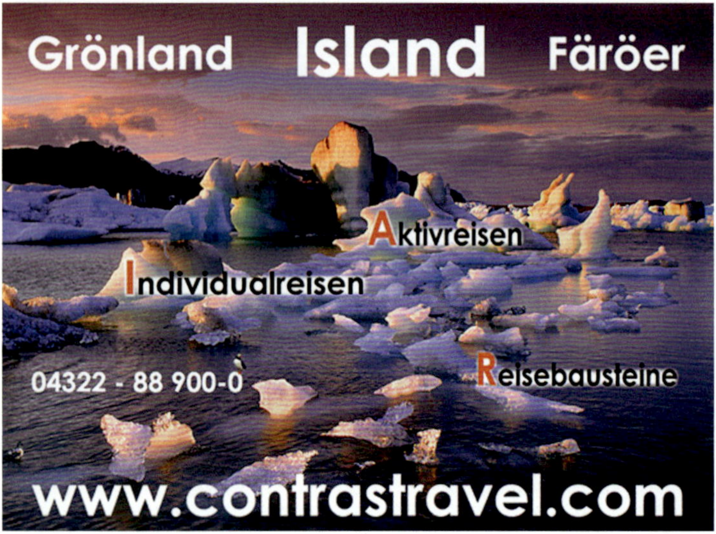

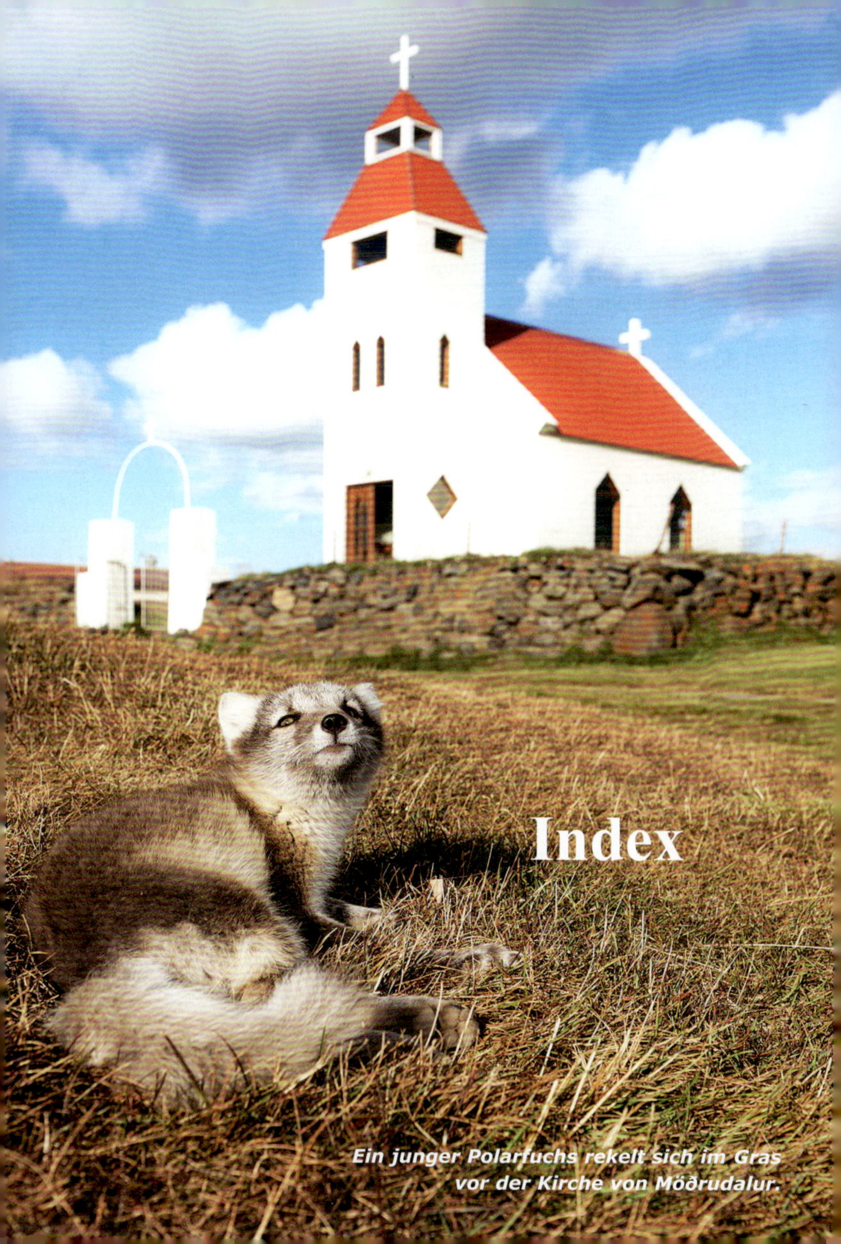

Index

Ein junger Polarfuchs rekelt sich im Gras vor der Kirche von Möðrudalur.

A

B

C/D

E

F

G

H

I

J

K

L

M

N

O

P

R

S

T

U

V

W

Z

Þ